KB116308

팔레스타인
100년 전쟁

팔레스타인 100년 전쟁

정착민 식민주의와 저항의 역사, 1917-2017

라시드 할리디 지음

유강은 옮김

THE HUNDRED YEARS' WAR ON PALESTINE
by RASHID KHALIDI

일러두기
각주 가운데 원주는 설명 뒤에 〈— 원주〉를 달았고, 따로 표시가 없는 주는 모두 옮긴
이주이다.

타리크, 이드리스, 누르, 모두 21세기에 태어난 손자들에게
이 책을 바친다. 아이들은 이 100년 전쟁의 끝을 보게 되리라.

우리는 사라질 위험에 처한 민족이다.

— 이사 알이사와 유수프 알이사, 『필라스틴*Filastin*』, 1914년 5월 7일

한국어판 서문

팔레스타인 문제가 특히나 지금처럼 전개되는 순간에 한국 독자들에게 이 책을 소개할 수 있어서 참으로 기쁩니다. 방금 전 세계는 팔레스타인과 이스라엘에서 또다시 끔찍한 폭력 사태가 발발하는 모습을 목격했습니다. 가자 지구와 요르단강 서안, 동예루살렘과 이스라엘 내부에서 팔레스타인인이 300명 가까이 목숨을 잃었고, 이스라엘에서는 12명이 사망했습니다. 2008년 팔레스타인 투사들과 이스라엘의 강력한 군대 사이에 한쪽으로 일방적으로 기운 충돌이 벌어진 이래 가자 지구를 겨냥한 네 번째 공격입니다. 물론 1967년 이래 군사 점령의 저강도 폭력이 꾸준히 이어져서 점령지 팔레스타인인들에게 계속 영향을 미쳤지요.

하지만 이번 사태는 앞선 사례들과 다른 점이 있습니다. 어디에 있든 간에—가장 최근으로 몇 주 전에 폭력 사태가 시작된 점령지인 아랍 쪽 동예루살렘이나 역시 점령지인 요르단강 서안, 포위 상태인 가자 지구나 이스라엘 내부, 그리고 넓디넓은 팔레스타인 디아스포라diaspora 전역에서—팔레스타인인들은 전례 없이 일치된 모습으로 지난 몇 주간의 사태에 대응했습니다. 이번 사태와 팔레스타인인들의 통일된 대응을 보면서 세계인들은 현지의 실태, 즉 체계적인 차별과 억압, 정착민 식민주의의 현실을 인식하게 되었습니다. 이제 더는 진부한 상투적 표현으로 무시하고 감출 수가 없게 된 겁니다. 세계 각지의 젊은이들과 의식 있는 사람들이 팔레스타인 곳곳에서 드러나는 이미지에 반응을 보이고 있습니다. 소셜 미디어, 그리고 심지어 주류 언론에서도 이런 이미지가 확산되었으니까요. 그에 따라 세계 많은 지역에서 대중적 담론이 바뀌기 시작했습니다. 저는 이 책이 한국에서 조금이나마 똑같은 역할을 하기를 기대합니다.

이 책에서 저는 최근 몇 주간 이어진 폭력 사태와 앞서 팔레스타인에서 벌어진 비슷한 사태의 역사적 배경을 제시하면서 그 밑바탕에서 작동하는 몇 가지 동학을 설명했습니다. 그리고 이 사태는 동등한 두 당사자 사이의 〈충돌〉이 아니라고, 즉 1967년 6월 전쟁 중에 벌어진 팔레스타인을 비롯한 아랍 영토의 점령으로 시작되거나, 팔레스타인 사회가 해체되고 이스라엘 국가가 창건되면서 팔레스타인인 75만 명이 추방당하는 결과로 이어진 1948년 전쟁으로 시작된 충돌이 아니라고 주장했습니다. 이 책에서 제가 보여 준 것처럼, 이번 사태는 드문드문 일어나기는 해도 체계적인, 팔레스타인을 겨냥한 전쟁의 일부입니다. 팔레스타인인을 쫓아내고 그들의 고국을 다른 이들의 민족적 고국으로 바꾸기 위해 벌어지는 이 전쟁은 해묵은 싸움의 일부가 아니라 19세기 말 시온주의 운동의 부상에 그 기원을 두고 있습니다. 유서 깊은 유럽의 극악한 반유대주의에 대응해서 등장한 시온주의 운동은 정착민 식민주의 기획인 동시에 민족주의 기획이었습니다. 여러 후원자를 모색한 끝에 1917년 시온주의는 영국 제국주의의 지지를 받았고, 그 이래로 언제나 세계 주요 강대국, 가장 최근에는 미국의 지원을 누리고 있습니다.

한국 독자들이 제 책을 통해 아직 익숙하지 않은 팔레스타인의 서사를 접하게 된다면 더없이 기쁠 테지요. 저 자신이 한국과 인연이 있어서 더욱 기쁩니다. 1960년대 중반 10대 시절에 저는 서울에서 3년 동안 행복하게 살았습니다. 아버지가 유엔한국통일부흥위원회 UNCURK 수석 총무로 일을 하셨거든요. 당시 서울은 반세기 뒤인 지금처럼 번성하는 대도시가 아니었고, 한국 역시 산업과 기술의 거대한 강국이 아니었습니다. 우리 가족이 살던 시절에는 한국 전쟁이 남긴 물리적 상흔이 이제 막 치유되긴 했지만, 우리가 만난 사람들마다 우리가 도착하기 불과 9년 전에 끝난 전쟁이 야기한 상처가 아직 깊게 남아 있었습니다. 우리는 외국인과 외교관, 한국인 가족이 거주하는 단독주택이 밀집한 다소 외딴섬 같은 이태원 동네에 살았습니다. 저는 도시 한가운데 미군기지 안에 있는 서울미국인고등학교를 다녔습니다. 대다수 미국인 반 친구들과 달리, 저는 운 좋게도 기지 안에서 고립 생활을 하지 않았지요. 그러니까 많은 한국 젊은이를 만나서 같이 축구나 야구를 하고(대개 그 친구들이 이겼습니다), 친구들 집을 찾아가서 가족도 만날 수 있었지요. 또한 우리 가족하고 저는 다행히도 한국 곳곳을 여행할 수 있었습니다. 판문점에서 부산까지, 그리고 그 사이에 있는 여러 곳을 다니며 참으로 눈부신 산과 바닷가, 시골 풍경을 즐겼습니다. 우리 모두 사람들과 여러 장소에 관한 행복한 기억을 안은 채 한국을 떠났습니다. 그 시절의 추억은 지금도 소중히 간직하고 있답니다.

한국에 살 때 저는 한국 전쟁과 한국사, 특히 일본 식민 지배에 맞선 한국인의 투쟁에 관해 닥치는 대로 책을 구해서 읽었습니다. 대학원 과정을 마치고 1974년 레바논 대학교에서 처음 교편을 잡았을 때 동아시아 역사 수업을 맡게 되어 참 다행이었습니다. 그때 책을 잔뜩 읽은 데다가 한국과 일본, 홍콩, 그 밖에 동아시아 여러 곳에서 생활을 해서 수업하기가 한결 쉬웠지요. 식민 지배와 전쟁, 분할이 미친 영향 때문에 크게 고생한 다른 민족의 이야기가 실린 이 책을 한국 독자들이 음미해 주시기를 간절히 기대합니다.

2021년 5월 31일 뉴욕에서
라시드 할리디

차례

서론

1990년대 초 몇 년간 나는 예루살렘으로 가서 몇 달씩 살면서 우리 집안을 비롯하여 이 도시에서 유서 깊은 몇몇 집안의 사설 도서관에서 연구를 했다. 아내와 아이들을 데리고 할리디가의 와크프waqf, 즉 종교 재단에서 소유한 아파트에 머물렀다. 비좁고 시끄러운 구시가의 심장부에 있는 아파트였다. 이 건물 지붕에 올라가면 초기 이슬람 건축의 위대한 걸작 두 개가 눈에 들어왔다. 황금색으로 반짝이는 바위 돔Dome of the Rock이 불과 90여 미터 떨어진 하람알샤리프Haram al-Sharif 위에 서 있었다. 그 너머에는 올리브산(감람산)을 배경으로 바위 돔보다 작은 알아크사al-Aksa 사원의 은회색 돔 지붕이 있었다.[1] 다른 방향들로는 구시가의 기독교 교회와 유대교 회당들이 눈에 들어왔다.

바브알실실라Bab al-Silsila 거리 바로 아래쪽에는 할리디 도서관 Khalidi Library 본관이 있었다. 1899년 할아버지 하지 라기브 알할리디 Hajj Raghib al-Khalidi가 증조할머니 하디자 알할리디Khadija al-Khalidi가 남긴 유산으로 세운 도서관이다.[2] 도서관에는 주로 아랍어(일부는 페르시아어와 오스만투르크어)로 된 1,200개가 넘는 수고(手稿)가 보관되어 있었는데, 오래된 것은 그 시기가 11세기 초까지 거슬러 올라 갔다.[3] 19세기 아랍어 도서 2,000여 권과 잡다한 집안 문서를 비롯한 이 컬렉션은 지금까지 원 소유주의 수중에 있는, 팔레스타인 전체에서 가장 광범위한 수집품으로 손꼽힌다.[4]

내가 머무르던 시기에는 13세기 무렵까지 거슬러 올라가는 도서관 본관이 복원 작업 중이었기 때문에, 장서를 커다란 종이 박스에 넣어서 좁은 계단으로 우리 아파트와 연결된 맘루크 시대 건물에 보관해 두고 있었다. 나는 이 박스들 사이에서 1년 넘게 체류하면서 먼지가 쌓이고 벌레 먹은 도서와 문서, 편지를 살펴보았다. 종고조부 유수프 디야 알딘 파샤 알할리디Yusuf Diya al-Din Pasha al-Khalidi를 비롯한 할리디 가문이 여러 세대에 걸쳐 소장한 자료였다.[5]* 유수프 디야가 남긴 문서를 통해 나는 예루살렘, 몰타, 이스탄불, 빈 등에서 폭넓은 교육을 받은 세속적인 인물을 발견했다. 비교종교학, 특히 유대교에 깊이 관심을 기울인 인물이자 이런저런 주제에 관해 유럽 각국 언어로 된 장서를 보유한 인물이었다.

유수프 디야는 예루살렘에서 활동한 이슬람 학자와 법조인의 오랜 계보의 후계자였다. 그의 아버지 알사이드 무함마드 알리 알할리디al-Sayyid Muhammad 'Ali al-Khalidi는 부재판관이자 예루살렘 샤리아 재판소 사무국의 책임자로 50여 년을 일했다. 하지만 유수프 디야는 젊은 나이에 스스로 다른 길을 추구했다. 전통적인 이슬람 교육의 기초를 흡수한 뒤—우리가 듣기로는 아버지의 허락을 받지 않고—열여덟의 나이에 팔레스타인을 떠나 몰타에 있는 영국 교회 선교회Church

* 아랍어 인명은 『중동 연구 국제 저널International Journal of Middle East Studies』의 IJMES 표기 방식을 간소화해서 로마자로 표기했다. 해당 개인이 다른 표기법을 선호하는 경우에는 예외로 처리했다 — 원주.

유수프 디야 알딘 파샤 알할리디.

Mission Society 학교에서 2년을 보냈다. 그 학교를 마치고는 이스탄불의
제국의과대학에 가서 공부를 했고, 그다음에는 역시 이스탄불에 있
는 로버트 칼리지를 다녔다. 미국 개신교 선교사들이 세운 지 얼마 안
된 학교였다. 1860년대에 5년간 유수프 디야는 그 지역에 최초로 생
긴 교육기관 몇 곳을 다녔다. 근대 서구식 교육을 제공하는 이 학교
들을 다니면서 영어와 프랑스어, 독일어, 그 밖에 많은 것을 배웠다.
19세기 중반 독실한 이슬람 학자 가문 출신의 젊은이로서는 보기 드
문 경로를 밟았다.

　이렇게 폭넓은 교육을 받은 유수프 디야는 오스만 제국의 정부 관
리로서 다양한 역할을 맡았다. 외무성 번역관, 흑해 포티Poti에 있는
러시아 항구의 영사, 쿠르디스탄, 레바논, 팔레스타인, 시리아 등 여
러 주의 지사, 근 10년간 예루살렘 시장을 지냈고, 빈에 있는 황립제

국대학에서 몇 차례 교편을 잡기도 했다. 또한 1876년에 제국의 새로운 헌법에 따라 설립되었다가 단명한 오스만 의회에서 예루살렘을 대표하는 의원으로 선출되기도 했다. 이때 제국의 행정권보다 의회의 특권을 지지했다가 술탄 압둘하미드 2세의 반감을 샀다.[6]

가문의 전통과 이슬람 및 서구식 교육에 따라 유수프 디야는 또한 조예가 깊은 학자가 되었다. 할리디 도서관에는 그가 프랑스어와 독일어, 영어로 쓴 책 여러 권과 더불어 유럽과 중동의 학자들과 나눈 서신이 소장되어 있다. 또한 도서관에 있는 오스트리아, 프랑스, 영국의 오래된 신문들을 보면, 유수프 디야가 해외 언론을 정기적으로 읽었음을 알 수 있다. 이스탄불에 있는 오스트리아 우체국을 통해 이 자료들을 받았다는 증거가 있다. 이 우체국은 오스만 제국의 가혹한 검열법을 적용받지 않았다.[7]

이처럼 폭넓게 신문을 읽은 데다가 빈을 비롯한 유럽 여러 나라에서 생활한 경험도 있고 기독교 선교사들도 만난 덕분에 유수프 디야는 서구에 반유대주의가 널리 퍼져 있음을 잘 알았다. 그는 또한 시온주의의 지적 기원이, 특히 기독교 유럽의 극악한 반유대주의에 대한 대응이라는 성격을 충분히 인지했다. 빈에서 활동하는 언론인 테오도르 헤르츨Theodor Herzl이 1896년에 출간한 『유대 국가Der Judenstaat』도 분명 알았을 테고, 스위스 바젤에서 1897년과 1898년에 최초로 열린 두 차례의 시온주의 대회도 알았을 것이다.[8] (실제로 유수프 디야는 빈 체류 시절부터 헤르츨을 알았던 게 분명해 보인다.) 또한 헤르츨이 이민을 통제하는 〈주권적 권리〉를 갖춘 유대 국가를 공공연하게 요구하는 것을 비롯해서 각기 다른 시온주의 경향과 지도자들이 벌이는 논쟁과 관점을 알고 있었다. 게다가 예루살렘 시장 시절 그는 원형적 시온주의 활동 초기에 몇 년간 현지 주민들과 마찰이 벌어지는 사태를 목격했다. 1870년대 말과 1880년대 초 유럽계 유대인 정착민들이 최초로 당도하면서 시작된 사태였다.

자신이 창설해서 키운 운동의 유명한 지도자였던 헤르츨은 1898년에 딱 한 번 팔레스타인을 방문했는데, 독일 황제 빌헬름 2세의 방문 시점에 맞춰 찾아갔다. 앞서 이미 팔레스타인 식민화와 관련된 몇 가지 쟁점을 염두에 둔 상태로, 1895년 일기에 다음과 같이 적었다.

우리는 우리에게 할당된 토지에 있는 사유재산을 조심스럽게 수용해야 한다. 가난뱅이 주민들에게 중간 경유 국가에서 고용을 제공하는 한편 우리 나라에서는 일자리를 일절 주지 않는 식으로 스스로 국경을 넘어가게 만들어야 할 것이다. 사유재산 소유자들은 우리 편으로 넘어올 것이다. 수용 과정과 빈민 이동 둘 다 신중하고 용의주도하게 실행해야 한다.[9]

유수프 디야는 팔레스타인에 있는 대다수 동포들보다 초창기 시온주의 운동과 그 위력 및 자원, 호소력에 관해 잘 알았을 것이다. 또한 시온주의의 팔레스타인 소유권 주장과 유대 국가 건설, 주권 확립이라는 공공연한 목표와 그 지역에 사는 원주민들의 권리와 안녕을 화해시킬 방법이 없다는 것도 확실히 알았다. 1899년 3월 1일 유수프 디야가 프랑스 최고 랍비 자도크 칸Zadoc Kahn에게 선견지명이 담긴 일곱 장짜리 편지를 보낸 데에는 아마 이런 사정이 있었을 것이다. 근대 시온주의의 창시자에게 편지가 전달될 것임을 알고 보낸 것이었다.

편지 첫머리부터 유수프 디야는 헤르츨을 존경한다는 뜻을 표현했다. 〈남자로서, 재능 있는 작가로서, 진정한 유대인 애국자로서〉 그를 높이 평가하고, 또한 유대교와 유대인을 존중한다는 뜻도 밝혔다. 유대인과 무슬림이 공통의 조상으로 숭배하는 아버지 아브라함 이야기도 했다.[10] 그는 유대인들이 유럽에서 박해를 받는 현실을 개탄하면서 시온주의가 생겨난 동기를 이해했다. 이런 상황에 비춰 볼 때, 시온주의는 원칙적으로 〈자연스럽고, 훌륭하고, 정당하다〉면서 이렇게 말했다. 〈누가 팔레스타인에 대한 유대인의 권리에 이의를 제기할 수 있을까요? 세상에, 역사적으로 따지면 이곳은 당신네 고향입니다!〉

간혹 편지 전체에서 이 문장만 뚝 떼어 유수프 디야가 팔레스타인에 대한 시온주의 기획 전체를 열렬히 수용했다고 말하는 이들이 있다. 하지만 예루살렘의 전 시장이자 의원은 계속해서 팔레스타인에 유대 주권 국가를 세운다는 시온주의 기획이 실행되면 그 결과로 어떤 위험이 닥칠지를 예상하고 경고했다. 시온주의 구상은 팔레스타인에 있는 기독교도, 무슬림, 유대인 사이에 불화의 씨앗을 뿌릴 터였다. 오스만 제국 영토 전역에서 유대인이 줄곧 누린 지위와 안전이 위험에 처하게 될 것이었다. 유수프 디야는 편지를 쓴 원래 취지를 상기시키면서 시온주의에 어떤 장점이 있든 간에 〈가차 없는 현실의 힘을 고려해야 한다〉고 냉정하게 말했다. 그중에서 가장 중요한 것은 〈팔레스타인은 오스만 제국에서 떼려야 뗄 수 없는 한 부분이고, 무엇보다도 이미 다른 사람들이 그곳에 살고 있다〉는 사실이었다. 팔레스타인에는 이미 원주민이 살고 있고, 이 사람들은 자기 땅을 넘겨줄 생각이 없었다. 유수프 디야는 〈사실을 두루 고려하면서〉 시온주의가 팔레스타인을 차지하려고 계획하는 것은 〈어리석기 짝이 없는 짓〉이라고 주장했다. 〈불운한 유대 민족〉이 다른 곳에서 피난처를 찾는 것이

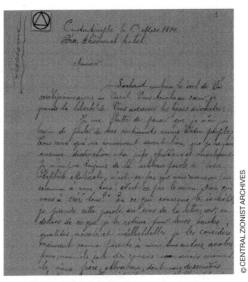

유수프 디야가 테오도르 헤르츨에게 보낸 편지: 팔레스타인에
는 쉽사리 쫓겨날 생각이 없는 〈다른 사람들이 살고 있습니다〉.

〈무엇보다도 정의롭고 공평한 처사〉였다. 그러면서 진심 어린 호소
로 글을 맺었다. 〈하느님의 이름으로 말씀드리나니, 팔레스타인은 그
냥 내버려두십시오.〉

헤르츨은 신속하게 3월 19일에 유수프 디야에게 답장을 보냈다.
아마 이 편지가 팔레스타인을 차지하려는 초창기 시온주의의 계획에
대해 팔레스타인 쪽에서 적절하게 반대의 뜻을 밝히자 시온주의 운
동 창시자가 처음으로 보인 반응일 것이다. 답장에서 헤르츨은 팔레
스타인 원주민의 이해와 때로는 그들의 존재 자체를 대단치 않은 것
으로 치부해 버리는 훗날의 전형적인 패턴을 고스란히 보여 주었다.
시온주의 지도자는 유수프 디야의 편지에 담긴 기본 명제, 즉 팔레스
타인에는 이미 사람들이 살고 있고, 그들은 땅을 내주는 데 동의하지
않을 것이라는 명제를 간단히 무시했다. 헤르츨 본인이 이 땅을 방문

한 적이 있었지만, 초창기 유럽계 시온주의자들이 대개 그렇듯이 그역시 팔레스타인의 토박이 주민들을 많이 알지 못했고 접촉해 본 적도 없었다. 그는 또한 시온주의 기획을 실행하면 중동 전역에 이미 자리를 잡은 대규모 유대인 공동체가 위험에 직면할 것이라는 유수프 디야의 근거 있는 우려도 이해하지 못했다.

헤르츨은 시온주의는 결국 유대인의 팔레스타인 지배로 이어질 수밖에 없다는 사실을 얼버무리면서 한 가지 근거를 내세웠다. 시기와 장소를 막론하고 식민주의자들이 내세우는 시금석이자 시온주의 운동의 기본 주장이 된 이야기다. 〈우리가 우리의 안녕과 부를 위해 노력하면 그들의 안녕과 개인의 재산도 늘어날 겁니다.〉『유대 국가』에서 구사한 언어를 그대로 되풀이하면서 헤르츨은 한마디 덧붙였다. 〈다수의 유대인이 지적 능력과 경제적 재능, 사업 수단을 가지고 이 땅에 들어오도록 이민을 허용하면, 이 땅 전체의 안녕이 만족스러운 결과를 얻을 것임은 의심의 여지가 없습니다.〉[11]

매우 의미심장하게도 헤르츨은 편지에서 유수프 디야가 제기한 적도 없는 고려 사항을 다룬다. 〈각하께서는 팔레스타인에 사는 비유대인 주민의 존재에 대해 또 다른 어려움을 겪고 계십니다. 그런데 도대체 누가 그들을 다른 곳으로 보내 버리자고 생각하겠습니까?〉[12] 유수프 디야가 묻지도 않은 질문에 대해 안심시키면서 헤르츨은 이 땅에 사는 가난한 사람들이 국경을 넘어가게 〈만들〉도록 〈신중하게〉 노력해야 한다고 일기에 적은 바람을 넌지시 내보인다.[13] 이런 으스스한 인용문을 보면, 헤르츨이 시온주의가 성공을 거두려면 팔레스타인 토착민을 〈없애 버리는〉 게 중요하다고 생각했음이 분명하다. 게다가 그가 유대인-오스만 토지회사Jewish-Ottoman Land Company 설립을 위해 공동으로 초안을 만든 1901년 취지문에는 팔레스타인 주민들을 〈오스만 제국의 다른 주와 영토〉로 이주시킨다는 동일한 원칙이 들어 있다.[14] 헤르츨은 저술에서 자신의 기획이 모든 사람에게 완전한 권리를 주는 〈최고의 관용〉에 근거한다고 강조했지만,[15] 실제 의미는 대다수 원주민을 다른 곳으로 이주시킨 뒤 그나마 남을 수 있는 소수민족을 관용하겠다는 것에 지나지 않았다.

헤르츨은 상대방을 과소평가했다. 유수프 디야의 편지를 보면, 당시 쟁점이 제한된 수의 〈유대인〉이 팔레스타인으로 이주하는 것이 아니라 팔레스타인 땅 전체를 유대 국가로 뒤바꾸는 것임을 그가 완벽히 이해하고 있었음이 분명하다. 헤르츨이 보낸 답장을 보고 유수프 디야는 둘 중 하나의 결론에 도달할 수밖에 없었다. 이 시온주의 지도자는 시온주의 운동의 진짜 목표를 숨기면서 자기를 속이려고 하거나, 아니면 단순히 유수프 디야와 팔레스타인 아랍인들을 진지하게 다룰 만한 가치가 없다고 본 것이었다.

그 대신, 19세기 유럽 지식인 특유의 우쭐한 자신감으로 똘똘 뭉친 헤르츨은 그들의 땅을 이방인이 식민화하고 결국 강탈하는 것이 거기 사는 사람들에게 이득이 될 것이라고 터무니없는 소리를 늘어놓았다. 헤르츨의 생각과 유수프 디야에게 보낸 답장은 아랍인들이 결국 매수되거나 속아 넘어가서 팔레스타인을 집어삼키려는 시온주의 운동의 실제 의도를 알지 못할 것이라는 가정에 근거한 것으로 보인다. 팔레스타인 아랍인들의 권리는 말할 것도 없고 지능까지 깔보는 이런 태도는 이후 수십 년간, 그리고 오늘날까지도 시온주의, 영국, 유럽, 미국의 지도자들에게서 거듭 드러났다. 유수프 디야가 예측한 것처럼, 헤르츨이 창시한 운동에 의해 결국 생겨난 유대 국가에서는 오직 한 민족, 유대 민족을 위한 자리만이 있었다. 다른 민족들은 실제로 〈몰래 쫓겨나거나〉 기껏해야 용인되었을 뿐이다.

❖

 이 시기를 연구하는 역사가들은 유수프 디야가 보낸 편지와 헤르츨의 답장에 관해 잘 알지만, 대다수는 팔레스타인의 지도적 인물과 시온주의 운동의 창시자 사이에 처음으로 이루어진 의미 있는 대화를 주의 깊게 고찰하지 못한 것 같다. 역사학자들은 헤르츨이 내세운 합리화를 충분히 고려하지 못했다. 그의 합리화는 100년간 이어진 팔레스타인 분쟁이 본질적으로 식민주의적 성격을 띤다는 것을 아주 명백하게 보여 주었는데 말이다. 또한 역사학자들은 1899년 이래 그 정당성이 충분히 드러난 유수프 디야 알할리디의 주장을 인정하지도 않았다.

 제1차 세계 대전 이후 시작된 팔레스타인 토착 사회의 해체는 새로 만들어진 영국 위임통치 당국이 지지하는 가운데 대규모로 유입된 유럽계 유대인 정착민들에 의해 촉발되었다. 위임통치 당국은 유대인 정착민들이 시온주의적 준국가의 자치 구조를 만드는 것을 도왔다. 게다가 〈히브리 노동자Avoda ivrit〉라는 구호 아래 유대인 소유 기업에서 아랍 노동자를 배제하고 해외로부터 막대한 양의 자본을 투입하면서 유대인이 지배하는 독자적인 경제 부문이 만들어졌다.[16] 1930년대 중반에 이르면, 비록 유대인은 여전히 인구의 소수였지만, 대체로 자율적인 이 경제 부문이 아랍인이 소유하는 경제 부문보다 더 컸다.

 영국의 지배에 맞선 1936~1939년 아랍 대반란이 철저히 탄압을 받으면서 원주민 인구는 한층 더 감소했다. 영국이 10만 명 규모의 병력과 공군을 동원해서 팔레스타인의 저항을 진압하는 가운데 당시 성인 남성 인구의 10퍼센트가 살해되거나 부상당하거나 투옥되거나 추방당했다.[17] 한편 독일 나치 정권의 박해에 따라 유대인 이민자가 대규모로 유입되면서 팔레스타인의 유대인 인구가 1932년 총 18퍼센트에서 1939년 31퍼센트 이상으로 증가했다. 그리하여 1948년 팔레스타인 종족 청소에 필요한 인구학적 임계점과 군 병력이 마련되었다. 이후 시온주의 민병대에 이어 이스라엘군이 팔레스타인에서 아랍 인구의 절반 이상을 쫓아냄으로써 시온주의의 군사적·정치적 승리가 완성되었다.

이와 같이 원주민을 희생시키는 급진적인 사회공학은 모든 식민주의 정착민 운동이 구사하는 방법이다. 팔레스타인에서는 아랍인이 압도적으로 많은 나라의 대부분을 유대인이 지배하는 국가로 바꾸기 위해 이런 사회공학이 선결 조건이었다. 내가 이 책에서 주장하겠지만, 팔레스타인의 현대사는 이런 관점에서 볼 때 가장 잘 이해할 수 있다. 다양한 세력이 원주민의 의지를 짓밟고 다른 민족에게 그들의 고국을 내주도록 강요하기 위해 식민주의 전쟁을 벌인 것이다.

이 전쟁은 다른 식민주의 군사 행동들과 비슷한 전형적인 특징이 많기는 하지만, 또한 아주 특수한 특징도 있다. 예나 지금이나 대단히 특별한 식민주의 기획인 시온주의 운동에 의해, 이 운동을 위해 벌어진 전쟁이기 때문이다. 이런 이해를 더욱 복잡하게 만드는 것은 외부 열강의 대대적인 지지를 받으면서 수행된 이 식민주의 충돌이 시간이 흐르면서 새로운 두 민족 집단, 두 국민의 민족 대결로 바뀌었다는 사실이다. 이런 특징의 밑바탕에서 그 점을 더욱 증폭시킨 요인은 유대인, 그리고 또한 많은 기독교인에게 역사적인 이스라엘 땅과 성경의 연관성이 불러일으키는 심대한 공명resonance이다. 근대의 정치적 시온주의와 교묘하게 얽힌 이런 공명은 시온주의의 필수적인 일부분이 되었다. 그리하여 19세기 말의 식민주의-민족 운동은 성경을 끼고 사는 영국과 미국의 개신교도들에게 대단히 매혹적인 성경의 외투를 걸쳐 주어 그들이 시온주의의 근대성과 그 식민주의적 성격을 보지 못하게 만들었다. 도대체 어떻게 그들의 종교가 시작된 바로 그 땅을 유대인이 〈식민화〉할 수 있었겠는가?

이렇게 맹목적으로 보면, 이 분쟁은 기껏해야 같은 땅에 대해 각자 권리가 있는 두 민족 사이에 벌어진, 비극적이지만 간단한 민족 충돌로 묘사된다. 최악의 경우에는 유대인이 하느님이 주신 영원한 고국에 대한 양도할 수 없는 권리를 주장하자 아랍인과 무슬림이 광신적이고 완강하게 증오한 결과로 묘사된다. 사실 한 세기 넘도록 팔레스타인에서 벌어지고 있는 사태를 식민주의적 충돌과 민족 분쟁 둘 다로 이해하지 못할 이유는 전혀 없다. 하지만 여기서 우리의 관심사는 이 분쟁의 식민주의적 성격이다. 이런 측면이 중심에 놓여 있는데도 지금까지 과소평가되었기 때문이다. 물론 팔레스타인의 현대사에서도 다른 식민주의 군사 행동에서 여지없이 나타나는 여러 특질이 어디서나 눈에 띈다.

남북 아메리카나 아프리카, 아시아, 오스트랄라시아 (또는 아일랜드) 등 어디서든 원주민을 몰아내거나 지배하려 한 유럽의 식민주의자들은 특유의 언어로 언제나 원주민을 경멸적으로 묘사했다. 또한 그들은 항상 자신들이 통치한 결과로 토착민들이 더 잘살게 될 것이라고 주장한다. 식민주의 기획의 〈문명적〉이고 〈진보적〉인 성격은 그들의 목적을 달성하기 위해 토착민들을 상대로 저지르는 어떤 극악무도한 짓이든 정당화하는 데 기여한다. 북아프리카를 통치한 프랑스 행정관들이나 영국의 인도 총독들이 구사한 언어를 들여다보기만 하면 된다. 커즌 경Lord Curzon은 영국령 인도 제국에 관해 이렇게 말했다. 「이 수많은 사람들 속 어딘가에, 전에는 존재하지 않았던 곳에 약간의 정의나 행복이나 번영, 남자다움이나 도덕적 존엄의 인식, 샘솟는 애국심, 지적 계몽의 여명, 또는 솟아오르는 의무감을 남겼다고 느끼는 것 ─ 그것으로 충분합니다. 바로 이것이 영국인이 인도에 진출한 이유입니다.」[18] 〈전에는 존재하지 않았던 곳〉이라는 말은 곱씹어 볼 가치가 있다. 커즌을 비롯한 식민 지배자들이 보기에, 토착민들은 자기들에게 가장 좋은 것이 무엇인지 알지 못하고, 또한 이런 것들을 스스로 이룰 수 없었다. 커즌은 다른 연설에서 이렇게 말했다. 「우리가 없으면 여러분은 할 수 없습니다.」[19]

한 세기가 넘도록 식민주의자들은 다른 지역의 원주민과 마찬가지로 팔레스타인 사람들을 바로 이런 언어로 묘사했다. 테오도르 헤르츨을 비롯한 시온주의 지도자들이 구사하는 경멸적인 언어는 다른 유럽인 동료들의 언어와 전혀 다르지 않았다. 헤르츨은 유대 국가는 〈아시아에서 유럽을 위한 방어벽의 일부이자 야만에 맞서는 문명의 전초 기지를 형성할 것〉이라고 말했다.[20] 북아메리카 변경을 정복하는 가운데 결국 19세기에 대륙 전체에서 토착민을 뿌리 뽑거나 정복하고 끝난 과정에서 구사된 언어와 비슷하다. 북아메리카의 경우처럼, 팔레스타인 식민화도 ─ 남아프리카나 오스트레일리아, 알제리, 그리고 동아프리카 일부 지역의 식민화와 마찬가지로 ─ 유럽 백인의 정착 식민지를 만들기 위한 것이었다. 커즌의 언어와 헤르츨의 편지에서 공히 드러나는 팔레스타인인들에 대한 특유의 어조는 오늘날에도 미국과 유럽, 이스라엘에서 팔레스타인을 놓고 이루어지는 많은 담론에서 고스란히 되풀이된다.

이와 같은 식민주의의 이론적 근거와 나란히, 유럽의 시온주의 식민화가 도래하기 전에 팔레스타인은 황량하고 아무도 살지 않으며 후진적인 땅이었음을 입증하는 데 골몰하는 수많은 문헌이 존재한다. 역사적 팔레스타인은 서구 대중문화에서 숱하게 등장하는 경멸적 묘사의 대상이었을 뿐만 아니라 과학과 학문을 표방하나 실제로는 온갖 역사적 오류와 허위, 때로는 노골적인 편견으로 점철된 학술적 가치가 없는 저술의 대상이었다. 이런 문헌들은 기껏해야 이 땅에 산 이들은 정처 없이 유목 생활을 하는 소수의 베두인족으로, 그들은 뚜렷한 정체성이 전혀 없고 본래 떠돌이로 지나쳐 갈 뿐 이 땅에 대한 애착심도 없었다고 주장한다.

이런 주장에서 도출되는 결론은 오직 새로운 유대인 이민자들이 앞장서서 땀 흘려 일한 덕분에 이 나라가 오늘날과 같은 꽃피는 정원으로 바뀌었고, 오로지 그들만이 이 땅에 일체감과 사랑을 느끼고 (하느님이 주신) 권리를 갖고 있다는 것이다. 이런 태도는 이즈라엘 쟁윌Israel Zangwill 같은 초기 시온주의자들뿐만 아니라 유대인의 팔레스타인을 지지한 기독교인들까지 소리 모아 외친 구호로 요약된다. 「사람 없는 땅을 땅 없는 사람들에게 주자.」[21] 팔레스타인은 그곳에 정착하러 온 이들에게 〈주인 없는 땅terra nullius〉이었다. 그곳에 사는 사람들은 이름과 형체가 없었기 때문이다. 그리하여 헤르츨은 유수프 디야에게 보낸 편지에서 팔레스타인 아랍인들을 〈비유대인 주민〉이라고 지칭했다. 당시 그곳 주민의 약 95퍼센트였는데 말이다.

본질적으로 여기서 말하고자 하는 요지는 팔레스타인인은 존재하지 않거나 전혀 중요하지 않거나, 또는 유감스럽게도 그들 스스로 방치한 이 나라에 살 자격이 없었다는 것이다. 만약 그들이 존재하지 않았다면, 시온주의 운동이 추진한 계획에 대해 팔레스타인인들이 충분한 근거를 들이대며 이의를 제기해도 간단히 무시할 수 있었다. 헤르츨이 유수프 디야 알할리디의 편지를 가볍게 묵살한 것처럼, 이후 팔레스타인을 처분하기 위해 나온 여러 계획안도 무신경하긴 마찬가지였다. 영국의 한 각료가 유대인의 민족적 고국을 창설해 주겠다고 약속한 1917년 밸푸어 선언1917 Balfour Declaration은 이후 한 세기 동안 팔레스타인의 향방을 결정지은 내용이었는데, 당시 그 나라 인구의 절대 다수를 차지하던 팔레스타인인들을 언급조차 하지 않았다.

존 피터스Joan Peters의 『태곳적부터From Time Immemorial』 같은 엉터리 책들은 팔레스타인인들이 존재하지 않았다거나, 또는 설상가상으로 이스라엘을 해치려는 이들이 꾸며 낸 악의적인 발명품이라는 사고를 지지한다. 최근의 연구자들은 피터스의 책이 전혀 무가치한 내용이라고 입을 모은다. (하지만 1984년에 처음 출간되자마자 열광적인 호응을 얻었고, 실망스럽지만 지금도 꾸준히 팔린다.)[22] 유사 학문이면서도 인기가 있는 이런 문헌은 대개 유럽인 여행자나 새로 온 시온주의 이민자가 남긴 서술, 또는 영국 위임통치 당국의 자료를 바탕으로 한다. 원주민 사회와 역사에 관해 아무것도 알지 못하고 경멸하는 사람들, 또는 설상가상으로 팔레스타인이 비가시화되거나 아예 사라지는 상황에 이해관계가 있는 사람들이 대개 이런 문헌을 만들어 낸다. 이런 설명은 팔레스타인 사회 내부에서 만들어진 자료를 거의 활용하지 않으면서 본질적으로 유럽의 오만에 물든 외부자들의 관점과 무지, 편견을 되풀이한 것이다.[23]

이런 메시지는 정치와 공적 생활만이 아니라 이스라엘과 미국의 대중문화에서도 충분히 대변된다.[24] 레온 우리스Leon Uris의 소설 『엑소더스Exodus』 같은 대중 소설과 이를 바탕으로 제작해서 아카데미상을 받은 영화 등은 이 메시지를 증폭시켰다. 이런 작품들은 한 세대 전체에 엄청난 영향을 미쳤을 뿐만 아니라 이미 존재하는 편견들을 확인하고 강화하는 데 기여한다.[25] 미국 의회 전 하원의장 뉴트 깅리치Newt Gingrich 같은 정치인들은 팔레스타인인의 존재를 공공연하게

부정한 바 있다. 「나는 우리가 팔레스타인인을 고안해 냈다고 생각한
다. 실제로는 아랍인일 뿐인데 말이다.」 아칸소 주지사 마이크 허커
비Mike Huckabee는 2015년 3월 팔레스타인 여행에서 돌아오는 길에
이렇게 말했다. 「사실을 말하자면 팔레스타인인 같은 건 존재하지 않
는다.」[26] 해리 트루먼 이래 미국의 역대 행정부에서 팔레스타인 정책
을 만든 사람들은 팔레스타인인이 존재하든 존재하지 아니하든 간에
어느 정도는 이스라엘인보다 열등한 존재라고 보았다.

의미심장하게도, 초창기 시온주의의 여러 사도들은 자신들의 기
획에 담긴 식민주의적 성격을 자랑스럽게 받아들였다. 수정주의
적 시온주의의 저명한 지도자로 1977년 이래 메나헴 베긴Menachem
Begin, 이츠하크 샤미르Yitzhak Shamir, 아리엘 샤론Ariel Sharon, 에후드 올
메르트Ehud Olmert, 베냐민 네타냐후Benjamin Netanyahu 등 역대 총리가
지지하는 가운데 이스라엘을 지배한 정치적 추세의 대부인 제에브
자보틴스키Ze'ev Jabotinsky는 특히 이 점을 분명히 했다. 자보틴스키는
1923년에 이렇게 말했다. 「세계의 모든 토착민은 식민화의 위험을
떨쳐 버릴 수 있다는 최소한의 희망이라도 있는 한 식민주의자들에
게 저항한다. 팔레스타인의 아랍인들이 하는 행동도 바로 이런 것이
며, 〈팔레스타인〉이 〈이스라엘 땅〉으로 바뀌는 것을 막을 수 있다는
희망의 불씨가 하나라도 남아 있는 한 계속 저항할 것이다.」 다른 시
온주의 지도자들은 이렇게 솔직하게 생각을 털어놓은 적이 거의 없
다. 헤르츨 같은 대다수 지도자들은 순수한 목표를 추구할 뿐이라고
주장하면서 서구인들과 어쩌면 자기 자신들까지 속였다. 너그럽고
친절한 의도로 팔레스타인 아랍 주민들을 대할 뿐이라고 동화 같은
이야기를 늘어놓은 것이다.

자보틴스키와 그의 추종자들은 기존 주민들 내부에 식민 정착민

사회를 이식하는 과정에서 불가피하게 수반되는 가혹한 현실을 공공연하고 퉁명스럽게 인정할 만큼 솔직했다. 특히 그는 시온주의 계획을 실행하려면 언제든 다수 아랍인들에게 대규모로 무력을 행사할 위험성이 있음을 인정했다. 시온주의 계획이 성공을 거두려면 그가 말하는 총검의 〈철벽〉이 절대적으로 필요했다. 자보틴스키의 말을 들어보자. 「시온주의 식민화는 ……토착민으로부터 독립된 권력의 보호를 받을 때에만 진행되고 발전할 수 있다. 토착민들이 침범할 수 없는 철벽이 필요하다.」[27] 당시는 여전히 식민주의의 전성기였고, 서양인들이 토착 사회에 가하는 이런 일들이 〈진보〉라고 묘사되면서 정상으로 여겨졌다.

초기 시온주의자들이 창설해서 시온주의 기획이 성공을 거두는 데 핵심적 역할을 한 사회·경제 기관들 또한 모든 이들이 망설임 없이 받아들였고 식민지 사업이라고 설명했다. 이런 기관들 가운데 가장 중요한 것은 유대식민협회Jewish Colonization Association(1924년에 팔레스타인유대식민협회로 개명)였다. 이 기구는 원래 독일의 유대인 박애주의자 모리스 드 히르쉬Maurice de Hirsch 남작이 설립한 것인데, 나중에 영국인 동료이자 금융업자인 에드먼드 드 로스차일드Edmond de Rothschild 경이 설립한 비슷한 조직과 통합했다. 유대식민협회는 막대한 재정 지원을 제공해서 대규모 토지 매입을 가능케 하고, 위임통치령 시기 이전부터 팔레스타인의 초기 시온주의 정착촌들이 생존하고 번성할 수 있도록 지원금까지 주었다.

당연한 일이지만, 제2차 세계 대전 이후 탈식민 시대가 도래해서 식민주의가 악취를 풍기는 과거사가 되자, 이스라엘과 서구에서는 시온주의와 이스라엘의 식민주의적 기원과 실천을 깨끗이 세탁하고 편리하게 잊어버렸다. 실제로―20년간 영국 식민주의가 애지중지하는 양자였던—시온주의는 반식민 운동으로 변신했다. 이렇게 철저하게 변신한 이유는 영국이 제2차 세계 대전 직전 1939년 백서 White Paper를 통해 유대인 이민 유입 지원을 급격히 제한하자 영국을 상대로 파괴 행위와 테러 활동을 벌이기 위해서였다. 예전의 동맹자들(영국은 1930년대 말에 팔레스타인인들과의 싸움을 돕기 위해 이 땅에 들어오는 것을 허용한 유대인 정착민들에게 무기와 훈련을 제공했다)과 이렇게 사이가 틀어지자 시온주의 운동 자체가 반식민주의라는 이상하기 짝이 없는 사고가 튀어나왔다.

　시온주의가 처음에는 영제국에 찰싹 달라붙어서 지원을 받았고, 영국 제국주의가 부단히 노력을 기울인 덕분에 팔레스타인에 성공적으로 이식될 수 있었다는 사실은 부정할 도리가 없었다. 자보틴스키가 강조한 것처럼, 오직 영국만이 자기 땅을 지키기 위한 팔레스타인의 저항을 억누르는 데 필요한 식민 전쟁을 수행할 수단이 있었기 때문에 달리 의지할 데가 없었다. 그 후 이 전쟁은 때로는 공공연하게, 때로는 은밀하게 계속되었지만, 언제나 당시의 열강들이 암묵적으로나 명시적으로 승인했고, 종종 직접 개입했으며, 그들이 지배하는 국제기구인 국제연맹League of Nations과 국제연합UN의 승인을 받았다.

　비유럽 땅에서 벌어지고, 19세기의 고전적인 유럽의 식민주의 모험 때문에 발생해서 1917년부터 줄곧 당대의 서구 제국주의 최고 강대국의 지지를 받은 이 분쟁은 오늘날 이렇게 솔직하게 묘사되는 경우가 드물다. 실제로 예루살렘과 요르단강 서안, 점령지인 시리아 골란고원에서 이스라엘이 벌인 정착 노력만이 아니라 시온주의 기획자체까지 식민주의 정착민의 기원과 성격이라는 관점에서 분석하려는 이들은 종종 비난을 받는다. 많은 이들은 비록 시온주의가 이스라엘에서 번성하는 민족 집단을 창조하는 데 성공한 것은 의심의 여지가 없지만, 그 뿌리는 식민주의 정착민 기획(미국, 캐나다, 오스트레일리아, 뉴질랜드 같은 다른 근대 국가들과 똑같다)이라는 사고에 내재한 모순을 받아들이지 못한다. 또한 그들은 영국과 미국이라는 제국주의 열강의 지원이 없었더라면 이 기획이 성공하지 못했을 것이라는 점을 인정하지 않는다. 그러므로 시온주의는 민족 운동인 동시에 식민주의 정착민 운동일 수 있고, 실제로 그랬다.

나는 팔레스타인 역사를 포괄적으로 개관하는 대신 팔레스타인을 둘러싼 투쟁의 여섯 가지 전환점에 초점을 맞추는 쪽을 선택했다. 팔레스타인의 운명을 결정지은 1917년 밸푸어 선언 발표에서부터 2000년대 초반 이스라엘의 가자 지구 포위와 가자 주민들을 상대로 벌인 간헐적인 전쟁에 이르기까지, 이 여섯 가지 사건은 팔레스타인을 상대로 벌인 100년 전쟁의 식민주의적 성격을 고스란히 보여 준다. 또한 이 과정에서 외부 강대국들이 필수 불가결한 역할을 했음을 극명히 드러낸다.[28] 나는 이 전쟁을 직접 겪은 팔레스타인 사람들의 경험에 어느 정도 의지해서 이 이야기를 풀어놓았다. 그 가운데 다수는 이 책에서 설명하는 몇 가지 일화에 직접 등장하는 우리 집안사람들이다. 책의 서술에는 내가 목격한 사건들에 대한 회고만이 아니라 우리 집안과 다른 집안이 소장한 자료들, 다양한 일인칭 서사도 들어 있다. 이 책 전체에 걸쳐 내가 말하고자 하는 바는 이 분쟁을 대다수의 지배적인 시각과는 아주 다른 각도에서 보아야 한다는 것이다.

지금까지 나는 순전히 학문적인 방식으로 팔레스타인 역사의 여러 측면을 다루는 책 몇 권과 수많은 논문을 썼다.[29] 이 책의 토대 또한 연구에 기반한 학문적인 내용이지만, 학술적 역사책에서는 대개 배제되는 일인칭 차원도 담겨 있다. 나를 포함해서 우리 집안사람들은 목격자나 참여자로서 수년간 팔레스타인에서 벌어진 여러 사건에 관여했다. 비록 계급과 신분 덕분에 이점을 누리기는 했어도 우리가 유별난 경험을 한 것은 아니다. 아래로부터의 역사나 팔레스타인 사회의 다른 여러 부문의 역사가 여전히 미완의 과제로 남아 있지만, 이런 많은 서술에 의지할 수 있었다. 이런 접근법에 내재한 온갖 긴장에도 불구하고 나는 이 서술이 대다수 문헌에서 팔레스타인 이야기를 다루는 방식에 빠져 있는 어떤 관점을 환하게 비추는 데 도움이 된다고 생각한다.

19세기 유대 역사 서술의 흐름에 대해 위대한 역사학자 살로 바론Salo Baron이 예리하게 비평하면서 구사한 표현을 빌리자면, 이 책은 지난 100년간의 팔레스타인 역사에 대한 〈애절한 개념화lachrymose conception〉에 해당하지 않는다는 말을 덧붙여야겠다.[30] 압제자에 동조하는 이들은 팔레스타인인들이 스스로 피해자화에 흠뻑 젖어 있다고 비난해 왔다. 하지만 식민 전쟁에 직면한 원주민이 모두 그렇듯이 팔레스타인인들도 힘겹고 때로는 불가능한 온갖 역경에 부딪힌 것은 사실이다. 또한 그들이 거듭 패배를 당하고 종종 분열되고 서투른 지도자들에게 휘둘린 것도 사실이다. 하지만 그렇다고 해서 팔레스타인 사람들이 때로 이런 역경에 성공적으로 도전하거나 또 이따금 더나은 선택을 하지 못한 것은 아니다.[31] 우리는 그들이 대결해야 했던 가공할 국제적 제국주의 세력을 간과해서는 안 된다. 팔레스타인인들은 흔히 가볍게 무시해 버리는 엄청난 규모의 적대 세력에도 불구하고 놀라운 회복력을 보여 주었다. 이 책에서 이런 회복력을 고찰하고, 역사적 팔레스타인과 그 땅을 둘러싼 서사를 모조리 지배하는 이

들에 의해 지금까지 역사에서 지워진 그 흔적을 복원하는 데 도움이
된다면 더 바랄 나위가 없을 것이다.

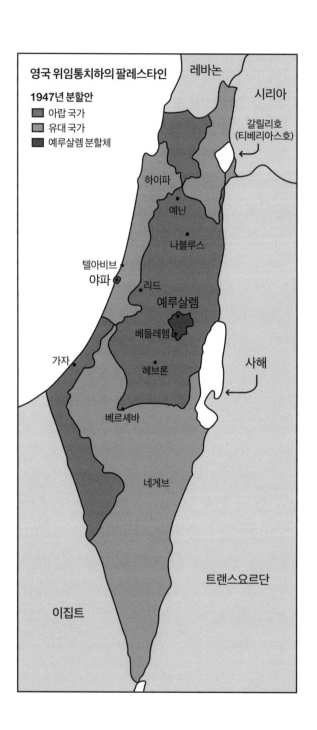

영국 위임통치하의 팔레스타인

레바논

시리아

1947년 분할안
아랍 국가
유대 국가
예루살렘 분할체

갈릴리호
(티베리아스호)

하이파

예닌

나블루스

텔아비브
야파

리드

예루살렘

베들레헴

사해

가자

헤브론

베르셰바

네게브

트랜스요르단

이집트

1   # 첫 번째 선전포고, 1917~1939

선전포고도 하기 전에 전쟁이 시작된 사례가 많이 있다.

— 아서 제임스 밸푸어[1]

시온주의 식민화가 팔레스타인에 눈에 띄는 많은 영향을 미치기
전인 20세기 전환기에 이 땅에서는 새로운 사고가 확산되고, 근대
식 교육과 문해력이 확대되기 시작했으며, 세계 자본주의 질서로 편
입되는 경제 통합이 빠른 속도로 진행되고 있었다. 밀과 감귤류 같은
수출용 작물 생산, 농업의 자본 투자, 오렌지 과수원의 급속한 확대
와 더불어 눈에 띄는 환금 작물과 임금 노동의 도입 등으로 많은 농
촌 지역의 면모가 바뀌고 있었다. 이런 점진적 변화는 소수 사람들의
사적인 토지 소유의 축적과 나란히 진행되었다. 소토지 보유 농민이
희생되는 가운데 대규모 토지가 속속 부재지주의 수중으로 들어갔
다. 그들 대부분은 베이루트나 다마스쿠스에 사는 이들이었다. 위생
시설, 보건, 정상 출산율 모두 꾸준히 개선되고 사망률이 감소했으며,
그 결과로 인구가 더 빠르게 증가하고 있었다. 전신, 증기선, 철도, 가
스등, 전기, 근대식 도로 덕분에 도시와 소읍, 심지어 일부 농촌 마을

도 점차 변모했다. 그와 동시에 지역 내부와 외부의 여행이 더 빨라지고, 저렴해지고, 안전해지고, 편리해졌다.[2]

1860년대에 유수프 디야 알할리디는 멀리 몰타와 이스탄불까지 가서 서구식 교육을 받아야 했다. 그런데 1914년에 이르면 팔레스타인과 베이루트, 카이로, 다마스쿠스의 다양한 국립, 사립, 선교사 학교와 대학에서 그런 교육을 받을 수 있었다. 가톨릭과 개신교, 정교회의 외국인 선교사 학교만이 아니라 세계이스라엘인연맹*이 세운 유대인 학교들도 근대식 교육을 도입했다. 열강 후원자들과 손을 잡은 외국인 선교사들이 젊은 세대의 교육을 지배할지 모른다는 두려움도 일부 있었을 터이다. 오스만 당국은 국립학교 네트워크를 점차 확대했다. 결국 이런 국립학교들이 외국 학교보다 팔레스타인에서 더 많은 학생을 배출했다. 보편적인 교육 접근권과 문해력 확대는 아직 먼 미래의 일이었지만, 제1차 세계 대전까지 이어진 여러 변화는 점점 더 많은 사람들에게 새로운 지평과 신선한 사고를 제공했다.[3] 아랍 주민들은 이런 발전의 혜택을 입었다.

사회적으로 볼 때, 팔레스타인은 여전히 가부장적이고 위계적인 성격이 지배하는 농촌 사회였고, 이런 상황은 1948년까지 대체로 지속되었다. 우리 집안과 같은 몇몇 가문에서 배출되는 한정된 도시 엘리트 집단이 지배하는 사회였다. 집안의 젊은 세대들은 지위와 우위를 유지하기 위해 근대식 교육을 습득하고 외국어를 배웠다. 이 엘리트들은 새로운 상황에 적응하는 가운데서도 자신의 지위와 특권을 고수했다. 새로운 직종과 업종, 계급이 증가하면서 1900년대에 출세

---

* Alliance israélite universelle, 1860년 프랑스 정치인 아돌프 크레미외가 전 세계 유대인의 인권을 보호하기 위해 만든 국제 유대인기구.

와 상향 이동의 기회가 많아졌지만, 여전히 이 엘리트 집단이 팔레스타인의 정치를 좌지우지했다. 특히 야파와 하이파 같이 급속하게 성장하는 연안 도시에서 예루살렘과 나블루스, 헤브론 같이 보수색이 강한 내륙 소도시보다 변화가 뚜렷이 나타났다. 연안 도시에서는 초창기 상업 부르주아 집단과 맹아적인 도시 노동계급이 등장했기 때문이다.[4]

그와 동시에 주민 대다수의 정체성 인식도 발전하고 변화하는 중이었다. 우리 할아버지 세대는 가족, 종교, 출신 도시나 마을에 일체감을 느꼈을 것이다―남들에게도 그런 기준으로 정체성이 인식되었을 것이다. 존경하는 조상의 혈통을 소중히 여겼을 테고, 쿠란의 언어인 아랍어를 사용하는 걸 자랑으로 여기는, 아랍 문화의 자부심 넘치는 상속자였을 것이다. 오스만 왕조와 국가에 충성심을 느끼고 관습에 뿌리를 둔 충절을 중요하게 여겼다. 또한 오스만 국가가 유서 깊고 위대한 역대 이슬람 제국의 땅을 수호하는 성채라고 보았다. 이 땅은 십자군 전쟁 이래 기독교 세력이 탐내는 곳이자 메카와 메디나, 예루살렘 같은 신성한 도시가 자리한 곳이었다. 하지만 그런 충성심은 이미 19세기에 약해지기 시작했다. 국가의 종교적 토대가 희미해지고, 오스만이 번번이 군사적 패배를 당하면서 영토를 빼앗기고, 민족주의 관념이 발전해서 퍼져 나갔기 때문이다.

이동성과 교육 접근권이 커지면서 이런 변화가 더욱 가속화되었고, 급격히 성장하는 언론과 출판물의 증가도 중요한 역할을 했다. 1908년에서 1914년 사이에 팔레스타인에서 신문과 정기간행물 34개가 새로 창간되었고, 1920년대와 1930년대에는 그 수가 훨씬 더 많아졌다.[5] 민족 같은 다른 형태의 정체성, 노동계급의 연대나 사회에서 여성의 역할 같은 사회 조직에 관한 새로운 사고가 등장하여 예전의 고정된 소속 관계에 도전했다. 민족이나 계급, 직업 집단 같은 새로운 소속 양식이 여전히 형성되는 중이어서 충성 관계가 겹칠 수밖에 없었다. 가령 1899년 헤르츨에게 보낸 편지에서 유수프 디야는 종교적 소속감, 오스만 제국에 대한 충성심, 예루살렘에 대한 지역적 자부심, 그리고 팔레스타인에 대한 뚜렷한 일체감을 환기시킨다.

20세기의 첫 번째 10년간 팔레스타인에 사는 유대인의 대다수는 여전히 문화적으로 도시에 거주하는 무슬림이나 기독교인과 무척 비슷했고 서로 꽤 편안하게 공존했다. 유대인은 대부분 초정통파이자 비시온주의자였고, 미즈라히mizrahi(동방 출신 유대인)나 세파르디 Sephardi(에스파냐에서 쫓겨난 유대인의 후예)였으며, 중동이나 지중해 출신의 도시인으로 대개 제2 언어나 제3 언어라 할지라도 아랍어와 터키어를 구사했다. 유대인과 이웃들은 종교로 뚜렷이 구분되었지만, 그들은 외국인이 아니었고 유럽인이나 외부에서 온 정착민도 아니었다. 그들은 무슬림이 다수인 원주민 사회의 일부를 이루는 유대인이었고, 스스로도 그렇게 생각했으며, 남들도 그렇게 보았다.[6] 게다가 다비드 벤구리온David Ben-Gurion이나 이츠하크 벤츠비Yitzhak Ben-Zvi(한 명은 이스라엘 총리가 되고 다른 한 명은 대통령이 된다) 같은 열렬한 시온주의자를 포함해서 당시에 팔레스타인에 정착한 일부 젊은 유럽계 아슈케나지 유대인은 처음에 현지 사회에 어느 정도 통합되려고 했다. 벤구리온과 벤츠비는 심지어 오스만 제국 국적을 취득하고 이스탄불에서 공부했으며, 아랍어와 터키어를 배웠다.

근대 산업화 시대에 서유럽과 북아메리카 선진국들에서 세계 나머지 지역에 비해 한층 더 급속하게 변화가 이루어지자, 몇몇 저명한 학자를 비롯한 많은 외부 관찰자들은 팔레스타인을 포함한 중동 사회가 정체하고 변화가 없거나 심지어 〈쇠퇴하는 중〉이라고 그릇된 주장을 폈다.[7] 이제 우리는 여러 지표로 볼 때 이런 주장이 결코 사실이 아니었음을 안다. 오스만 제국과 팔레스타인, 이스라엘, 서구의 여러 자료에 확고하게 근거하여 점점 쌓이는 역사 연구는 이런 그릇된 통념을 반박한다.[8] 하지만 1948년 이전 시기의 팔레스타인에 관한 최근의 학문 연구는 단순히 이런 사고의 핵심에 자리한 오해와 왜곡을 다루는 것을 훨씬 넘어선다. 잘 알지 못하는 외부자의 눈에는 어떻게 비쳤을지 몰라도, 20세기 전반기에 이르면 주변의 몇몇 다른 중동 사회와 아주 흡사하게 오스만 지배 아래 팔레스타인에도 활력 있는 아랍 사회가 존재했고, 급격하고 점점 빠르게 일련의 변화를 겪고 있었음은 분명하다.[9]

외부의 커다란 충격은 사회, 특히 그 사회의 자기인식에 크게 영향을 미친다. 발칸반도와 리비아, 그 밖에 여러 곳의 영토를 덩어리째 상실하면서 오스만 제국은 20세기 초에 점차 허약해졌다. 1911~1912년 리비아 전쟁을 시작으로 1912~1913년 발칸 전쟁, 그리고 제1차 세계 대전의 이례적인 혼란까지 10년 가까이 고통스러운 전쟁과 소요에 잇따라 휩쓸리면서 결국 제국이 소멸되었다. 제1차 세계 대전이 4년간 이어지면서 물자 부족과 궁핍, 기아와 질병, 말과 소의 징발을 가져왔으며, 노동 연령 남성의 대다수가 징병되고 전선에 배치되었다. 팔레스타인과 오늘날의 요르단, 시리아, 레바논을 아우르는 대시리아는 1915년에서 1918년 사이에 기근만으로 50만 명이 목숨을 잃은 것으로 추산된다(메뚜기 떼의 습격으로 상황이 더욱 악화되었다).[10]

오스만 군대에 징집된 후세인과 하산 알할리디 형제.

굶주림과 전반적인 고통은 주민들의 비참한 상태를 낳은 한 가지 원인에 불과했다. 대다수 관찰자들은 서부전선의 끔찍한 사상자에만 초점을 맞추었기 때문에 오스만 제국 전체가 주요 참전국 가운데 가장 막대한 인명 손실을 입었다는 사실을 알지 못했다. 전체 인구의 15퍼센트인 300여 만 명이 사망했다. 이 사상자의 대다수는 민간인이었다(단일 집단으로 최대의 사상자는 1915년과 1916년에 오스만 당국이 명령한 학살의 희생자들, 즉 아르메니아인과 아시리아인을 비롯한 기독교인이었다).[11] 그 밖에도 원래 징집된 오스만 군인 280만 명 가운데 무려 75만 명이 전쟁 중에 사망했을 것이다.[12] 그런 만큼 아랍인 사상자 수도 많았다. 이라크와 대시리아에서 징집된 군부대가 러시아와 싸운 오스만 동부전선뿐만 아니라 갈리폴리, 시나이, 팔레스타인, 이라크 같은 유혈적인 전장에 많이 투입되었기 때문이다. 인구학자 저스틴 매카시Justin McCarthy는 팔레스타인 인구가 1914년까지 매년 1퍼센트 정도씩 증가하다가 전쟁 중에 6퍼센트 감소했다고 추산했다.[13]

이 시기를 지배한 소요는 우리 집안을 비롯한 부유층 가문에도 영향을 미쳤다. 나의 아버지 이스마일은 1915년에 태어났는데, 성인이던 손위의 네 형, 누만Nu'man, 하산Hasan, 후세인Husayn, 아마드Ahmad가 오스만 군대에 징집되었다. 그중 두 명이 전투에서 부상을 입었지만, 다행히 모두 살아서 돌아왔다. 고모 안바라 살람 알할리디'Anbara Salam al-Khalidi는 젊은 시절 살았던 베이루트 거리의 기아와 궁핍의 비참한 모습을 기억했다.[14] 셋째 큰아버지 후세인 알할리디는 전쟁 중에 군의관으로 복무했는데, 예루살렘에서 목격한 가슴 미어지는 광경을 상기했다. 굶어 죽은 시체 수십 구가 거리에 뒹굴고 있었다고 한다.[15] 오스만 당국이 전시에 자행한 가혹한 행위 가운데는 고모의 약혼자인 압둘 가니 알우레이시'Abd al-Ghani al-'Uraysi를 비롯한 많은 아랍 민족주의 애국자를 반역죄로 교수형에 처한 것도 있다.[16]

1917년, 나의 할아버지 하지 라기브 알할리디와 움 하산Um Hasan으로 통하던 할머니 아미라Amira는 야파 지역의 다른 주민들과 함께 오스만 당국으로부터 철수 명령을 받았다. 서서히 엄습하는 전쟁의 위험에서 벗어나기 위해 두 사람은 야파 근처의 탈알리쉬Tal al-Rish(판사로 일하던 할아버지 때문에 오래전에 예루살렘에서 이곳으로 옮겨 왔었다)에 있는 집을 떠났다. 나의 아버지를 포함해 어린 자식들을 데리고 떠난 길이었다. 몇 달 동안 가족은 야파 동쪽 데이르가사네Dayr Ghassaneh의 언덕 마을에 몸을 피했다. 오랫동안 가까이 지낸 바르구티Barghouti 집안사람들과 피난길을 함께했다.[17] 마을은 바다에서 충분히 먼 거리라 연합군 해군 함포의 사정거리 밖이었고, 에드먼드 앨

런비Sir Edmund Allenby 장군이 이끄는 영국군이 북쪽으로 진격하는 가운데 해안을 따라 벌어진 치열한 전투에서도 떨어져 있었다.

1917년 봄부터 늦가을까지 팔레스타인 남부 곳곳은 영국군과 오스만군이 잇따라 충돌한 치열한 전장이었다. 독일과 오스트리아 군대가 오스만군을 지원했다. 전투는 참호전과 공습, 지상과 해상의 격렬한 포격으로 진행되었다. 영국과 영제국 군대는 여러 차례 대공세를 벌이면서 오스만 수비군을 서서히 밀어냈다. 전투는 겨울에 팔레스타인 북부로 확산되었고(중부의 예루살렘은 1917년 12월에 영국군 수중에 들어갔다), 1918년 초까지 계속되었다. 많은 지역에서 전쟁의 직접적인 충격으로 극심한 고통이 야기되었다. 최악의 타격을 입은 곳은 가자시티와 인근의 소읍과 마을들이었다. 장기간 이어진 참호전 당시 영국군이 벌인 대대적인 포격과 지중해 해안선을 따라 서서히 진격한 연합군의 공격으로 가루가 되었다.

1917년 11월 야파가 영국의 수중에 들어간 직후, 할아버지 가족은 탈알리쉬의 집으로 돌아왔다. 또 다른 고모 파티마 알할리디 살람Fatima al-Khalidi Salam은 당시 여덟 살이었는데, 아버지가 영국군에게 말을 걸었다고 기억을 떠올렸다. 「웰콤, 웰콤.」 할아버지는 서투르기 짝이 없는 영어로 말했다. 할머니 움 하산은 이 말을 〈야 웨일쿰Ya waylkum〉─〈화가 있을지어다!〉라는 아랍어다─이라고 알아듣고는 낯선 군인들에게 비아냥거려서 가족을 위험에 빠뜨렸다고 두려움에 떨었다.[18] 하지 라기브 알할리디가 영국인들의 출현을 환영했든지 개탄했든지 간에 그의 두 아들은 여전히 반대편에서 싸우고 있었고, 다른 둘은 전쟁 포로로 잡혀 있었기 때문에 가족은 위태로운 처지였다. 큰아버지 둘은 아직 오스만 군대에 있었는데, 이 군대는 1918년 말까지 팔레스타인 북부와 시리아에서 영국과 맞서 싸웠다.

그 둘을 포함해 수천 명의 남자가 전쟁이 끝난 뒤에도 집에 돌아오지 않았다. 일부는 징병을 피하기 위해 아메리카 대륙으로 이주했고, 작가 아레프 셰하데'Aref Shehadeh(나중에는 아리프 알아리프'Arif al-'Arif라고 불림)를 비롯한 많은 이들은 연합군 포로수용소에 갇혀 있었다.[19] 공공연하게 반시온주의를 내건 하이파의 신문 『알카르밀al-Karmil(카르멜산)』 편집인 나지브 나사르Najib Nassar 같은 다른 이들은 징병을 피해 산속에서 생활했다.[20] 한편 오스만 군대에서 탈영해서 전선을 넘어가거나 샤리프 후세인*이 영국과 손을 잡고 이끈 아랍 반란** 세력에 가담한 아랍 병사들도 있었다. 또한 다른 이들―『필라스틴Filastin』 편집인으로 아랍 민족주의를 강하게 풍기는 열렬한 독립 정신 때문에 오스만 당국에 의해 망명길을 떠난 이사 알이사'Isa al-'Isa 같은 이들―은 상대적으로 세계시민주의적인 야파 경계를 떠나 아나톨리아 농촌 지대의 심장부에 있는 여러 소읍으로 이주할 수밖에 없었다.[21]

이 모든 심대한 물리적 충격 때문에 전후의 비통한 정치 변화의 충격파가 더욱 부각되었고, 사람들은 오랫동안 이어진 정체성 인식을 재고할 수밖에 없었다. 전투가 끝날 무렵이면 팔레스타인과 많은 아랍 세계의 사람들은 유럽 각국 군대에 점령을 당하는 처지가 되었다. 400년이 흐른 뒤 이제 오스만의 통치가 순식간에 사라지고 외국인이 지배하는 상황에 처하자 어리둥절했다. 스무 세대가 넘도록 정부 체제라고 아는 것은 오스만 제국뿐이었는데 이제 완전히 달라진 것

---

* Sharif Husayn, 후세인 빈 알리. 샤리프는 메카의 태수를 가리키는 칭호.
** Arab Revolt, 오스만 제국의 지배를 받던 아랍인들이 독립국을 세워 주겠다는 영국의 약속을 받고 1916~1918년에 일으킨 반란. 영국 육군 중령 T. E. 로런스T. E. Lawrence와 후세인이 이끌었다. 결과는 아랍군 및 영국군의 승리로 끝났다.

이다. 한 시대가 끝나고 새로운 시대가 시작되는 때였다. 고통과 상실, 박탈이라는 암울한 배경에서 이처럼 커다란 트라우마에 한창 시달리는 가운데 팔레스타인인들은 이런저런 소식통을 통해 단편적으로 밸푸어 선언을 접하게 된다.

불과 한 세기 전인 1917년 11월 2일, 영국 내각을 대표해서 외무 장관 아서 제임스 밸푸어Arthur James Balfour가 작성한 이 중대한 선언—후에 밸푸어 선언이라고 불린다—은 딱 한 문장으로 이루어져 있다.

폐하의 정부는 팔레스타인에 유대인의 민족적 본거지를 수립하는 것을 찬성하고, 이러한 목적을 신속하게 실현하기 위해 최선의 노력을 기울이겠으며, 그로 인해 현재 팔레스타인에 사는 비유대인 공동체의 시민적·종교적 권리나 다른 나라에서 유대인이 누리는 권리나 정치적 지위가 침해되는 일이 없을 것임을 분명히 밝히는 바이다.

제1차 세계 대전 전에 선견지명이 있는 많은 팔레스타인인이 시온주의 운동을 하나의 위협으로 간주하기 시작했다면, 이제 밸푸어 선언은 무시무시한 요소를 새롭게 도입했다. 이 선언은 부드럽고 기만적인 외교의 언어로 〈팔레스타인에 유대인의 민족적 본거지를 수립하는〉 데 찬성한다는 모호한 구절을 담았다. 이 선언으로 영국은 사실상 팔레스타인 전체에 유대 국가를 세워 주권을 확보하고 이민을 통제한다는 테오도어 헤르츨의 목표를 지지한다고 약속한 것이었다.

의미심장하게도 밸푸어는 압도적 다수의 아랍 주민들(당시 약 94퍼센트)에 대해서는 〈현재 팔레스타인에 사는 비유대인 공동체〉라고 애매한 방식으로 언급하고 지나갔을 뿐이다. 그들은 자신들과 〈무관한〉 존재로 서술되었고, 확실히 한 민족이나 집단으로 거론되지 않았다. 67개 단어로 이루어진 선언문에는 〈팔레스타인인〉이나 〈아랍인〉이라는 단어가 등장하지 않는다. 이 압도적 다수의 주민들은 정치적·민족적 권리가 아니라 〈시민적·종교적 권리〉만을 약속받았다. 이와 대조적으로, 밸푸어는 당시 이 땅에 거주하는 주민의 극소수—6퍼센트—에 불과했던 사람들을 〈유대인〉이라고 지칭하면서 민족적 권리를 부여했다.

영국의 지지를 확보하기 전에 시온주의 운동은 강대국 후원자를 찾는 식민주의 기획이었다. 테오도어 헤르츨의 후계자인 하임 바이츠만Chaim Weizmann과 그의 동료들은 오스만 제국과 빌헬름의 독일, 그 밖에 다른 나라에서 후원자를 찾는 데 실패한 끝에, 마침내 데이비드 로이드 조지David Lloyd George가 이끄는 영국의 전시 내각에 접근하는 데 성공했다. 당시 최강대국의 지지를 확보한 것이다. 이제 팔레스타인인들은 유례가 없는 가공할 적에 직면하게 되었다. 〈민족적 본거지〉를 이식하겠다고 약속한 정부를 섬기는 영국군이 바로 그 순간 북쪽으로 진격하면서 자기네 땅을 점령하고 있었기 때문이다. 무제한적인 이민 유입은 조만간 유대인이 다수가 될 것임을 의미했다.

당시 영국 정부가 어떤 의도와 목적을 갖고 있었는지는 지난 100여 년간 충분히 분석되었다.[22] 여러 동기 가운데는 히브리인에게 성서의 땅을 〈돌려준다〉는 낭만적이고 종교적인 친유대주의philo-Semitism적 열망과 영국으로 유입되는 유대인 이민을 줄이려는 반유대주의적 기대가 섞여 있었다. 이런 기대는 〈전 세계 유대인〉이 새롭게 등장한 혁명 러시아가 계속 전쟁을 벌이게 만들고 미국을 전쟁으로 끌어들일 힘이 있다는 확신과 연결되었다. 이런 여러 충동 외에도 영국은 무엇보다 제1차 세계 대전 이전부터 염두에 두었으며 전시의 여러 사건을 통해 더욱 강화된 지정학적인 전략적 이유 때문에 팔레스타인을 지배하기를 원했다.[23] 다른 동기들이 아무리 중요하다고 해도 이것이 핵심 동기였다. 영제국을 움직인 것은 절대 이타주의가 〈아니었다〉. 영국이 전시에 이 지역에 대해 내놓은 여러 약속과 마찬가지로 시온주의 기획을 후원한 것도 영국의 전략적 이해에 완벽하게 기여했다. 그 가운데는 1915년과 1916년에 메카의 샤리프 후세인이 이끄는 아랍인들에게 독립을 약속한 것(후세인-맥마흔 서한에 기술됨)과 1916년 프랑스와 비밀리에 체결한 약속—사이크스-피코 협정Sykes-Picot—이 있었다. 영국과 프랑스의 협정에서 두 강대국은 아랍 동부 지방을 각자 식민지로 분할하는 데 합의했다.[24]

밸푸어 선언을 발표한 영국의 동기보다 더욱 중요한 것은 이 약속이 시온주의 운동이 추구한 명백한 목표—주권 확보와 팔레스타인의 완벽한 지배—에 대해 실제로 의미한 내용이다. 영국이 아낌없이 지지하는 가운데 이런 목표가 갑자기 실현 가능하게 되었다. 영국의 몇몇 정치 지도자들은 시온주의에 대한 지지를 선언의 신중한 문구를 훌쩍 넘어서 확대했다. 1922년 밸푸어의 저택에서 저녁 식사를 하는 자리에서 당대 가장 저명한 영국 정치인 세 명—로이드 조지, 밸푸어, 식민지 장관 윈스턴 처칠—은 〈유대인의 민족적 본거지〉란 말은 〈언제나 궁극적으로 유대 국가를 의미한 것이었다〉고 바이츠만을 안심시켰다. 로이드 조지는 이 시온주의 지도자에게 이런 이유로 영국은 절대 팔레스타인에 대의 정부를 허용하지 않을 것이라고 장담했다. 물론 실제로도 허용하지 않았다.[25]

시온주의자들이 보기에, 이제 시온주의 기획은 제에브 자보틴스키의 말처럼 영국의 군사력이라는, 절대적으로 필요한 〈철벽〉의 지원을 받게 되었다. 밸푸어 선언으로 결국 운명이 결정되는 팔레스타인 주민들에게는, 밸푸어가 신중하게 다듬은 문구가 사실상 그들의 머리를 겨누는 총구였다. 영제국이 원주민을 상대로 선전포고를 한 것이나 다름없었다. 다수 주민들은 이제 인구나 문화가 거의 아랍 일색인 땅에 유대인이 무제한으로 이민을 와서 숫자로 압도당할 수 있는 상황에 직면했다. 이런 식으로 의도한 것이든 아니든 간에, 밸푸어 선언은 전면적인 식민지 충돌의 신호탄이었다. 팔레스타인인들을 희생시켜 배타적인 〈민족적 본거지〉의 건설을 목표로 한, 한 세기 동안 이어지는 공격의 시작이었다.

밸푸어 선언에 대한 팔레스타인 쪽 반응은 늦게야 나왔고, 처음에는 비교적 조용했다. 세계 나머지 지역들에서는 이미 선언이 나온 직후에 영국의 발표에 관한 소식이 퍼져 나갔다. 하지만 팔레스타인에서는 전쟁이 시작된 이래 정부의 검열과 인쇄 용지 부족 때문에 지역 신문사들이 문을 닫은 상태였다. 연합군의 오스만 항구 해상 봉쇄가 그만큼 강력했던 것이다. 1917년 12월 영국군이 예루살렘을 점령한 뒤, 군정 당국은 밸푸어 선언 뉴스를 공개하는 것을 금지했다.[26] 실제로 영국 당국은 거의 20년간 팔레스타인에서 신문이 다시 등장하는 것을 허용하지 않았다. 밸푸어 선언에 관한 보도가 마침내 팔레스타인까지 퍼지자 입에서 입으로 서서히 소식이 전해지고 여행자들이 카이로에서 사온 이집트 신문을 통해 더욱 확산되었다.

가뜩이나 전쟁의 막바지 단계에서 힘이 빠져 있던 팔레스타인 사회는 충격적인 소식에 정신을 차리지 못했다. 혼란과 피난에서 살아남은 이들이 느릿느릿 집으로 돌아오던 때였다. 이 소식에 사람들이 충격을 받았다는 증거가 있다. 1918년 12월, 이제 막 아나톨리아에서 다마스쿠스(뉴스를 볼 수 있는 곳이었다)로 온 팔레스타인 망명객 33명(알이사도 그중 하나였다)은 베르사유에서 소집된 강화 회담과 영국 외무부에 미리 항의 편지를 보냈다. 그들은 〈이 나라는 우리 나라〉임을 강조하면서 〈팔레스타인이 자신들의 민족적 본거지로 바뀔 것〉이라는 시온주의의 주장에 끔찍한 우려를 나타냈다.[27]

밸푸어 선언이 발표되었을 때 많은 팔레스타인인은 아마 이런 가능성이 희박하다고 보았을 것이다. 당시만 해도 유대인은 인구의 극소수에 불과했기 때문이다. 그렇다 하더라도 유수프 디야 알할리디를 비롯해 선견지명이 있는 몇몇 사람들은 일찍부터 시온주의가 제기하는 위험을 알아차렸다. 1914년 이사 알이사는 『필라스틴』에 쓴 기민한 사설에서 〈이 팔레스타인 땅에서 시온주의의 물결에 밀려 사라질 위협에 직면한 민족 ······자신의 본거지에서 쫓겨날 위협에 처한 민족〉에 관해 말했다.[28] 시온주의 운동이 잠식해 들어오는 것을 보고 공포를 느낀 이들은 그들이 원주민 농민들이 쫓겨난 비옥한 땅을 대규모로 사들이고 유대인 이민자를 늘리는 데 성공하자 깜짝 놀랐다.

실제로 1909년에서 1914년 사이에 유대인 이민자 4만 명이 도착했고(다만 일부는 곧바로 다시 떠났다), 시온주의 운동이 주로 부재지주들에게서 사들인 땅에 새로운 식민촌 18곳(1914년 당시 총 52곳)이 만들어졌다. 비교적 최근에 토지의 사적 소유가 집중되면서 이런 토지 매입이 크게 촉진되었다. 시온주의 식민화가 집중된 지역,

즉 연안의 평야 지대와 북부에 있는 비옥한 마르지이븐아메르Marj Ibn 'Amer(이즈르엘) 계곡과 훌레Huleh 계곡의 농촌 공동체에서 팔레스타인인들에게 미치는 영향이 특히 두드러졌다. 새로 생긴 식민촌에 인접한 마을의 많은 농민들은 토지 매입의 결과로 소작으로 농사 짓던 땅을 빼앗겼다. 일부는 또한 유럽계 유대인 정착민들이 최초로 결성한 준군사 부대와 무력 충돌을 겪기도 했다.[29] 하이파와 야파, 예루살렘—그때나 지금이나 유대인의 중심지다—등 도시에 사는 아랍인들도 비슷한 공포를 느꼈다. 전쟁 전 수년간 유대인 이민자의 물결을 바라보며 점점 걱정이 많아졌던 것이다. 밸푸어 선언이 발표된 뒤, 점차 모든 이들이 이 선언이 팔레스타인의 미래에 대해 갖는 재앙적 함의를 분명히 인식하게 되었다.

인구를 비롯한 여러 변화 이외에도 제1차 세계 대전과 그 여파 때문에 팔레스타인의 민족 정서는 땅에 대한 사랑과 집안과 지방에 대한 충절에서 철저하게 근대적인 형태의 민족주의로 점점 빠르게 바뀌었다.[30] 수십 년 동안 민족주의가 지반을 확보해 온 세계에서 제1차 세계 대전을 계기로 민족주의는 전 지구적인 추진력을 얻었다. 전쟁이 막바지로 치달을 즈음 미국의 우드로 윌슨과 소련의 블라디미르 레닌은 이런 추세를 더욱 강화했다. 둘 다 비록 방식과 목적은 다를지라도 민족 자결의 원리를 신봉했다.

이 두 지도자가 어떤 의도를 갖고 있었든 간에 표면상 반식민주의 강대국이 세계 각지의 민족적 열망을 지지하는 모습을 보인 것은 엄청난 파급력을 발휘했다. 분명 윌슨은 민족 자결의 원리를 민족 해방이라는 희망에 대한 열망으로 받아들인 대다수 사람들에게 적용할 의도가 전혀 없었다. 실제로 그는 대부분 듣도 보도 못한 수많은 민족이 자신의 자결 호소에 환호하는 것을 보고 적이 당황했다고 털어놓았다.[31] 그렇다 하더라도 — 윌슨의 민족 자결 지지 선언, 볼셰비키 혁명, 베르사유 강화 회담에 참석한 연합국이 식민지 민족들의 독립 요구에 보인 무관심에 의해 — 일깨워졌다가 이내 꺾인 희망은 인도와 이집트, 중국, 한국, 아일랜드 등지에서 대대적인 혁명적 반식민 소요에 불을 붙였다.[32] 로마노프, 합스부르크, 오스만 등 제국 — 초민족적인 왕조 국가 — 의 해체 또한 전쟁 중에, 그리고 전쟁이 끝난 뒤 민족주의가 확산하고 강화된 것과 상당한 상관관계가 있었다.

팔레스타인의 정치적 정체성은 확실히 전쟁 전에 전 지구적 변동과 오스만 국가의 점진적 변화와 나란히 바뀌었다. 하지만 이런 변화는 비교적 느리게 이루어졌고, 역동적이고 초민족적이며 종교적 정통성을 지닌 제국의 제약 안에서 벌어졌다. 이 정치 체제에 의해 너무도 오랫동안 통치를 받은 나머지 오스만 지배를 벗어난다는 것은 생각조차 하기 어려웠던 탓에 1914년 이전 대다수 제국 신민의 정신적 지도는 크게 제약되었다. 팔레스타인인들은 전후 세계로 들어서자 집단적 트라우마에 시달리면서 근본적으로 새로운 현실에 직면했다. 이제 영국의 지배를 받는 가운데 자신들의 나라를 다른 이들에게 〈민족적 본거지〉로 제공한다는 말을 들은 것이다. 1916년 영국이 샤리프 후세인에게 약속한 아랍인의 독립과 자결 가능성에 대한 기대를 유대인에 대한 약속과 대조해 볼 수 있었다. 아랍을 독립시켜 주겠다는 약속은 1918년 영국-프랑스 선언을 비롯해서 이후 여러 차례 공개적인 서약에서 반복되었고, 결국 1919년 신설된 국제연맹의 규약Covenant으로 명문화되었다.

팔레스타인인들이 스스로를 어떻게 인식했고, 양차 대전 사이에 벌어진 사건들을 어떤 식으로 이해했는지를 보여 주는 중요한 창은 팔레스타인 언론이다. 이사 알이사가 야파에서 발행한 『필라스틴』과 나지브 나사르가 하이파에서 발행한 『알카르밀』 두 신문은 팔레스타인 애국주의의 보루이자, 시온주의-영국의 협상과 이것이 팔레스타인의 다수 아랍인에게 제기하는 위협에 대한 비판자였다. 두 신문은 팔레스타인의 정체성이라는 관념을 주창하는 가장 영향력 있는 횃불이었다. 다른 신문들도 동일한 주제를 반복하고 증폭시키면서 새롭게 싹트는, 대체로 폐쇄적인 유대인 경제를 비롯해서 시온주의 국가 건설 기획이 만들어 내고 영국 당국이 지원하는 여러 기관에 초점을 맞췄다.

1929년, 이사 알이사는 텔아비브와 유대인 정착촌, 아랍 마을들과 남부를 연결하는 철도 노선 개통식에 참석한 뒤 『필라스틴』에 불길한 사설을 썼다. 노선 전체를 따라서 유대인 정착민들이 영국인 관리의 존재를 등에 업고 새로운 요구를 주장하는 한편, 팔레스타인인들은 어디에도 보이지 않는다는 것이었다. 〈수많은 모자 가운데 타부슈*는 하나뿐이었다.〉 〈와타니인wataniyin(이 나라 사람들)〉은 결속력이 형편없는 반면, 〈알카움al-qawm(이 민족)〉은 자신들에게 주어진 기회를 남김없이 활용했다. 〈우리 땅의 이방인들: 우리는 꾸벅꾸벅 조는데 그들은 기민하게 움직인다〉[33]는 사설의 제목은 알이사의 경고가 얼마나 엄중한지 극명하게 보여 주었다. 팔레스타인인들이 출간한 수많은 회고록도 이런 창을 제공한다. 대부분 아랍어로 쓰인 회고록들은 상층계급과 중간계급 저자들의 관심사를 반영한다.[34] 팔레스

* tarbush, 붉은 천으로 만든 챙 없는 터키 모자.

©THE KHALIDI LIBRARY

알할리디 일가, 탈알리쉬, 1930년경. 윗줄 왼쪽부터: 이스마일(저자의 아버지), 야쿠브, 하산(사미라를 안고 있음), 후세인(레일라를 안고 있음), 갈리브. 가운데 줄: 안바라, 왈리드, 움 하산(저자의 할머니), 술라파, 하지 라기브(저자의 할아버지), 나샤트, 이크람. 아랫줄: 아델, 하팀, 라기브, 아미라, 할리드, 무아위야.

타인 사회의 하층 집단의 견해를 발견하는 일은 더 어렵다. 영국 지배 초기 수십 년간의 구술사 자료는 거의 찾아보기 힘들다.[35]

이런 자료에서 〈팔레스타인〉과 〈팔레스타인인〉이라는 용어가 점차 사용되는 가운데 팔레스타인 정체성이 서서히 발전한 과정에 대한 인식이 제공되기는 하지만, 이 과정의 전환점을 정확히 집어내기란 쉽지 않다. 내 할아버지의 개인적 궤적을 통해 몇 가지 힌트를 얻을 수 있다. 전통적인 종교 교육을 받고 종교 관리와 샤리아 재판관으로 일한 하지 라기브는 이사 알이사(공교롭게도 내 아내 모나의 할아버지다)의 친한 친구였고, 『필라스틴』에 교육, 도서관, 문화 등의 주제에 관해 기사를 썼다.[36] 할리디와 알이사 집안에서 전해 내려오는 이야기를 통해 우리는 주로 야파 교외의 탈알리쉬에 있던 내 할아버지의 집 정원에서 둘 — 한쪽은 무슬림, 한쪽은 그리스정교회 — 사이에 빈번하게 이루어진 사회적 친교를 엿볼 수 있다. 한 이야기에서, 두 사람은 지루하고 보수적인 지역 셰이크shaykh(장로)의 끝없이 계속되는 방문을 견디다가, 그가 떠난 뒤 다시 둘이서 주거니 받거니 술잔을 나누곤 했다.[37] 여기서 요점은 종교인인 하지 라기브가 정체성의 원천으로서 팔레스타인을 내세우는 세속적 지도자 진영의 일원이었다는 것이다.

신문이나 회고록, 그 밖에 팔레스타인인들이 만들어 낸 비슷한 자료들을 대충 훑어보기만 해도 드러나는 역사는 이 분쟁에 대한 대중적 신화와 정면으로 충돌한다. 대중적 신화는 팔레스타인인이 존재하지 않았거나 집단적 의식이 부재했다는 전제 위에 서 있기 때문이다. 실제로 팔레스타인 정체성과 민족주의는 최근 들어 유대인의 민족 자결에 대한 (광신적이지는 않더라도) 터무니없는 반대로 표현된 것에 지나지 않는다는 시각이 팽배해 있다. 하지만 팔레스타인 정체성은 시온주의와 마찬가지로 여러 자극에 대한 반응으로 등장했으며, 근대의 정치적 시온주의와 거의 정확히 동시에 나타났다. 반유대주의가 시온주의에 기름을 부은 여러 요인 중 하나에 불과했던 것처럼, 시온주의의 위협 역시 이런 자극들 중 하나에 불과했다. 『필라스틴』과 『알카르밀』 같은 신문에서 드러나는 것처럼, 이 정체성에는 조국애, 사회를 개선하려는 열망, 팔레스타인에 대한 종교적 애착, 유럽의 지배에 대한 저항 등이 들어 있었다. 전쟁이 끝난 뒤, 팔레스타인이 정체성의 중심지로 초점이 모아진 것은 시리아를 비롯한 여러 곳에서 아랍의 열망이 가로막힌 데 대한 광범위한 좌절에서 힘을 얻은 결과였다. 바야흐로 중동이 유럽의 식민주의 열강에 지배를 받으면서 질식 상태였다. 그리하여 팔레스타인 정체성은 같은 무렵에 시리아와 레바논, 이라크에서 등장한 아랍 민족국가 정체성과 비슷하다.

실제로 이웃한 모든 아랍 사람들은 팔레스타인인과 아주 흡사하게 근대적 민족 정체성을 발전시켰는데, 그들 한가운데에서 시온주의의 식민주의가 등장하는 충격이 없이도 이런 과정이 나타났다. 시온주의와 마찬가지로, 팔레스타인을 비롯한 아랍의 여러 민족 정체성은 근대적이고 우연한 현상으로 19세기 말과 20세기의 상황에서 생겨난 소산이다. 영원하고 불변하는 현상이 아닌 것이다. 독립적이고 진정한 팔레스타인 정체성을 부정하는 것은 시온주의가 원주민에게 이득을 준다는 헤르츨의 식민주의적 견해와 일맥상통하며, 밸푸어 선언과 그 후속 조치들로 그들의 민족적 권리와 민족의식을 삭제하는 데 결정적인 요소가 된다.

제1차 세계 대전 직후 기회가 생겨나자마자 팔레스타인인들은 영국의 통치에, 그리고 영국인들의 특권적인 대화 상대로서 시온주의 운동을 내세우는 것에 맞서면서 정치적으로 조직되기 시작했다. 영국과 파리 강화 회담, 새롭게 결성된 국제연맹 등에 청원서를 보내는 등 여러 시도를 했다. 가장 유명한 시도는 무슬림-기독교인 협회의 전국적인 네트워크가 계획해서 1919년부터 1928년까지 잇따라 일곱 차례 개최한 팔레스타인 아랍인 대회였다. 이 대회들은 아랍 팔레스타인의 독립, 밸푸어 선언 거부, 다수결 원칙 지지, 무제한적인 유대인 이민 유입과 토지 매입 중단 등에 초점을 맞추는 일관된 요구를 잇따라 내놓았다. 또한 아랍인 운영진을 구성하여 예루살렘과 런던에서 영국인 관리들과 거듭 회동했지만 별 성과는 없었다. 좀처럼 들으려 하지 않는 대화였다. 영국인들은 대회나 그 지도자들의 대표 권한을 인정하려 하지 않았고, 아랍인들이 밸푸어 선언과 그것을 계승한 위임통치령의 조건 — 아랍 쪽의 모든 실질적인 요구에 반대되는 내용 —을 대화의 전제 조건으로 수용할 것을 주장했다. 팔레스타인 지도부는 15년이 넘도록 이런 성과 없는 법적 방법에 매달렸다.

엘리트층이 이끄는 이런 선도적 노력과 대조적으로, 시온주의의 열망을 지지하는 영국에 대한 아랍 대중의 불만은 시위와 파업, 폭동으로 폭발했다. 1920, 1921, 1929년에 잇따라 대규모 폭력 사태가 벌어졌는데, 매번 격렬한 강도가 심해졌다. 모든 폭력 사태는 자생적으로 분출한 것이었는데, 대개 시온주의 조직들이 힘으로 위협하면서 촉발된 것이었다. 영국인들은 평화적 시위와 폭력 사태를 똑같이 가혹하게 진압했지만, 아랍 대중의 불만은 계속되었다. 1930년대 초에 이르면, 젊고 교육받은 하층 중간계급과 중간계급 성원들이 엘리트들의 타협적 방식을 참지 못하고 좀 더 급진적인 기획에 착수하여 전투적인 단체를 조직하기 시작했다. 시리아 출신으로 하이파를 기반으로 활동하는 순회 설교자 셰이크 이즈 알딘 알카삼'Iz al-Din al-Qassam이 북부 전역에서 세운 활동가 네트워크도 그중 하나였다. 비밀리에 무장봉기를 준비한 이 그룹은 이스티클랄Istiqlal(독립)당도 만들고 있었는데, 그들이 추구하는 목표가 그 이름으로 집약되었다.

이 모든 시도는 처음에는 1920년까지 지속된 영국의 엄격한 군사 정권(영국인들이 팔레스타인의 정치 활동을 금지했기 때문에 한 대회는 다마스쿠스에서 열렸다)의 그림자 아래서 이루어지다가 이후 고등판무관이 지휘하는 영국 위임통치령 아래서 벌어졌다. 초대 고등판무관인 허버트 새뮤얼 경Sir Herbert Samuel은 열렬한 시온주의자이자 본국의 전임 각료로 이후 이어진 통치 구조의 토대를 놓았고, 시온주의의 목표를 유능하게 진전시키는 한편 팔레스타인인들의 목표를 좌절시켰다.

정보에 밝은 팔레스타인인들은 시온주의자들이 해외에서, 그리고 팔레스타인에서는 히브리어로 추종자들에게 설교하는 내용을 잘 알았다. 무제한적으로 이민이 유입되면 유대인이 다수가 되어 결국 이 나라를 차지하게 될 것이라는 내용이었다. 그들은 전쟁이 벌어지기 한참 전부터 아랍어 신문에서 이 주제를 다룬 광범위한 보도를 통해 시온주의 지도자들의 행동과 말을 추적하고 있었다.[38] 한 예로, 하임 바이츠만은 1918년 3월 예루살렘에서 열린 디너파티에서 아랍의 몇몇 유명 인사들에게 〈시온주의자들이 정치권력을 손에 넣으려 하고 있다는 믿기 어려운 암시를 조심하라〉고 말했지만,[39] 대다수는 이런 주장이 시온주의자들이 실제로 추구하는 목표를 숨기려는 전략적인 말임을 알았다. 실제로 시온주의 운동 지도자들은 〈유대인들이 세계의 공감을 잃는 일이 없도록 하기 위해 무슨 일이 있어도 시온주의 계획에 따르면 결국 아랍인들을 몰아내야 한다고 말하지는 않았지만〉, 식견이 있는 팔레스타인인들은 속지 않았다.[40]

신문 독자들과 엘리트 성원들, 유대인 정착민과 직접 접촉하는 마을 사람들과 도시 주민들은 이런 위협을 알았지만, 이런 인식은 보편적인 것이 아니었다. 마찬가지로 팔레스타인인들의 자의식 발전도 균등하게 이뤄지지 않았다. 대다수 사람들은 팔레스타인의 독립을 바랐지만, 일부는 더 커다란 아랍 국가의 일부로 이런 독립을 확보할 수 있으리라는 희망을 품었다. 1919년 예루살렘에서 아리프 알아리프와 또 다른 정치인인 무함마드 하산 알부데이리Muhammad Hasan al-Budayri가 잠시 동안 발간한 한 신문은 『남시리아Suriyya al-Janubiyya』라는 제호를 통해 이런 열망을 선언했다. (신문은 곧바로 영국인들의 탄압을 받았다.) 샤리프 후세인의 아들인 아미르 파이살Amir Faysal이 이끄는 정부가 1918년 다마스쿠스에서 세워졌는데, 많은 팔레스타인인은 자기네 나라가 이 신생 국가의 남부로 편입되기를 기대했다. 하지만 프랑스는 사이크스-피코 협정에 따라 시리아 자체만 요구했고, 1920년 7월 프랑스 군대가 이 나라를 점령해서 신생 아랍 국가를 몰아냈다.[41] 위임통치령을 비롯해 직간접적 형태로 유럽의 지배를 받던 아랍 나라들이 각자의 한정된 문제에 몰두하게 되자, 점점 더 많은 팔레스타인인들이 결국 의지할 것은 자신들뿐이라는 사실을 깨달았다. 아랍주의와 아랍 세계 전체에 대한 소속감이 계속해서 강하게 이어졌지만, 항상 시온주의 기획 편을 드는 영국의 태도 때문에 팔레스타인 정체성이 끊임없이 강화되었다.

중동의 다른 지역에서 일어난 여러 변화가 지속적으로 불안정에 시달리는 한 지역을 휩쓸었다. 연합국 점령군과의 격렬한 충돌에 이어 아나톨리아에서는 오스만 제국을 대신할 터키 공화국의 맹아가 생겨났다. 한편 영국은 이란에 일방적인 조약을 부과하는 데 실패하고 1921년에 점령군을 철수했다. 프랑스는 아미르 파이살의 국가를 짓밟은 뒤 시리아와 레바논에 자리를 잡았다. 1919년 영국의 지배자들에게 맞서 반란을 일으킨 이집트인들은 식민 강국을 크게 괴롭히면서 진압되었지만, 마침내 영국은 1922년에 이집트에 허울뿐이나마 독립을 부여할 수밖에 없었다. 이라크에서도 비슷한 일이 벌어져서 1920년 광범위한 무장봉기가 일어나자, 영국은 이제 국왕 칭호를 얻은 아미르 파이살이 이끄는 아랍 군주정 아래 자치권을 주어야 했다. 제1차 세계 대전 이후 불과 10년 만에 터키, 이란, 시리아, 이집트, 이라크가 모두 일정한 독립을 달성했다. 종종 크게 제약을 받고 심하게 제한되기는 했지만 말이다. 그러나 팔레스타인에서 영국은 이와 다른 일련의 규칙에 따라 움직였다.

❖

　1922년, 새롭게 구성된 국제연맹은 팔레스타인 위임통치령을 반
포하여 영국의 통치를 공식화했다. 위임통치령은 시온주의 운동에
이례적인 선물이라도 주듯이 밸푸어 선언을 원문 그대로 받아들였을
뿐만 아니라 선언의 약속을 크게 확대했다. 위임통치령 문서는 〈일부
공동체〉에 대해서는 〈독립국가로서의 존재를 임시적으로 인정할 수
있다〉는 국제연맹 규약 22조를 언급하면서 시작한다. 계속해서 문서
에는 밸푸어 선언의 조항들을 지지한다는 국제적 약속이 제시되어
있다. 이 후속 문구에 분명하게 담긴 함의는 팔레스타인에서는 유대
민족 한 집단에게만 민족적 권리가 인정된다는 것이다. 중동의 다른
모든 위임통치령에서는 규약 22조가 전체 인구에 적용되어 결국 이
나라들에 일정한 형태의 독립이 허용된 것과 대비를 이룬다.

　위임통치령 전문의 세 번째 문단에는 유대인, 오직 유대인만이 팔
레스타인과 역사적 연관성이 있는 것으로 서술되어 있다. 초안 작성
자들이 보기에 오스만, 맘루크, 아이유브, 십자군, 아바스, 우마이야,
비잔티움, 그리고 이전 시기들까지 거슬러 올라가는 마을, 성지, 성,
사원, 교회, 기념물 등 2,000년에 걸쳐 축조된 이 땅의 환경은 사람
들의 것이 아니라 여러 무정형의 종교 집단의 소유물이었다. 물론 그
곳에는 사람들이 있었지만, 그들에게는 역사나 집단적 존재가 전혀
없었기 때문에 무시할 수 있었다. 이스라엘 사회학자 바루크 키멀링
Baruch Kimmerling이 말한 팔레스타인인들에 대한 〈정치적 살해politicide〉
의 뿌리가 위임통치령 전문에 고스란히 드러나 있다. 한 민족의 땅에
대한 권리를 뿌리째 뽑는 가장 확실한 방법은 그 땅과의 역사적 연관
성을 부정하는 것이다.

이어지는 위임통치령의 28개 조항 어디에도 민족적·정치적 권리를 지닌 한 민족으로서 팔레스타인인을 언급하는 말이 전혀 없다. 실제로 밸푸어 선언과 마찬가지로, 〈아랍〉이나 〈팔레스타인인〉이라는 단어 자체가 등장하지 않는다. 팔레스타인 인구의 절대 다수에게 주어진 유일한 보호 조치는 개인적·종교적 권리를 보장하고 성지를 현재 상태로 보존한다는 것뿐이었다. 다른 한편 위임통치령은 유대인의 민족적 본거지를 세우고 확대하기 위한 핵심적 방법을 제시했는데, 초안 작성자들에 따르면 이 본거지는 시온주의 운동이 창조한 게 아니라 〈재구성하는〉 것이었다.

위임통치령 28개 조항 가운데 7개는 민족적 본거지 정책을 실행하기 위해 시온주의 운동에 특권과 편의를 확대한다는 내용이다(다른 조항들은 행정과 외교 문제를 다루며, 가장 긴 조항은 고대 유물 문제에 관한 것이다). 유럽의 열성 시온주의자들이 대규모로 이주하기 전에 유대인 공동체는 대개 시온주의자가 아니거나 심지어 시온주의에 반대하는 독실한 유대인이나 미즈라히 유대인으로 구성되어 있었다. 하지만 팔레스타인에서 유대인기구Jewish Agency로 구현된 시온주의 운동이 이 나라에 사는 유대인의 공식 대표체로 공공연하게 지정되었다. 물론 이름 없는 다수의 아랍인들에게는 이런 공식 대표체가 지정되지 않았다.

위임통치령 2조에 따라 자치 기관이 제공되었다. 하지만 이런 상황을 볼 때 이 조항은 팔레스타인 거주 유대인을 지칭하는 이슈브yishuv에게만 적용되었고, 다수 팔레스타인인은 이런 기관을 이용하는 것 자체가 부정되었다. (영국이 아랍인기구Arab Agency 구성을 제안한 것처럼, 나중에 대표 문제에 관해 양보 조치가 있기는 했다. 하지만 전체 인구의 극소수와 절대 다수가 동등한 대표성을 갖는다는 조건이었고, 또한 팔레스타인 쪽에서 그들의 존재 자체를 공공연하게 무효화하는 위임통치령의 조건을 받아들여야 했다. 팔레스타인인들은 이후에도 계속해서 이런 딜레마에 맞닥뜨리게 된다.) 위임통치령은 민주주의에 근거하고 실질적 권력을 지닌 나라 전체의 대표 기관을 절대 제안하지 않았다(로이드 조지가 바이츠만에게 개인적으로 보장했을 뿐이다). 다수인 팔레스타인인들이 시온주의 운동이 자기네 나라에서 차지한 특권적 지위를 폐지하는 데 표를 던질 게 뻔했기 때문이다.

위임통치령의 핵심 조항 가운데 하나인 4조는 경제·사회 영역에 대한 광범위한 권한과 〈나라〉 전체의 〈발전에 조력하고 참여할 수 있는〉 능력을 갖춘 〈공적 기구〉로서 유대인기구에 준정부 지위를 부여했다.

유대인기구를 위임통치 정부의 파트너로 삼는 것을 넘어서 이 조항은 유대인기구가 국제 외교상의 지위를 획득하여 국제연맹을 비롯한 세계 무대에서 시온주의의 이해를 공식 대변하도록 허용했다. 이런 대표성은 보통 주권의 속성이었는데, 시온주의 운동은 국제적 지위를 강화하고 준국가 행세를 하기 위해 이를 적극적으로 활용했다. 이번에도 역시 다수의 팔레스타인인들은 위임통치령 30년 내내 자신들에게도 이런 권한을 달라고 거듭 요구했지만 한 번도 부여받지 못했다.

6조는 위임통치 권력이 유대인 이민 유입을 촉진하고 〈유대인들이 이 땅에 빽빽하게 정착하도록〉 장려할 것을 요구했다. 이후 100년간 시온주의와 팔레스타인인들이 싸우는 내내 인구와 토지 장악이 얼마나 중요했는지를 감안할 때, 가장 의미심장한 조항이었다. 이 조항은 유대인의 인구와 그들한테 전략적으로 중요한 위치의 토지 획득을 크게 늘린 토대였다. 그리하여 해안지대와 동부의 갈릴리, 그리고 이 둘을 연결하는 마르지이븐아메르 계곡의 비옥한 대지를 따라 영토적 중추가 유대인의 수중에 들어갔다.

7조는 유대인이 팔레스타인 시민권을 쉽게 획득할 수 있도록 하는 국적법을 마련했다. 오스만 제국 시대에 남북 아메리카로 이주했다가 이제 고국으로 돌아오기를 바란 팔레스타인인들은 바로 이 법률 때문에 국적 취득을 거부당했다.[42] 그리하여 유대인 이민자들은 출신 국가에 상관없이 팔레스타인 국적을 취득할 수 있었던 반면, 영국이 통치권을 차지할 때 해외에 나가 있던 팔레스타인 토박이 아랍인들은 국적을 얻지 못했다. 마지막으로, 다른 조항들은 유대인기구가 공공사업을 차지하거나 새로 만드는 것을 허용하고, 각 집단별로 자기들 언어로 학교를 운영하게 하고—결국 유대인기구가 이슈브의 학교 체계를 대부분 장악하게 되었다—히브리어를 공식 언어로 지정했다.

요컨대 위임통치령은 사실상 영국의 위임통치 정부와 나란히 시온주의 행정 체제가 탄생하도록 허용했다. 위임통치 정부는 이 체제를 육성하고 지원하는 임무를 맡았다. 이런 유사 정부는 결국 인구의 한 부분에 대해 주권 국가의 많은 기능을 행사했다. 민주적 대표뿐만 아니라 교육, 보건, 공공사업, 국제 외교의 관리까지 그들의 수중에 들어갔다. 주권의 속성을 전부 누린 이 정치체에 없는 것은 군사력뿐이었다. 하지만 군사력도 조만간 확보하게 된다.

위임통치령이 팔레스타인인들에게 특히 파괴적인 힘을 발휘한 사실을 제대로 이해하려면, 국제연맹 규약 22조로 다시 돌아가서 1919년 9월 밸푸어 경이 작성한 비공개 제안서를 살펴볼 필요가 있다. 22조는 오스만 제국의 영토였던 지역들에 대해 〈독립국 지위〉를 (〈잠정적으로〉) 인정했다. 중동과 관련해서 이 조항이 나오게 된 배경에는 제1차 세계 대전 당시 영국이 오스만 제국과 싸우면서 지지를 얻는 대가로 오스만 영토에 있는 아랍인 전체에 거듭 독립을 약속했을 뿐만 아니라 우드로 윌슨이 민족 자결을 선언한 것도 있었다. 실제로 중동의 다른 모든 위임통치령은 결국 독립을 획득했다(물론 위임통치 당국인 영국과 프랑스는 규정을 왜곡하면서까지 최대한 오랫동안 최대한의 지배권을 유지했다).

오직 팔레스타인인만 이런 혜택을 받지 못한 반면, 팔레스타인의 유대인들은 대표 기관과 자치 확대를 손에 넣었다. 그들만 국제연맹 규약 22조의 혜택을 누린 것이다. 수십 년간 영국 관리들은 전쟁 당시 아랍인들에게 독립을 보장한다고 약속할 때 애당초 팔레스타인은 해당되지 않았다고 잡아떼면서 확고하게 주장했다. 하지만 1938년 처음으로 후세인-맥마흔 서한에서 관련 내용이 폭로되자, 영국 정부는 당시 사용된 언어가 최소한 모호했다고 인정할 수밖에 없었다.[43]

앞서 살펴본 것처럼, 팔레스타인인의 권리를 박탈하는 데 가장 깊숙이 관여한 관리들 가운데 하나가 영국 외무 장관 아서 밸푸어 경이다. 소심하고 세속적인 귀족이자 전 총리이며 오랫동안 토리당(보수당)의 수상을 역임한 솔즈베리 경의 조카이다. 밸푸어는 과거 5년간 제국의 가장 오랜 식민지인 아일랜드 장관으로 일했는데, 아일랜드 사람들에게 워낙 미움을 받아서 〈지랄 맞은 밸푸어Bloody Balfour〉라는 별명을 얻었다.[44] 아이러니하게도, 바로 그가 이끄는 정부가 1905년 외국인법1905 Aliens Act을 제정했는데, 이 법은 주로 차르 제국의 유대인 박해를 피해 도망쳐 온 가난한 유대인들이 영국에 들어오는 것을 막기 위한 취지였다. 그는 비록 완고한 냉소주의자였지만 몇 가지 신념을 견지했는데, 그중 하나는 하임 바이츠만 덕분에 찬동하게 된 시온주의가 영제국에 유용할뿐더러 도덕적으로 정당하다는 것이었다. 그러나 이런 믿음에도 불구하고 밸푸어는 다른 이들과 달리 영국 정부의 행동에 분명한 함의가 있다는 것을 현실적으로 인정했다.

1919년 9월 비공개 제안서(30년여 뒤 전간기 문서 모음집으로 출간될 때까지 공개적으로 알려지지 않았다[45])에서 밸푸어는 영국이 상충하는 약속을 한 결과로 중동에서 스스로 만들어 낸 복잡한 상황에 대한 분석을 내각에 제시했다. 연합국이 서로 모순되는 여러 약속―후세인-맥마흔 서한, 사이크스-피코 협정, 국제연맹 규약 등―을 한 데 대해 밸푸어는 통렬하게 비판했다. 시리아와 메소포타미아에 대한 영국 정책에 일관성이 없음을 요약한 뒤, 그는 팔레스타인의 상황을 통명스럽게 평가했다.

규약의 문구와 연합국 정책 사이의 모순은 시리아 〈독립국가〉보다 팔레스타인 〈독립국가〉의 경우에 한층 더 노골적으로 드러난다. 왜냐하면 팔레스타인에서 우리는 이 나라에 현재 사는 주민들의 바람을 들어 보는 형식을 거치는 것도 제안하지 않기 때문이다. ……4대 열강은 시온주의에 동조한다. 그리고 시온주의는 그것이 옳든 그르든, 좋든 나쁘든 간에 현재 그 오래된 땅에 거주하는 70만 아랍인의 욕망과 편견보다 훨씬 의미심장한 아주 오래된 전통과 현재의 요구, 미래의 희망에 뿌리를 두고 있다.

나는 이런 방침이 정당하다고 본다. 다만 내가 결코 이해할 수 없었던 것은 그것이 선언이나 국제연맹 규약, 또는 조사위원회에 대한 지침과 어떻게 조화를 이룰 수 있는가 하는 점이다.

나는 시온주의가 아랍인들에게 해가 될 것이라고 보지 않지만, 그들이 시온주의를 원한다고 말할 리는 만무하다. 팔레스타인의 미래가 어떻게 되든 간에 지금 그곳은 〈독립국가〉가 아니며 독립국가로 나아가는 과정에 있지도 않다. 현재 그곳에 사는 사람들의 견해를 얼마나 존중해야 하든 간에, 내가 이해하는 바로는, 위임통치를 선택하는 과정에서 열강은 그 사람들의 의견을 물어볼 것을 제안하지 않는다. 요컨대 팔레스타인에 관한 한, 지금까지 열강은 명백하게 잘못된 사실의 진술도 하지 않았고, 적어도 문구상으로는 위반할 의도가 없었던 정책의 선언은 한 번도 하지 않았다.

잔인할 정도로 솔직한 이 요약에서 밸푸어는 〈현재 그 오래된 땅에 거주하는〉 팔레스타인 아랍인들의 단순한 〈욕망과 편견〉을 시온주의로 구현된 고매한 〈아주 오래된 전통〉과 〈현재의 요구〉, 〈미래의 희망〉과 대비시킨다. 〈현재 그 오래된 땅에 거주〉한다는 말 자체가 일시적인 거주자에 불과하다는 함의를 담고 있다. 밸푸어는 헤르츨의 말을 그대로 흉내 내어 시온주의가 아랍인을 해치지 않는다고 선심 쓰듯 주장하면서도 영국과 연합국의 팔레스타인 정책을 특징짓는 부정직과 기만을 인정하는 데 거리낌이 없다. 하지만 이런 태도는 중요하지 않다. 이 제안서의 나머지 부분은 이렇게 얽히고설킨 위선과 모순되는 약속 때문에 생겨난 장애물을 어떻게 극복할 것인지에 관한 무미건조한 제안들이다. 밸푸어의 요약에서 유일하게 확고한 두 가지 요점은 영국의 제국적 이해관계에 대한 우려와 시온주의 운동에 기회를 주어야 한다는 약속이다. 그가 품은 동기는 팔레스타인 정책을 수립하는 데 관여한 영국의 다른 대다수 고위 관료들의 동기와 비슷했다. 그들 가운데 어느 누구도 자신들의 행동에 어떤 함의가 담겨 있는지 솔직하게 말하지 않았다.

영국과 연합국이 내놓은 이런 모순적인 약속들, 그리고 시온주의 기획의 요구에 맞춰 만들어진 위임통치 체제는 전간기에 팔레스타인 아랍인들에게 어떤 결과를 낳았을까? 영국인들은 홍콩에서 자메이카에 이르기까지 다른 신민들을 대할 때처럼 똑같이 얕잡아 보고 거들먹거리면서 팔레스타인인을 대했다. 영국 관리들이 위임통치 정부의 고위직을 독차지하면서 유능한 아랍인들을 배제했다.[46] 영국인들은 신문을 검열하고, 방해가 되는 정치 활동을 금지했으며, 대체로 최대한 노력을 기울이지 않는 식으로 행정을 운영했다. 이집트나 인도에서 그랬던 것처럼, 그들은 교육을 발전시키려는 노력을 기울이지 않았다. 교육을 너무 많이 하면 본분을 망각하고 주제넘게 나서는 〈토박이〉들이 생겨난다는 식민주의의 전통적 지혜 때문이었다. 이 시기를 직접 관찰하고 쓴 여러 서술에는 식민 관리들이 열등한 존재로 간주한 이들에 대해 인종 차별적인 태도를 보인 사례가 넘쳐 난다. 영어를 완벽하게 구사하는 식견 있는 전문직 종사자들을 대할 때도 그런 일이 많았다.

위임통치를 계기로 이 나라를 차지하겠다는 사명감에 불타는 외국인 정착민들이 유입되었고, 이 점에서 팔레스타인의 경험은 이 시대의 다른 대다수 식민지인들의 경험과 다르다. 1917년부터 1939년까지 결정적인 시기 동안 유대인 이민이 유입되고 위임통치령이 요구하는 대로 〈유대인들이 이 땅에 빽빽하게 정착〉하는 과정이 발 빠르게 진행되었다. 인구·경제·군사적 균형이 이슈브에 유리한 방향으로 충분히 이동하자, 시온주의 운동이 내륙의 비옥한 전략적 요충지와 팔레스타인 해안을 따라 길게 세운 식민촌은 이 나라를 지배(그리고 결국 정복)하기 위한 영토적 발판을 확보하는 데 이바지했다.[47] 유대인 인구는 순식간에 전체 인구에서 차지하는 비중이 세 배로 늘어났다. 제1차 세계 대전 종전 시점에 전체의 6퍼센트 정도에서

1926년에 이르면 약 18퍼센트로 늘어난 것이다.

하지만 시온주의 운동이 팔레스타인에서 자본을 동원하고 투자하는 이례적인 역량을 보이긴 했어도(1920년대에 점차 스스로 격리된 유대인 경제에 유입된 자금은 이 경제의 순국내생산NDP보다 41.5퍼센트 많았는데,[48] 놀라운 수치다) 1926년에서 1932년 사이에 전체 인구에서 유대인이 차지하는 비중은 더 이상 늘어나지 않아 17~18.5퍼센트 정도에서 정체했다.[49] 이 시기의 일부는 세계적 불황과 겹쳤는데, 이때는 팔레스타인을 떠나는 유대인이 들어오는 유대인보다 많았고 자본 유입이 뚜렷하게 감소했다. 그때 시온주의 기획은 바이츠만의 말처럼 〈영국이 영국인의 나라이듯이〉 팔레스타인을 〈유대인의 나라〉로 만들 만큼 유대인 인구가 결정적인 수치에 도달하지 못할 것처럼 보였다.[50]

하지만 1933년에 독일에서 나치가 권력을 잡으면서 모든 것이 바뀌었다. 나치는 곧바로 기존의 탄탄한 유대인 공동체를 박해하고 몰아내기 시작했다. 미국과 영국을 비롯해 여러 나라에서 차별적인 이민법이 제정되자, 독일의 많은 유대인은 이제 팔레스타인 말고는 달리 갈 곳이 없었다. 히틀러의 부상은 팔레스타인과 시온주의 양자의 현대사에서 가장 중요한 사건임이 입증되었다. 1935년 한 해에만 6만 명이 넘는 유대인 이민자가 팔레스타인으로 왔는데, 이 숫자는 1917년 이 땅에 살던 유대인 인구 전체보다 많은 규모였다. 주로 독일에서 왔지만 유대인 박해가 점점 격렬해지던 이웃 나라들에서도 왔다. 이 난민들 대부분은 숙련되고 교육받은 이들이었다. 독일에 대한 유대인의 불매 운동을 끝내는 대가로 나치 정부와 시온주의 운동이 맺은 이전협정Transfer Agreement 덕분에 독일 유대인들은 총 1억 달러에 해당하는 자산을 가지고 올 수 있었다.[51]

1930년대에 팔레스타인의 유대인 경제가 처음으로 아랍 부문을 앞질렀고, 1939년에 이르면 유대인 인구가 전체의 30퍼센트를 넘어섰다. 불과 7년 만에 경제가 빠르게 성장하고 인구 변화가 급속하게 이루어진 데다가 시온주의 운동의 군사적 역량이 상당히 팽창한 결과, 지도자들은 나라 전체나 대부분 지역에 대한 지배권을 확보하는 데 필요한 인구, 경제, 영토, 군사적 중핵이 조만간 마련될 것임을 분명히 깨달았다. 당시 벤구리온이 말한 것처럼, 〈한 해에 6만 명의 속도로 이민자가 유입된다면 팔레스타인 전역에 유대 국가가 만들어질 게〉 분명했다.[52] 많은 팔레스타인인들도 비슷한 결론에 도달했다.

일찍이 1929년에 이사 알이사가 음울한 어조로 경고한 것처럼, 이제 팔레스타인인들은 자기네 땅에서 이방인으로 전락하는 쓰라린 신세가 되었다. 영국이 점령하고 처음 20년 동안, 차츰 우세해지는 시온주의 운동에 맞서 팔레스타인인들이 점차 벌인 저항은 주기적으로 일어나는 폭력 사태로 표현되었다. 팔레스타인 지도부가 영국인들에게 추종자들의 질서를 유지하겠다고 약속했지만 폭력 사태는 끊이지 않았다. 농촌에서는 영국인과 시온주의자들이 흔히 〈산적 떼〉라고 지칭하는 간헐적인 공격이 벌어졌는데, 이는 시온주의의 토지 매입에 대한 대중의 분노를 대변했다. 시온주의의 토지 매입은 대개 농민들이 자기 땅이라고 여기는 생계의 원천에서 쫓겨나는 결과로 이어졌다. 도시에서는 1930년대 초에 영국의 통치와 시온주의 준국가의 팽창에 맞서는 시위가 점점 규모가 커지고 전투적으로 바뀌었다.

엘리트 명사들은 사태를 계속 통제하려고 노력하면서 범이슬람 회의를 조직하는 한편, 런던에 몇몇 대표단을 파견하고 다양한 형태의 항의를 조직화했다. 하지만 이 지도자들은 너무 공공연하게 영국인들과 대결하기를 꺼렸기 때문에 영국 당국을 전면 보이콧하면서 세금 납부를 거부하자는 팔레스타인의 요구를 받아들이지 않았다. 그들은 자신들의 소심한 외교적 방법으로는 어떤 영국 정부도 시온주의에 대한 약속을 포기하거나 팔레스타인인들의 요구를 묵인하도록 설득할 수 없음을 알지 못했다.

그 결과, 이 엘리트들의 노력은 어떤 식으로든 시온주의 기획의 거침없는 진전을 가로막거나 팔레스타인의 대의를 진척시키지 못했다. 그렇다 하더라도 팔레스타인인들의 동요에 대한 반응으로, 특히 폭력적 소요 사태가 발발할 때마다 각기 다른 영국 정부는 팔레스타인 정책을 재검토할 수밖에 없었다. 그리하여 다양한 조사위원회와 백서가 만들어졌다. 1920년 헤이워드위원회Hayward Commission, 1922년 처칠 백서Churchill White Paper, 1929년 쇼위원회Shaw Commission, 1930년 호프-심프슨 보고서Hope-Simpson Report, 1930년 패스필드 백서Passfield White Paper, 1937년 필위원회Peel Commission, 1938년 우드헤드위원회 Woodhead Commission 등이 잇따라 등장했다. 하지만 이 정책 문서들은 팔레스타인인을 진정시키기 위한 제한된 조처만을 권고하거나(그나마도 대부분은 시온주의자들의 압력 아래 런던 정부에 의해 철회되었다), 어설픈 행동 방침을 제안해서 그들이 겪고 있는 지극히 부당한 대우에 대한 악감정만 키웠을 뿐이다. 결국 1936년을 시작으로 팔레스타인에서 유례없는 전국적인 폭력 사태가 폭발했다.

15년이 넘도록 이어진 각종 회의와 시위, 완고한 영국 관리들과의 무익한 만남 등에 대해 지도부가 무기력한 반응만 보이자 실망한 팔레스타인인들은 결국 대규모 풀뿌리 봉기에 나섰다. 식민지 역사상 최장 기간 이어진 6개월간의 총파업이 신호탄이 되었는데, 전국 각지에서 젊은 도시 중간계급 투사 집단(대다수는 이스티클랄당 당원이었다)이 자생적으로 시작한 파업이었다. 파업은 마침내 1936~1939년 대반란으로 발전했는데, 전간기 팔레스타인에서 결정적인 사건이 되었다.

1917년 이후 20년간, 팔레스타인인들은 이집트의 와프드당 Wafd(대표당)이나 인도의 국민회의당, 아일랜드의 신페인당Sinn Fein 같이 민족 운동 전체를 아우르는 틀을 발전시키지 못했다. 또한 그들은 식민 지배에 맞서 싸우는 다른 민족들과 달리 외견상 확고한 민족 전선을 유지하지도 못했다. 그들의 노력은 이 지역에 사는 많은 이들에게 특유한 팔레스타인 사회와 정치의 위계적이고 보수적이며 분열된 성격 때문에 잠식되었고, 위임통치 당국이 유대인기구의 도움과 부추김을 받으면서 채택한 정교한 분할통치 정책에 의해 힘을 잃었다. 이런 식민 전략은 아일랜드와 인도, 이집트에서 수백 년간 성숙된 끝에 팔레스타인에서 완벽한 정점에 다다른 것 같았다.

팔레스타인인들을 분리하기 위한 영국의 정책으로는 엘리트 파벌들을 통치 체제 안으로 흡수하고, 후세인 가문 같은 한집안의 성원들을 이간질하고, 자신들의 목적을 달성하기 위해 〈전통적 기관〉을 완전히 날조하는 방법 등이 있었다. 이렇게 영국이 만들어 낸 사례 가운데는 팔레스타인 전체의 대무프티*(전통적으로는 팔레스타인 전체가 아니라 예루살렘의 무프티가 네 명 있었다. 각각 하나피파Hanafi, 샤피이파Shafi'i, 말리키파Maliki, 한발리파Hanbali**의 의례를 담당했

＊　grand mufti, 이슬람 국가에서 율법을 담당하는 최고위직.
＊＊　하나피파, 샤피이파, 말리키파, 한발리파가 이슬람 수니파의 4대 법학파이다.

다)와 무슬림 공동체의 사무를 관장하는 무슬림최고협의회Supreme Muslim Council가 있다. 영국인들은 하지 아민 알후세이니Hajj Amin al-Husayni가 일종의 채용 면접 자리에서 고등판무관 허버트 새뮤얼 경에게 질서를 유지하겠다고 약속한 뒤 그를 대무프티이자 최고협의회 의장으로 임명했다.[53] 알후세이니의 임명은 두 가지 목적에 기여했다. 하나는 무프티의 사촌인 무사 카짐 파샤 알후세이니Musa Kazim Pasha al-Husayni가 이끄는 민족주의 세력인 팔레스타인 회의의 아랍 집행부Arab Executive에 맞서는 대안적 지도부를 구성해서 둘 사이에 불화를 부추기는 것이었다. 다른 하나는 민족적 특징이 있는 유대인 외에 팔레스타인에 있는 아랍인들은 민족적 성격이 전혀 없고 다만 종교적 공동체를 이루고 있을 뿐이라는 사고를 강요하는 것이었다. 이 조치들은 팔레스타인인들이 민주적이고 전국적인 대표 기관을 요구하지 않게 만들고, 민족 운동을 분열시키며, 위임통치와 그 시온주의적 과제에 맞서는 단일한 민족적 대안이 형성되는 것을 막기 위함이었다.[54]

분할통치 전술은 1930년대 중반까지는 꽤 성공을 거두었지만, 1936년 6개월에 걸친 총파업은 아래로부터 대중적이고 자생적인 폭발을 이루어서 영국인과 시온주의자, 팔레스타인 엘리트 지도부를 깜짝 놀라게 만들었다. 엘리트 지도부는 적어도 명목적으로는 분열을 중단할 수밖에 없었다. 그 결과 아랍고등위원회Arab Higher Committee 가 탄생했다. 비록 영국인들은 아랍고등위원회를 절대 대표체로 인정하지 않았지만, 어쨌든 다수 아랍인 전체를 이끌고 대표하기 위해 만들어진 조직이었다. 위원회는 남성으로만 이루어졌는데, 전부 재력가에다 서비스업 종사자, 지주, 상인 등 팔레스타인 엘리트 성원들이었다. 아랍고등위원회는 총파업을 책임지려고 했지만, 유감스럽게도 그들의 가장 중요한 업적은 몇몇 아랍 통치자들의 요청에 따라 1936년 가을 총파업 중단을 중개한 일이었다. 이 통치자들은 사실상 후원자인 영국인들의 지시에 따라 행동하고 있었는데, 팔레스타인 지도부에 영국이 불만 사항을 시정해 줄 것이라고 약속했다.

1937년 7월, 필 경Lord Peel의 지휘 아래 팔레스타인 소요 사태를 조사하는 책임을 맡은 왕립위원회가 나라를 분리해서 영토의 약 17퍼센트에 작은 유대 국가를 형성하고 이 지역에서 200만이 넘는 아랍인을 추방할 것(추방expulsion 대신에 〈이동transfer〉이라는 완곡한 단어가 사용되었다)을 제안하자, 이런 개입의 실망스러운 결과가 드러났다. 이 계획에 따르면, 나라의 나머지는 계속 영국이 통치하거나 영국에 예속된 트랜스요르단의 아미르 압둘라Amir 'Abdullah에게 양도할 예정이었다. 팔레스타인의 관점에서 보면, 사실상 아무 변화도 없는 셈이었다. 이번에도 역시 팔레스타인인들은 민족적 실체나 집단적 권리가 전혀 없는 것처럼 대우를 받았다.

비록 팔레스타인 전체는 아니더라도 필위원회의 결정으로 국가를 수립하고 팔레스타인인을 제거한다는 시온주의의 기본 목표가 충족되고, 팔레스타인 쪽이 열렬하게 바라는 자결권이라는 목표가 부정되자, 팔레스타인인들은 봉기를 한층 더 전투적인 단계로 끌어올릴 수밖에 없었다. 1937년 10월 무장 반란이 일어나 전국을 휩쓸었다. 반란은 2년이 지나서야 대대적인 무력 사용으로 제압되었는데, 다행히 진압을 마무리한 영국군 정예 부대(그 무렵이면 팔레스타인에 10만 군대가 주둔해서 팔레스타인인 성인 남성 4명당 1명꼴이었다)가 제2차 세계 대전 전장으로 재배치되었다. 반란은 일시적으로 주목할 만한 성공을 거뒀지만 결국 팔레스타인인들을 약화시키는 결과를 낳았다.

1939년 이전에 영국이 시온주의 운동에 제공한 온갖 편의 가운데 아마 가장 소중한 것은 반란의 형태로 일어난 팔레스타인의 저항을 무력 진압한 일이었을 것이다. 팔레스타인의 다수 인구를 상대로 벌인 유혈 전쟁의 결과로 아랍 성인 남성 인구의 10퍼센트가 사망하거나 부상하고, 투옥되거나 망명길에 올랐다.[55] 시온주의 기획이 성공을 거두려면 무력을 사용할 필요가 있다는 자보틴스키의 발언이 한 점 꾸밈이 없는 진실이었음이 고스란히 드러났다. 영제국은 봉기를 진압하기 위해 2개 사단과 폭격기 비행대, 그리고 수십 년에 걸친 식민지 전쟁을 거치면서 완성한 온갖 진압 장비를 추가로 들여왔다.[56]

점점 용의주도해진 비정하고 잔인한 진압은 즉결 처형을 훌쩍 넘어섰다. 81세의 반란 지도자 셰이크 파르한 알사디Farhan al-Sa'di는 총알 한 개를 소지했다는 이유로 1937년에 사형에 처해졌다. 당시 시행된 계엄령하에서는 특히 알사디 같은 능숙한 게릴라 전사의 경우에는 총알 한 개만으로도 사형을 선고하기에 충분했다.[57] 군사재판소의 약식 재판 이후 100건이 훌쩍 넘는 사형 선고가 내려졌고, 현장에서 영국군에 즉결 처형당한 팔레스타인인은 훨씬 더 많았다.[58] 반란자들이 수송대를 매복 공격하고 열차를 폭파하는 데 분노한 영국인들은 팔레스타인 죄수를 장갑차량과 열차 앞에 묶는 식으로 반군의 공격을 막았다. 1919~1921년 아일랜드 독립 전쟁 당시 저항군을 분쇄하려는 헛된 시도 속에서 선구적으로 개발한 전술이었다.[59] 투옥되거나 처형된 반란자, 또는 반란 혐의자나 그 친척들의 집을 파괴하는 일이 다반사였는데, 이런 방법 역시 영국이 아일랜드에서 개발한 전술이었다.[60] 팔레스타인인들을 탄압하는 과정에서 광범위하게 활용된 다른 두 가지 제국의 수법은 수천 명을 재판도 없이 구금하고 골치 아픈 지도자들을 유형에 처하는 것이었다.

세이셸 제도로 유형을 간 아랍고등위원회 성원들, 1938. 왼쪽에 앉은 이가 후세인 박사.

　필위원회의 분할 권고에 대한 폭발적 반응은 1937년 10월 영국의 갈릴리 지구판무관district commissioner 루이스 앤드루스Lewis Andrews 대령의 암살에서 정점에 달했다. 영국의 권력에 대한 이런 직접적 도전에 대응하여 위임통치 당국은 팔레스타인 민족주의 지도자 거의 전원을 추방했다. 셋째 큰아버지인 예루살렘 시장 후세인 알할리디 박사도 그때 유형에 처해졌다. 그는 다른 네 명(그와 다른 두 명이 아랍고등위원회 위원이었다)과 함께 세이셸 제도로 보내졌다. 인도양에 있는 이 외딴섬은 영제국이 민족주의 반대파의 단골 유형지로 선택하는 곳이었다.[61] 그들은 16개월 동안 경비가 삼엄한 시설에 갇힌 채 면회나 외부인 접촉을 차단당했다. 세이셸에 같이 있던 동료 수감자들 중에는 예멘의 아덴과 잔지바르에서 온 정치 지도자들도 있었다. 팔레스타인의 다른 지도자들은 케냐나 남아프리카로 유형을 갔고,

무프티를 비롯한 몇몇은 가까스로 탈출해서 레바논으로 향했다. 또 다른 이들은 보통 재판도 거치지 않은 채 영국인들 스스로 〈강제 수용소〉라고 지칭한 10여 곳에 구금되었다. 사라판드Sarafand에 있는 강제 수용소가 가장 유명했다. 나의 다른 큰아버지인 갈리브도 그렇게 끌려 간 사람 중 하나였는데, 형과 마찬가지로 영국에 대항한다고 간주된 민족주의 활동에 관여한 인물이었다.

후세인 알할리디는 아랍고등위원회에서 일하다가 영국에 의해 쫓겨나기 전까지 3년간 예루살렘의 선출직 시장을 지내고 있었다. 체포되어 유형에 처해지기 직전, 알할리디는 팔레스타인 주둔 영국군 사령관 존 딜John Dill 소장과 우연히 만났다. 회고록에서 큰아버지는 그 자리에서 폭력 사태를 끝내는 유일한 길은 유대인 이민 유입을 중단하는 등 팔레스타인인들의 요구를 일부 들어주는 것이라고 말했다고 회고한다. 아랍 지도자들을 체포하면 어떤 결과가 나타날까? 딜은 알고 싶어 했다. 일전에 아랍의 어느 고위 인사가 그에게 지도자들만 체포하면 며칠이나 몇 주 안에 반란이 끝날 것이라고 말했었다. 큰아버지는 정확한 정보를 주었다. 반란이 가속화되어 걷잡을 수 없이 확대될 뿐이라고. 체포를 원한 것은 다름 아닌 유대인기구였고, 알할리디는 본국의 식민지부가 그 방안을 검토하고 있음을 알았지만, 팔레스타인 문제의 해결은 그렇게 간단하지 않을 것이었다.[62]

큰아버지의 판단이 옳았다. 그가 유형을 떠나고 다른 지도자들이 대규모로 체포된 뒤, 반란은 가장 격렬한 국면에 접어들었고, 영국군은 몇몇 도시 지역과 많은 농촌에서 통제권을 상실했다. 반란자들이 장악해서 통치한 것이다.[63] 딜의 후임자인 로버트 헤이닝Robert Haining 중장의 말을 빌리자면, 1938년 8월에 〈상황이 워낙 악화되어 이 나라의 민간 행정이 사실상 존재하지 않았다〉.[64] 그해 12월, 헤이닝은 본국 전쟁부(국방부)에 〈이 나라의 거의 모든 마을이 반란자를 숨겨 주고 지지하고 있으며, 정부군의 시선으로부터 그들의 정체를 숨기는 데 조력할 것〉이라고 보고했다.[65] 1938년 9월 뮌헨 협정* 이후 더 많은 병력을 투입할 수 있게 된 영제국이 군사력을 총동원하고 1년 가까이 격렬한 전투를 벌인 끝에야 팔레스타인의 봉기를 완전히 진압할 수 있었다.

한편 그동안에 팔레스타인인들 사이에 뿌리 깊은 차이가 드러난 상태였다. 요르단의 아미르 압둘라 편에 선 일부는 필위원회의 분할 권고를 조용히 환영했다. 이 권고는 신생 유대 국가로 전환되지 않는 팔레스타인 지역을 트랜스요르단에 부속시키는 쪽에 찬성했기 때문이다. 하지만 대다수 팔레스타인인들은 권고안의 모든 내용에 강하게 반대했다. 자기들 나라를 분할하는 것이든, 아무리 작더라도 그 안에 유대 국가를 창설하는 것이든, 그 국가로부터 아랍 주민 대부분을 몰아내는 것이든 간에. 그 후 1937년 말과 1938년 초에 반란이 정점에 달함에 따라 무프티를 충실히 따르면서 영국인들과의 타협을 일절 거부하는 이들과, 상대적으로 타협적인 전 예루살렘 시장 라기브 알나샤시비Raghib al-Nashashibi가 이끄는 무프티 반대파 사이에 한층 더 격렬한 일대 충돌이 벌어졌다. 이사 알이사가 보기에, 1930년대 말 수백 명의 암살로 이어진 팔레스타인 내부 분쟁 때문에 팔레스타인인들이 크게 약화되었다. 이사 알이사는 그 자신이 생명의 위협을 받고 라믈레Ramleh(라믈라)에 있는 집이 불에 타서 소장하고 있던 책과 신문이 모두 소실된 끝에 1938년에 베이루트로 망명길에 나설 수밖에 없었다. 무프티 쪽 사람들의 소행임이 분명한 이 사건 때문에 그는

* 영국, 프랑스, 독일, 이탈리아가 독일의 주데텐란트 합병을 승인한 협정.

쓰라린 가슴을 달래야 했다.[66] 그가 서술한 것처럼, 처음에는 반란이 〈영국인과 유대인을 겨냥해 벌어졌다면, 이후 내전으로 비화되어 테러와 약탈, 도둑질과 방화와 살인이 흔한 수법이 되었다〉.[67]

숱한 희생 ― 무수히 많은 사망자, 부상자, 수감자, 망명자의 숫자로 측정할 수 있다 ― 이 벌어지고 반란이 잠깐 성공을 거두기는 했지만, 팔레스타인인들에게는 거의 전적으로 부정적인 결과만 남았다. 영국의 야만적인 탄압과 수많은 지도자의 죽음과 유형, 내부에서 벌어진 갈등 때문에 팔레스타인인들은 방향을 잃고 분열되었고, 1939년 여름에 반란이 진압될 무렵에는 경제도 허약해졌다. 그리하여 팔레스타인인들은 이제 활기를 얻은 시온주의 운동과 대결하기에 아주 취약한 처지였다. 팔레스타인 반란이 진행되는 동안 시온주의 운동은 영국의 봉기 진압을 도와준 대가로 대량의 무기와 광범위한 훈련을 받으면서 승승장구했다.[68]

하지만 1939년 유럽에서 전운이 확대되는 가운데 영제국에 새롭게 제기된 중대한 전 지구적 도전이 아랍의 반란과 결합되어 런던 당국의 정책에 대대적인 변화가 생겼다. 앞서 시온주의를 전면적으로 지지하던 입장이 바뀐 것이다. 시온주의자들은 영국이 팔레스타인의 저항을 결정적으로 분쇄해서 희희낙락했지만, 이처럼 상황이 새롭게 바뀌자 지도자들은 중대한 국면을 맞게 되었다. 유럽이 또 다른 세계 대전으로 미끄러져 들어감에 따라 이제 영국인들은 이전의 전쟁과 마찬가지로 아랍 땅에서도 일부 전쟁을 치르게 될 것임을 알았다. 제국의 핵심적인 전략적 이해의 측면에서 보자면, 영국의 이미지를 개선하는 한편 대반란Great Revolt을 강제로 진압하는 것에 대한 아랍 각국과 이슬람 세계의 분노를 다독이는 게 절대적으로 필요했다. 특히 영국이 팔레스타인에서 벌이는 잔학 행위에 대해 추축국이 중동 지역에 선전 공세를 퍼붓고 있었기 때문에 대응할 필요가 있었다. 1939년 1월 팔레스타인에서 방침을 변경할 것을 내각에 권고한 보고서에는 〈이집트와 이웃 아랍 국가들의 신뢰를 확보하는 것〉이 중요하다고 힘주어 말하고 있었다.[69] 보고서에는 인도 담당 장관의 언급이 실려 있었다. 〈팔레스타인 문제는 단순히 아라비아의 한 문제가 아니라 범이슬람 차원의 문제로 빠르게 바뀌고 있다.〉 그는 만약 이 〈문제〉를 제대로 처리하지 못한다면, 〈인도에서도 심각한 문제가 발생할 것이 우려된다〉고 경고했다.[70]

1939년 봄 런던 세인트 제임스 궁전에서 팔레스타인인, 시온주의자, 아랍 각국의 대표자들이 포함된 가운데 열린 회담이 실패로 돌아간 뒤, 네빌 체임벌린 정부는 팔레스타인과 아랍, 인도 무슬림의 분노한 여론을 달래려는 시도로 백서를 발표했다. 이 문서에서 시온주의 운동에 대한 영국의 전폭적 지지를 대폭 삭감할 것을 요구했다. 그러면서 유대인 이민 유입과 토지 판매를 엄격하게 제한할 것(아랍의 주요한 두 가지 요구였다)을 제안하였고, 5년 안에 대의 기관을 마련하고 10년 안에 자결권을 주겠다(가장 중요한 두 가지 요구였다)고 약속했다. 그러나 이민 유입은 실제로 억제되었지만, 다른 조항들은 하나도 전면적으로 실행되지 않았다.[71] 게다가 대의 기관과 자결권은 모든 당사자의 승인을 받아야 했는데, 유대인기구는 유대 국가의 창설을 가로막는 합의를 승인해 줄 생각이 전혀 없었다. 1939년 2월 23일 내각 회의록을 보면, 영국이 팔레스타인인들에게 이런 결정적인 두 가지 양보 조치를 이행할 생각이 없었음이 분명히 드러난다. 게

다가 시온주의 운동이 사실상 거부권을 갖게 될 터였고, 분명히 행사했을 것이다.[72]

팔레스타인인들이 비록 그들의 관점에서 볼 때 결함이 있더라도 1939년 백서를 수용했더라면, 미미하나마 유리한 위치를 확보했을지도 모른다. 후세인 알할리디 본인은 영국 정부가 내놓은 약속에 진정성이 전혀 없다고 보았다.[73] 그는 세이셸의 유형에서 풀려나서 참석한 세인트 제임스 궁전 회담에서 영국이 〈한순간도 자신의 약속을 충실하게 지킬 생각이 없다〉는 사실을 이미 알고 있었다고 신랄하게 말했다. 그는 회담 초반부터 이 자리가 〈시간을 확보하고, 아랍인들을 진정시키기 위한 수단 그 이상도 이하도 아님〉을 분명히 간파했다. 〈아랍인들을 만족시켜서 혁명을 중단하게 만들고〉, 영국은 〈전운이 감도는 가운데 한숨 돌릴 시간〉을 벌기 위한 수작일 뿐이었다.[74] 그렇다 하더라도 그는 백서에 대해 유연하고 긍정적으로 대응하는 쪽으로 선회했고, 무사 알알라미Musa al-'Alami나 무프티의 사촌인 자말 알후세이니Jamal al-Husayni를 비롯한 다른 팔레스타인 지도자들도 마찬가지였다.[75] 하지만 무프티는 수용하는 쪽으로 생각이 기울었음을 넌지시 밝힌 뒤, 결국에는 노골적으로 거부 의사를 밝혔고, 그의 입장이 승리를 거두었다. 세인트 제임스 궁전 회담 이후 영국인들은 다시 한번 후세인 알할리디를 유형에 처했는데, 이번에는 레바논으로 보냈다. 후세인 박사는 영국의 대대적인 탄압에 직면해서 반란이 어떻게 변질되고 팔레스타인 상황이 얼마나 비참해졌는지를 깨닫고는 저항을 중단할 것을 주장했다. 하지만 이번에도 역시 그의 견해는 지지를 받지 못했다.[76]

어쨌든 이미 너무 늦은 상태였다. 백서를 발표했을 당시 체임벌린 정부는 임기가 몇 달밖에 남지 않은 상태였고, 체임벌린 후임으로 총리가 된 윈스턴 처칠은 영국 정계에서 아마 가장 열렬한 시온주의자였을 것이다. 더욱 중요하게도, 나치가 소련을 침공하고 일본의 진주만 습격 이후 미국이 참전하면서 제2차 세계 대전이 진정한 세계 대전으로 비화하는 가운데 바야흐로 새로운 세계가 탄생할 참이었다. 이제 이 세계에서 영국은 기껏해야 이류 강대국일 뿐이었다. 팔레스타인의 운명은 이제 영국의 수중을 벗어날 터였다. 하지만 후세인 박사가 씁쓸하게 언급한 것처럼, 이 시점에 이르면 영국은 이미 피후견인인 시온주의 세력에 대한 의무를 다하고도 넘칠 정도였다.

　1949년 베이루트에서 (많은 유형 생활 중 하나를 견디면서) 쓴 세 권짜리 회고록에서 과거를 돌아보면서 큰아버지는 위임통치 당시 팔레스타인인들이 직면한 주요한 문제는 영국인들이라고 생각했다.[77] 그는 아랍 각국 지도자들의 부정직함과 어리석음을 개탄했으며, 때로는 자신을 포함하여 팔레스타인 지도부가 저지른 실책에 대해 균형 있고 대체로 침착하게 비판을 가했다. 그는 시온주의 운동이 팔레스타인의 완전한 지배에 오로지 초점을 맞추는 태도가 갖는 파급력과, 대부분 그가 개인적으로 아는 시온주의 지도자들의 유능함과 기만적인 대담성을 분명하게 간파했다. 하지만 그 세대와 계급에 속하는 대다수 사람들과 마찬가지로, 후세인 박사 역시 팔레스타인인들을 적대시하는 영국인에 대해 가슴속 깊은 원한을 드러내지 않았다.
　그는 다수의 영국인 관리들을 잘 알았다. 예루살렘 시장이 되기 전에 위임통치 행정부에서 고위 군의관으로 일했기 때문이다. 나중에는 1939년 세인트 제임스 궁전 회담에 이어 1947~1948년 전투 내내 예루살렘에서 협상가로 영국인들을 상대했다. 전투 당시에는 신성한 도시 예루살렘에 남아 있는 몇 안 되는 팔레스타인 지도자 가운데 하나였다(많은 이들이 여전히 영국이 지시한 유형 상태에 있었다). 그는 분명 몇몇 영국인 관리들과 잘 지냈고, 영국 국교회가 예루살렘에서 운영한 세인트 조지 스쿨과 베이루트 아메리칸 대학교*에서 배운 영어는 영국인들과 상대하는 데 많은 도움이 되었지만, 영국 관료계 전반의 위선과 도도함, 이중성에 대한 분노는 끝이 없었다.[78] 그는 T. E. 로런스(영화「아라비아의 로런스」)를 영국의 배신을 보여주는 더할 나위 없는 사례로 보았다(다만 로런스가 『지혜의 일곱 기둥Seven Pillars of Wisdom』**에서 자신이 아랍인을 기만하고 배신한 행위를 솔직하게 서술한 것을 전쟁 전 예루살렘에서 알았던 영국인 교사와 선교사들의 정직하고 꿋꿋한 자세와 조심스럽게 대조하기는 했다).[79]

후세인 박사를 가장 화나게 만든 것은 시온주의자들에 대한 영국의 일관된 지지였다. 팔레스타인의 영국 관리들은 시온주의 기획(그 지도자들은 종종 자신들을 위해 온갖 일을 해주는 영국에 감사해하지 않았다)을 보호하기 위해 계속 철벽을 유지하는 데 따르는 잡다한 비용을 감당할 수 없음을 확신하게 되었지만, 그들이 권고한 내용은 런던에서 거의 변함없이 번복되었다. 적어도 1939년까지 시온주의자들은 그 지지자들과 때로는 하임 바이츠만 같은 거물 지도자들을 화이트홀(영국 정부)에 있는 영국의 핵심적인 정책 결정권자들 가까

---

* 19세기 말에서 20세기 초까지 아랍 곳곳에 미국 선교사들이 아메리칸 대학교라는 이름의 고등 교육 기관을 세웠다. 1866년 시리아 프로테스탄트 칼리지로 개교한 뒤 1920년에 명칭을 바꾼 베이루트 아메리칸 대학교도 그중 하나다. 1919년 설립된 카이로 아메리칸 대학교AUC, 1924년 설립된 레바논 아메리칸 대학교LAU도 있다.

** 한국어판은 『지혜의 일곱 기둥』 1·2·3, 최인자 옮김(뿔, 2006).

이에 둘 수 있었다. 이 정책 결정권자들 가운데 일부는 본인들이 열렬한 시온주의자였다. 후세인 박사는 1920년대와 1930년대에 영국의 공식 위원회들이 팔레스타인의 상황을 조사차 현지에 와서 아랍인들에게 유리한 결론에 도달할 때마다 런던의 시온주의 로비 활동 때문에 그런 결론이 백지장이 되어 버렸다고 지적한다. 런던에서는 시온주의 지도자들과 영국의 고위 정치인들이 이례적으로 친밀하게 접촉하고 있었다.[80]

이사 알이사 또한 1948년 전쟁 직후 베이루트 망명 생활 중에 회고록을 썼다. 전간기에 대한 그의 견해는 여러 면에서 큰아버지의 생각과 다르다. 후세인 박사와 달리, 알이사는 1937년 필위원회 보고서 이후 무프티와 사이가 크게 틀어졌고, 이후 팔레스타인 지도부가 분열되면서 개인적으로 고통을 겪었다. 만약 알이사가 생각하는 것처럼 이런 내부 분열이 팔레스타인인들에게 심각한 해가 되었다면, 아랍인들의 전근대적 사회관계와 교육의 부재, 그리고 무엇보다도 영국이 지원하는 가운데 시온주의자들이 원주민을 밀어내는 데 확고하게 집중한 것도 마찬가지로 파괴적인 영향을 미쳤다. 알이사는 수십 년간 이 주제에 관해 설득력 있게 글을 쓰고 있었다. 그는 영국인을 전혀 사랑하지 않았고 영국인들도 그를 사랑하지 않았지만, 그의 분석에서 중심적 문제는 팔레스타인과 아랍의 약세 때문에 더욱 강해진 시온주의였다. 1948년 이후 아랍 통치자들을 비판한 그의 시와 산문은 적절하게도 통렬했고, 그들, 특히 아미르 압둘라에 대한 그의 설명은 찬사와는 거리가 멀다.

반란과 영국의 진압에 관한 결론에서 반드시 이야기해야 할 것이 두 가지 더 있다. 첫 번째는 반란을 계기로 제에브 자보틴스키의 명석한 판단력과 많은 영국 관리들의 자기기만이 입증되었다는 것이다.

이 나라를 차지하는 것을 목표로 삼은 시온주의자들의 식민주의 기획은 필연적으로 저항을 낳았다. 자보틴스키는 1925년에 이렇게 말했다. 「이미 사람들이 살고 있는 땅을 식민화하고자 한다면, 이 땅을 지키기 위한 수비대를 찾아내거나 아니면 우리를 위해 수비대를 제공할 은인을 찾아내야 한다. ……시온주의는 모험적 식민 사업이며, 따라서 무력의 문제에 성패가 좌우된다.」[81] 적어도 처음에는 오로지 영국이 제공하는 무력으로 식민화되는 이들의 자연 발생적인 저항을 극복할 수 있었다.

훨씬 앞서서 1919년 우드로 윌슨 대통령이 이 지역 사람들의 의사를 확인하기 위해 파견한 킹-크레인위원회King-Crane Commission도 자보틴스키와 비슷한 결론에 도달했다. 위원들은 시온주의 운동의 대표자들에게 팔레스타인을 유대 국가로 전환하는 과정에서 〈현재 팔레스타인에 살고 있는 비유대인 주민들을 사실상 완전히 추방할 생각〉이라는 말을 들었다. 또한 자신들이 의견을 구한 군사 전문가들은 하나같이 〈시온주의 프로그램을 실행하려면 오직 무력으로만 가능하다〉고 보았으며, 모두들 이 프로그램을 실행하기 위해서는 〈최소한 5만 명의 병력이 필요하다〉고 판단한다고 보고했다. 결국 영국이 1936년부터 1939년까지 팔레스타인인들을 압도하기 위해서는 그보다 배가 넘는 병력이 필요했다. 윌슨에게 동봉해서 보낸 편지에서 위원들은 다음과 같은 선견지명이 담긴 경고를 했다. 〈미국 정부가 팔레스타인에서 유대 국가 창설을 지지하기로 결정하면, 미국이 그 지역에서 무력을 사용해야만 합니다. 팔레스타인에 유대 국가를 수립하거나 유지하려면 오직 무력으로만 가능하기 때문입니다.〉[82] 이와 같이 위원회는 이후 한 세기의 방향을 정확히 예측했다.

두 번째 요점을 말하자면, 반란과 반란 진압, 그리고 그 결과로 이어진 시온주의 기획의 성공적인 이식은 밸푸어 선언에서 제시된 정책의 직접적이고 필연적인 결과이자 밸푸어의 언어로 구현된 선전 포고의 뒤늦은 실행이었다는 것이다. 밸푸어는 〈시온주의가 아랍인들에게 해가 될 것이라고 보지 않았고〉, 처음에는 시온주의자들이 그들의 땅을 차지하는 것에 대해 반발이 크지 않을 것이라고 생각한 것 같다. 하지만 조지 오웰의 언어를 빌리자면, 〈그릇된 믿음은 머잖아 단단한 현실에 부딪힌다. 보통 전장에서〉.[83] 대반란의 전장에서 바로 이런 일이 벌어졌고, 영원히 팔레스타인인들에게 해를 끼쳤다.

1917년 이후, 팔레스타인인들은 삼중의 곤경에 빠지게 되었다. 식민 정착민 운동에 맞선 저항의 역사에서 독특한 곤경일 것이다. 식민 지배를 받게 된 다른 대다수 민족과 달리, 그들은 본국, 즉 영국의 식민 권력뿐만 아니라 독특한 식민 정착민 운동과도 싸워야 했다. 이 식민 정착민 운동은 영국의 신세를 지면서도 독자성이 있었고, 고유한 민족적 사명과 매력적인 성경의 정당한 근거, 그리고 탄탄한 국제적 기반과 자금줄도 있었다. 〈이주와 통계〉를 담당하는 영국 관리에 따르면, 〈영국 정부는 이곳에서 식민 권력이 아니다. 유대인들이 식민 권력이다〉.[84] 설상가상으로 영국은 팔레스타인을 전면적으로 통치하지 않았다. 국제연맹의 위임통치 당국으로서 통치한 것이다. 따라서 밸푸어 선언만이 아니라 1922년 팔레스타인 위임통치령에 구현된 국제사회의 약속에도 얽매여 있었다.

팔레스타인인들이 항의 시위와 소요의 형태로 불만을 강하게 표출하자 현지와 런던의 영국 행정관들은 몇 번이고 정책 수정을 권고해야 했다. 하지만 팔레스타인은 왕령 식민지나 그 밖에 영국 정부가 마음 내키는 대로 행동할 수 있는 형태의 식민지가 아니었다. 팔레스타인의 압력 때문에 영국이 어쩔 수 없이 위임통치령의 문서나 정신을 위반하는 것처럼 보이면, 제네바에 있는 국제연맹의 상임위임통치위원회Permanent Mandates Commission에서 치열한 로비가 벌어져서 시온주의자들에 대한 무엇보다 중요한 의무를 상기시켰다.[85] 영국이 이런 의무를 충실히 수행한 덕분에 1930년대 말에 이르면 팔레스타인에서 진행되는 변화를 역전시키거나 한쪽으로 크게 치우친 양쪽의 힘의 균형을 바꾸기에는 이미 늦은 상태였다.

애당초 팔레스타인인들은 크게 불리한 상태에서 노동을 했는데, 시온주의 단체가 대규모로 자본을 투자하고, 근면하게 노동하고, 정교하게 법적 책략을 구사하고, 강도 높게 로비를 벌이고, 효과적으로 선전 활동을 하고, 은밀하고 공공연하게 군사적 수단을 행사하자 더욱 불리해졌다. 유대인 식민자들의 무장 부대가 반쯤 비밀리에 몸집을 키우자 결국 영국인들은 아랍의 반란에 직면해서 시온주의 운동이 군사 조직을 공공연하게 운영하도록 허용했다. 이 시점에서 유대인기구와 위임통치 당국의 공모가 정점에 달했다. 객관적 역사가들은 국제연맹의 지지를 받은 이런 공모 때문에 팔레스타인인들이 자신들의 권리라고 믿은 대의 기관과 자결권, 독립을 위한 싸움에서 성공할 가능성이 극히 희박해졌다는 데 대체로 합의한다.[86]

팔레스타인인들이 이런 삼중의 곤경에서 빠져나오기 위해 무엇을 할 수 있었는가 하는 것은 대답하기가 불가능한 질문이다. 어떤 이들은 보수적 지도부가 선호했던 방식, 즉 공허한 항의 시위를 개시하면서 영국의 선의와 〈공정성〉에 호소하기 위해 아무 쓸데 없이 런던에 대표단을 파견하던 법적 접근법을 포기했어야 한다고 주장한다. 이

명제를 주장하는 이들은 그 대신 영국인들과 완전히 결별하고, 위임통치 당국에 협조를 거부하며(국민회의당이 인도 제국에 대해, 또는 신페인당이 아일랜드의 영국인들에 대해 했던 것처럼), 달리 방법이 없으면 실제로 결국 그랬던 것처럼 이웃 아랍 나라들이 걸은 길을 따라 무장 봉기를 일으켰어야 한다고 말한다.[87] 어쨌든 영국과 시온주의 운동, 국제연맹 위임통치라는 강력한 삼각동맹 앞에서 해볼 만한 선택의 여지는 거의 없었다. 게다가 팔레스타인인들에게는 뚜렷한 실체가 없고 조직화되지 않은 아랍의 여론 말고는 진지한 동맹자도 전혀 없었다. 이 여론은 1914년 이전에도 확고하게 그들의 편이었으며 전간기가 흘러가면서도 더욱 굳건해졌다. 하지만 (사우디아라비아와 예멘을 제외하면) 어떤 아랍 나라도 완전한 독립을 누리지 못했다. 실제로 아랍 나라들은 모두 여전히 영국과 프랑스의 손아귀에 있었고, 완전히 민주적인 기관이 전무했기 때문에 이런 친팔레스타인 여론이 충분히 표출되지 못했다.

영국인들이 1948년 팔레스타인에서 떠났을 때, 유대 국가 기구를 새롭게 창조할 필요가 없었다. 이미 수십 년간 영국의 보호 아래 그런 기구가 작동하고 있었기 때문이다. 헤르츨의 선견지명이 담긴 꿈을 현실로 만들기 위해 할 일이라고는 현존하는 이 준국가가 약해진 팔레스타인인들을 상대로 군사력을 과시하는 한편 공식적 주권을 획득하는 것뿐이었는데, 1948년 5월에 실제로 주권을 획득했다. 따라서 위임통치가 끝나고 마침내 다수 아랍인들이 무력으로 쫓겨나고서야 대단원의 막이 내렸지만, 팔레스타인의 운명은 이미 30년 전에 결정된 셈이었다.

2　　　　　　　　　　　**두 번째 선전포고, 1947~1948**

분할은 원칙상으로나 실제적으로나 반아랍적 해법으로 간주될 수
있을 뿐이다.
　— 유엔팔레스타인특별위원회, 소수 의견 보고서[1]

1968년에 세상을 떠나기 몇 달 전, 시간이 얼마 남지 않았음을 느
낀 아버지는 다이닝 룸에 나와 함께 앉아서 20년 전에 전해 달라고
요청받은 메시지를 들려주었다. 당시 나는 열아홉 살의 대학생이었
는데, 아버지는 잘 새겨들으라고 당부했다.

1947년, 아버지 이스마일 라기브 알할리디Ismail Raghib al-Khalidi는
8년 만에 처음으로 팔레스타인으로 돌아갔다. 1939년 가을에 미시
건 대학교에서 대학원 공부를 하러 떠난 뒤 컬럼비아 대학교로 옮겼
다가 제2차 세계 대전 당시 미국에 계속 머무르면서 전시정보국Office
of War Information에서 중동을 대상으로 하는 아랍어 방송 아나운서로
일했다. 전쟁 중에 야파에 살던 할아버지는 자정이 넘도록 자지 않고
라디오에 귀를 기울였다. 여러 해 동안 보지 못한 막내아들의 목소리
를 듣기 위해서였다.[2] 팔레스타인으로 돌아갈 당시에 아버지는 새로

유엔을 위해 중동에 방송 중인 이스마일 알할리디.

조직된 아랍-미국 협회Arab-American Institute에서 서기로 일하고 있었다
(레바논 태생의 어머니도 거기서 일했다. 두 분은 그곳에서 만났다).³
이 협회는 프린스턴 대학교의 필립 히티Philip Hitti 교수의 지휘 아래
한 무리의 아랍계 미국인 명사들이 팔레스타인의 상황에 대한 미국
인의 인식을 끌어올리기 위해 설립한 조직이었다.⁴ 아랍의 신생 독립
국가 지도자들에게 협회의 활동을 소개하기 위해 중동을 여행하는
길에 아버지도 예루살렘으로 돌아간 것이었다.⁵

아버지의 형인 전 예루살렘 시장 후세인 파크리 알할리디 박사와
는 나이 차가 스무 살이 났다. 형제의 아버지가 고령이고 후세인 박사
가 명성이 자자한 것을 고려할 때, 이스마일을 비롯한 손아래 형제 갈
리브, 파티마, 야쿠브 등을 후세인 박사가 아버지처럼 거느리면서 규
율과 돈을 비롯한 여러 문제를 살폈다.⁶ 다른 형 아마드는 널리 인정

받는 교육자이자 작가, 예루살렘 정부 아랍 대학Government Arab College 학장으로서 동생들의 교육을 책임졌다. 나이 차가 스무 살이 나고 후세인 박사가 엄격하다는 평이 많았지만, 그와 아버지는 가까운 사이였다. 후세인이 영국에 의해 세이셸 제도에 수감되었을 당시 두 사람이 나눈 서신을 보아도 알 수 있다. 유형 생활 중에 쓴 일기에서 후세인 박사는 내 아버지가 보낸 편지의 영어가 형편없다고 불만을 토로하면서(〈그 애는 글솜씨가 끔찍하다〉) 베이루트 아메리칸 대학교에서 공부하면 좀 나아질 것이라고 기대한다. 실제로 그랬다.[7] 사진으로 보면, 후세인 박사는 위풍당당한 남자였는데, 1940년대 말에 이르면 초췌한 인상이었고, 7년 가까운 수감과 유형 생활을 하기 전에 비해 한결 야위었다(세이셸 시절에 약 11킬로그램이 빠졌다). 팔레스타인인들에게 크나큰 위기의 시기였던 1947년 말 예루살렘에 아직 남아 있는 몇 안 되는 아랍 지도자 가운데 한 명이었던 그는 눈코 뜰 새 없이 바빴다. 하지만 그 와중에도 막냇동생을 불러들였고, 아버지는 주저 없이 응했다.

후세인 박사는 이스마일이 아랍-미국 협회의 지시에 따라 트랜스요르단의 압둘라 국왕을 만나러 암만으로 간다는 걸 알았는데, 국왕에게 개인적이면서도 공식적인 메시지를 보내고 싶었다. 그 내용을 들은 아버지는 얼굴이 하얗게 질렸다. 후세인 박사와 그가 서기로 있는 아랍고등위원회의 말을 이스마일이 압둘라 국왕에게 전하기로 되어 있었던 것이다. 팔레스타인인들은 〈보호〉(그는 아랍어 〈wisaya〉라는 단어를 썼는데, 말 그대로 〈보호〉나 〈후견〉을 뜻한다)해 주겠다는 국왕의 제안에 감사하기는 하나 받아들일 수 없다는 것이었다. 이 메시지에는 팔레스타인인들이 영국의 굴레를 벗어던지는 데 성공하면 요르단의 굴레 아래로 들어가기를 원하지 않는다는 암묵적인 뜻이 담겨 있었다(암만에 영국의 영향력이 널리 퍼져 있음을 감안하면, 영국의 지배나 요르단의 지배나 별 차이가 없었다). 그들은 자신들의 운명을 스스로 통제하기를 열망했다.

아버지는 그렇게 전혀 달갑지 않은 소식을 전하면 애초에 아랍-미국 협회의 활동에 대한 국왕의 지지를 구한다는 방문 취지가 무색해질 것이라고 미약하나마 이의를 제기했다. 후세인 박사가 그의 말을 잘랐다. 다른 사절들이 압둘라 국왕에게 거듭해서 같은 메시지를 전달했지만 귀 기울여 들으려고 하지 않았다는 것이다. 가족의 유대가 중요한 사정을 감안하면, 국왕은 이 메시지가 후세인 박사의 친동생으로부터 전해지는 것이라서 믿을 수밖에 없었다. 그는 퉁명스럽게 이스마일에게 들은 대로 하라면서 사무실에서 내보냈다. 아버지는 무거운 마음으로 길을 나섰다. 형을 존경하는 마음 때문에 메시지를 전해야 했지만, 암만 방문이 순조롭게 끝나지 않으리라는 생각이 들었다.

당시에도 미국의 여론은 압도적으로 친시온주의에 기울어 있고 팔레스타인의 대의에 대체로 무지했다. 압둘라 국왕은 손님을 맞이해서 정중하게 이야기를 들었지만, 아랍-미국 협회가 이런 여론을 바꾸기 위해 활동하고 있다는 이야기에는 큰 관심이 없었다. 수십 년간 국왕은 자신의 성공을 영국에 의지했다. 영국은 그가 트랜스요르단 왕위에 오르는 것을 도와주었고, 군대 비용과 장비를 제공했으며, 아랍 군단Arab Legion(트랜스요르단군)에 장교를 대주었다. 이와 대조적으로, 미국은 멀리 떨어져서 별로 중요해 보이지 않았고, 국왕은 분명 별다른 인상을 받지 않은 것 같았다. 당시 대부분의 아랍 통치자들이 그러하듯, 국왕 역시 미국이 전후에 세계 문제에서 어떤 역할을 할지 제대로 알지 못했다.

아버지는 주요한 임무를 실행하고 나서 머뭇거리며 후세인 박사가 위임한 메시지를 전달했다. 국왕의 얼굴에 노하고 놀라는 기색이 비쳤고, 갑자기 자리에서 일어나 방 안에 있던 다른 사람들도 전부 기립할 수밖에 없었다. 그것으로 알현은 끝이 났다. 정확히 그 순간 하인 하나가 들어오더니 방금 BBC 뉴스에 유엔 총회가 팔레스타인 분할에 찬성하기로 결정했다는 발표가 나왔다고 전했다. 아버지가 트랜스요르단 국왕과 만나던 1947년 11월 29일 바로 그 순간에 유엔 총회에서 팔레스타인을 분할한다는 결의안 제181호의 역사적 표결이 이루어진 것이다. 방을 나서기 전에 국왕은 아버지에게 고개를 돌려 냉담하게 말했다. 「당신네 팔레스타인 사람들은 내 제안을 거절했소. 이제 벌어질 일은 당신들 책임이오.」

물론 당시 어떤 일이 벌어졌는지 이제는 잘 알려져 있다. 1949년 여름에 이르면, 팔레스타인 국가는 황폐해지고, 사회는 대부분 파괴되었다. 전쟁이 끝나면서 신생 이스라엘 국가가 된 지역에 사는 아랍 주민의 80퍼센트 정도가 자기 집에서 쫓겨나고 토지와 재산을 잃었다. 130만 팔레스타인인 가운데 최소한 72만 명이 난민 신세가 되었다. 이런 폭력적인 변화 덕분에 옛 팔레스타인 위임통치령 영토의 78퍼센트를 차지한 이스라엘은 이제 쫓겨나지 않고 남을 수 있었던 팔레스타인 아랍인 16만여 명을 지배하게 되었다. 전쟁 전 아랍 인구의 5분의 1도 되지 않는 수였다. 1939년 대반란의 패배를 바탕으로 대기 중인 시온주의 국가가 강제한 이런 격변 ─ 팔레스타인인들의 표현대로 하면 나크바Nakba(재앙) ─ 은 또한 아버지가 들려준 이야기 속에 생생하게 드러나는 여러 요인들에 의해 야기되었다. 외국의 간섭과 아랍 내부의 격렬한 경쟁도 한몫을 했다. 반란이 패배한 뒤에도 지속된 팔레스타인 내부의 고질적인 차이와 팔레스타인의 근대적 국가 기관의 부재가 이런 문제들을 더욱 악화시켰다. 하지만 세계 대전 중에 전 지구적 변화가 대대적으로 일어나고서야 마침내 나크바가 가능해졌다.

1939년 전쟁이 발발하자 영국의 백서를 둘러싼 말다툼이 서둘러 마무리되고 반란의 소요가 끝난 뒤 상대적으로 잠잠한 분위기가 만들어졌다. 하지만 1942년 가을 엘알라메인 전투와 스탈린그라드 전투가 벌어질 때까지 3년 동안 나치 기갑부대가 리비아로부터, 또는 캅카스산맥을 통과해서 들이닥치는 위험이 항상 존재했다. 백서와 전시의 상황 때문에 유대인 이민 유입은 크게 줄어든 반면, 시온주의에 대한 지지를 포기하는 듯 보이는 영국 정부에 분노한 시온주의 지도자들은 영국과 거리를 두고 새로운 후원자들에게 접근하는 외교적 조정을 기민하게 추진했다. 하지만 이런 잠잠한 시기 동안 시온주의자들은 군사 역량을 계속 증강할 수 있었다. 시온주의 운동의 압력과 영국 총리 윈스턴 처칠의 지지 아래 1944년에 영국군의 유대인대대 그룹Jewish Brigade Group이 구성되어 이미 상당한 수준의 시온주의 군대에 훈련과 전투 경험을 제공했다. 이로써 시온주의 운동은 다가오는 충돌에서 결정적인 우위를 확보하게 되었다.

이와 대조적으로, 팔레스타인은 비록 전시의 호황 덕분에 반란으로 아랍 경제에 야기된 피해에서 어느 정도 회복할 수 있었지만, 팔레스타인인들은 여전히 정치적으로 사분오열된 상태였고, 많은 지도자들이 아직 망명 상태이거나 영국에 구금되어 있었다. 다가오는 폭풍에 충분히 대비할 여력이 없었다. 1만 2,000명이 넘는 팔레스타인 아랍인이 제2차 세계 대전 중에 영국군에 자원입대했지만(한편 내 아

버지를 비롯한 많은 이들은 연합국을 위한 전시 노동에 종사했다),
팔레스타인 출신 유대인 병사들과 달리 그들은 단일한 부대를 구성
하지 못했기 때문에 팔레스타인에는 그들의 전쟁 경험을 활용할 수
있는 준국가가 전혀 없었다.[8]

세계 대전이 끝나자 팔레스타인에 대한 식민주의 공격이 새로운 국
면에 접어들었다. 그전까지 지역 차원에서 소규모 역할만 했던 두 강
대국 미국과 소련이 중동에 당도한 것이다. 식민주의적 성격을 제대
로 인정한 적이 결코 없고 남북 아메리카와 태평양에만 세력권이 국
한되었던 제국인 미국은 진주만 공습 이후 갑자기 단순한 세계적 강
대국이 아니라 절대 강대국이 되었다. 1942년을 시작으로 미국의 함
대와 병력, 기지가 북아프리카와 이란, 사우디아라비아에 도착했다.
그 후 그들은 중동을 떠나지 않았다. 한편 볼셰비키 혁명 이후 내부 문
제에 치중하느라 이데올로기를 퍼뜨리면서도 힘을 과시하는 것은 피
하던 소련은 전쟁의 결과로 세계 최대의 지상군을 보유하게 되었다.
그뿐만 아니라 유럽의 절반을 나치의 손아귀에서 해방시키고, 이란과
터키, 그 밖에 남쪽의 여러 지역에서 점점 자기주장을 내세웠다.

이슈브 내에서 지배적인 정치인인 다비드 벤구리온이 이끄는 가
운데, 시온주의 운동은 세계적 세력 균형의 이동을 선견지명 있게 내
다보았다. 이런 조정에서 핵심적인 사건은 1942년 뉴욕 빌트모어
호텔에서 열린 중요한 시온주의 회의에서 이른바 빌트모어 프로그
램Biltmore Program을 발표한 것이었다.[9] 이 자리에서 처음으로 시온주
의 운동은 팔레스타인 전체를 유대 국가로 전환할 것을 공개적으로
요구했다. 정확하게 요구한 내용은 〈팔레스타인을 유대 공화국Jewish
Commonwealth으로 창설해야 한다〉는 것이었다. 〈민족적 본거지〉와 마
찬가지로, 이 표현 역시 다수 아랍인이 3분의 2를 차지하는 나라인

팔레스타인 전체를 유대인이 완전히 차지해야 한다는 또 다른 완곡한 표현이었다.[10] 이런 야심 찬 프로그램을 미국, 그것도 뉴욕에서 선언한 것은 우연의 일치가 아니다. 당시나 지금이나 뉴욕은 세계에서 유대인 인구가 가장 많은 도시다.

오래지 않아 시온주의 운동은 미국의 많은 정치인과 여론을 이런 목표로 결집시켰다. 팔레스타인인과 신생 아랍 국가들이 절대 따라잡을 수 없는 수준으로 끊임없이 효과적인 홍보 노력을 기울였으며, 동시에 나치가 홀로코스트를 통해 유럽 유대인 대다수를 절멸시킨 사실이 폭로되면서 전율이 널리 퍼졌기 때문이다.[11] 해리 트루먼 대통령이 전후 시기에 아랍인이 다수인 땅에 유대 국가를 세운다는 목표를 지지한 뒤, 한때 쇠퇴하는 영제국의 지지를 받았던 식민 기획인 시온주의는 이제 중동에서 새롭게 등장하는 미국 패권의 요체가 되었다.

전쟁 이후 연달아 일어난 두 가지 결정적인 사건은 팔레스타인인들 앞에 어떤 장애물이 놓여 있는지를 상징적으로 보여 주었다. 여러 아랍 정권들과의 관계는 이미 불안했다. 1936년 총파업을 종식시키기 위해 개입하고, 수포로 돌아간 1939년 세인트 제임스 궁전 회담에 참가한 때부터 아랍 통치자들이 영국과 손을 잡았기 때문이다. 영국의 후원으로 아랍 6개국이 아랍연맹Arab League을 결성한 1945년 3월에는 상황이 더욱 나빠졌다. 후세인 박사는 회고록에서 회원국들이 아랍연맹의 창립 성명에서 팔레스타인에 대한 언급을 삭제하고 팔레스타인 대표자에 대한 선택권을 계속 자신들이 갖기로 결정하자 팔레스타인인들이 느낀 쓰라린 실망감을 설명한다.[12]

이집트 총리는 팔레스타인 사절인 무사 알알라미가 아랍연맹 창립총회에 참석하는 것을 막았지만, 알알라미가 카이로에서 일하는 영국 정보장교로 그의 참석을 승인해 준 클레이턴 준장의 편지를 들이대자 곧바로 결정을 철회했다. 이집트, 이라크, 시리아, 레바논, 트랜스요르단이 처음에 아랍연맹을 창설하기로 합의한 1944년 10월 알렉산드리아 의정서에는 〈유럽 유대인들에게 가해진 고통을 유감스럽게 여기〉면서도 〈팔레스타인 아랍인들의 대의〉의 중요성을 강조하고 있었지만, 이 국가들은 아직 예전 식민 지배자들에게서 제대로 독립한 상태가 아니었다.[13] 특히 영국은 이 모든 나라들의 대외 정책에 강한 영향력을 행사했고, 일체의 팔레스타인 독립 계획에 대한 영국의 반감은 조금도 줄어들지 않은 상태였다. 따라서 팔레스타인인들은 이 허약하고 의존적인 아랍 정권들에게서 어떠한 유의미한 지지도 받을 수 없었다.

더욱 원대한 영향을 미친 것은 1946년 구성된 영국-미국 조사위원회Anglo-American Committee of Inquiry였다. 영국과 미국 정부가 유대인 홀로코스트 생존자의 긴급하고 절박한 상황을 검토하기 위해 세운 기구였다. 수십만 명의 유대인이 유럽의 난민 수용소에 갇혀 있었다. 미국과 시온주의가 선호하는 방안은 이 불운한 사람들이 곧바로 팔레스타인으로 들어가도록 허용하는 것이었는데(미국이나 영국이나 그들을 받아들일 생각이 없었다), 사실상 1939년 백서의 취지를 부정하는 방안이었다.

팔레스타인의 주장을 조사위원회에 제시한 것은 앨버트 후라니(훗날 아마 가장 위대한 현대 중동 역사가가 된다)였는데, 그는 새로 구성된 팔레스타인아랍청Palestinian Arab Office의 동료들과 함께 방대한 자료를 만들어서 문서를 통해, 그리고 입에서 입으로 퍼뜨렸다.[14] 그들의 주요한 노력은 후라니의 증언으로 실현되었는데,[15] 여기서 그는 유대 국가가 창설되면 팔레스타인 사회에 파괴와 혼돈이 가해지고 아랍 세계 전반에도 그 여파가 미칠 것이라고 정확히 예측했다. 그는 조사위원회에 〈지난 몇 년간 책임 있는 시온주의자들이 아랍 주민 전체나 일부를 아랍 세계의 다른 지역들로 철수시킨다고 진지하게 이야기하고 있다〉고 경고했다.[16] 시온주의 프로그램이 실행되면 〈끔찍한 불의가 나타날 텐데, 이 프로그램은 무시무시한 억압과 무질서를 대가로 해서만 실행될 수 있고, 중동의 정치 구조 전체를 허물어뜨릴 위험이 있다〉는 것이었다.[17] 팔레스타인에서 싸운 뒤 1949년에서 1958년까지 시리아, 이집트, 이라크 등지에서 정권을 전복한 아랍 장교들의 군사 쿠데타, 1950년대 중반 소련의 갑작스러운 중동 문제 개입, 영국이 이 지역에서 쫓겨난 것 등은 모두 후라니가 예견한 지각 변동의 여파로 볼 수 있다. 당시 후라니의 증언을 들은 미국과 영국의 12명 위원에게는 이런 결과들이 믿기지 않았을 것이다.

영국과 미국의 변화된 세력 균형을 반영하듯, 위원회는 아랍인들의 주장과 영국 정부의 바람을 무시했다. 영국 정부는 팔레스타인의 다수 아랍인과 새로 독립한 여러 아랍 국가 국민들의 반감을 사는 것을 피하기 위해 팔레스타인으로 들어오는 유대인 이민을 계속 제한하고자 했다. 위원회는 결국 시온주의자들과 트루먼 행정부의 바람을 고스란히 반영한 결론에 다다랐다. 수십만 명의 유대인 난민이 팔레스타인에 들어가도록 권고한 것이다. 이로써 1939년 백서는 사문화되었고, 영국은 이제 팔레스타인에서 결정적 발언권을 상실했으며, 미국이 팔레스타인, 그리고 결국 중동 나머지 지역에서 가장 지배적인 외부 행위자로 부상했다.

❖

두 사건 모두에서 분명히 드러나듯이, 자기 고국을 지키기 위한 싸움이 이렇게 진전된 단계에서 팔레스타인인들은 비록 애국심을 드높이는 한편 대반란 중에 영국의 팔레스타인 지배에 잠시나마 위협을 제기할 만큼 강력한 민족 운동을 만들어 냈지만, 효과적인 아랍의 동맹자나 근대적 국가기구를 발전시키지는 못했다. 이런 부재 때문에 스스로 중심적인 국가 체제를 갖지 못한 채 유대인기구의 탄탄하게 발전된 준국가에 직면해야 했다. 이런 상황은 결국 군사적, 재정적, 외교적으로 치명적인 약점이 되었다.

유대인기구가 국제연맹 위임통치령으로부터 결정적으로 중요한 통치 부문을 부여받은 것과 달리, 팔레스타인인들에게는 외무부나 외교관—내 아버지의 이야기에서 입증되듯이—이 전혀 없었고, 다른 어떤 정부 부서도 없었다. 하물며 중앙에서 조직한 군사력은 더욱 없었다. 필요한 자금을 모을 수 있는 역량이 없었고, 각종 국가 기관을 창설하는 데 대한 국제적 동의도 받지 못했다. 팔레스타인 사절들이 겨우겨우 외국 관리들과 만났지만, 런던이나 제네바 어디서든 그들은 공식적 지위가 없었고, 따라서 이 만남은 공식적 회동이 아니라 사적인 자리라는 굴욕적인 말을 들었다.[18] 제1차 세계 대전과 제2차 세계 대전 사이에 식민 지배에서 (부분적으로) 벗어나는 데 성공한 유일한 민족인 아일랜드인들과 비교해 보면 인상적이다. 비록 대열 내에서 분열이 있긴 했지만, 비밀 의회인 다일에이렌Dail Eireann, 초기의 정부 부처, 중앙 집권화된 군대는 결국 영국보다 더 잘 통치하고 그들과 싸워 승리했다.[19]

나크바로 이어지는 이 결정적인 시기 동안, 국가 기관 건설과 관련된 팔레스타인의 난맥상이 극심했다. 팔레스타인인들이 만들 수 있었던 초보적 성격의 조직 구조는 유수프 세이그Yusuf Sayigh의 회고담에서 분명히 드러난다. 세이그는 1946년 새로 창설된 아랍민족기금Arab National Fund의 초대 사무총장으로 임명된 인물이다.[20] 기금은 1944년 아랍고등위원회가 국가 재정으로 사용하기 위해 만든 것으로, 모델로 삼은 유대민족기금은 그때쯤이면 거의 50년 역사를 자랑하고 있었다. 1930년대 중반에 이르면, 유대민족기금은 매년 미국에서만 팔레스타인 식민화를 위해 350만 달러를 모았는데, 시온주의 기획을 지원하기 위해 세계 각지에서 모은 훨씬 더 많은 액수의 일부를 정기적으로 전달했다.[21]

아랍민족기금은 세이그가 임명되어 조직 구조를 마련한 뒤에야 자원을 모으는 임무를 시작했다. 세이그는 아무것도 없는 상태에서 전국 차원의 연결망을 만드는 일에서부터 기부를 받는 일, 팔레스타인의 안보 상황이 악화되는 가운데 시골 지역을 돌아다니는 일의 어려움에 이르기까지 업무 과정에서 여러 곤란에 직면했다고 설명했다. 1947년 중반에 이르면, 1년 약간 넘는 기간 동안 17만 6,000팔레스타인 파운드(당시 70만 달러 이상)를 모금했다. 주민들이 비교적 가난했던 점을 감안하면 인상적인 액수다. 하지만 시온주의 운동의 엄청난 모금 동원력에 비하면 초라해 보였다. 세이그의 조언을 무릅쓰고 기금 이사회의 성원인 이자트 탄누스'Izzat Tannous가 모금 액수를 언론에 자랑했을 때, 다음 날 세이그와 동료들은 남아프리카 출신의 부유한 유대인 과부가 유대민족기금에 100만 팔레스타인 파운드(400만 달러)를 기부했다는 사실을 알게 되었다.

아랍고등위원회—1936년 결성되었다가 1937년에 영국인들에 의해 해산되고, 전쟁이 끝난 뒤 재건된 팔레스타인 지도부—에 대한 세이그의 묘사도 마찬가지로 가혹하다. 분열과 내부 다툼의 광경이 그림같이 생생하다. 반란 시기에 아랍고등위원회가 불법화되고, 지도자 전부가 수감되거나 유형에 처해지고, 또는 체포를 피하기 위해 나라에서 도망칠 수밖에 없었다는 사실을 기억해야 한다. 무프티 하지 아민 알후세이니 같은 몇몇은 영원히 유형 길을 떠난 반면, 후세인 박사, 무프티의 사촌인 자말 알후세이니, 무사 알알라미 등 다른 이들은 각기 다른 나라로 유형을 당한 뒤 오랜 세월이 흐른 뒤에야 팔레스타인에 돌아올 수 있었다.[22] 하지만 그들이 돌아왔다고 문제가 해결된 것은 아니다. 세이그는 관료 기구를 전혀 두지 않은 아랍고등위원회가 갑자기 영국-미국 조사위원회에 팔레스타인의 주장을 문서로 정리해 제출하는 쉽지 않은 과제에 직면한 상황을 서술한다.

이제 아랍고등위원회는 성원들이 지적인 숙련 기술이 부족하다는 것을 깨달았다. 실제로 위원회에는 아무 구조도 없었다. 자말 후세이니가 오후에 사무실을 떠났을 때, 그는 문을 잠그고 주머니에 열쇠를 챙겼다. 서기국이랄 게 전혀 없었다. 커피를 타는 한두 명이 있었을 뿐이다. 기록을 하거나 타자를 치는 서기가 하나도 없었다. 전부 그만큼 부실했다.[23]

뿌리 깊은 정치적·개인적 차이 때문에 구성원들이 분열되고, 아랍 내부의 경쟁 관계가 아랍고등위원회를 둘러싸고 소용돌이치는 가운데 상황은 사실 훨씬 나빴다. 이 모든 병폐 때문에 전쟁 직후 새로 구성된 또 다른 조직인 아랍청의 잠재력이 크게 손상되었다. 아랍고등위원회가 영국-미국 조사위원회에 팔레스타인의 주장을 제시하는 임무를 맡긴 조직이었다. 팔레스타인 외무부의 중핵으로 만들어져서 주로 누리 알사이드Nuri al-Saʿid가 이끄는 친영국 성향의 이라크 정부의 지지를 받았다. 아랍청은 팔레스타인의 대의를 널리 알린다는 목표 아래 외교와 정보 업무를 도맡았다.

다른 기구들이 난맥상을 보인 것과 대조적으로, 아랍청은 사기가 높은 비범한 남자들로 구성되었다(아랍청의 활동에 관여한 여자에 관한 설명은 본 적이 없다). 창립자인 무사 알알라미, 유명한 교육가 다르위쉬 알미크다디Darwish al-Miqdadi, 훗날 팔레스타인해방기구PLO 초대 의장이 되는 변호사 아마드 슈케이리Ahmad Shuqayri, 미래의 역사학자 앨버트 후라니와 그의 동생 세실Cecil, 그리고 젊은 축으로는 경제학자 부르한 다자니Burhan Dajani, 후에 요르단 총리가 되는 와스피 알탈Wasfi al-Tal, 그리고 내 사촌으로 역시 후에 저명한 학자가 되는 왈리드 할리디 등이었다. 앨버트 후라니가 조사위원회에 내놓은, 대단히 설득력 있고 정확히 예측한 (그리고 무시당한) 발표문을 취합해 작성한 것이 바로 이 사람들이었다.

인재 자원을 갖춘 아랍청은 가령 후세인 박사가 동생을 사절로 활용할 필요가 없을 만큼 전문적인 외교 업무를 수행할 가능성을 보였다. 발전한 근대 국가들은 이따금 전통적인 통로와 나란히 개인 사절을 활용해서 메시지를 전달하지만, 영국 위임통치는 팔레스타인인들에게 그런 통로를 허용하지 않았다. 하지만 이런 상황은 특히 대중에 기반을 둔 정당의 시대가 열리기에 앞서 대단히 가부장적이고 위계적이며 까다로운 팔레스타인 정치의 성격에 기인한 면도 있었다. 그러나 아랍청은 이런 상황을 타개하는 데 실패했다. 유수프 세이그와 왈리드 할리디의 회고를 보면, 매번 팔레스타인인들을 무력하게 만들고 결국 국제사회에서 그들을 대표하는 유능한 조직을 세우려는 노력을 망쳐 버린 여러 장애물을 알 수 있다. 게다가 1947년에 이르면, 아마 외교적 대표 문제를 다루기에 가장 적합한 두 지도자였을 알알라미와 후세인 박사는 이제 더 이상 같은 편이 아니었다. 왈리드 할리디는 알알라미가 어떻게 고압적 태도로 동료들을 소외시켰는지 설명한다.[24] 후세인 박사의 회고록에도 이런 사실을 입증하는 증거가 넘쳐 난다. 더욱 중요한 점으로, 알알라미는 친영국 성향의 이라크 정권과 가까웠기 때문에 팔레스타인의 많은 인물들이 그를 의심할 수밖에 없었다.

후세인 박사는 이와 같은 팔레스타인 내부의 차이와 새롭게 독립한 아랍 국가들의 경쟁 관계 때문에 그 차이가 악화된 사정을 고통스러울 정도로 자세히 설명한다. 그가 보여 주는 것처럼, 반란과 그 이전까지 거슬러 올라가는, 전쟁 전 무프티인 하지 아민 알후세이니 당파와 반대파 사이의 대립은 전후 시대에도 계속되었다. 영국이 무프티와 독립 팔레스타인의 정치체에 끊임없이 반대했기 때문에 이런 대립은 더욱 격화되었다. 독립 팔레스타인의 정치체를 반대한 것은 영국에 반감을 가질 것을—아마 제대로—우려했기 때문이다. 영국이 여전히 커다란 영향력을 행사하는 아랍 각국의 정부도 대개 팔레스타인 지도부 대다수에 대한 이런 반감을 공유했다. 영국이 1945년 3월 아랍연맹 창립총회에서의 팔레스타인 대표 문제를 막후에서 기민하게 관리한 것은 이런 영향력이 여전했음을 보여 주는 생생한 증거다. 마침내 총회에 참석한 무사 알알라미는 후세인 박사에 따르면 유능한 변호사였고, 팔레스타인의 대의를 유창하게 대변했지만, 영국인들이 크게 신임하는 인물이기도 했다. 영국은 1945~1946년에 중동 지역 각지에 자국을 대표하는 외교 사절로 그를 보냈는데, 한번은 사우디아라비아와 이라크를 비롯한 아랍 나라들을 돌도록 영국 폭격기를 제공하기도 했다.[25]

후세인 박사는 팔레스타인인들의 최선의 이익에 속으로는 관심이 없는 영국이 아랍청을 지지하면서 알알라미에게 너무 많은 영향력을 발휘한다고 확신했다. 그리하여 후세인 박사는 아랍청의 활동을 공개적으로 비판하면서 암묵적으로 알알라미를 비판했다. 1947년 어느 날 예루살렘의 후세인 박사 사무실에 영국 군정보부의 대령 한 명이 찾아왔다. 전반적인 논의 끝에 대령은 아랍의 대의와 〈아랍인과 영국인의 상호 이해와 친밀성 증대〉를 위한 알알라미와 아랍청의 활동을 치켜세웠다. 대반란이 진압되고 영국에 의해 본인이 수년간 유형 생활을 당한 뒤 영국에 대한 반감이 격해졌던 후세인 박사는 자기 견해를 밝히지 않았지만 그의 방문에 난감했다. 이후 박사가 아랍청이 아랍고등위원회와 조화를 이루는 데 실패했다고 계속 공공연하게 비난하자, 대령이 다시 찾아왔다.

이번에 대령은 자리에 앉지도 않은 채 퉁명스럽게 메시지를 전했다. 「우리는 아랍청의 책임자를 존중하고, 그를 전폭적으로 신뢰하며, 당신도 그와 협조하기를 바랍니다.」 후세인 박사는 냉담하게 대답했다. 「당신이 그 사람을 존중하고 신뢰하는 건 저하고는 상관없는 일입니다. 제가 그 사람과 협조하든 안 하든 당신과는 상관없는 제 일이고요. 좋은 아침입니다, 대령님.」 후세인 박사는 알알라미가 아랍 연맹에 들어간 순간부터 〈그는 팔레스타인 아랍인이 아니라 영국 정부의 대리인이 되었다〉고 씁쓸하게 말한다.[26]

무사 알알라미는 또한 하지 아민 알후세이니에게서 불신을 받고 있었다. 아직 망명 중이던 무프티는 1946년 독일에서 카이로로 옮겨 간 뒤 곧바로 다시 팔레스타인 정치에 뛰어들었다. 망명지에서는 이제 더 이상 팔레스타인에서 일어나는 사건들을 통제할 수 없었지만, 여전히 최고 지도자로 여겨졌고 한동안 계속 영향력을 행사했다. 다만 전쟁 중에 나치 독일에 남아 있었기 때문에 팔레스타인의 대의가 지속적으로 손상되었다. 알알라미는 원래 팔레스타인의 어떤 당파에도 속하지 않았기 때문에 모든 관련자에게 아랍청의 대표로 받아들여질 수 있었다(그의 누이가 무프티의 사촌인 자말 알후세이니와 결혼한 것도 도움이 되었다). 하지만 1947년에 이르러 무프티는 그런 중립성을 질색하게 되었다. 무프티는 다른 모든 덕목보다 충성을 소중히 여겼기 때문이다. 아랍민족기금에서 일하면서 무프티와 여러 차례 만난 유수프 세이그는 그를 긍정적으로 보게 되었지만, 그렇다 하더라도 무프티의 전통적 방식의 리더십이 뿌리 깊은 한계가 있음을 간파했다.

무프티의 기본적 약점은 그가 추구하는 대의의 가치, 즉 팔레스타인 독립국가를 세우고, 시온주의자들의 손아귀에서 팔레스타인을 구하는 것이 그 자체로 충분하다는 것이었다. 그것은 정의로운 대의였기 때문에 그는 근대적 의미의 전투 부대를 만들지 않았다. ……내가 보기에 대규모 조직을 두려워했기 때문이기도 하다. 그는 큰 조직을 통제할 수 없다고 느꼈다. 그는 서로 귓속말을 하는 측근들을 통제할 수 있었다. 큰 조직은 어느 시점에 이르면 분권화해야 하는데, 그러면 직접 접촉할 수가 없다. 그리고 자기는 그들에게 의존해야 하는데, 그들은 자기한테 덜 의존할 터였다. 아마 그는 카리스마 있는 젊은 지도적 투사들이 등장해서 자신이 누리는 충성과 지지를 일부 빼앗아 갈 것을 우려했던 듯하다.[27]

무프티의 가부장적 방식에 대한 이런 날카로운 분석은 대부분 오스만 제국 후기에 태어나 팔레스타인 지도부를 지배한 같은 부류의 남자들 세대 전체에도 적용되며, 이 문제에 관한 한 대다수 아랍 세계의 정치에도 적용된다. 세이그가 속한 시리아 민족당처럼 팔레스타인을 비롯한 중동 지역에서 다양한 사회적 기반을 지닌 정당이 막 생겨나고 있었다. 하지만 진정으로 대중에 기반한 정당인 와프드당이 1919년 이래 정치를 지배한 이집트를 제외하면, 어디서도 이런 정당

조직이 앨버트 후라니가 1968년의 유명한 에세이에서 능수능란하게 묘사한 〈명사 정치politics of the notables〉를 압도하는 정도까지 발전하지 못했다.[28]

주로 이라크의 누리 알사이드와 영국의 지원을 받는 그의 정부로부터 자금을 지원받은 아랍청은 결국 다른 아랍 국가들을 소외시켰다. 특히 범아랍권의 지도부를 자처하는 이집트와 사우디아라비아를 소외시켰다. 양국 지도자, 그리고 시리아와 레바논의 지도자는 아랍청 창설이 이라크가 지역 차원에서 야심을 추구하기 위한 수단이라고—아마도 정확하게—의심했다. 이와 비슷한 다른 수단으로는 비옥한 초승달 지대 나라들—이라크, 시리아, 레바논, 요르단, 팔레스타인—의 연방 계획도 있었는데, 누리의 경쟁자들은 그의 후원자인 영국이 그 배후에 도사리고 있다고 우려했다.[29] 이집트의 영향 아래 있던 카이로의 아랍연맹을 통해 아랍 각국이 반대 의사를 표명하자 아랍청의 권위와 역량이 크게 훼손되었고, 궁극적으로 팔레스타인인들의 목소리가 한층 더 약화되었다.

한편 트랜스요르단의 압둘라 국왕은 최대한 넓은 팔레스타인 지역을 지배하겠다는 야심을 품은 채 이 나라에 대한 자신의 계획을 놓고 시온주의자들 및 영국의 지지자들과 타협을 이루기 위해 최선을 다하고 있었다. 아비 슐라임Avi Shlaim이 이 시대를 서술한 책 『요르단 강을 가로지르는 공모Collusion Across the Jordan』에서 이야기하는 것처럼, 압둘라 국왕과 유대인기구 지도자 모세 샤레트Moshe Sharett와 골다 메이어Golda Meir 사이에 광범위한 비밀 접촉이 이루어졌다.[30] 유엔이 팔레스타인을 분할하는 쪽으로 옮겨 가자 국왕은 협정 체결에 대한 기대를 품고 비밀리에 그들과 거듭 회동했다. 이 협정을 통해 요르단이 다수 아랍인의 땅으로 지정된 팔레스타인 지역을 편입하려고 한 것이다. 국왕은 팔레스타인인들이 정신을 차리고 자신의 통치에 따를 것이라고 자신만만하게 그들을 안심시켰다.* 따라서 이라크의 누리와 달리, 압둘라로서는 어떤 형태로든 팔레스타인의 독립 지도부가 필요 없었고, 팔레스타인의 외교 부서 역할을 할 아랍청 같은 기구도 아무 쓸모가 없었다.

팔레스타인 민족 운동이 허약하고 파편화된 것과 대조적으로 시온주의자들은 힘이 있고 외부의 지원까지 받고 있는데, 아랍의 신생 독립국들—이라크, 트랜스요르단, 이집트, 시리아, 레바논—역시 취약하고 증오에 찬 분열에 시달렸다. 또한 팔레스타인인들은 이 나라들의 경쟁적인 야심과 씨름해야 했다. 압둘라 국왕은 팔레스타인인들에게 보호를 강제하려고 하면서 이집트의 파루크 국왕이나 사우디아라비아의 압둘 아지즈 이븐 사우드 국왕과 경쟁했다. 다른 아랍 지도자들은 이따금 시온주의 운동과 복잡하고 모호하며 뒤가 구린 접촉을 하면서 종종 팔레스타인인들에게 손해를 끼쳤다.

그와 동시에 영국의 힘이 기울고 있는데도 많은 아랍 통치자들이 신뢰하기 힘든 영국의 고문들과의 개인적 관계에 계속해서 크게 의존했다. 압둘라 국왕, 그의 동생인 이라크의 파이살 국왕과 그 후계자들, 압둘 아지즈 이븐 사우드 국왕 등은 영국의 전현직 관리들에게 의존했는데, 그들의 입장은 모호했다(압둘라 국왕 군대의 사령관인 존 바것 글럽John Bagot Glubb 중장, 일명 글럽 파샤Glubb Pasha가 한 예다). 몇몇 경우에 이 통치자들은 어쩔 수 없이 이런 고문들을 두는 조약을 맺었는데, 고문들은 자신이 조언을 해주는 아랍 지도자들이 아니

---

* 국왕의 자신감은 1947년 말에 갑자기 사라졌다. 내 아버지의 이야기에서 그 이유가 설명된다—원주.

라 영국에 우선적으로 충성했다. 아랍 지도자들에게 권고를 하고 때로는 지시까지 하는 외국 외교관들의 경우도 마찬가지였다. 암만의 영국 대사 관저는 왕궁과 맞붙어 있어서 뒤뜰을 통해 잠깐만 가면 국왕에게 지침을 줄 수 있었다.[31] 때로는 이런 조언이 완력을 동반했다. 1942년, 당시 이집트 정부가 마음에 들지 않던 마일스 램프슨Miles Lampson 대사는 영국 탱크로 카이로의 압딘 궁전을 에워싸도록 지시한 다음 롤스로이스를 타고 궁전 내부에 들어가서 문을 벌컥 열어젖히고는 파루크 국왕에게 영국이 선택한 수상을 임명하라고 요구했다. 바로 이 수상 무스타파 나하스 파샤Mustafa Nahhas Pasha가 무사 알 알라미가 아랍연맹에서 팔레스타인을 대표하는 것을 막은 인물이다. 하지만 영국 정보장교가 곧바로 그의 결정을 뒤집자 카이로에서 권력이 어디에 있는지가 드러났다. 많은 아랍 지도자들은 전쟁이 끝난 뒤 독립을 과시하기를 바랐지만, 그들이 이끄는 가난하고 후진적인 국가는 촘촘한 종속의 그물망에 얽혀 있었다. 각종 불평등 조약과 계속되는 외국의 군사 점령, 천연자원을 비롯한 자원에 대한 외국의 지배가 종속의 기반이었다.

　새로운 강대국 미국과의 관계에서 아랍 지도자들 ―그 대부분이 고분고분하다는 이유로 유럽 지배자들의 선택을 받은 인물이었다―은 놀랍도록 전문성이 부족하고 세계정세에 무지한 데다가 나약한 태도를 보였다. 1933년 미국 석유회사들과 선견지명이 있는 중대한 협약을 체결해서 영국의 석유 이권에 손해를 끼친 사우디아라비아의 압둘 아지즈 국왕은 1945년 봄 병든 프랭클린 D. 루스벨트와 미국 전함 위에서 회동했다. 미국 지도자가 사망하기 몇 주 전이었다. 국왕은 미국이 팔레스타인 아랍인들에게 해를 끼치는 일을 절대 하지 않을 것이며 그곳에서 어떤 행동이든 취하기 전에 아랍인들의 의견을 구하겠다고 대통령에게 확실히 약속을 받아냈다.[32] 루스벨트의 후임자인 해리 트루먼은 별생각 없이 이런 약속을 무시했지만, 사우디 정부가 미국에 경제적, 군사적으로 의존하고 있었기 때문에 국왕은 항의를 하거나 팔레스타인인의 편에 서서 결정적인 영향력을 행사하려 하지 않았다. 그의 뒤를 이은 여섯 아들 중 어느 누구도 그렇게 하지 않았다. 이런 종속 상태, 그리고 미국 정치 체제의 작동과 국제 정치에 대한 아랍 통치자들의 대를 이은 무지 때문에 아랍 세계는 미국의 영향력에 저항하거나 미국의 정책을 바꿀 가능성이 전혀 없었다.

이와 대조적으로, 시온주의 운동은 세계 정치에 대한 심도 깊은 이해를 활용했다. 이 운동은 테오도어 헤르츨이나 하임 바이츠만처럼 고등 교육을 받은 동화된 유대인을 중심으로 유럽에서 시작된 것으로, 또한 미국에 깊은 뿌리를 두고 폭넓은 연계에 의지했다. 내 아버지가 압둘라 국왕과 만나기 몇십 년 전부터 확립된 뿌리와 연계였다. 다비드 벤구리온과 훗날의 이스라엘 2대 대통령 이츠하크 벤츠비는 제1차 세계 대전 막바지에 미국에서 몇 년간 생활하면서 시온주의 대의를 위해 활동했다. 골다 메이어는 어린 시절부터 미국에서 살았다. 한편 팔레스타인 지도부 가운데는 어느 누구도 미국을 방문한 적이 없었다. (내 아버지가 우리 집안에서 처음 미국을 방문한 사람이다.) 시온주의 지도부가 대부분 유럽을 비롯한 서구 사회 태생이거나 그 나라 시민으로서 그 사회들을 정교하게 파악한 것과 비교하면, 아랍 지도자들은, 이제 막 부상하는 두 초강대국에 대해서는 말할 것도 없고, 유럽 각국의 정치와 사회, 문화에 대해 기껏해야 부분적으로만 알고 있었다. 내 아버지와 후세인 박사, 유수프 세이그, 왈리드 할리디 등의 설명에서 전해지는 팔레스타인과 아랍의 분열, 그들이 묘사하는 음모와 내분은 결국 국제사회에서 팔레스타인인들을 대표하겠다는 아랍청의 계획뿐만 아니라 1947~1948년에 정점에 달한 시온주의와의 충돌에서 승리할 가능성에 재앙이 되었다. 그들은 정치적·군사적으로 끔찍할 정도로 대비도 없이, 그리고 지도부가 산산이 갈라지고 흩어진 가운데 이 중대한 싸움에 발을 들여놓았다. 게다가 그들은 심각하게 분열되고 불안정한 아랍 각국 말고는 내부의 지원도 거의 받지 못했다. 아랍 각국은 여전히 옛 식민 강대국의 영향 아래 있었고, 그 국민들은 가난하고 대부분 문맹이었다. 시온주의 운동이 수십 년간 국제적 지위와 탄탄한 근대적 준국가를 쌓아 올린 것과 극명하게 대조를 이루었다.

1917년 이래 팔레스타인 민족 운동은 영국과 그 보호를 받는 시온주의 기획이라는 한 쌍의 적대자를 직면하고 있었다. 하지만 이슈브는 1939년 백서가 통과된 뒤 후원자 영국을 점점 더 적대하게 되었다. 이런 적대감은 1944년 스턴 갱Stern gang이 이집트 주재 변리 공사 모인 경Lord Moyne을 암살한 사건 같은 영국 관리들의 암살로 분출되었고, 뒤이어 팔레스타인에 주둔한 영국군과 행정관을 겨냥한 폭력 행동이 계속되었다. 1946년 영국 사령부인 킹데이비드 호텔이 폭파되어 91명이 사망한 사건에서 정점에 달했다. 영국은 이내 사실상 이슈브 전체가 나선 무장 저항을 억누를 수 없음을 깨달았다. 시온주의 세력의 강력한 군사 조직과 정보 조직은 대반란과 제2차 세계 대전 중에 영국 스스로가 증강해 준 것이었다. 전후의 심각한 경제·재정 문제와 수백 년 이어진 인도 제국의 해체로 휘청거리던 영국은 마침내 팔레스타인에서 두 손을 들었다.

　1947년 클레먼트 애틀리Clement Attlee 정부는 팔레스타인 문제를 새로 만들어진 유엔에 맡겼고, 유엔은 이 나라의 미래에 대한 권고안을 마련하기 위해 유엔팔레스타인특별위원회UN Special Commission on Palestine, UNSCOP를 만들었다. 유엔을 지배하는 강대국은 미국과 소련이었는데, 시온주의 운동은 양국을 향해 외교적 노력을 기울이면서 재빠르게 이런 변화에 대비한 반면, 팔레스타인인과 아랍인들은 무방비 상태였다. 전후 국제적 힘의 재조정은 유엔팔레스타인특별위원회의 활동과, 소수인 유대인에게 압도적으로 유리한 방향으로 팔레스타인의 분할을 제안한 다수 의견 보고서에서 분명하게 드러났다. 보고서의 제안에 따르면, 팔레스타인의 56퍼센트가 유대인의 몫이었는데, 1937년 필위원회 분할안에서 제안한 유대 국가의 규모가 훨씬 작은 17퍼센트였던 것과 대비되었다. 유엔팔레스타인특별위원회 다수 의견 보고서의 결과물인 유엔 총회 결의안 제181호를 작성하는 데 압박이 가해진 사실에서도 이런 힘의 재조정이 가시적으로 나타났다.

　1947년 11월 29일, 유엔 총회에서 결의안 제181호가 통과된 것은 새로운 국제적 세력 균형이 반영된 결과였다. 결의안은 팔레스타인을 넓은 유대 국가와 좁은 아랍 국가로 분할하고 예루살렘을 포함하는 국제적인 분할체corpus separatum를 만들 것을 요구했다. 결의안에 찬성표를 던진 미국과 소련은 이제 팔레스타인인을 희생시키면서 유대 국가가 그들의 자리를 차지하고 그 나라의 대부분을 장악하게 만드는 데 분명히 결정적인 역할을 했다. 결의안은 또 다른 선전포고로서, 여전히 아랍인이 다수인 땅 대부분에서 유대 국가에 국제적인 출생 증명서를 안겨 주었다. 유엔 헌장에 소중히 새겨진 자결권의 원리를 노골적으로 위반하는 행동이었다. 유대인이 다수를 차지하는 국가를 가능케 하기 위해 아랍인을 추방하는 조치가 필연적이고 불가피하게 이어졌다. 밸푸어가 시온주의가 아랍인에게 해가 되지 않을 것이라고 본 것처럼, 트루먼과 스탈린이 유엔 총회 결의안 제181호를 밀어붙일 때 두 사람이나 그 보좌관들이 이런 표결의 결과로 팔레스타인인들에게 어떤 일이 생길지에 큰 관심을 기울였는지 의심스럽다.

한편 유대 국가 창설은 이제 더 이상 영국이 추구한 결과가 아니었다. 자신을 팔레스타인에서 몰아낸 시온주의의 폭력 행동에 분노하는 한편, 그나마 남은 중동의 제국에 있는 아랍인 신민들을 더 이상 소외시키지 않기 위해, 영국은 분할 결의안 표결에서 기권했다. 1939년 백서부터 줄곧 영국의 정책 결정권자들은 중동에서 자국의 우선적인 이해관계가 지난 20년간 자신이 길러 낸 시온주의 기획이 아니라 독립 아랍 국가들에게 있다는 것을 인식하고 있었다.

유엔이 분할을 결정하면서 시온주의 운동의 군사·민간 구조는 전후 시대에 등장한 두 초강대국의 지지를 받았고, 최대한 넓은 지역을 차지하기 위한 준비를 할 수 있었다. 따라서 팔레스타인인들에게 닥친 재앙은 그들 자신과 아랍이 약했고 시온주의가 강했기 때문만이 아니라 런던, 워싱턴 D.C., 모스크바, 뉴욕, 암만 등 여러 머나먼 곳에서 벌어진 사건의 결과이기도 하다.

나크바는 마치 열차 사고가 천천히, 그러나 끝없이 계속되는 것처럼, 몇 달에 걸쳐서 펼쳐졌다. 1947년 11월 30일부터 영국군이 최종적으로 철수하고 1948년 5월 15일 이스라엘이 수립될 때까지의 첫

صور نادرة ليافا بعد النكبة

플랜 달렛 기간 중 텅 빈 1948년의 야파.

번째 단계에서 하가나Haganah와 이르군Irgun을 비롯한 시온주의 준군
사 집단은 무장과 조직력이 형편없는 팔레스타인인들과 그들을 도우
러 온 아랍 지원병들을 잇따라 물리쳤다. 이 첫 단계에서 치열하게 벌
어진 전투는 1948년 봄 플랜 달렛Plan Dalet이라고 명명된 전국 차원
의 시온주의의 공세에서 정점에 달했다.[33] 플랜 달렛은 4월과 5월 전
반에 아랍의 양대 도시인 야파와 하이파, 그리고 서예루살렘의 아랍
인 구역뿐만 아니라 수많은 아랍 도시와 소읍, 마을을 정복하고 주민
들을 쫓아내는 결과를 낳았다. 4월 18일 티베리아스, 4월 23일 하이
파, 5월 10일 사파드*, 5월 11일 베이산** 등에서 정복과 추방이 이어

* 현재의 히브리어 명칭은 제파트
** 현재의 히브리어 명칭은 베트셰안.

전쟁 포로 유수프 세이그(왼쪽).

졌다. 따라서 팔레스타인의 종족 청소는 1948년 5월 15일 이스라엘 국가가 선포되기 한참 전에 시작되었다.

야파는 사방이 포위된 채 박격포의 포격이 끊이지 않았고 저격수의 공격까지 받았다. 5월 첫째 주에 마침내 시온주의 군대가 쳐들어오자 아랍 주민 6만 명 대부분이 체계적으로 쫓겨났다. 야파는 1947년 분할안에서 결국 무산된 아랍 국가의 지역으로 지정된 곳이었지만, 국제사회의 어느 누구도 유엔 결의안에 대한 이런 중대한 위반을 저지하려 하지 않았다. 방비 태세가 형편없는 민간인 동네에서 비슷한 포격과 공격을 당한 하이파의 팔레스타인 주민 6만 명, 서예루살렘에 사는 3만 명, 사파드의 1만 2,000명, 베이산의 6,000명, 티베리아스의 5,500명도 똑같은 운명을 겪었다. 그리하여 팔레스타인 도시의 아랍 주민 대부분이 난민이 되어 집과 생계 수단을 잃어버렸다.

1948년 4월, 서예루살렘의 아랍인 지역을 쳐들어간 하가나를 비롯한 시온주의 준군사 집단은 카타몬 구역에 있는 아랍민족기금 본부를 장악하고 대표 유수프 세이그를 포로로 잡았다. 불과 몇 주 전에 세이그는 암만에 가서 압둘라 국왕에게 서예루살렘의 아랍 지구가 함락당할 위험이 있으니 막아 달라고 도움을 청했었다. 하지만 예루살렘 주재 요르단 총영사는 세이그가 있는 자리에서 국왕과 통화하면서 그런 위험은 전혀 없다고 말했다. 「폐하! 예루살렘이 시온주의자들에게 함락당한다는 이야기를 하는 게 누구인가요? 말도 안 되는 소리입니다!」[34] 결국 압둘라는 세이그의 요청을 거절했고, 번성하던 서예루살렘의 아랍인 동네는 침략으로 황폐해졌다. 세이그는 군대와 아무 관계가 없었지만, 전쟁의 나머지 기간을 포로수용소에서 보냈다.

　팔레스타인 여러 지역의 소읍과 마을에서는 사람들이 도망치는 광경이 펼쳐졌다. 1948년 4월 9일 예루살렘 근처 데이르야신 마을에서 벌어진 것과 같은 대량 학살 소식이 퍼지면서 사람들이 도망을 갔다. 데이르야신 마을에 이르군과 하가나의 공격대원들이 들이닥쳐서 주민 100명이 도살당했는데, 그중 67명이 여자와 어린이, 노인이었다.[35] 하루 앞서 예루살렘 지역의 팔레스타인 사령관 압둘 카디르 알후세이니'Abd al-Qadir al-Husayni가 전사들을 지휘하다가 사망한 전투 중에 전략적으로 중요한 인근의 알카스탈 마을이 시온주의 군대에 함락되었다.[36] 그 역시 다른 아랍 국가의 수도인 다마스쿠스로 가서 아랍연맹의 위원회에 무기 지원 요청을 했다가 헛걸음만 하고 돌아온 직후였다. 압둘 카디르는 팔레스타인에서 가장 유능하고 존경받는 군 지도자였다(대반란 중에 영국인들에 의해 수많은 이들이 살해되거나 처형당하거나 유형당한 뒤로 더욱 존경을 받았다). 그의 죽음은 예루살렘 접근로를 계속 지키려는 팔레스타인의 시도에 치명타가 되었다. 원래 분할안에서 아랍 국가에 해당하는 지역이었다.

1945년 5월 15일 이전 나크바 첫 단계에서 종족 청소 양상이 총 30만 명에 달하는 팔레스타인인의 추방과 공포에 질린 도주로 이어졌다. 아랍인이 다수인 주요 도시의 경제, 정치, 시민, 문화 중심지도 여러 곳이 황폐화되었다. 5월 15일 이후 이어진 두 번째 단계에서는 새롭게 구성된 이스라엘군이 전쟁에 뛰어든 아랍 각국 군대를 물리쳤다. 뒤늦게 군사 개입을 결정한 아랍 각국 정부는 아랍 대중의 격앙된 압력을 받으면서 움직였다. 각국 대중은 팔레스타인의 도시와 마을이 차례로 함락되고 이웃 나라 수도들로 가난한 난민들의 물결이 도래하자 깊은 고민에 빠졌다.[37] 아랍 각국 군대가 패배하고 민간인들이 추가로 학살된 뒤 40만 명에 달하는 훨씬 많은 수의 팔레스타인인이 자기 집에서 쫓겨나 이웃한 요르단과 시리아, 레바논, 요르단강 서안과 가자 등지로 도망쳤다(요르단강 서안과 가자는 이스라엘에 정복되지 않은 팔레스타인의 나머지 22퍼센트를 이루었다). 아무도 돌아갈 수 없었고, 그들이 살던 주택과 마을은 대부분 혹시라도 돌아오지 못하도록 파괴되었다.[38] 1949년에 휴전 협정이 체결된 뒤에도 신생 이스라엘 국가에서 훨씬 더 많은 수가 추방된 한편, 그 후로도 더 많은 이들이 쫓겨났다. 이런 의미에서 나크바는 현재 진행 중인 과정으로 이해할 수 있다.

내 조부모도 1948년에 쫓겨났는데, 아버지를 비롯한 형제 대부분이 태어난 탈알리쉬의 집을 등지고 떠나야 했다. 당시 85세의 나이로 쇠약해진 할아버지는 처음에는 집을 떠나는 것을 완강하게 거부했다. 아들들이 예루살렘과 나블루스에 가족 대부분을 피난시킨 뒤에도 할아버지는 몇 주 동안 집에서 혼자 지냈다. 할아버지의 안전을 걱정한 야파 출신의 집안 친구 하나가 전투가 잠잠한 틈을 타서 할아버지

폐허가 된 탈알리쉬의 할리디 가문 주택.

를 구출하기 위해 위험을 무릅쓰고 집으로 갔다. 할아버지는 내키지 않는 발걸음을 디디면서 책을 챙겨 가지 못한다고 슬퍼했다. 할아버지나 자식들이나 다시는 그 집을 보지 못했다. 할아버지가 살던 커다란 석조 주택의 잔해는 텔아비브 외곽에 지금도 폐가로 남아 있다.[39]

나크바는 팔레스타인과 중동의 역사에서 분수령이 되었다. 나크바 이후 팔레스타인의 대부분이 천 년이 훌쩍 넘도록 이어진 땅—아랍인이 다수인 땅—에서 유대인이 실질적 다수를 차지하는 새로운 국가로 바뀌었다.[40] 이런 변화는 두 가지 과정이 낳은 결과였다. 전쟁 중에 장악한 팔레스타인의 아랍인 거주 지역에서 체계적으로 벌어진 종족 청소, 그리고 난민들이 도망치면서 버린 팔레스타인의 땅과 재산뿐만 아니라 이스라엘에 남은 아랍인들이 소유한 땅과 재산까지 빼앗은 도둑질이 그것이다. 정치적 시온주의가 처음부터 공공연한 목표로 삼은 유대인의 다수화를 달성하려면 다른 방법이 전혀 없었을 것이다. 또한 땅을 빼앗지 않고서는 팔레스타인을 지배할 수 없었을 것이다. 나크바가 낳은 주요하고 지속적인 세 번째 결과로, 피해자인 자기 집에서 쫓겨난 수십만 팔레스타인인은 그 후 오랫동안 시리아와 레바논, 요르단, 그리고 중동 지역의 안정을 더욱 뒤흔드는 데 기여했다.

하지만 전쟁 직후에 트랜스요르단의 압둘라 국왕은 전쟁의 수혜자였다. 〈카나리아 새장 속에 갇힌 매〉라는 잊기 어려운 수식어가 붙은 압둘라는 언제나 인구가 희박한 소국 트랜스요르단보다 인구와 영토가 더 많은 영역을 지배하기를 원했다. 1921년에 압둘라가 트랜스요르단에 왔을 때는 인구가 고작 20만 명이었다.[41] 그 후 압둘라는 다양한 수단을 통해 영토를 확대하려고 했다. 가장 분명한 방향은 서쪽, 그러니까 팔레스타인으로 향했다. 그리하여 국왕은 이 나라의 일부를 차지하기 위해 시온주의자들과 비밀리에 기나긴 교섭에 나섰다. 이 목적을 달성하기 위해 압둘라는 1937년 필위원회의 팔레스타인 분할 권고를 비공개로 승인했는데(아랍 지도자로는 유일하다), 이 권고가 실행되면 아랍 지역의 일부가 트랜스요르단에 병합되기로 되어 있었다.

국왕과 영국 모두 팔레스타인인들이 1947년의 분할이나 그 후 이어진 전쟁에서 이득을 얻는 것을 허용하는 데 반대했고, 양쪽 모두 팔레스타인에 독립된 아랍 국가가 생기는 것을 원하지 않았다. 양쪽은 〈아랍인에게 할당된 팔레스타인 지역을 점령하기 위해 위임통치가 끝나는 즉시 요르단강 건너로 트랜스요르단군〉을 파견하는 식으로 팔레스타인 독립국가를 막는다는 비밀 합의를 이룬 상태였다.[42] 이런 목표가 시온주의 운동의 목표와 맞물렸고, 시온주의 운동은 동일한 목표를 달성하기 위해 압둘라와 교섭했다. 하지만 1948년 봄 팔레스타인 전역에서 시온주의 공세가 진행되면서 완강하면서도 비조직적인 팔레스타인인들의 저항이 진압되고 아랍 각국 군대가 팔레스타인에 진입하자, 압둘라의 팽창주의적 야심을 채우는 수단인 트랜스요르단군이 신생 이스라엘군의 진격에 맞서는 데 선두에 섰다. 영국의 영향력이 짙게 드리운 가운데 트랜스요르단군은 영국에 의해 무장과 훈련을 받았고, 영국 장교들의 지휘를 받았으며, 중동의 다른 어떤 군대보다도 전투 경험이 많았다. 트랜스요르단군은 이스라엘이 요르단강 서안과 동예루살렘을 정복하지 못하게 저지하면서 압둘라를 위해 그 지역을 유지하는 한편 팔레스타인인들에게 넘겨 주지 않았다. 역사학자 아비 슐라임이 언급한 것처럼, 영국 외무 장관 어니스트 베빈Ernest Bevin이 〈팔레스타인 아랍 국가의 탄생을 좌절시키기 위해 트랜스요르단인들과 직접 공모하고 유대인들과 간접적으로 공모했다고 말해도 거의 과장이 아니다〉.[43]

새롭게 독립한 다른 아랍 국가들은 1948년 이후 암울한 전망에 직면했는데, 단지 팔레스타인 난민이 유입되기 때문만은 아니었다. 이 나라들은 1947년 유엔에서 팔레스타인 분할을 둘러싸고 벌어진 싸움에서 졌으며, 계속해서 1948년 전쟁에서 신생 이스라엘 국가의 우월한 군사력에 차례로 군대가 무릎을 꿇으면서 패배했다. 당시에는 7개국의 아랍 침공군이 이스라엘군보다 월등히 규모가 크다는 주장이 팽배했지만, 우리는 1948년에 이스라엘이 실제로 적군보다 병력이나 무장에서 앞섰음을 안다. 사우디아라비아와 예멘은 이렇다 할 만한 현대식 군대가 없었기 때문에 1948년 전장에 있던 아랍 정규군은 다섯 개뿐이었다. 이 군대 가운데 네 개만이 팔레스타인 위임통치령 영토에 진입했고(보잘것없는 레바논 군대는 국경을 넘지도 않았다), 그중 두 개—요르단의 아랍 군단과 이라크군—는 동맹국 영국에 의한 분할에 따라 유대 국가로 할당된 지역의 경계선을 침범할 수 없었기 때문에 이스라엘을 전혀 침공하지 않았다.[44]

처음으로 주요한 국제적 시험에 직면한 아랍 국가들은 재난과도 같은 결과를 떠안은 채 실패했다. 그리하여 빠른 속도로 만들어지는 강력한 이스라엘 군사 기구에 계속해서 일련의 결정적인 군사적 패배를 당하게 되는데, 이런 패배는 1982년 레바논 전쟁까지 이어졌다. 이 패배들은 앨버트 후라니가 1946년에 한 암울한 예측을 전면적으로 입증하는 일련의 지역 차원의 충격으로 귀결되었다. 그 결과, 빈곤과 종속, 외국의 점령과 간접 지배의 사슬을 떨쳐 버리기 위해 분투하던 아랍 국가들은 이제 감당하기 어려운 새로운 내부적 도전을 비롯한 여러 문제와 더불어 강력하고 호전적인 새로운 이웃인 이스라엘과도 직면해야 했다.

마지막으로, 팔레스타인 전쟁을 거치면서 중동에서 영국이 힘을 잃고 대결하는 두 초강대국 미국과 소련에 자리를 내주는 변화가 확인되었다. 전후에 이미 팽팽한 경쟁 관계였지만, 미국과 소련은 이유는 각기 달라도 팔레스타인 분할과 유대 국가 창설을 지지한 바 있었다. 일단 이스라엘 국가가 수립되자 양국은 이 나라를 인정하고 결정적인 군사적 지원을 제공해서 승리에 톡톡히 기여를 했다. 양국 모두 분할 결의안에서 예견된 아랍 국가 창설을 전혀 도와주지 않았고, 또한 이스라엘과 요르단, 영국이 암묵적으로 협력하는 가운데 아랍 국가를 제거하는 것을 막으려 하지도 않았다.[45]

이렇게 비슷한 면이 있기는 했지만, 이스라엘에 대한 두 초강대국의 지지는 그 동기와 지속 기간, 성격이 각기 달랐다. 스탈린과 소련 지도부는 얼마 지나지 않아 자국의 사회주의 피보호국이 되리라고 여겼던 국가에 흥미를 잃었다. 그들은 모스크바가 영국의 볼모로 간주하는 국가들, 즉 요르단, 이라크, 이집트처럼 영국 편에 선 반동적 아랍 왕정에 맞서 이스라엘이 진보적 대항 세력 역할을 하면서 소련과 전면적으로 제휴할 것을 기대했었다. 하지만 1950년에 이르러 이스라엘이 한국 전쟁 중에 중립을 선택하면서 미국에 가까이 접근하자, 이런 기대가 물거품이 될 게 분명했다. 양국의 관계가 차갑게 식어 버리는 데는 오래 걸리지 않았다. 1955년에 이르러 소련은 몇몇 아랍 국가들과 긴밀한 관계를 구축한 반면, 이스라엘은 비밀리에 옛 식민 강대국인 영국, 프랑스와 손을 잡고 소련의 새로운 아랍 동맹국인 이집트에 맞섰다. 그리하여 소련과 시온주의, 이스라엘의 밀월 관계는 허무하게 끝났다.

이스라엘과 미국의 관계는 완전히 다른 경로로 진행되었다. 러시아 차르의 세력권이 시온주의를 탄생시킨 유럽의 악독한 반유대주의의 거대한 용광로 중 하나였던 반면, 미국은 줄곧 동유럽에서 박해를 피해 도망친 유대인들을 너그럽게 받아 주는 피난처로 여겨졌다. 실제로 동유럽에서 탈출한 유대인의 90퍼센트가 미국으로 이주했다. 1880년에서 1920년 사이에 미국의 유대인 인구는 25만 명에서 400만 명으로 늘어났는데, 그 대부분이 동유럽에서 새로 온 이민자였다.[46] 현대의 정치적 시온주의는 미국에서, 유대인 공동체 내부와 많은 기독교인들 사이에서 깊이 뿌리를 내렸다. 1930년대 초 독일에서 히틀러가 권력을 잡자 시온주의는 미국의 영향력 있는 여론 집단들을 장악했다. 홀로코스트의 참사가 폭로된 것은 시온주의의 유대

국가 창설 요구의 타당성을 확인하고, 유대인 공동체 안팎에서 반대론자들을 당황하게 만들고 침묵시키는 데 결정적 역할을 했다.

제2차 세계 대전 당시와 이후에 이렇게 바뀐 여론은 미국의 많은 정치인들이 계산을 바꾸기에 충분했다. 개인적 친분과 측근 보좌관들의 영향 때문에 시온주의로 기울었다. 트루먼 대통령은 시온주의가 추구하는 목표를 무조건 지지하는 것이 국내 정치에서 필요하다고 확신했다.[47] 루스벨트가 사우디아라비아의 이븐 사우드 국왕을 만나서 지지를 약속한 지 불과 9개월 뒤인 1945년 11월, 트루먼은 이런 대대적인 변화의 배후에 놓인 동기를 퉁명스럽게 드러냈다. 한 무리의 미국 외교관들이 공공연하게 친시온주의 정책을 추구하면 아랍세계에서 미국의 이해관계가 해를 입을 것이라고 선견지명 있게 경고하자, 대통령은 이렇게 대꾸했다. 「신사 여러분, 죄송하지만 저는 시온주의의 성공을 열망하는 수십만 명에게 응답해야 합니다. 제 유권자들 가운데는 수십만 아랍인이 없어요.」[48]

처음에 국무부와 국방부, 중앙정보국—후에 새로운 미국의 세계 제국을 떠받치는 상설적인 대외 정책 기득권층을 이룬다—은 트루먼과 보좌관들이 단호하게 시온주의와 이스라엘 신생 국가 편을 드는 것을 반대했다. 하지만 귀족적 출신 배경이 없고, 고등 교육을 받지 못했으며(그는 대학 학위가 없는 마지막 미국 대통령이다), 대외 문제에 경험이 많지 않던 트루먼은 자신이 물려받은 대외 정책 기득권층의 위협에 굴복하지 않았다. 전후 시대가 시작될 때, 국무 장관 조지 마셜George Marshall부터 딘 애치슨Dean Acheson과 조지 케넌George Kennan을 비롯한 국무부와 다른 부서의 고위 관리들은 냉전이 시작되는 상황에서 신생 유대 국가를 지지하면 중동에서 미국의 전략적·경제적 이해와 석유 이권이 손상될 것이라고 주장했다. 하지만 새롭게 공개된 이 시기의 정부 문서를 꼼꼼하게 검토한 첫 번째 책에서 정치학자 아이린 겐지어Irene Gendzier는 관료 기구 내부의 핵심 집단의 견해가 불과 몇 달 만에 바뀌었음을 보여 준다. 이스라엘이 깜짝 놀랄 군사적 승리를 거둔 뒤, 많은 관료와 군 장교들, 그리고 그와 더불어 미국 석유 산업은 이 유대 국가를 활용해 그 지역에서 미국의 이해를 꾀할 수 있는 가능성을 순식간에 포착했던 것이다.[49]

이런 변화를 추동한 주된 이유는 냉전의 고려 사항들 및 중동의 거대한 에너지 자원과 관련된 경제적이고 전략적인 것이었다. 국방부는 군사적인 면에서 이스라엘을 잠재적으로 유력한 동맹국으로 보게 되었다. 게다가 사우디아라비아가 팔레스타인에 대해 고분고분한 상황에서 정책 결정권자나 석유 회사들이나 이스라엘을 미국의 석유 이권에 대한 위협으로 보지 않았다(1948년 전쟁이 정점에 달하는 가운데 이스라엘 군대가 대부분 지역을 압도하고 팔레스타인인 수십만 명을 쫓아냈을 때, 마셜은 이븐 사우드 국왕이 팔레스타인과 관련해서 〈타협적 태도〉를 보인 데 대해 감사했다).[50] 그 후 사우디아라비아는 미국과 이스라엘의 긴밀한 관계에 관한 한 전혀 평지풍파를 일으키지 않았다. 실제로 1933년에 처음 석유 탐사·개발 계약을 체결했을 때부터 사우디 왕가는 미국과 이스라엘의 긴밀한 관계가 미국과 자국의 친밀한 연계와 완벽하게 부합한다고 보았다.[51]

하지만 건국 이후 처음 수십 년간 이스라엘은 1970년대 초를 시작으로 굳어지게 되는 미국의 대규모 군사·경제 지원을 받지 않았다.[52] 게다가 유엔에서 미국은 이스라엘의 군사 행동을 비난하는 안전보장이사회(이하 안보리)의 거듭된 결의안에 표를 던지는 등 종종 이스라엘과 상충하는 입장을 취했다.[53] 트루먼 행정부 시기에, 그리고 실제로 1967년 전쟁까지, 미국의 정책 결정권자들은 대체로 유대 국가에 호의적이고 이를 지지하면서도 이스라엘 자체에는 상대적으로 별로 배려해 주지 않았다. 트루먼 이래로 줄곧 미국 지도자들은 팔레스타인인들에 대해서는 훨씬 더 관심이 없었다.

전쟁에서 패하고 뿔뿔이 흩어진 데다가 잠시 지도자도 없었던 대다수 팔레스타인인들은 충격에 빠진 채 자신들의 고국을 폐허로 만든 세계적 변화를 어렴풋이 감지했을 뿐이다. 수십 년에 걸쳐 영국을 시온주의의 주요한 후원자로 보게 된 나이 든 세대는 계속해서 쓰라린 심정으로 영국을 자신들에게 불행을 안겨 준 주요한 악당으로 보았다. 팔레스타인인들은 또한 자신들의 지도부의 실책을 거세게 비난했고, 아랍 각국의 행동과 아랍 팔레스타인을 22퍼센트밖에 지키지 못한 각국 군대의 무능력에 대해 깊은 혐오를 표출했다.[54] 아랍 통치자들이 서로 분열되고, 설상가상으로 일부―특히 요르단의 압둘라 국왕―가 이스라엘 및 강대국들과 공모한 데 대한 분노도 이런 혐오와 결합되었다. 그리하여 이사 알이사는 나크바 이후 베이루트의 망명지에서 쓴 글에서 아랍 통치자들을 날카롭게 비판했다.

아 하느님의 은총을 받은 아랍의 꼬맹이 왕들이여
너무도 허약하고 내분까지 벌이니
옛날 옛적에 우리는 당신들에게 희망을 걸었으나
우리의 모든 희망은 꺾이고 말았다.[55]

이런 여러 이유 때문에 나크바 이후 새롭게 조성된 냉혹한 현실에서 100만이 넘는 팔레스타인인들은 완전히 뒤집어진 세계와 맞닥뜨렸다. 팔레스타인 안과 밖 어디에 있든 간에 그들은 엄청난 사회적 혼란을 겪었다. 대다수에게 이는 궁핍을 의미했다. 집과 일자리, 깊이 뿌리내린 공동체를 잃어버린 것이다. 마을 사람들은 땅과 생계 수단을 잃었고, 도시인들은 재산과 자본을 상실한 한편, 나크바를 거치면서 팔레스타인 명사들의 권력과 더불어 경제적 기반까지 산산이 허물어졌다. 신뢰를 잃은 무프티는 다시는 전쟁 전의 권위를 되찾지 못했고, 그와 같은 부류의 이슬람 지도자들도 마찬가지였다. 아랍 세계 대부분에서 종종 군의 지원을 받은 혁명으로 사회적 격변이 촉발되면서 명사 계급이 밀려나고 다양한 사회 계층 출신의 젊은 지도자들이 그 자리를 대신했다. 나크바는 팔레스타인인들 사이에서도 똑같은 결과를 낳았다.

빈곤을 피할 수 있었던 이들조차도 세계 속에서 원래 살던 자리에서 떨어져 나갔다. 고령의 내 조부모가 이런 경우였는데, 갑자기 일상 생활과 집에서 밀려나고 재산을 대부분 잃었다. 하지만 두 사람은 다른 많은 이들과 비교하면 아주 운이 좋았다. 1950년대 초 세상을 떠날 때까지 두 사람은 비록 자녀들 집을 전전해야 했지만 그래도 항상 튼튼한 지붕이 있는 집에 살았다. 자녀들은 이제 요르단강 서안에 있는 나블루스와 예루살렘의 집을 떠나 베이루트와 암만, 알렉산드리아로 뿔뿔이 흩어져 살았다. 내 부모는 1947년에 팔레스타인을 방문한 뒤 뉴욕으로 돌아간 상태였다. 아버지가 공부를 계속하기 위해서였는데, 공부를 마치는 대로 팔레스타인으로 돌아갈 생각이었다. 하지만 두 사람 모두 다시는 팔레스타인을 보지 못했다.

상황이야 각기 다르겠지만, 모든 팔레스타인인에게 나크바는 변함없는 정체성의 시금석이 되었다. 이 시금석은 몇 세대를 통해 계속

이어지고 있다. 나크바는 갑작스럽게 닥친 집단적 혼란이자, 팔레스타인인이라면 누구나 직접 경험하거나 부모나 조부모를 통해서 어떤 식으로든 공유하는 트라우마다. 나크바는 그들의 집단적 정체성에 새로운 초점을 제공한 동시에 가족과 공동체를 깨트리면서 팔레스타인인들을 여러 나라에 흩뜨려 놓았다. 여전히 팔레스타인 안에 남은 이들도 난민이든 아니든 간에 이스라엘, 이집트(가자 지구에 사는 사람들), 요르단(요르단강 서안과 동예루살렘에 사는 사람들) 등 세 가지 각기 다른 정치 체제에 종속되었다. 그 후로 팔레스타인 사람들은 이런 분산(아랍어로 쉬타트shitat) 상태로 고통받고 있다. 내 가족이 전형적인 예로, 팔레스타인과 대여섯 개 아랍 나라에 사촌들이 살고, 유럽과 미국에서도 거의 그만큼의 사촌들이 있다. 이렇게 갈라진 팔레스타인 집단 각각은 여러 가지로 이동에 제한을 받았고, 갖가지 신분증을 갖거나 아예 신분증이 없었으며, 각기 다른 여러 상태와 법률, 언어 속에서 살아야 했다.

추방을 피해 이스라엘로 바뀐 팔레스타인 지역에 남을 수 있었던 16만 명 정도의 소수 팔레스타인인은 이제 그 국가의 국민이었다. 무엇보다도 새롭게 다수가 된 유대인을 위해 전력을 다한 이스라엘 정부는 이 남아 있는 팔레스타인인을 의심이 가득한 눈길로 잠재적 제5열로 바라보았다. 1966년까지 대다수 팔레스타인인은 엄격한 계엄령 아래서 살았고, 가진 땅을 대부분 빼앗겼다(팔레스타인에서 강제로 내몰려 이제 난민이 된 사람들도 땅을 빼앗겼다). 이스라엘 국가가 합법으로 간주한 수용을 거쳐 가로챈 이 땅은 경작 가능 지역의 상당 부분을 차지했는데, 유대인 정착촌이나 이스라엘토지공사Israel Lands Authority에 양도되거나 유대민족기금에 통제권이 넘어갔다. 유대민족기금의 차별적 헌장에 따르면, 이런 토지는 유대인을 위해서만

사용할 수 있었다.[56]

이 조항에 따르면, 쫓겨난 아랍 소유주는 한때 자기 것이었던 부동산을 되사거나 임대하지 못했고, 다른 비유대인들도 그렇게 하지 못했다. 팔레스타인을 아랍 나라에서 유대 국가로 변모시키려면 이런 조치가 결정적으로 필요했다. 1948년 이전에 유대인이 소유한 팔레스타인 땅은 6퍼센트 정도밖에 되지 않았기 때문이다. 군대를 동원한 여행 제한으로 고립된 이스라엘 내부의 아랍 주민들은 또한 다른 팔레스타인인들과 나머지 아랍 세계와도 차단되었다. 자기 나라와 종교에서 상당한 다수의 지위에 익숙해져 있던 그들은 갑자기 적대적 환경에서 멸시받는 소수로 생활하는 법을 배워야 했다. 스스로를 절대 전체 국민의 국가로 정의하지 않은 유대 정치체의 피지배자가 되어야 했다. 한 학자의 말을 빌리자면, 〈이스라엘은 자신을 유대 국가로 정의하고 배제적인 정책과 법률을 시행하기 때문에 팔레스타인인들에게는 사실상 이등 국민의 지위가 부여되었다〉. 무엇보다도 팔레스타인인들에게 계엄 체제가 강요된 탓에 이스라엘군은 거의 무제한적인 권력을 가지고 그들의 일상생활의 세세한 부분까지 통제했다.[57]

이제 이스라엘 국가의 경계선 바깥에서 살게 된 쫓겨난 팔레스타인인들—사실상 팔레스타인인의 다수—은 난민이었다(이스라엘 안에 남은 이들 가운데 일부도 난민이었다). 시리아와 레바논, 요르단으로 도망친 이들은 그 나라들의 한정된 구호 역량에 큰 부담이 되었다. 처음엔 그들 대부분은 유엔팔레스타인난민구호기구United Nations Relief and Works Agency, UNRWA(이하 유엔난민구호기구)가 관리하는 난민촌에서 생활했다. 아랍 나라들에 재산이나 일자리를 구할 수 있는 기술, 친척이 있는 난민들은 대부분 유엔난민구호기구에 등록하지 않거나 다른 주거지를 찾았고, 다른 이들은 결국 난민촌에서 빠져나와 다마스쿠스나 베이루트, 시돈*, 암만 같은 도시에 녹아들어 갈 수 있었다. 난민촌에 들어간 적이 없거나 재빨리 빠져나온 팔레스타인인들이 대체로 더 잘살고, 교육을 받고, 도시화되었다. 시간이 흐르면서 다른 이들도 뒤를 따랐고, 대다수의 난민과 그 후손들이 결국 난민촌 밖에서 살게 되었다.

유엔난민구호기구에 등록된 220만 난민 ─ 최대 규모의 단일 집단 ─ 의 본거지인 요르단에서는 37만 명만이 여전히 난민촌에 남아 있고, 요르단강 서안에서 등록된 난민 83만 명 중에서도 4분의 1만이 지금까지 남아 있다. 시리아에 있는 55만 난민 가운데 4분의 1 이하가 그 나라에서 내전이 일어나기 전까지 난민촌에서 살았고, 레바논의 팔레스타인 난민 47만 명 중에서도 절반 이하만 계속 난민촌에서 살았다. 1967년까지 이집트가 지배한 빽빽한 가자 지구에 등록된 난민 140만 명의 경우도 그 비율은 대략 비슷했다. 그리하여 팔레스타인 난민과 그 후손 550만 명이 유엔난민구호기구에 등록되어 있지만, 그들 대다수, 즉 400만 명 정도와 유엔에 등록한 적이 없는 다른 많은 이들은 오늘날 난민촌에 살지 않는다.

1950년 압둘라 국왕은 요르단강 서안을 병합함으로써 이제 트랜스요르단 대신 요르단이라고 불리는 작은 왕국을 확장하고 싶다는 열망을 실현했다. 이 병합은 가장 가까운 동맹국인 영국과 파키스탄에게만 인정을 받았다. 그와 동시에 국왕은 새롭게 확대된 영토 안에 있는 팔레스타인인 모두에게 요르단 시민권을 내주었다. 아랍 세계와 요르단강 서안에서 유랑 생활을 하는 팔레스타인 난민의 압도적 다수에게 적용된 이 관대한 조치를 보면, 아랍 국가들이 난민의 자국

* 레바논 남부 주의 주도. 현재 명칭은 사이다.

내 통합을 가로막으면서 유용한 정치적 무기로 활용하기 위해 계속 난민촌에 남아 있게 만든다는 이스라엘의 거듭된 주장이 거짓임이 드러난다.

예전 팔레스타인의 정치·경제 엘리트들은 신뢰를 잃었지만, 그중 일부, 특히 무프티에 반대한 이들—가령 한때 예루살렘 시장을 지낸 라기브 알나샤시비—은 하심 왕국하의 새로운 상황에 빠르게 적응해 나갔다. 몇몇은 심지어 암만의 요르단 정부에서 직책을 얻었다. 다른 팔레스타인인들은 자결권을 행사할 기회를 잃었고, 설상가상으로 오랜 적인 압둘라 국왕의 지배를 받는 것을 받아들이려 하지 않았으며 분노를 삭이지 못했다. 영국의 지원을 받는 요르단군은 1948년 이스라엘 군대에 굴하지 않은 유일한 군대로서 팔레스타인의 더 많은 지역이 이스라엘의 지배하에 들어가는 것을 막았지만, 이런 식으로 구제—요르단강 서안과 동예루살렘에 대한 하심 왕가의 지배—를 받는 대가는 혹독했다. 압둘라가 증오의 대상인 식민 지배자 영국에 충성하고, 팔레스타인의 독립에 반대하며, 시온주의자들과 접촉한다는 소문이 파다한 것 등이 모두 그에게 불리하게 작용했다. 압둘라의 태도를 직접 겪어 본 내 아버지는 영국 위임통치령 팔레스타인 여권이 시효가 만료된 뒤 요르단 여권을 받는 것을 거부했다. 아버지는 결국 형인 후세인 박사의 주선으로 사우디아라비아 여권을 취득했다. 후세인 박사는 1939년 런던 세인트 제임스 궁전 회담에서 사우디 외무 장관 파이살 이븐 압둘 아지즈(후에 국왕이 됨)를 만난 바 있었다.

결국 압둘라 국왕은 이스라엘과 거래한 대가를 혹독하게 치렀다.[58] 1951년 7월 국왕은 금요 기도를 마친 뒤 알아크사 al-Aqsa 사원을 나서는 중에 예루살렘 하람알샤리프 광장에서 암살당했다.[59] 곧바로 체포되어 순식간에 재판을 받고 처형된 암살범은 전하는 바로는 전 예루살렘 무프티와 연계가 있었다— 오래전부터 무프티의 집무실은 팔레스타인 정체성의 핵심 장소인 사각형의 하람 내부와 그 주변에 있었다. 살해당한 왕은 하람에 인접한 지하실에 있는, 왕의 아버지인 메카의 샤리프 후세인 무덤 바로 옆에 매장하는 대신 수도 암만에 안치하기로 결정되었다.

이 사건으로 요르단 정권과 팔레스타인 민족주의자들의 관계가 더욱 악화되었다. 새롭게 확대된 왕국의 통치자들은 그들을 무책임하고 위험한 급진주의자이자 불안 요소로 보았기 때문이다. 그 후 왕정은 많은 요르단 사람들과 이제 인구의 다수를 차지하게 된 새로운 팔레스타인계 국민 사이에 존재하는 균열을 활용했다. 그렇다 하더라도 대다수 요르단인들은 하심 정권을 제국주의 세력을 대변하는 비민주적이고 억압적인 보루로 보게 되었다. 유대 국가의 동쪽 국경을 보호하는 우호적인 완충 장치로 여긴 것이다. 상당수의 팔레스타인인이 결국 요르단 사회에서 성공하고 믿음직한 기둥이 되지만, 정권과 팔레스타인 신민들 사이의 긴장은 수십 년간 지속되었고, 마침내 1970년에 무력 충돌로 폭발한다.

레바논에 피신한 팔레스타인인들 역시 비록 난민의 수와 전체 인구에서 차지하는 비중은 요르단보다 훨씬 작았지만 난민 수용국의 정치에 휘말리게 되었다. 주로 무슬림인 팔레스타인인들은 레바논 시민권 부여 대상이 아니었다. 프랑스 위임통치 당국이 마론파 기독교인이 지배하도록 교묘하게 짜 놓은 이 나라의 불안정한 종교 집단 간 균형을 해칠 우려가 있었기 때문이다. 팔레스타인인들의 대의에 공감한 레바논의 일부 수니파, 드루즈파, 시아파, 좌파 정치인들은 이윽고 그들을 레바논의 종교 집단 간 정치 체제를 개조하려는 시도에서 유용한 동맹자로 여기게 되었다. 하지만 팔레스타인의 대의에 대한 어떤 약속도 어쨌든 고국으로 돌아간다는 희망에 여전히 집착하는 팔레스타인인들을 통합하는 방향으로 확대되지 않았다. 토틴 tawtin, 즉 레바논 영구 정착에 대한 반대는 따라서 레바논인과 팔레스타인인 모두의 신조였다.

팔레스타인 난민촌 주민들은 레바논 군정보부인 제2국Deuxième Bureau의 촘촘한 감시를 받았고, 고용과 자산 소유에 극심한 제한을 받았다. 그와 동시에 유엔난민구호기구가 레바논을 비롯한 여러 곳에서 보통 교육과 직업 훈련을 중심으로 서비스를 제공한 덕분에 팔레스타인인들은 아랍 세계에서 가장 교육 수준이 높은 축에 속했다. 이렇게 얻은 숙련 기술 덕분에 특히 숙련 노동과 전문 인력을 절실하게 필요로 하는 아랍의 석유 부국들로 쉽게 이주를 할 수 있었다. 그렇지만 유엔난민구호기구의 서비스가 아무리 안전판을 제공하여 많은 팔레스타인 젊은이들을 난민촌에서 벗어나게 했다 할지라도, 모든 계급과 공동체 사이에서 민족주의와 실지회복주의irredentism가 확산되었다. 팔레스타인인들이 나크바의 충격에서 벗어나 정치적으로 조직되기 시작하자 그들의 활동은 레바논인들 사이에서 종교와 정치 노선을 따라 양극화를 더욱 부추겼고, 결국 1960년대 말 당국과 충돌하게 되었다.

팔레스타인 난민 가운데 비교적 소수는 결국 시리아로 갔는데, 일부는 난민촌과 다마스쿠스를 비롯한 도시에 정착했고, 이라크에는 그보다 적은 수가, 이집트에는 더 적은 수가 갔다. 이렇게 국토도 크고 좀 더 동질적인 나라들에서는 제한된 수의 팔레스타인 난민 집단이 안정을 해치는 효과가 별로 없었다. 시리아에 난민촌이 세워졌지만, 그곳에 사는 팔레스타인인들은 또한 일정한 이점이 있었다. 토지 소유권, 국립학교 교육과 정부 고용 같은 시리아 시민권의 많은 혜택을 받았다. 다만 국적과 여권(레바논의 경우처럼 난민 여행 서류를 받았다), 투표권은 없었다. 따라서 시리아의 팔레스타인인들은 높은 수준의 사회적·경제적 통합을 달성한 반면 법적 지위는 여전히 난민이었다.

시간이 흐르면서 페르시아만 나라들과 리비아, 알제리 등에서 석유 산업이 발전하여 석유와 가스 수출로 인한 소득 비중이 높아졌다. 이에 따라 많은 팔레스타인인이 현지 주민이 되어 그 나라의 경제와 정부 서비스, 교육 체계를 구축하는 데 주요한 역할을 맡았다. 하지만 팔레스타인 작가 가산 카나파니Ghassan Kanafani가 쓴 단편 소설 『불볕 속의 사람들Men in the Sun』의 등장인물들처럼, 팔레스타인인들이 항상 이런 경로를 쉽게 찾은 것은 아니었다. 종종 소외와 고립, 그리고 팔레스타인인들이 난민 서류를 들고 국경을 넘으려 할 때면 심지어 비극까지 겪어야 했기 때문이다.[60] 페르시아만 나라들에서 산다고 해도 시민권이나 영주권을 받지는 못했다. 팔레스타인인들이 이 나라들에서 거의 평생 동안 살았다고 하더라도 계속 거주하기 위해서는 직장이 있어야 했다.

팔레스타인인이 얼마나 사회에 통합되는지와 상관없이, 모든 아랍 국가의 국민들은 팔레스타인 문제에 대해 계속 심각하게 우려했다. 팔레스타인인들에게 폭넓은 공감을 느꼈기 때문이기도 하고, 1948년에 굴욕적으로 패배를 당하면서 자신들의 허약함과 취약성, 불안정을 뼈저리게 깨달았기 때문이기도 하다. 실제로 1952년 이집트 봉기의 지도자인 가말 압델 나세르Gamal Abdel Nasser는 회고록 『혁명의 철학Philosophy of the Revolution』에서 구체제를 타도한다는 구상이 1948년 팔레스타인 전쟁에서 싸우던 장교들의 마음속에 어떻게 중심을 차지했는지에 관해 고찰한다. 〈우리는 팔레스타인에서 싸우고

있었지만, 우리의 꿈은 이집트에 있었다.)[61]

1948년의 군사적 패배는 이런 격변을 일으키는 것을 도왔을 뿐만 아니라 아랍 이웃들이 이스라엘을 극심하게 두려워하게 만들었다. 이스라엘의 강력한 군대는 난민의 침입에 대한 압도적인 보복 전략의 일환으로 계속해서 무시무시한 공격을 가했다. 아랍 각국 정부가 팔레스타인의 실지회복주의를 단속하게 만들려는 시도였다.[62] 이스라엘의 이런 공격은 걸핏하면 유엔 안보리 회의(내 아버지는 1950년대와 1960년대에 유엔 정치안보이사회국Political and Security Council Affairs division 성원 자격으로 이 회의에 참여했다)에서 안건으로 제기되었고, 이스라엘의 행동은 종종 비난을 받았다.[63] 이사회가 유엔 정전 감시단으로부터 받은 보고서들은 이스라엘의 정부 성명만이 아니라 미국 언론의 왜곡된 보도와 견줘 볼 때도 서로 극명하게 달랐다.[64]

이처럼 국경을 따라 금방이라도 급변할 것만 같은 역동적 상태가 계속되자 결국 독특한 상황이 조성되었다. 아랍 지도자들은 대중적 압력 때문에 종종 팔레스타인 문제를 제기했지만, 실제로는 어떤 행동도 벌이지 않았다. 이스라엘의 힘과 강대국들의 반대를 우려했기 때문이다. 그리하여 팔레스타인 문제는 기회주의적 정치인들이 마음껏 활용하는 정치적 공놀이가 되었다. 각자 전력을 기울이겠다고 선언하면서 허황된 약속만 늘어놓은 것이다. 이런 냉소적 게임을 목격한 팔레스타인인들은 결국 팔레스타인의 대의를 위해 어떤 일이든 해야 한다면 스스로 하는 수밖에 없음을 깨달았다.

1948년 전쟁의 여파로 팔레스타인인들은 사실상 시야에서 사라졌다. 서구 언론에서 다뤄지지도 않았고, 국제사회에서 자신들의 목소리를 낼 기회도 얻지 못했다. 아랍 각국 정부는 팔레스타인인들과 그들의 신성한 대의를 들먹였지만, 팔레스타인인들 스스로는 어떤 독립적 역할도 하지 못했다. 아랍 국가들은 아랍 내부 공론장에서 팔레스타인인들을 대변하는 행세를 했지만, 각국의 분열과 혼란, 그리고 그들이 직면한 혼돈을 감안할 때 통일된 목소리로 대변하지 못했다. 유엔을 비롯한 여러 장에서 팔레스타인 문제는 대체로 〈아랍-이스라엘 분쟁〉이라는 항목에 포함되었고, 아랍 각국이 주도권을 쥔 채 팔레스타인의 이해를 무기력하게 대변했다. 나크바 직후에 내 큰아버지 후세인을 비롯한 몇몇 예전 아랍고등위원회 성원들이 아마드 힐미 파샤Ahmad Hilmi Pasha를 중심으로 망명 정부를 구성하고자 했다. 유엔 분할 결의안에서 규정한 아랍 국가를 대표하는 망명 정부였다. 그들은 가자에 전(全)팔레스타인정부Government of All Palestine를 세웠지만, 핵심 아랍 국가들의 지지를 끌어내는 데 실패했다. 특히 요르단은 이번에도 역시 팔레스타인인들이 독립적 대표성을 갖는 것을 원하지 않았고, 결국 전팔레스타인정부는 국제적 승인을 전혀 받지 못했다.[65] 정부 구성 시도는 무위로 돌아갔다.

무프티와 몇몇 명사들도 명맥을 유지했는데, 일부는 망명지에서 활동하고, 일부는 은퇴하고, 일부는 암만의 왕정을 위해 일했다. 나이 든 지도자 몇 명은 1956~1957년 요르단의 술레이만 알나불시Sulayman al-Nabulsi가 이끄는 민족주의 정부로 대표되는 6개월간의 민주주의 공간에 참여했다. 큰아버지 후세인 박사도 이 지도자들 가운데 하나였는데, 민족주의 정부에서 외무 장관을 맡다가 알나불시가 해임된 뒤 후세인 국왕이 고분고분한 정부를 임명하여 계엄령을 선포하기 전까지 열흘간 수상을 지냈다. 우호적이지 않은 영국의 한 외교관도 인정한 것처럼, 알나불시를 집권시킨 1956년 선거는 〈요르단 역사상 거의 자유롭게 치러진 첫 번째 선거〉였지만, 알나불시 정부는 영국과 하심 왕정의 끈질긴 반감에 직면했다.[66] 이런 잠깐의 일화를 예외로 하면, 팔레스타인의 원로 가운데 누구도 정치에서 다시는 중요한 역할을 하지 못했다. 게다가 새로운 세대와 계급의 팔레스타인인들에게 지도권이 넘어간 뒤, 나크바 전에 팔레스타인 정치를 지배했던 명사 가문에서 두드러진 인물이 거의 전혀 나오지 않은 것은 인상적이다.*

위임통치 시기에 발전한 노동조합이나 이스티클랄당 같은 비엘리트 단체 등의 정치적 조직체는 나크바를 거치면서 돌이킬 수 없이 산산이 부서졌다. 유일한 예외라면 1948년 이전에 아랍 당원이 대부분이었고 지도부는 유대인이 주축이었던 팔레스타인 공산당의 잔존 세력이 있었다. 이 당은 이스라엘 공산당의 중핵이 되었는데, 1950년대부터 줄곧 이스라엘의 많은 팔레스타인계 국민의 정치적 열망을 대변하는 유대-아랍의 매개체로 발전했다. 1966년까지 지속된 군사 체제에서는 아랍인만으로 구성된 조직체가 금지되었기 때문이다. 하지만 당의 활동은 이스라엘 체제에 국한되었고, 수십 년간 다른 곳

---

* 이 시기에 유일하게 예외적인 인물은 고 파이살 후세이니Faysal Husayni인데, 그가 이름을 날린 것은 파타Fatah 안에서 보여 준 담대한 용기와 예리한 정치 감각, 전투적 행동주의, 그리고 이스라엘에 거듭 체포된 경력 때문이다. 1991~1993년 마드리드와 워싱턴에서 팔레스타인-이스라엘 교섭이 진행되는 동안 나와 가까이서 일한 파이살은 무장 정착민들과 그들을 보호하는 이스라엘 보안군이 예루살렘의 팔레스타인 주택을 차지할 때 그들에게 대항했다. 그가 예루살렘에서 두각을 나타낸 것은 집안의 연계가 아니라 이런 자질 덕분이다. 물론 그의 아버지가 1948년 4월에 전사한 사랑받는 군 지도자 압둘 카디르 알후세이니이기는 했다. 그는 또한 무프티와 자말 알후세이니의 친척이기도 했고, 영국인들에게 예루살렘 시장 자리에서 쫓겨난 무사 카짐 파샤 알후세이니의 손자이기도 했다. 그의 할아버지는 팔레스타인 민족 운동을 이끌다가 1934년 84세의 나이로 세상을 떠났다. 영국 경찰이 야파에서 벌어진 시위 중에 경찰봉으로 그를 구타한 지 몇 달 뒤의 일이다 — 원주.

에 사는 팔레스타인인들에게 거의 영향을 미치지 못했다. 그리하여 1948년 이후 팔레스타인인들 사이에서는 일종의 정치적 백지 상태가 존재했다.

아랍 국가들은 나크바 이후의 이러한 정치적 공백 상태를 손에 넣었는데, 압둘라 국왕이 다스리는 요르단의 경우처럼 많은 나라들이 이미 팔레스타인인들을 자국의 통제하에 두려고 노력하고 있었다. 하지만 그 나라들은 자국의 의제에 훨씬 더 관심이 많아 강력하고 호전적인 이웃 이스라엘과 충돌을 피하면서 이스라엘의 강대국 후원자들의 비위를 맞추었다. 아랍 각국 정부는 팔레스타인인들을 대상으로 벌어지는 저강도 전쟁에 저항하면서 그들의 동맹자가 되기는커녕 그들의 노력을 방해하고, 때로는 팔레스타인인들의 적과 공모했다. 요르단이 으뜸가는 사례인데, 압둘라 국왕은 요르단강 서안을 병합한 뒤 팔레스타인 민족주의의 표출을 확고하게 억눌렀다. 하지만 다른 아랍 국가들도 팔레스타인인들이 이스라엘에 대항해서 조직을 이루거나 공격을 가하는 것을 막았다.

아랍 국가들과 국제사회가 1948년의 재앙적 결과를 뒤집으려는 의지나 능력을 보이지 않자, 나크바 이후의 황량한 상황 속에서 팔레스타인의 행동주의가 여러 형태로 되살아났다. 소규모 집단들이 이스라엘에 맞서 무기를 집어들었다. 그들은 자신들의 대의를 위한 으뜸가는 책임을 회복하기 위해 팔레스타인인들의 결집을 목표로 삼고 전투적 행동을 벌였다. 자생적으로 시작된 이런 활동은 주로 이스라엘 국경 지역에 대한 비조직적 공격으로 이루어졌다. 이렇게 조직화되지 않은 비밀 무장 행동이 가시적인 추세로 결합되어 1959년 파타 같은 조직의 구성으로 뚜렷한 형태를 띠기까지는 몇 년이 걸렸다.

팔레스타인인들은 현재 상태를 바로잡으려는 팔레스타인의 모든 시도에 대한 이스라엘의 반대에 대처하는 것 외에도 아랍의 난민 수용 국가, 특히 요르단, 레바논, 이집트 등의 정부와 대결해야 했다. 유대 국가에 비해 군사력이 크게 뒤지는 상황에서 이 나라들은 이웃에 대한 공격을 묵인하기를 대단히 꺼렸다. 팔레스타인의 여러 운동이 새롭게 만들어질 때에도 그들은 일부 아랍 국가가 이런 운동을 자기들이 추구하는 목적에 맞게 활용하려는 시도를 물리쳐야 했다. 1964년 이집트의 요청에 따라 아랍연맹이 팔레스타인해방기구를 창설한 것은 이처럼 새롭게 등장하는 독립적 팔레스타인 행동주의에 대한 대응으로, 아랍 국가들이 이 운동을 통제하려는 가장 중요한 시도였다.

이집트 정부의 움직임은 1956년 수에즈 전쟁으로 이어지는 시기에 겪은 쓰라린 경험에 대한 대응 성격이 어느 정도 있었다. 이집트가 팔레스타인에서 패배한 이유 중에는 군이 구식 무기도 모자라는 형편이었다는 사실도 있었는데도, 1952년 혁명 직후에 군사 정권은 돈이 드는 재무장 프로그램을 피했다. 그 대신 정권은 국내의 경제·사회 발전에 집중하면서 대규모 전력망 확충과 아스완댐 건설을 통한 관개 확대, 산업화 투자, 초중등 교육과 고등 교육 확대, 국가 주도 경제 계획 등에 전력을 기울였다. 이집트는 이런 시도를 위해 가능한 모든 나라로부터 해외 경제 원조를 추구하는 한편, 냉전이 고조되는 가운데 계속해서 비동맹 기조를 유지하려고 했다.[67]

가말 압델 나세르는 정권 초기에 특히 강력한 이웃 나라 이스라엘을 자극하는 것을 피하려고 했다. 하지만 이런 노력은 다비드 벤구리온 총리를 비롯한 이스라엘 지도자들이 호전적 정책을 추구하고[68] 가자 지구 내에서 팔레스타인의 전투적 행동이 고조되면서 손상되었다. 가자 지구에 빽빽하게 들어찬 다수의 난민 인구는 이런 전투적 행동이 성장할 수 있는 이상적인 환경이었다. 야세르 아라파트Yasser 'Arafat(아부 암마르Abu 'Ammar), 살라 할라프Salah Khalaf(아부 이야드Abu Iyad), 할릴 알와지르Khalil al-Wazir(아부 지하드Abu Jihad) 등 파타 운동 창설자들의 설명을 보면, 이런 사실이 확인된다. 오랜 시간이 흐른 뒤 그들은 쿠데타 이후 이집트 정보부가 이스라엘에 맞서는 조직화 시도를 얼마나 방해했는지 — 체포, 고문, 괴롭힘 등 — 에 관해 이야기했다.[69]

그리하여 가자 지구를 철저하게 통제하는 이집트군과 군정보부의 고압적인 탄압에도 불구하고 이스라엘을 겨냥한 간헐적이지만 치명적인 팔레스타인의 공격 행동이 시작되었다. 페다인feda'iyin(〈자신을 희생하는 사람들〉이라는 뜻)이라고 알려진, 국경을 넘어 침투하는 이들이 사상자를 야기할 때마다 이스라엘은 압도적인 대규모 보복을 가했고, 가자 지구는 이런 보복 공격을 정면에서 맞았다. 하지만 이웃 나라들도 보복 공격을 피하지 못했다. 1953년 10월, 소읍 예후드Yehud에서 페다인의 공격으로 이스라엘 민간인 세 명, 즉 여자와 그의 아이 둘이 사망하자 이스라엘군은 요르단강 서안의 키비야Qibya 마을에서 학살을 벌였다. 아리엘 샤론이 지휘하는 이스라엘 특수 부대인 101부대는 사람이 안에 있는 채로 주택 45채를 폭파해서 팔레스타인 민간인 69명을 살해했다.[70] 요르단(당시 요르단강 서안을 통제하고 있었다)이 잠재적 침투자를 수감하고 심지어 살해하는 등 팔레스타인인들의 무장 활동을 막으려고 끊임없이 노력을 기울였지만, 이스라엘은 보복 공격을 벌여 유엔 안보리의 비난을 받았다.[71] 팔레스타인 전사들을 막기 위해 요르단 군대가 매복하는 일이 잦았는데, 이스라엘에 진입하려고 하는 사람이 있으면 누구든 발포하라는 지시를 받았다.[72]

이스라엘 지도부는 1954년과 1955년에 압도적 무력 정책을 둘러싸고 설전을 벌였다. 국방 장관 벤구리온은 호전적 태도를 견지한 반면 모세 샤레트 총리는 다소 실용적이고 미묘한 입장을 취했다. 벤구리온은 오직 중단 없이 무력을 가해야만 아랍 국가들이 이스라엘의 조건대로 강화를 받아들일 것이라고 믿었다. 샤레트가 보기에 이렇게 호전적 방식을 고수하면 쓸데없이 아랍인들을 자극하고 타협의 기회를 차단해 버리는 셈이었다.[73] (하지만 샤레트도 벤구리온과 마찬가지로 이스라엘이 1948년에 손에 넣은 영토를 조금이라도 포기하거나 팔레스타인 난민들이 자기 집으로 돌아오는 것을 조금이라도 허용하려 하지 않았다.) 1955년 3월, 벤구리온은 이집트에 대대적인 공격을 가해서 가자 지구를 점령할 것을 제안했다.[74] 이스라엘 내각은 제안을 거절했지만, 벤구리온이 샤레트의 뒤를 이어 총리가 되고 그의 호전적 기풍이 지배하게 되자 1956년 10월에 공격을 묵인했다. 그 후 줄곧 벤구리온의 호전적 정책은 모세 다얀Moshe Dayan, 이츠하크 라빈Yitzhak Rabin, 아리엘 샤론 같은 조수들을 통해 실행되면서 이웃 나라들에 대한 이스라엘 정부의 대응을 지배했다.

이런 1956년 공격으로 이어지는 과정에서 이스라엘은 이집트군과 가자 지구의 경찰서를 겨냥한 일련의 대규모 군사 작전을 실행했다.[75] 이런 공격은 1955년 2월 라파에서 이집트 군인 39명을 살해한 기습 공격과 6개월 뒤 칸유니스에서 72명을 살해한 공격으로 정점에 달했다. 다른 군사 작전들에서도 많은 팔레스타인 민간인과 나란히 더 많은 군인들이 살해되었다.[76] 이집트는 명백한 군사적 약세 때문에 마침내 비동맹 정책을 포기할 수밖에 없었고 처음에는 영국과 미국으로부터 무기를 구매하려고 했다. 그런 시도가 실패로 돌아간 뒤, 이집트는 1955년 9월 소련의 피보호국인 체코슬로바키아와 대규모 무기 거래에 합의했다. 한편 이스라엘의 공격에 대응하지 못하고 국내와 아랍의 여론 앞에 당황한 이집트 정부는 군정보부에 팔레스타인 전사들을 도와줄 것을 지시했다. 그전까지 이스라엘을 상대로 군사행동에 나서는 것을 억누르던 것과는 정반대의 행보였다. 이런 새로운 상황 전개에 대한 대응은 오래 걸리지 않았고 파괴적인 결과가 나타났다. 1950년대 초반 소규모 팔레스타인인 전사 집단이 개시한 몇 차례의 유혈 습격은 대다수 아랍 정부들의 바람에 거슬러서 일어난 행동이었는데, 결국 1956년 10월 이스라엘이 수에즈 전쟁을 개시하는 결과로 이어졌다. 이스라엘이 혼자서 벌인 전쟁이 아니었는데, 파트너들 역시 이집트를 공격할 나름의 이유가 있었다.

영국과 프랑스의 집권층인 구식 제국주의자들은 세계은행이 아스완댐 건설을 위해 계획한 차관을 미국 국무 장관이 취소한 데 대한 보복으로 이집트가 프랑스-영국 수에즈운하회사를 국유화하자 격분했다. 게다가 프랑스는 이집트가 알제리 반란 세력에 군사 훈련을 제공하고 카이로에 외교와 방송의 근거지를 내주는 등 지원하는 것을 저지하려고 했다.[77] 한편 앤서니 이든Anthony Eden이 이끄는 런던의 보수당 정부는 이집트에서 새로 등장한 정권이 영국의 군사 주둔(72년간 계속 이집트에 주둔하고 있었다)을 끝내라고 요구하는 데 대해 분개했다. 영국은 또한 이라크, 페르시아만, 아덴, 그 밖에 아랍 세계의 여러 지역에서 영국의 입지에 반기를 드는 민족주의 세력을 이집트가 지원하는 것에 분노했다. 이런 도전 때문에 양국은 이스라엘과 손을 잡고 1956년 10월 이집트를 전면 침공했다.[78]

2차 아랍-이스라엘 전쟁은 여러 면에서 독특했다. 1948, 1967, 1973, 1982년에 이스라엘이 벌인 다른 재래식 전쟁이 여러 아랍의 적수를 상대한 것과 달리, 수에즈 전쟁은 하나의 아랍 국가만이 상대였다. 이스라엘과 옛 식민 열강 프랑스와 영국은 전쟁에 앞서 비밀리에 세브르Sèvres 조약을 체결했다. 개전을 불과 며칠 앞두고 작성된 조약이었다. 세브르 조약은 1939년 백서까지 거슬러 올라가는 영국과 시온주의 운동의 소원한 관계를 끝장내는 계기가 되었다. 전쟁을 계기로 동맹이 뒤바뀐 나라들이 더 있다. 1947~1948년에 이스라엘의 후원자였던 미국과 소련은 결국 이집트 편을 들었다.

세브르 비밀 조약이 결정되자 영국-프랑스군은 교전 세력을 분리시키기 위해서만 개입한다는 구실 아래 삼국이 공격에 나섰다. 이집트군은 순식간에 결정적인 패배를 당했다. 유럽의 두 강대국의 지원을 받는 강력한 이스라엘과 새로 구한 소련제 무기를 아직 제 것으로 만들지도 못한 제3세계 국가 하나의 군사적 대결은 이미 결론이 분명했지만, 정치적 결과는 침략자들에게 유리하지 않았다. 드와이트 아이젠하워 대통령은 영국과 프랑스가 자국과 협의를 하지도 않고, 또한 1956년 소련 탱크가 헝가리 봉기를 짓밟던 바로 그 순간에 신식민주의적 개입처럼 보이는 행동(실제로도 그랬다)에 나선 데 대해 분개했다. 소련 역시 새로운 동맹국 이집트를 겨냥한 이런 제국주의적 공격에 분노했지만, 소련이 부다페스트의 반란을 진압한 사실에 눈길이 쏠리지 않는 것에 안도했다.

냉전의 격렬한 경쟁 관계에도 불구하고 미국과 소련은 1948년과 마찬가지로 중동에서 손을 잡으면서 삼국 동맹에 맞서 강경한 태도를 보였다. 소련은 핵무기 사용을 위협했고, 미국은 동맹국들에게 경제 원조를 차단하겠다고 경고했으며, 양국 모두 즉각 철수를 요구하는 유엔 총회 결의안을 신속하게 밀어붙였다. (영국과 프랑스가 거부권을 행사할 게 분명했기 때문에 안보리 결의안은 불가능했다.) 두 초강대국이 강하게 압박하자 이스라엘과 프랑스, 영국은 이집트 영토와 가자 지구 점령을 중단할 수밖에 없었다. 이스라엘은 시간을 끌려고 하면서 1957년 초까지 시나이반도와 가자 지구에서 마지막 남은 군대를 철수시키지 않았다. 침략자들은 물러났고, 미국과 소련은 중동에서 누가 대장인지를 보여 주었으며, 나세르는 범아랍권의 영웅이 되었지만, 대다수가 난민인 가자 지구의 팔레스타인 주민들은 극심한 고난을 겪었다.

이스라엘 점령군이 1956년 11월 가자의 소도시들과 칸유니스와 라파의 난민촌을 휩쓸면서 450명이 넘는 민간인 남성이 살해되었는데, 대부분 즉결 처형을 당했다.[79] 유엔난민구호기구 사무총장이 작성한 특별 보고서에 따르면, 11월 3일 칸유니스와 이웃한 난민촌에서 벌어진 첫 번째 학살 당시, 남자 275명이 총살당했다. 1주일 뒤 11월 12일 라파 난민촌에서는 111명이 살해되었다. 11월 1일에서 21일 사이에 또 다른 66명이 총살당했다.[80] 유엔에서 요르단 대표로 참석한 무함마드 엘파라Muhammad El-Farra가 칸유니스에 살던 사촌 몇 명이 일제 검거되어 처형당한 과정을 회상할 때 나도 그 자리에 있었다.[81] 팔레스타인인의 사망은 페다인을 수색하는 부대와 충돌하는 과정에서 벌어진 일이라는 이스라엘의 주장은 유엔난민구호기구 보고서에 의해 허구임이 낱낱이 드러났다. 민간인들이 살해된 것은 가자 지구에서 모든 저항이 끝난 뒤의 일이었다. 수에즈 전쟁 이전에 이스라엘을 기습 공격한 데 대한 보복임이 분명했다. 1948년의 선례와 데이르야신을 비롯해 최소한 20군데의 장소에서 민간인 학살이 벌어진 사실[82], 그리고 1950년대 초 키비야 같은 곳에서 기습 공격으로 민간인 사망자가 많았던 점을 감안할 때, 가자 지구에서 벌어진 소름 끼치는 사건들은 유별난 일이 아니었다. 이스라엘군의 전형적인 행동 양상의 일부였다. 학살에 관한 뉴스는 이스라엘에서 공개되지 않았고, 이스라엘에 동조하는 미국 언론들도 감추기 급급했다.

1956년 사건은 팔레스타인인들을 상대로 계속된 전쟁에서 가자 사람들이 지금까지도 치르는 막대한 대가의 첫 번째 사례일 뿐이다. 프랑스의 역사학자 장피에르 필리유Jean-Pierre Filiu는 1948년을 시작으로 이스라엘군이 가자를 겨냥해 벌인 총 12차례의 대규모 공격을 연대순으로 서술하는데, 일부는 완전한 점령으로 이어지고 일부는 전면전이나 마찬가지였다.[83] 이스라엘과 아랍 국가들 사이에 벌어진 대규모 전쟁 때문에 종종 이스라엘이 가자를 어떻게 표적으로 삼았는지가 가려졌다. 강대국이 직접 참여하는 국가 간 충돌이 더 많은 관심을 끌었기 때문이다. 가자 지구가 이런 식으로 표적이 되었던 것도 놀랄 일은 아니다. 그곳은 1948년 이후 자기 땅을 빼앗긴 팔레스타인인들이 벌이는 저항의 용광로였다. 파타와 팔레스타인해방기구를 창립한 지도자 대부분이 이 기다란 해안 지대의 비좁은 동네에서 등장했다. 또한 전투적인 팔레스타인해방인민전선Popular Front for the Liberation of Palestine, PFLP은 가장 열렬한 지지자들을 그곳에서 끌어모았고, 나중에 가자 지구는 이스라엘에 맞서 가장 끈질기게 무장투쟁을 주창한 이슬람지하드와 하마스의 탄생지이자 요새가 되었다.

나크바 이후 불과 몇 년 뒤, 팔레스타인인들이 나크바로 겪은 충격과 굴욕은 이제 압도적으로 불리한 형세에도 불구하고 반대편에 도열한 강대국들에 저항하려는 열망에 길을 내주었다. 그리하여 일련의 치명적인 무장 공격이 등장했는데, 이런 행동은 나크바에 대한 직접적 대응이자 1948년 이전부터 나타난 전투적 행동의 연속이었다. 이런 기습 공격에 대해 이스라엘은 이웃 아랍 국가들을 상대로 압도적인 보복을 가했고, 결국 수에즈 전쟁이 벌어졌다. 고국에서 쫓겨난 데 대한 팔레스타인의 저항으로 촉발된 전쟁의 기원은 팔레스타인 문제에 직접적인 뿌리가 있었다. 1948년 전쟁의 경우도 마찬가지였다.

오늘날 사람들은 두 충돌 모두 거의 오로지 이스라엘군과 이웃 아랍 국가 군대들의 대결이라는 측면에서만 바라본다. 하지만 팔레스타인인들이 자기 땅을 빼앗긴 것을 묵인하지 않고 저항하자, 자국 문제에 정신이 팔린 채 이스라엘을 상대로 전쟁을 벌일 의지나 각오가 전혀 없었던 아랍 국가들이 이스라엘과의 대결로 이끌려 들어갔고, 이 대결은 걷잡을 수 없이 고조되었다. 1956년 10월, 이렇게 고조되는 대결을 기회로 삼아 이스라엘은 오랫동안 계획한 파괴적인 선제공격을 가했다. 패배 이후 여기저기 흩어진 채 1948년의 승자들에 의해 역사에서 지워진 팔레스타인인들은 아랍 각국 정부들로부터 대개 무시를 당하거나 재갈이 물리고 열강의 세계적 야심이라는 제단에서 희생되었지만, 명백한 약세에도 불구하고 자신들에게 너무도 불리한 중동 지역의 기존 상태를 거듭해서 뒤흔들 수 있었다. 1956년에 그런 행동이 가자를 비롯한 여러 곳에서 낳은 결과는 엄중했다. 그리고 그다음 번에는 한층 더 엄중해졌다.

3   세 번째 선전포고, 1967

> 나는 사건이 어떻게 만들어지고 변질되는지 알려고 애쓰고 있었다.
> 결국 사건은 그것에 관해서 말하는 내용을 통해서만 존재하기 때문에
> 사건의 명성을 퍼뜨리는 이들에 의해 날조된다고 말해도 무방하다.
> — 조르주 뒤비[1]

1967년 6월 초 태양이 밝게 비치던 어느 날 아침, 나는 맨해튼의 그랜드센트럴 역을 빠져나왔다. 마운트버넌에 있는 우리 집에서 유엔 건물에 있는 아버지 사무실로 가는 길이었다. 중동에서 〈6일 전쟁〉이 벌어지고 있었는데, 뉴스 보도를 보니 이집트와 시리아, 요르단 공군이 이스라엘의 선제공격에 나가떨어진 상태였다. 나는 또다시 이스라엘이 압승을 거둘 것 같아 두려웠지만, 군사 전략을 잘 알지 못하는 내가 보기에도 사막에서 공군의 엄호를 받지 못하는 육군은 특히 강력한 이스라엘 공군의 먹잇감이 되기에 딱 좋다는 걸 알았다.

42번가에 나서자 소동이 벌어지는 소리가 났다. 인도에서 몇 사람이 커다란 침대보의 귀퉁이를 잡고 있었는데, 동전과 지폐 더미의 무게로 침대보가 처진 게 눈에 들어왔다. 다른 이들이 더 많은 돈을 던

져 넣으려고 사방에서 다가오고 있었다. 나는 잠시 멈춰 서 바라보다가 그 사람들이 이스라엘의 전쟁 지원 모금을 권유하고 있음을 알게 되었다. 우리 가족과 다른 많은 이들이 팔레스타인의 운명에 골몰하는 와중에, 반대로 수많은 뉴욕 사람들이 이스라엘에 닥칠 결과를 그만큼 걱정하고 있다는 생각이 들었다. 그들은 유대 국가가 절멸의 위험에 빠져 있다고 진심으로 믿었고, 많은 이스라엘인들처럼 일부 아랍 지도자들의 공허한 위협에 불안해했다.

하지만 린든 B. 존슨 대통령이 파악한 내용은 달랐다. 5월 26일 이스라엘 외무 장관 아바 에반Abba Eban이 워싱턴 D.C. 회동에서 존슨에게 이집트가 공격을 개시하려 한다고 말했을 때, 대통령은 국방 장관 로버트 맥나마라Robert McNamara에게 오해를 바로잡아 달라고 요청했다. 맥나마라의 말에 따르면, 세 정보기관에서 각각 이 문제를 이미 주의 깊게 살펴보았고, 〈공격이 임박하지 않았다는 게 확실한 판단〉이라는 것이었다. 존슨은 〈우리 정보기관 사람들이 만장일치로 입을 모으는〉 것처럼, 만에 하나 이집트가 공격을 하더라도 〈귀국이 순식간에 떨쳐 버릴 것〉이라고 덧붙였다.[2] 워싱턴이 파악한 것처럼, 1967년 이스라엘의 군대는 아랍 각국의 군대 전체를 합친 것보다 훨씬 우월했고, 다른 모든 분야에서도 앞섰다.

그 후 공개된 각종 정부 문서들을 통해 이런 판단을 확인할 수 있었다. 미군과 정보기관은 군사력의 우위를 감안할 때 어떤 상황에서도 이스라엘이 압승을 거둘 것이라고 예측했다.[3] 1967년 전쟁이 끝나고 5년 뒤, 이스라엘 장성 다섯 명이 미국의 이런 평가를 고스란히 되풀이하면서 각기 다른 곳에서 이스라엘이 절멸의 위험에 빠져 있지 않다고 언급했다.[4] 사실은 정반대였다. 1967년에 이스라엘군은 아랍 군대들보다 훨씬 강했고, 아랍 쪽이 선제공격을 가하더라도 이스라엘은 전쟁에서 패할 위험이 전혀 없었다.[5] 하지만 이런 신화는 여전히 팽배해 있다. 1967년에 작고 취약한 나라가 끊임없는 존재의 위협에 직면했고, 지금도 그런 위협이 계속되고 있다는 신화 말이다.[6] 이런 허구는 아무리 극단적인 정책이라도, 그리고 이스라엘의 권위적인 인물들이 아무리 거듭 반박해도 이스라엘의 정책에 대한 전면적 지지를 정당화하는 데 기여하고 있다.[7]

알다시피 전쟁은 미국 중앙정보국과 국방부가 예측한 대로 전개되었다. 이스라엘 공군은 벼락같은 선제공격으로 이집트와 시리아, 요르단의 전투기가 이륙하기도 전에 대부분 파괴했다. 이로써 이스라엘은 공중에서 완벽하게 우위에 섰는데, 그 계절에 사막 지역에서 공중의 우위는 지상군에 절대적인 이점을 제공했다. 그리하여 이스라엘 기갑부대는 시나이반도와 가자 지구, 아랍 지역인 동예루살렘을 비롯한 요르단강 서안, 골란고원을 6일 만에 정복할 수 있었다.

1967년 6월 이스라엘이 결정적 승리를 거둔 이유는 분명한 반면, 전쟁으로 이어진 요인들은 그만큼 분명하지 않다. 핵심 원인은 팔레스타인의 여러 전투적 게릴라 집단이 부상한 것이었다. 아랍인들이 커다란 고통을 겪고 아랍 각국 정권이 한층 더 무기력한 가운데서도 얼마 전 이스라엘 정부가 요르단 강물을 자국 중심부로 끌어오기 시작한 상태였다. 1965년 1월 1일, 파타가 이스라엘 중부의 양수펌프장을 파괴하기 위한 공격에 나섰다. 아랍 각국 정부가 효과적인 행동에 나서지 못할지라도 팔레스타인인들 스스로 나설 수 있음을 보여 주고, 각국 정부를 당혹스럽게 만들어서 행동을 강요하겠다는 상징적인 의미가 담긴 공격이었는데, 이후 계속해서 벌어지는 행동의 신호탄이었다. 이집트 관리들은 파타를 예측 불가능한 집단으로 여기며 수상쩍게 보았다. 이집트가 예멘 내전에 깊숙이 군사 개입을 하고 경제 건설에 박차를 가하고 있던 때에 무모하게 이스라엘을 자극했기 때문이다.

당시는 중동학자 맬컴 커Malcolm Kerr가 말한 이른바 〈아랍의 냉전〉이 최고조에 달한 때로서, 이집트가 급진 아랍 민족주의 정권들을 이끌면서 사우디아라비아가 주도하는 보수 블록에 맞서고 있었다. 양쪽의 경쟁 관계는 예멘에서 일촉즉발의 위기로 치달았는데, 1962년 예멘에서 왕정에 반대하는 혁명이 일어나 내전으로 비화하자 이집트군이 대대적으로 휘말리게 되었다.

이스라엘이 군사적으로 압도적 우위를 점하고 6만 명이 넘는 이집트 병력과 다수의 공군이 예멘 내전에 묶여 있었던 사실을 감안하면, 1967년 5월에 이집트가ㅡ시나이반도로 병력을 이동시키고 유엔 평화유지군의 철수를 요구함으로써ㅡ이스라엘을 도발했다는 것은 어불성설처럼 보인다. 하지만 1966년 시리아에 새로 정권이 들어서자 이스라엘이 시리아를 공격하고 위협하는 식으로 대응하는 가운데, 팔레스타인 게릴라들이 시리아가 제공한 기지를 근거로 이스라엘을 공격하는 일이 급증하자 이집트도 여기에 대응한 것이었다. 이집트 지도부는 아랍 세계에서 자신의 위신을 유지하기 위해 이런 도전에 응답해야 한다고 느꼈다.[8] 동기가 무엇이었든 간에 이집트가 시나이에서 보인 움직임은 이스라엘에 공공연한 자극이 되었다. 게다가 이런 움직임은 개전 이유가 되어 이스라엘군이 오래전부터 계획하던 선제공격을 개시할 수 있었다. 이 공격으로 아랍 세 나라의 군대가 박살이 나고 중동의 모습이 바뀌었다.[9]

전쟁 기간 중 매일 아침 나는 유엔으로 가서ㅡ침대보 모금자를 피하려고 다른 길로 다녔다―35층에 있는 아버지 사무실에 들렀다. 이스트강과 퀸스가 파노라마처럼 펼쳐져 보이는 곳이었다. 아버지는 정치안보이사회국에서 일했는데, 맡은 업무 가운데 하나가 이사회의 중동 협의 내용에 관해 보고하는 것이었다. 그래서 아랍-이스라엘 충돌을 논의할 때마다 안보리 회의에 참석했는데, 결국 1968년에 세상을 떠날 때까지 그곳에서 일한 15년간 회기의 절반가량을 참석했다. 아버지 사무실에서 나는 라디오를 듣고, 신문을 읽고, 보통 이사회가 소집될 때까지 도움이 되는 일을 하려고 노력했다. 그리고 회의가 시작되면 아버지가 이사회국을 책임지는 사무부총장 뒤편 마지막 줄에 앉아 있는 동안 나는 방청석에 앉을 수 있었다. 이 특별한 관리는 얄타까지 거슬러 올라가는 냉전 초기의 비밀 거래에 따라 항상 러시아인이나 벨라루스인, 또는 우크라이나인이 맡았다.[10]

그 전달부터 위기가 심각하게 시작된 이래 이사회는 공식, 비공식 회의를 거듭 열었다. 전쟁 자체가 벌어진 6일 동안 이사회가 11차례 소집되었는데, 대부분 이른 새벽 시간까지 계속되었다. 업무 속도와 양이 엄청나서 아버지는 동료들과 함께 오랜 시간 이사회와 사무총장을 위해 자료를 준비하고 각 회의마다 보고서 초안을 작성해야 했다. 당시 찍힌 아버지의 사진을 보면 수척하고 찡그린 모습이다.[11]

전쟁 닷새째인 6월 9일 금요일에 이르러, 이스라엘군은 이집트군과 요르단군을 결정적으로 물리치고 가자 지구와 시나이반도, 요르단강 서안, 그리고 아랍 지역인 동예루살렘을 점령한 상태였다. 그날 아침 일찍 이스라엘은 골란고원을 습격하여 시리아군을 패주시키고 간선 도로를 따라 다마스쿠스를 향해 빠르게 진격하고 있었다. 이사회는 6월 6일과 7일에 전면적인 휴전을 지시한 바 있었고, 이스라엘 정부는 결의안을 준수하겠다고 큰 소리로 선언했지만, 시리아에 진

유엔 안보리, 1967. 맨 뒷줄 오른쪽에서 두 번째, 파이프를 물고 있는 이스마일 알할리디.

입한 이스라엘군은 결의안을 무시했다. 그날 밤(뉴욕은 아직 오후였
다) 중동에서 이스라엘군은 요충지인 쿠네이트라 주도로 접근하고
있었는데, 그 너머에는 하우란 평원뿐이어서 기갑부대와 시리아 수
도의 거리는 약 64킬로미터에 불과했다.

오후 12시 30분에 시작된 이사회 회의 초반에 소련이 세 번째이자
다급한 휴전 결의안 초안을 발의했다. 소련 장비로 무장한 이집트군
이 굴욕적인 패배를 당하고 골란고원이 점령당한 뒤, 이 시점에서 소
련은 시리아가 더 이상 패배하는 것, 특히 이스라엘이 다마스쿠스로
진격하는 것을 막으려고 필사적이었다. 소련 대표인 니콜라이 페도
렌코Nikolai Fedorenko 대사가 토론에서 점점 조급하게 개입한 것을 보
면 소련이 얼마나 다급했는지 알 수 있다. 오후 1시 30분쯤 만장일치
로 통과된 결의안 SC 235는 충돌의 모든 당사자에게 〈적대 행위를

즉시 중단할 것〉을 요구했다. 결의안은 또한 이례적으로 유엔 사무총장에게 〈곧바로〉 휴전을 〈준수하도록 주선〉하고 〈지금부터 두 시간 안에〉 결과를 보고해 달라고 요청했다.[12]

회의가 오후까지 늘어지자 나는 조마조마한 마음으로 사무총장이 휴전 준수를 확인하기를 기다렸다. 휴전이 준수된다는 것은 전투가 중지되고 이스라엘의 진격이 중단되었다는 의미였다. 하지만 시간이 흐르는 가운데 이스라엘 군대가 다마스쿠스로 점점 가까이 접근하고 있다는 보고가 계속 들어왔다. 이사회가 즉각적인 휴전 요구를 강제하기 위해 모종의 조치를 취하려는 찰나에 미국 대표 아서 골드버그 Arthur Goldberg 대사가 휴회를 요청했다. 두서없는 토론 끝에 이사회는 두 시간 동안 휴회하는 데 동의했고, 대표들은 느릿느릿 회의실을 나섰다.

나는 아버지를 보러 달려갔다. 이사회가 왜 다시 두 시간을 지연시켜 주는 데 동의했는지 이유를 알고 싶었다. 골드버그가 자국 정부와 협의하기를 원한다고 아버지가 심드렁하게 말했다. 좀처럼 믿을 수 없었다. 휴전 결의안을 부과하는 데 얼마나 많은 협의가 필요했던 걸까? 아버지는 묘하게 씁쓸한 미소를 지으면서 아랍어로 냉정하게 대답했다. 「그래도 모르겠어? 미국인들이 이스라엘에 좀 더 시간을 주는 거잖아.」

골드버그 대사가 작전을 써서 6월 9일 휴전 결의안을 몇 시간 더 미룬 덕분에 이스라엘은 시리아 진격을 멈추지 않았고, 다음 날 오후까지 계속 진격했다. 그때쯤이면 안보리는 회의를 세 차례 더 열어 가면서 아홉 시간 동안 신랄한 논쟁을 했고, 6월 10일까지 계속 회의를 하고 있었다. 그동안 내내 골드버그는 지연 전술을 반복했다.

이 사건은 사소한 것이긴 했지만, 골드버그 대사가 보인 행동은 미국의 대이스라엘 정책에서 일대 변화가 일어났음을 알리는 징조였다. 그날 우리가 목격한 광경은 새로운 중동의 축이 작동하고 있다는 증거였다. 현장에서는 이스라엘의 기갑부대가 대열을 맞춰 진격하고, 미국은 외교적 엄호를 해주고 있었다. 반세기가 넘은 지금까지 이 축이 작동하고 있다. 한동안 진행된 이런 변화는 주로 세계적 요인, 그중에서도 특히 냉전과 베트남 전쟁이 중동 지역과 미국 정책에 영향을 미친 영향 때문이었지만, 워싱턴 D.C.의 개인적이고 정치적인 고려 때문이기도 했다. 그와 나란히 이스라엘의 대외 동맹도 서서히 바뀌어서 1950년대와 1960년대 초의 후원자인 프랑스와 영국(이스라엘은 두 나라의 무기로 1956년과 1967년 전쟁에서 싸웠다)으로부터 결정적으로 벗어나 미국과 완전히 제휴하게 되었다. 1967년 6월에 이르면 이 모든 요인들이 결합되어 이스라엘 정부는 전쟁을 개시하기에 앞서 이집트와 시리아, 요르단 공군에 선제공격을 가하기 위해 워싱턴의 승인을 받았다.

밸푸어 선언과 위임통치가 한 강대국에 의해 팔레스타인인을 상대로 발표한 첫 번째 선전포고였고, 1947년 팔레스타인 분할에 관한 유엔 결의안이 두 번째 선전포고였다면, 1967년 전쟁의 결과는 세 번째 선전포고를 낳았다. 선전포고는 1967년 11월 22일 미국이 작성해서 승인된 안보리 결의안 SC 242의 형태로 나왔다. 각각의 결의안이 통과된 사이에 20년 동안 이스라엘과 팔레스타인에 대한 미국의 정책은 일직선으로 이어지지 않았다. 1948년 전쟁 이후 시기에 트루먼과 아이젠하워 행정부는 다소 미지근한 태도로 이스라엘에 패배한 적에게 일정한 양보를 제공하라고 설득했으나 성공을 거두지는 못했다. 미국의 노력은 이스라엘에 자산을 빼앗긴 75만여 팔레스타인 난민들을 집으로 돌려보내는 것과 이스라엘이 1948년 전쟁의 승리를 통해 획득한 광대한 국경선을 줄이는 데 집중되었다. 미국의 이런 유약한 시도는 다비드 벤구리온이 두 부분 모두 양보를 완강하게 거부하자 수그러들었다.[13]

비록 트루먼과 아이젠하워, 케네디 행정부가 이스라엘을 중동 정책의 주요한 요소로 보지 않고 이 나라의 모든 행동을 승인한 것은 아니지만, 그래도 미국 정부는 이스라엘과 긴밀한 관계를 유지하면서 이 신생 국가에 경제 원조를 확대했다. 아이젠하워는 1956년 수에즈 전쟁 이후 이스라엘이 시나이와 가자 지구에서 철수하도록 강제했으며, 나중에 케네디는 이스라엘이 핵무기를 개발하는 것을 막고자 했지만 실패했다.[14] 1960년대 초 케네디는 아랍 민족주의와 이집트의 나세르를 중동에서 미국이 가장 관심을 기울이는 공산주의에 맞서는 보루로 여기게 되었다. 이런 미국의 입장에는 이라크에서 벌어지는 사태들이 어느 정도 작용했다. 압둘 카림 카심 정권이 이라크 공산당과 소련의 지지를 받는 반면 이집트와 민족주의 동맹 세력한테는 강력한 반대에 부딪힌 것이다.

케네디가 암살당하고 1963년 12월에 존슨 행정부가 등장하면서 새로운 요소들이 끼어들었다. 동남아시아에서 전쟁이 격화됨에 따라 존슨 정부는 세계의 다른 지역들도 경직된 냉전 시각에서 바라보는 성향이 한층 심해졌다. 어느 정도 그에 따른 결과이겠지만, 1962년 시작된 예멘 내전이 지역 차원의 대규모 충돌로 바뀌자 미국과 이집트의 관계가 눈에 띄게 악화되었다. 소련과 그 동맹국들은 이집트의 대규모 원정군에 의지하는 예멘 공화국 정권을 지지한 반면, 미국과 영국, 이스라엘 등의 반대편 동맹국들은 사우디의 지원을 받는 왕당파 편에 섰다. 1967년, 미국과 이집트의 관계는 케네디 행정부 시절보다 한층 더 냉랭해졌고, 중동은 이집트와 사우디아라비아가 선두에 선 가운데 아랍 냉전의 경계선을 따라 양극화되었다. 이런 충돌은 점차 세계적 차원의 냉전과 나란히 진행되었지만, 지역 고유의 특수성도 있었다. 여기에는 공산주의와 자본주의의 이데올로기 투쟁도 있었지만, 그보다는 이집트가 조장하는 권위주의적 아랍 민족주의와, 파이살 국왕의 사우디가 부추기는 와하비즘*과 절대 왕정을 중심으로 한 정치적 이슬람의 이데올로기 투쟁도 있었다.

미국이 중동에서 우선순위를 조정한 데에는 오랫동안 공공연하게 이스라엘에 동조한 존슨 대통령의 영향도 있었다. 1956년 상원 다수당 원내 대표 시절 존슨은 아이젠하워가 이스라엘에 시나이반도와 가자 지구에서 철수하라고 압력을 가하는 데 반대했다. 존슨은 또한 상대적으로 중동을 비롯한 세계 현실에 밝지 않았다. 이와 대조적으로, 대사의 아들로 세속적이고 부유하게 자란 케네디는 스물두 살의 하버드 대학생이던 1939년 초여름에 팔레스타인을 방문해서 아버지에게 편지를 보냈는데, 여기서 그는 여러 사실을 상당히 종합적으로 파악하고 분쟁 양쪽의 주요 주장에 대해 회의적으로 평가했다. 이런 회의주의 덕분에 케네디는 대다수 미국 정치인에 비해 이스라엘 지지자들이 가하는 압력에서 자유로울 수 있었다.[15]

다른 한편, 출신 배경이 한결 평범한 린든 존슨은 젊은 시절 국내정치에 주로 관심을 기울였다. 시온주의와 이스라엘에 매우 가까웠

---

* Wahabism, 18세기 중엽 아라비아반도에서 등장한 이슬람 복고주의 운동이자 사회·정치 운동으로 오늘날 사우디아라비아의 건국 이념이자 근대 이슬람 부흥 운동의 효시이다. 엄격하고 청교도적인 수니파 이슬람 근본주의다.

던 그의 성향은 가까운 친구와 보좌관 진영에도 반영되었다. 대법원 판사로 임명한 에이브 포타스Abe Fortas,[16] 아서 골드버그, 맥조지 번디McGeorge Bundy, 클라크 클리퍼드Clark Clifford, 유진 로스토와 월터 로스토 형제Eugene and Walter Rostow 등 여럿이 이스라엘 지지자였다. 모두들 열렬한 유대 국가 지지자로서, 케네디는 이스라엘에 동조하는 그들의 태도를 어느 정도 견제해야 했다.[17] 존슨과 개인적으로 가까운 다른 열광적인 이스라엘 지지자들 또한 민주당의 주요한 기부자였다. 에이브러햄 파인버그Abraham Feinberg와 아서 크림Arthur Krim[18] 등이 대표적인데, 크림의 부인인 마틸드 크림Mathilde Krim 박사는 유명한 과학자로 한때 수정주의적 시온주의 테러 집단인 이르군을 위해 무기와 폭발물을 밀반출하기도 했다.[19] 존슨은 케네디의 대외 정책 보좌진을 대부분 그대로 물려받았지만, 이 보좌관들은 케네디보다 세계 정세에 관한 경험과 자신감이 부족한 대통령이 이끄는 행정부에서 더욱 두각을 나타냈다. 이런 정치적·개인적 요인들이 1967년 전쟁으로 이어지는 3년 동안 결합되어 그 후 미국 정책이 변화하는 길을 닦았다.

이스라엘 자체는 1956년 수에즈 도발에 대한 미국의 강력한 반대에 분개한 상태였다. 1967년에 아랍 공군에 대한 선제공격을 준비할 때, 지도자들은 이 행동에 대해 미국의 사전 승인을 얻기로 결정했고, 실제로 승인을 받았다. 1967년 6월 1일 회동에서 결정적인 의견 교환이 이루어졌는데, 이스라엘의 대외 정보기관인 모사드Mossad 수장 메이어 아미트Meir Amit 소장은 맥나마라 국방 장관에게 자국 정부에 선제 공격을 권고할 계획이라고 말했다. 그러면서 미국이 부정적 반응을 보이지 않겠다는 다짐을 해달라고 요청했다. 아미트에 따르면, 맥나마라는 〈좋다〉고 하면서 대통령에게 이야기하겠다고 했고, 전쟁이 얼마나 오래 지속될지, 그리고 단지 이스라엘의 사상자는 얼마나 될지 물었다고 한다.[20] 존슨과 맥나마라는 이미 군과 정보기관의 참모진에게 아랍 쪽이 공격을 하지 않을 것이며 어쨌든 이스라엘이 압도적인 승리를 거둘 가능성이 높다는 말을 들은 상태였다. 이스라엘 군은 이제 오래전부터 계획한 선제공격을 개시하는 데 필요한 승인을 받았다.[21]

미국은 이스라엘의 선제공격을 다른 식으로도 부추겼다. 전쟁 이후 아랍 쪽 유엔 관리와 외교관 몇 명이 소규모로 회동한 자리에서 요르단 대사 무함마드 엘파라는 전쟁을 준비하는 단계에서 자신이 겉 다르고 속 다른 미국의 태도의 희생양이 된 것처럼 생각된다고 말했다.[22] 그의 말에 따르면, 골드버그 대사는 아랍 쪽 대사들에게 미국이 위기를 완화하기 위해 이스라엘과 중재하고 있으며 이스라엘의 공격을 억제시키겠다고 밝히는 한편, 각자 자국 정부가 섣불리 행동에 나서지 않게 권고하라고 촉구했다. 존슨 행정부는 이집트 부통령이 위기를 해결하려는 교섭을 하기 위해 워싱턴에 도착하기 직전에 이스라엘의 기습 공격을 승인했다고 엘파라는 말했다. 그가 보기에 미국이 아랍 쪽 대사들을 각국 정부를 기만하는 데 미끼로 쓰는 한편 이스라엘은 미국의 승인 아래 선제공격을 준비했다.

더욱 중요한 점으로, 이렇게 미국의 정책이 바뀐 가운데 이스라엘은 존슨 대통령과 그의 참모진이 1956년에 정복지에서 철수를 강요한 압력을 되풀이하지 않을 것이라고 확신했다. 이스라엘이 정복한 아랍 영토를 지배하는 문제에 관해 1956년 미국이 보인 입장이 완전히 뒤바뀐 것으로, 그 결과는 팔레스타인인들에게 재앙이 되었다. 이렇게 이스라엘의 영토 획득을 용인한 결과물이 유엔 안보리 결의안 제242호였다. 결의안 문안은 대부분 영국 상임 대표 캐러돈 경Lord

Caradon이 작성했지만, 사실상 미국과 이스라엘의 견해를 압축한 내용으로 6월의 압도적인 패배 이후 아랍 각국과 그들의 후견인인 소련의 입지가 약화된 사정이 반영되었다. 결의안 제242호에는 〈전쟁을 통한 영토 획득을 용인할 수 없음〉을 강조하면서도 이스라엘이 철수하기만 하면 아랍 국가들과 강화 조약을 맺고 안전한 국경을 확립할 수 있음이 언급되어 있었다. 아랍 국가들이 이스라엘과 직접 교섭하는 것을 꺼리는 상황에서 사실상 이 말은 이스라엘의 철군은 어떤 것이든 조건이 붙고 지연될 것임을 의미했다. 실제로 요르단강 서안과 동예루살렘, 골란고원의 경우에 수십 년간 간헐적으로 직간접적 교섭이 이루어지긴 했지만 지금까지 반세기가 넘도록 전면 철수가 이루어지지 않았다.

게다가 결의안 제242호에는 이스라엘의 점령지 철수를 공인된 안전한 국경의 창설과 연계함으로써 이스라엘이 정하는 대로 안보 기준 충족을 위해 국경을 확장할 가능성을 허용한다는 조항이 실렸다. 핵무장을 갖춘 이 지역 강대국은 그 후 이 조항을 이례적으로 폭넓고 유연하게 해석해 왔다. 마지막으로, 결의안 제242호의 모호한 언어는 이스라엘이 방금 전에 점령한 영토를 계속 보유할 수 있는 또 다른 허점을 열어 주었다. 결의안의 영어 원문은 1967년 전쟁에서 〈점령한 그 영토from *the* territories occupied〉가 아니라 〈점령한 영토에서 철수해야 한다withdrawal from territories occupied〉고 규정한다. 아바 에반은 자국 정부는 마찬가지로 공식적이지만 이런 모호성을 허용하지 않는 프랑스어 판본(〈des territoires occupés〉)보다 영어 원문을 구속력 있는 것으로 간주하겠다고 안보리에 분명하게 강조했다.[23] 그 후 반세기 동안 미국이 지원하는 가운데 이스라엘은 팔레스타인과 시리아의 점령지를 식민화할 수 있게 만든 이런 언어상의 허점을 한껏 활용했다. 점령지 중 일부―동예루살렘과 골란고원―는 공식적으로 병합했고, 모든 지역에 대해 계속해서 군사적 지배를 유지했다. 유엔은 이런 조처에 대해 거듭 비난했지만, 이스라엘에 제재를 가하겠다는 언급도 없었고 실질적인 압력도 가하지 않았기 때문에 시간이 흐르면서 결국 암묵적으로 국제적인 수용을 한 셈이었다.

미국은 이제 과거에 비해 한층 전면적으로 이스라엘 편을 들었는데, 트루먼이나 아이젠하워, 케네디 행정부가 이따금 보인 균형적인 태도조차 사실상 포기했음을 의미했다. 이로써 시작된 아랍-이스라엘 분쟁의 고전적 시기는 냉전이 끝나는 순간까지 지속되었다. 이 시기 동안 미국과 이스라엘은 (비공식적이긴 하나) 전면적인 독특한 동맹을 발전시켰다. 1967년에 이스라엘이 중동에서 감지되는 소련의 대리인들에 맞서는 등 믿음직한 파트너로 자신을 부각시킨 덕분에 이루어진 동맹이었다.

이처럼 거의 전면적인 동맹은 팔레스타인인들에게 그들의 권리와 이해를 침해하는 강대국의 또 다른 강제적 개입을 가져왔고, 그들을 추방하는 또 다른 단계에 대한 국제적 승인을 내주었다. 1947년과 마찬가지로, 팔레스타인인들에게 해를 끼치는 새로운 국제적인 법적 처방은 유엔 결의안을 매개로 해서 생겨났고, 1917년 밸푸어 선언의 경우처럼, 그 핵심 문서에는 팔레스타인이나 팔레스타인인이 단 한 번도 언급되지 않았다.

안보리 결의안 제242호는 이 문제 전체를 아랍 각국과 이스라엘 사이의 국가 간 문제로 다루면서 팔레스타인인의 존재를 없애 버렸다. 결의안 문서에는 팔레스타인인이나 최초의 팔레스타인 문제의 여러 요소들이 언급되지 않는다. 그 대신 〈난민 문제의 공정한 해결〉을 무미건조하게 언급할 뿐이었다. 만약 팔레스타인인들이 언급되지 않고 분쟁의 당사자로 인정받지 못한다면, 겨우 성가신 존재로, 또는 기껏해야 인도주의적인 쟁점으로 다뤄질 뿐이었다. 실제로 1967년 이후 그들의 존재는 대개 이스라엘이 만들어 내고 결국 미국이 채택한 테러리즘의 낙인이 붙은 채로 인정되었다.

결의안 제242호는 이런 생략을 통해 이스라엘의 부정론적 서사의 결정적 요소를 신성하게 만들었다. 팔레스타인인이란 존재하지 않기 때문에 진정한 쟁점은 아랍 각국이 이스라엘을 인정하기를 거부하면서 허깨비 같은 〈팔레스타인 문제〉를 이런 거부의 구실로 휘두른다는 것이었다. 1897년 이후 시온주의가 지배해 온 팔레스타인을 둘러싼 광범위한 싸움에서 유엔 안보리 결의안 제242호는 이런 탁월한 날조에 정당성을 부여하면서 점령당하고 쫓겨난 팔레스타인인들에게 강력한 일격을 날렸다. 2년이 지난 1969년에야 이스라엘 총리 골다 메이어는 〈팔레스타인인 같은 건 없었고, ……그들은 존재하지 않았으며〉, 그전에도 존재한 적이 없다고 유명한 선언을 했다.[24] 그리하여 총리는 정착민-식민주의 기획에 특징적인 존재 부정을 최고 수준까지 끌어올렸다. 원주민이라는 건 허구일 뿐이라는 것이었다.

아마 가장 중요한 것은 결의안 제242호가 사실상 1949년의 휴전선(그 후 1967년 국경이나 그린라인Green Line이라고 불렸다)을 이스라엘의 실질적인 국경으로 인정했다는 사실일 것이다. 이로써 1948년 전쟁에서 이스라엘이 팔레스타인 대부분 지역을 정복한 것을 간접적으로 승인한 셈이다. 1948년까지 거슬러 올라가는 핵심적 쟁점들을 언급하지 않으면서 팔레스타인 난민들이 자기 집으로 돌아가고 보상을 받을 권리가 무시되는 결과로 이어져 그들의 열망은 다시 타격을 받았다. 결의안 제242호를 통해 유엔은 1948년 12월 유엔 총회 결의안 제194호에서 신성하게 여겨진 이런 권리를 보장하겠다는 약속을 내팽개쳐 버렸다. 강대국들은 다시 한번 팔레스타인인들을 무신경하게 대하면서 그들의 권리를 무시했으며, 분쟁을 해결하고 그들의 운명을 결정하기 위한 국제사회의 핵심적 결정에서 이름조차 언급하지 않았다. 이런 모욕에 더욱 분기탱천한 팔레스타인인들은 국제사회에 자신들의 주장과 대의를 제기하기 위한 민족운동을 부활시켰다.

결의안 제242호가 커다란 역할을 한 덕분에, 팔레스타인인과 시온주의 정착민들 사이에 벌어진 충돌의 식민주의적 기원을 가린 의도적인 기억 상실에 새로운 층위의 망각과 삭제, 신화 만들기가 덧붙여졌다. 결의안에서 1967년 전쟁의 결과에만 초점이 맞춰지자 1948년 전쟁에서 생겨난 근원적인 쟁점들이 그사이 19년 동안 하나도 해결되지 않았다는 사실을 무시할 수 있었다. 팔레스타인 난민을 추방하고, 난민의 귀환을 허용하지 않고, 그들의 재산을 가로채고, 팔레스타인의 자결권을 부정한 것과 나란히 예루살렘의 법적 지위와 1947년 분할 경계선을 넘어선 이스라엘의 팽창도 전혀 해결되지 않았다. 처음에 팔레스타인을 강탈하면서 생겨난 핵심적 문제들의 경우, 결의안 제242호에서는 언급조차 되지 않았고 하물며 해결책도 제시되지 않았다. 그러나 비록 결의안이 분쟁의 기본적 측면을 침묵 속에 무시하기는 했어도 그 후로 명목상 모든 당사자가 받아들이는, 분쟁 전체를 해결하기 위한 기준점이 되었다. 이처럼 결의안의 기원 자체가 왜곡된 사실을 고려할 때, 채택되고 50여 년이 지난 뒤에도 여전히 실행되지 않고 팔레스타인을 둘러싼 투쟁의 본질이 조금도 다뤄지지 않은 것 역시 놀랄 일은 아니다.

실제로 결의안 제242호는 문제를 악화시켰다. 분쟁을 1948년 이후의 국가 대 국가 차원에 국한하자 이스라엘이 직면하는 과제들을 국가 대 국가의 양자 간 문제로 분리하는 게 가능해졌다. 그리하여 이스라엘과 미국이 선호하는 대로 각각 따로 다루는 한편 가장 어렵고 불편한 질문들은 무시할 수 있었다. 이제 이스라엘은 (명목상) 통합된 아랍의 입장을 대면하고 팔레스타인인들과 관련된 어려운 쟁점들을 해결해야 하는 대신, 자신이 일부 영토를 점령한 개별 아랍 국가들의 불만을 양자 간 대화를 통해 다루는 훨씬 쉬운 과제를 안게 되었다. 이 과정에서 팔레스타인인들은 주변으로 밀려났다.

이스라엘이 적들을 분열시켜 각각 별도로 상대하려고 시도하는 과정에서 미국은 막대한 도움이 되었다. 미국은 자신의 힘과 영향력을 동원해서 아랍 각국의 약점과 경쟁 관계를 활용했다. 이렇게 하는 것이 미국의 이익에도 부합하는 것처럼 보였다. 헨리 키신저Henry Kissinger는 또 다른 중동 위기를 거론하면서 특유의 간결한 어조로 이런 사실을 드러냈다. 〈최종 결과는 우리가 이 시기 내내 피하기 위해 노력한 바로 그것, 즉 아랍권의 단결을 창출하는 결과가 될 것이다.〉[25] 미국으로서는 주로 자국의 중동 지역 지배, 특히 자신과 긴밀하게 제휴하는 페르시아만의 허약한 석유 독재국가들에 대한 위협을 물리치기 위해 이런 단결을 방지해야 할 다양한 이유가 있었다. 미국과 이스라엘이 양자 간 합의를 밀어붙이자 1970년대에 이집트에 이어 1990년대에 요르단이 각각 이스라엘과 강화 조약을 협상했다. 이로써 이 나라들은 분쟁에서 발을 뺐고, 이제 이스라엘은 훨씬 탄탄해진 입지에서 한결 까다로운 적들, 즉 시리아와 레바논, 그리고 물론 팔레스타인인들을 대하게 되었다. 하지만 아랍 세계의 대다수 사람들이 보기에, 아랍-이스라엘의 관계 정상화와 이스라엘의 식민화와 점령이 팔레스타인인들에게 가한 비참한 현실의 극명한 대조는 미국이 후원하는 평화 과정에 대한 어떤 믿음도 불가피하게 훼손시켰다.[26]

결의안 제242호가 그 자체로 아랍 국가들에게 양자 협정과 분쟁의 파편화를 받아들이도록 강요한 것은 아니다. 1967년 이집트가 패배한 영향과 이후 예멘에서 철수한 것 등 다른 요인들이 작용했는데, 두 가지 모두 지역 패권을 주장하려는 시도의 종말을 의미했다. 이집트가 쪼그라들자 경쟁자인 사우디아라비아가 아랍 세계에서 지배적 행위자가 되었고, 이런 상황은 오늘날까지 이어진다. 권위주의적 민족주의 정권들이 채택한 아랍 사회주의 모델의 실패와 지역 차원에서 확연해진 소련의 약세 또한 그들이 굴복하는 데 어느 정도 역할을 했다. 각기 시기는 달라도 아랍 나라들은 미국이 부추기는 가운데 개별적 타협이라는 덫으로 제 발로 걸어 들어갔고, 결국 단합의 겉치레나 심지어 최소한의 조정도 포기했다. 팔레스타인해방기구로 대표되는 팔레스타인인들조차 결국 결의안 제242호가 깔아 놓은 길을 따라갔다. 아랍 국가들이 결의안 제242호와 양자 간 접근을 분쟁 해결의 토대로 받아들이고 불과 몇 년 뒤 팔레스타인해방기구 지도부도 그 뒤를 따랐다.[27]

하지만 1967년에 벌어진 사태에 관한 이야기에는 다른 측면도 존재한다. 전쟁과 결의안 제242호가 팔레스타인인들에게 온갖 해를 가하긴 했어도, 이 두 가지는 결국 1936~1939년 반란이 패배한 이래 쇠퇴하고 있던 민족 운동을 부활시키는 불씨로 작용했다. 물론 이 부활의 과정은 1967년 전쟁 훨씬 전에 시작되었고 1967년 전쟁과 1956년 전쟁을 재촉하는 데 결정적인 역할을 했다. 하지만 1967년은 국제사회의 대다수가 공모함으로써 가능해진 이스라엘의 팔레스타인 정체성 부정에 대한 저항과 팔레스타인의 민족의식이 이례적으로 부활한 해였다. 어느 노련한 전문가의 말을 빌리자면, 〈1967년의 핵심적인 역설은 이스라엘이 아랍인들을 쳐부숨으로써 팔레스타인

인들을 부활시켰다는 것이다〉.[28]

  팔레스타인 개념의 부활은 1967년 전쟁 직후 세계 대부분 지역에서 힘겨운 싸움에 직면했다. 전쟁 이듬해에 나는 예일 대학교 로스쿨에 연사로 초청받은 골다 메이어의 등장에 항의하기 위한 소규모 시위에 참여했다. 메이어는 대규모 청중에게 열렬한 감사와 환영을 받은 반면, 내가 기억하는 바로는, 우리 시위대는 총 네 명이었다. 나, 레바논계 미국인 친구, 수단인 대학원생, 그리고 중동에서 산 적이 있는 미국인 한 명이었다. 미국의 여론에서 이스라엘과 팔레스타인이 차지하는 비중을 정확히 보여 주는 광경이었다. 시온주의 서사가 완전히 지배한 반면 〈팔레스타인〉이라는 단어 자체가 거의 입에 올리기 어려운 지경이었다.

  다른 한편, 이제 어머니와 형제들과 함께 여름을 보내던 베이루트에서 나는 팔레스타인의 정치적 힘이 의미심장하게 부활하는 모습을 목격했다. 팔레스타인 디아스포라 전역과 팔레스타인 내부에 사는 작가와 시인들 — 가산 카나파니, 마무드 다르위쉬Mahmoud Darwish, 에밀 하비비Emile Habibi, 파드와 투칸Fadwa Touqan, 타우피크 자야드Tawfiq Zayyad, 그 밖에 다른 재능 있고 헌신적인 예술가와 지식인들 — 모두 이 르네상스에서 문화적·정치적으로 결정적인 역할을 했다. 그들의 활동은 나크바와 그 후의 황폐한 세월 동안 시험을 받은 팔레스타인의 정체성과 의지를 새롭게 다지는 데 일조했다. 소설과 단편 소설, 희곡과 시에서 그들은 상실과 유랑, 소외라는 공통의 민족적 경험을 토로했다. 그와 동시에 그들은 벅찬 시련에 맞서서 팔레스타인의 견고한 정체성 지속을 완강하게 주장했다.

이런 다양한 면모는 이 작품들 가운데 가장 잘 알려진 것 중 하나인 에밀 하비비의 『비낙관주의자*The Pessoptimist*』에서 분명하게 드러난다. 주인공 사이드의 희비극적인 이야기를 추적하는 이 탁월한 중편 소설은 그가 겪는 운명을 통해 팔레스타인인들이 처한 곤경과 끈질기게 다시 일어서는 힘을 묘사한다. 『재앙의 아버지이자 비낙관주의자인 사이드의 실종을 둘러싼 기묘한 사건들*The Strange Incidents Around the Disappearance of Sa'id Father of Nahs, the Pessoptimist*』이라는 소설의 전체 제목은 팔레스타인이 처한 상황의 본질적인 역설을 보여 준다. 〈행복하다〉는 뜻의 사이드*Sa'id*라는 이름에서 표현되는 행복과 나스*Nahs*, 즉 재앙이 공존하는 것이다. 〈비낙관주의자〉라는 합성어에는 두 가지 의미가 모두 담겨 있다.[29]

팔레스타인 정체성을 부활시키는 데 중요한 역할을 한 사상과 이미지를 만들어 낸 문학계 인사들 가운데 아마도 카나파니가 가장 두드러진 산문 작가이자 가장 많은 언어로 번역된 저자일 것이다.[30] 『불볕 속의 사람들』(1963)과 『하이파로 돌아가다*Return to Haifa*』(1969)를 비롯한 그의 중편 소설은 큰 인기를 끌었는데, 아마도 팔레스타인인들이 직면한 딜레마를 너무도 생생하게 묘사했기 때문일 것이다. 이제 완전히 이스라엘의 지배를 받게 된 1967년 이후 팔레스타인의 고통스러운 삶과 고생으로 점철된 유랑 생활은 딜레마 그 자체였다. 이 중편 소설들은 팔레스타인인들에게 그들이 처한 비참한 곤경을 직면하고 그들을 억누르는 권력에 강력히 저항할 것을 촉구했다. 『하이파로 돌아가다』는 무장투쟁의 중요성을 강조하는 동시에 1967년 이후 예전에 살던 곳을 방문하기 위해 돌아온 어느 팔레스타인 가족의 집에 살고 있는 이스라엘 홀로코스트 생존자를 통렬하게 묘사했다.

1972년 7월 베이루트에서 모사드의 차량 폭탄 공격으로 암살당한 가산 카나파니 장례식.

    카나파니는 또한 부지런한 언론인으로서 팔레스타인 저항 문헌―실제로 그가 동명의 제목으로 출간한 글 모음집에서 이 표현을 만들어 낸 것으로 보인다[31]―을 탐독했고, 10대 후반부터 줄곧 정치에 깊숙이 관여했다. 1936년 아크레에서 태어난 그와 그의 가족은 1948년 5월 시온주의의 공세 당시 집을 버리고 도망칠 수밖에 없었는데, 처음에는 다마스쿠스에 정착했다. 베이루트에서 만났을 때 그는 서른셋의 나이로 급진적인 팔레스타인해방인민전선PFLP의 대변인이자 이 단체에서 펴내는 주간지 『알하다프al-Hadaf(표적)』의 편집인이었다. 그는 문학적 재능만이 아니라 번뜩이는 지성, 자기비하적이고 냉소적인 유머 감각, 유쾌하고 개방적인 행실과 언제든 슬며시 보여 주는 미소 때문에도 사람들을 끌어당겼다. 문학적 명성과 전투적 행동주의에 비춰 볼 때, 그는 부활한 팔레스타인 민족 운동에서 중요한 인물이었다. 같은 이유로 그는 팔레스타인해방인민전선의 적들, 무엇보다도 이스라엘 정부와 정보기관의 표적이었다.

1972년 7월 카나파니는 열일곱 살짜리 조카 라미스 나즘Lamis Najm과 함께 모사드의 차량 폭탄 공격으로 암살당했다.[32] 나도 참석한 카나파니의 거대한 장례식에는 수십만에 달하는 인파가 모여 그의 죽음을 애도했다. 이때를 필두로 나는 베이루트에서 보낸 15년간 숱하게 많은 팔레스타인 지도자와 투사들의 장례식에 참석했다.*

카나파니와 다르위쉬, 자야드, 투칸, 하비비 등이 문학 작품을 통해 촉발시키는 데 일조한 팔레스타인 정체성의 개조와 부활은 새로운 정치 운동과 무장 단체의 부상과 나란히 이루어졌다. 1948년 이후 팔레스타인은 지도상에서 사라졌고, 대부분 지역이 이스라엘에 흡수되었고 나머지는 요르단과 이집트의 통제 아래로 들어갔다. 팔레스타인인들은 늘 옥신각신 다투는 이기적인 아랍 국가들 말고는 거의 어떠한 발언권도, 중심 주소도, 옹호자도 없었다. 시온주의 운동이 오래전부터 마음속 깊이 품은 열망은 팔레스타인을 이스라엘로 뒤바꾸고 이 땅에 사는 원주민을 유대인 이민자로 대체하는 것이었다. 1948년 이후 팔레스타인인들이 물리적으로나 하나의 개념으로서나 대부분 사라진 것처럼 보였다.

물론 팔레스타인인들은 1948년 이후에 사라지지 않았다. 나크바의 집단적 트라우마를 겪으면서 그들의 정체성은 정도를 벗어나 굳어지고 강화되었으며, 1950년대에 실지회복주의를 주창하며 생겨난 소규모 전투적 집단들이 이미 중동에 커다란 파급력을 미치면서

---

* 카나파니는 죽어서도 추적을 당했다. 뉴욕의 퍼블릭시어터Public Theater는 『하이파로 돌아가다』의 영어판 각색 연극을 의뢰했지만 제작이 무산되었다. 퍼블릭시어터 이사진은 테러리스트 딱지가 붙은 카나파니의 작품을 무대에 올리는 데 반대했다 ─원주.

1956년과 1967년 전쟁을 촉발하는 데 일정한 역할을 했다. 이 집단 들을 창설한 것은 중간계급과 하층 중간계급의 젊은 급진주의자들로 서 대부분은 셰이크 이즈 알딘 알카삼의 후예를 자처했다. 영국과의 전쟁에서 사망해 1936년 반란을 촉발함으로써 여전히 영웅적인 무 장투쟁의 상징으로 기려지는 인물이었다. 그들은 1956년 이후에도 팔레스타인인들을 하나의 지역적 세력으로 재확립하고 팔레스타인 의 권리와 이해를 대변하기 위한 활동을 계속했다. 1960년대에 이르 러 이런 시도는 두 가지 주요한 추세 속에서 정점에 다다랐다. 하나는 주로 팔레스타인인들이 창설한 범아랍 조직으로 1967년 마르크스 주의 성향의 팔레스타인해방인민전선을 창설한 아랍민족주의자운 동Movement of Arab Nationalists이 이끌었다. 나머지 하나는 1959년 쿠웨 이트에서 공식 설립되어 1965년에 공개적으로 파타Fatah라는 이름을 밝힌 집단이 주도했다. 두 집단은 1940년대 말과 1950년대 초까지 기원이 거슬러 올라갔는데, 당시 최초의 지도자들은 대학생이나 최 근에 대학을 졸업한 이들이었다.

아랍민족주의자운동을 창설한 조지 하바쉬George Habash는 베이루 트 아메리칸 대학교에서 수학한 의사로 젊은 시절 리드Lydd에서 나크 바를 경험했다. 리드는 1948년 이후 아랍계 주민들이 쫓겨나고 유대 인 이민자들이 재정착한 소읍으로, 이후 로드Lod로 이름이 바뀌었다. 하바쉬는 다른 젊은 팔레스타인인과 아랍인 무리와 함께 아랍민족주 의자운동을 만들었는데, 그들 대부분은 그와 같은 중간계급 전문직 이었고, 그와 가장 가까운 협력자인 와디 하다드Wadi' Haddad도 베이루 트 아메리칸 대학교를 나온 의사였다. 하바쉬와 동료들은 나크바가 낳은 결과를 뒤집기 위한 유일한 수단으로써 팔레스타인 문제를 중 심으로 아랍이 단결할 것을 주장했다. 1950년대 중반 나세르의 이집트가 아랍 민족주의를 대표하는 세력이 되자 아랍민족주의자운동과 이집트 정부가 긴밀하게 제휴하게 되었다. 아랍민족주의자운동은 이 동맹으로 큰 덕을 보면서 범아랍적 정치 세력이 되었고, 리비아와 예멘에서 쿠웨이트와 이라크, 시리아, 레바논에 이르기까지 여러 나라에 뿌리를 내렸다. 이집트의 대외 정책 또한 아랍민족주의자운동의 광범위한 젊은 투사 네트워크와 연계하면서 이득을 보았다.[33]

팔레스타인을 아랍 세계의 핵심 문제로 보는 하바쉬와 하다드, 그리고 그들의 동지들의 시각은 대체로 베이루트 아메리칸 대학교에서 역사학자이자 지식인인 콘스탄틴 주레이크Constantin Zureiq가 학생 단체 알우르와알우트카Al-'Urwa al-Wuthqa(굳건한 결속)를 통해 전수한 것이었다. 주레이크는 이 단체의 조언자였고 내 아버지도 성원 중 하나였다.[34] 시리아 태생으로 프린스턴에서 수학한 이 영향력 있는 역사학 교수는 베이루트의 강의를 통해 학생들에게, 그리고 저술을 통해 아랍 세계 전체의 사람들에게 아랍 민족주의 사상과 팔레스타인 문제의 중심성을 확산시키기 위해 많은 일을 했다. 86쪽짜리 얇은 책인 『재앙의 의미The Meaning of the Catastrophe』는 1948년 패배에 관해 처음으로 나온 사후 평가 가운데 하나로, 전쟁이 진행 중이던 때 쓰였으며, 이 맥락에서 나크바라는 단어를 처음 사용한 사례로 대서특필되었다.[35] 책에서 주레이크는 아랍의 약점과 실패에 대해 엄정하고 성찰적으로 자기비판을 할 것과 1948년 재앙의 영향을 극복하는 유일한 수단으로 아랍이 협력하고 단결할 것을 요구했다. 내 아버지는 1930년대 말에 베이루트 아메리칸 대학교에서 주레이크 밑에서 공부하면서 많은 영향을 받았다. 주레이크가 쓴 역사와 정치 저작 몇 권이 아버지의 서재에 있었는데, 그중 일부는 저자의 증정본이었다. 1970년대 초 나는 주레이크가 공동 창립자 중 하나인 베이루트의 팔레스타인연구소에서 그를 처음 만났다. 그때 그는 나를 비롯해 이 연구소와 관련이 있는 젊은 역사학자들에게 미래에 초점을 맞추라고 권고했다. 자기와 자기 세대가 이미 쓴 역사보다는 미래가 더 중요하다고 생각한 것 같다.

파타의 첫 번째 군사 작전(1965년 1월)을 자극제로 삼아 행동주의, 민족주의 정서가 폭발적으로 고조되는 가운데 핵심 지지층 중 하나와 보조를 맞출 필요성을 느꼈기 때문에, 아랍민족주의자운동은 광범위한 아랍 민족주의 입장에서 벗어나 팔레스타인에 더 집중할 수밖에 없었다. 1967년 이집트와 시리아가 패배하자 이제 아랍민족주의자운동은 팔레스타인 문제의 해결을 아랍 정권들에 의존하던 태도를 완전히 벗어던졌다.[36] 그 결과로 1967년 하바쉬와 그의 동료들은 팔레스타인해방인민전선을 결성했다. 이 단체는 비록 팔레스타인에서 규모가 가장 크지는 않았지만, 순식간에 가장 역동적인 집단이 되었고, 이후 몇 년간 이런 지위를 유지했다. 인민전선은 그렇게 짧은 시간 동안 여러 차례 항공기 납치를 실행했다. 자칭 〈외부 작전〉이라고 불린 것들이 대개 그렇듯이, 항공기 납치도 와디 하다드의 작품이었는데, 국제사회에서는 대체로 테러 공격으로 간주되었다.

인민전선이 팔레스타인인들 사이에서 명성을 누린 것은 정치적 경쟁자들에게도 존경을 받은 하바쉬의 이미지와 고결한 인품 덕이 컸다. 그는 알하킴al-Hakim, 즉 의사로 통했는데, 실제로도 의사이긴 했지만 이 용어는 현명한 사람을 지칭할 때도 쓰인다. 하바쉬의 경우에는 두 가지 뜻이 모두 담긴 호칭이었다. 그는 특히 소규모 집단에서 매혹적인 연사였는데, 논리 정연하고 지적인 접근법과 다가가기 쉽고 유쾌한 정서로 커다란 파급력을 발휘했다. 부드러우면서 단호하게 말을 했고, 과장된 선동의 기색이 전혀 없었다. 1970년대 초 레바논 남부에서 내가 직접 목격한 것처럼, 하바쉬는 복잡한 사상을 갖고 있음에도 몇 시간 동안 청중을 몰두하게 만들었다. 팔레스타인해방 인민전선은 마르크스·레닌주의와 가까워서 학생과 식자층, 중간계급, 특히 좌파 정치에 이끌리는 이들 사이에서 인기가 좋았다. 또한 난민촌에서 헌신적인 추종자들이 있었다. 인민전선의 급진적 메시지가 가장 고통을 받는 팔레스타인인들과 강하게 공명했기 때문이다.

이와 대조적으로, 파타는 팔레스타인해방인민전선을 비롯해 공공연하게 팔레스타인 좌파를 표방하는 그룹과 비교할 때 정치적 입장에서 확실히 이데올로기와 무관했다. 창립 당시 파타는 아랍민족주의자운동이나 바트당Baath Party 같은 아랍 민족주의 성향의 단체들과, 공산주의, 좌파, 팔레스타인 같은 다른 문제들을 해결하기에 앞서 우선 사회 변혁을 해야 한다고 주장하는 무슬림형제단Muslim Brotherhood 같은 이슬람주의 단체 양쪽 모두에 대한 반발을 상징했다. 팔레스타인인들이 직접, 즉각적으로 행동해야 한다는 파타의 호소, 그리고 이데올로기와 무관한 폭넓은 입장이야말로 파타가 순식간에 최대의 정치 집단으로 부상할 수 있게 만든 요인 중 하나였다. 몇 가지 자세한 부분은 모호하지만, 우리는 1959년 야세르 아라파트가 이끄는 팔레스타인인 기술자와 교사를 비롯한 한 무리의 전문직들이 쿠웨이트에서 파타를 창설한 사실을 안다. 이 단체의 핵심은 일찍이 가자 지구와 카이로의 여러 대학에서 결집했는데, 이 대학들에서는 팔레스타인 학생회Union of Palestinian Students의 지도권을 놓고 아랍민족주의자운동과 경쟁했다.

언젠가 살라 할라프—아부 이야드—는 내게 아라파트와 카이로 대학들의 정치적 상황에 관해 상징적인 이야기를 들려주었다. 다음 날 학생회 선거에서 아랍민족주의자운동에 질 게 빤한 가운데 아라파트는 자기한테 묘안이 있다면서 할라프를 데리고 이집트 내무부의 아는 사람을 찾아갔다. 자리에 앉아 차와 커피를 마시면서 잡담을 나누던 중에 내무부 사람이 잠시 사무실을 나서야 했다. 그가 나가자 아라파트가 벌떡 일어나 그의 책상으로 가서 수상한 행동을 하고는 자리로 돌아왔다. 남자가 돌아오자 두 사람은 인사를 하고 사무실에서 나왔다. 할라프는 눈앞에 닥친 선거 이야기를 꺼내지도 않았다고 불평했다. 그러자 아라파트는 그냥 집으로 가라고 했다. 선거 문제는 다 해결되었다는 것이었다. 다음 날 할라프는 선거가 끝나기를 기다리려고 침울한 심정으로 학생회 사무실로 갔는데, 문에 공고문 같은 게 붙어 있었다. 선거를 연기할 것을 지시하는 이집트 내무부 인장이 찍힌 공고문이었다. 아라파트가 벌인 일이었는데, 할라프의 설명에 따르면, 아라파트는 선거 연기를 활용하여 알아즈하르 대학교에서 공부하는 팔레스타인 학생들을 선거인 명부에 등록시켰다. 대부분 시각장애인으로, 경쟁 정파들이 선거 운동 대상으로 삼지 않은 학생들이었다. 마침내 선거가 치러졌을 때, 이 학생들은 파타 후보들에게 몰표를 던져 승리를 안겨 주었다.

파타가 주로, 사실상 배타적으로 집중한 것은 팔레스타인의 대의였다. 이런 목표를 촉진하기 위해 파타는 이스라엘에 맞서는 직접 무장 행동 캠페인을 호소했고, 1965년 1월 1일 이스라엘 중부의 양수장을 파괴하기 위한 공격에 나섰다. 이 시기에 파타가 벌인 많은 행동과 마찬가지로, 이 행동도 효과보다는 상징적인 의미가 컸다. 그렇다 하더라도 이집트 관리들은 자국이 국경 너머에서 그런 도발 행동을 벌일 여유가 없는 때라서 파타를 위험한 모험주의 집단으로 보았다. 아랍민족주의자운동을 비롯한 다른 단체들이 자신들과 관련된 민족주의 정권들이 무기력하게 아무 행동도 하지 않는 사실에 대해 변명을 늘어놓던 시기에, 파타는 아랍 국가들이 팔레스타인을 위해 전력을 기울이지 않는다는 사실을 폭로하려고 의도적으로 노력했다. 아랍 정권들은 이런 태도에 격분했지만(특히 파타가 열렬한 말을 늘어놓은 것과는 달리 크게 효과적인 무장 행동을 하지는 않았기 때문이다), 아랍 국가들이 전력을 기울이지 않는 데 실망한 팔레스타인인들은 좋은 반응을 보였다. 또한 팔레스타인인들을 지지하면서 그들의 좌절감에 공감한 아랍권의 많은 국민들도 파타에게 매력을 느꼈다.

이스라엘에 대항하는 직접 행동을 통해 이렇게 아랍 정권들을 제치고 여론에 호소한 것이 팔레스타인 저항 단체, 특히 파타가 초기에 성공을 거둔 커다란 비결 가운데 하나였다. 저항 단체들은 팔레스타인에서 부당한 일이 벌어졌고, 각국 정부가 실질적인 대응을 전혀 하지 않고 있다는, 아랍인들 사이에 널리 퍼진 인식에 호소했다. 이런 호소가 효과를 발휘한 1960년대부터 1970년대까지 내내 광범위한 여론이 팔레스타인 저항을 지지하자 비민주적인 아랍 정부들조차 선뜻 나서지 못했다. 하지만 이런 억제에는 심각한 한계가 있어서, 팔레스타인의 전투적 행동이 아랍 각국의 기존 상태를 위협하거나 이스라엘의 행동을 도발할 때에는 팔레스타인 저항 운동이 억압을 당했다.

한편 소규모 전투적 단체들이 승승장구하면서 팔레스타인 민족 운동의 전면적인 부활이 진행 중이라는 사실이 분명해졌다. 1960년대 중반에 이르면 이렇게 결합되는 운동이 이스라엘과의 충돌에서 아랍 국가들로부터 주도권을 빼앗을 태세였고, 실제로 1967년 전쟁으로 이어지는 사태를 재촉하는 데 일조했다. 대다수 아랍 국가들(1966년부터 1970년까지 초급진파 정권이 집권한 시리아는 예외였다)은 거친 언사와는 달리 다른 문제들에 몰두했으며, 이스라엘에 크게 유리한 기존 상태를 뒤바꾸기 위해 나서는 것을 대단히 꺼렸다. 이스라엘이 보여 준 군사력에 공포를 느꼈기 때문이다. 서구에서는 이스라엘이 여전히 적대적인 아랍 세력에게 포위된 피해자의 이미지를 유지하고 있었지만, 이런 이미지는 아랍 세계에서 보이는 모습과는 거리가 멀었다. 아랍 세계는 이스라엘이 여러 차례 거둔 결정적인 군사적 승리와 잠재적인 핵무기 보유를 압도적인 힘의 증거로 여겼다.

1964년 아랍연맹은 열렬히 고조되는 팔레스타인 민족주의의 물결을 흡수하고 통제하기 위해 이집트의 지휘 아래 팔레스타인해방기구를 창설했다. 원래 이집트 대외 정책의 보조 기관으로서 이스라엘을 공격하려는 팔레스타인의 열정을 다른 곳으로 돌리고 관리하기 위해 만든 것이었지만, 팔레스타인인들을 아랍의 감독 아래 묶어 두려는 이런 시도는 급속히 흐트러지기 시작했다. 1967년 전쟁 직후에 전투적인 팔레스타인 저항 단체들이 팔레스타인해방기구를 장악하면서 이집트에 치우친 지도부의 손발을 묶어 버렸다. 얼마 지나지 않아 이런 단체들 가운데 가장 큰 파타의 수장인 아라파트가 팔레스타인해방기구 집행위원회 의장이 되었다. 아라파트는 2004년에 세상을 떠날 때까지 다른 여러 지위와 함께 의장 자리를 유지했다.

이후로 아랍 국가들은 주로 이스라엘과 국경을 접하는 나라들에 기반을 둔 팔레스타인이라는 독립된 정치적 행위자를 고려할 수밖에 없었다. 이런 상황은 이미 이 나라들에 커다란 문제임이 입증된 바 있었고, 결국 팔레스타인 운동이 심각하게 취약한 원인이 되었다. 이렇게 독립적 행위자가 부상하면서 이스라엘과 접한 국가들, 특히 이집트와 시리아의 전략적 상황이 한층 복잡해진 한편, 다루기 힘든 대규모 팔레스타인 난민이 존재하는 요르단과 레바논은 심각한 국내 문제를 떠안게 되었다.

이스라엘의 입장에서 보면, 중동과 점차 세계 무대에서 팔레스타인 민족 운동이 하나의 세력으로 다시 등장한 것은 커다란 아이러니였다. 1967년 이스라엘이 거둔 승리가 한층 더 비타협적인 팔레스타인의 저항을 촉진하는 데 일조한 것이다. 그리하여 1948~1967년 시기에 이스라엘이 거둔 커다란 성과 가운데 하나가 뒤집어졌다. 중동과 세계 무대에서 거의 완전히 가려졌던 팔레스타인 민족 문제 자체가 되살아난 것이다. 팔레스타인인들이 완전히 사라지는 것이 시온주의 기획의 최종 승리를 의미했을 텐데, 그들이 다시 등장하자 이스라엘 지도자들에게는 가장 달갑지 않은 유령처럼 보였다. 원주민 없이 살고 있다고 굳게 믿던 정착민-식민주의 기획으로서는 정말로 보고 싶지 않은 유령이었다. 〈늙은이들은 죽고 젊은이들은 잊어버릴 것〉―다비드 벤구리온이 한 말이라고 하는데, 출처는 확인되지 않았다―이라는 안이한 사고는 1948년 이후 이스라엘 지도자들의 마음 속 깊은 열망을 나타낸다. 하지만 그런 열망은 실현되지 않았다.

팔레스타인의 부활은 전략적인 면에서는 이스라엘에 거의 또는 전혀 위협이 되지 않았지만(다만 전사 집단이 벌이는 공격이 심각한 안보 문제를 야기한 것은 사실이다), 광범위한 차원에서, 거의 존재론적인 차원에서 전혀 다른 종류의 도전을 나타냈다. 시온주의 강경파가 정의하는 시온주의 기획의 궁극적인 성공은 대부분 이스라엘이 팔레스타인을 대체하는지 여부에 달려 있었다. 그들이 보기에, 만약 팔레스타인이 존재한다면 이스라엘은 존재할 수 없었다. 따라서 이스라엘은 새로운 표적에 강력한 선전기구를 집중해야 하는 한편, 여전히 아랍 각국의 시도를 물리쳐야 했다. 시온주의의 시점에서 보면, 팔레스타인이라는 이름과 팔레스타인인의 존재 자체가 이스라엘에 치명적인 위험이 되었기 때문에 이 두 단어를 혹시라도 언급해야 한다면, 잊혔지만 정당한 대의가 아니라 테러리즘과 증오를 함께 영원히 연결하는 것이 무엇보다도 중요한 과제였다. 여러 해 동안 특히 미국에서 이런 주제는 두드러진 성공을 거둔 홍보 공세의 핵심을 이루었다.

마지막으로, 팔레스타인 문제가 재등장하자 미국의 외교에 문제가 제기되었다. 미국은 유엔 안보리 결의안 제242호와 더불어 팔레스타인 문제를 무시하고 마치 팔레스타인인들이 존재하지 않는 것처럼 행동했기 때문이다. 그 후 10년간 국제사회의 많은 나라들이 팔레스타인 운동을 어느 정도 인정하는 방향으로 움직이기 시작하는 가운데서도, 미국은 모래 속에 머리를 처박으려고 애를 썼다. 미국의 이런 입장은 공공연한 이스라엘 지지와 부합했는데, 미국 무대에서 팔레스타인인들이 자신들의 대의를 제대로 대변하지 못하고 여론에서도 친팔레스타인 정서가 약세를 보였기 때문에 가능한 일이었다. 그와 동시에 닉슨 이래 역대 행정부 역시 이스라엘과 요르단, 레바논의 여러 정파, 시리아 등이 팔레스타인해방기구를 겨냥해 벌인 군사 행동에 대해 다양한 형태로 공공연하거나 암묵적으로 지지를 보냈다.

팔레스타인인들은 이스라엘과 미국, 그리고 아랍 각국 정부의 갖은 노력에도 불구하고 중동 지도 위에 자신들의 존재를 새겨 넣음으로써 오랫동안 부정당한 권리, 에드워드 사이드의 표현을 빌리자면 〈이야기를 할 수 있는 허가〉를 다시 획득하는 데 성공했다. 이것은 자신들의 이야기를 스스로 할 수 있는 권리를 의미했다. 팔레스타인인들은 기껏해야 악당으로 등장하는(가령 『엑소더스 *Exodus*』), 서구 곳곳에 퍼져 있는 이스라엘의 서사만이 아니라 아랍 각국으로부터도 이런 권리를 되찾아야 했다. 여러 해 동안 아랍 국가들은 팔레스타인의 이야기를 자신들의 것으로 떠맡으면서 이스라엘과 자신들 사이에 국경과 난민을 둘러싸고 벌어지는 분쟁으로 설득력 없게 풀어놓았다.[37]

팔레스타인 민족 운동이 빠른 속도로 부상한 한 측면은 지금까지 주목을 받지 못했는데, 아랍 나라들과 여러 개발도상국, 그리고 정도는 덜하지만 유럽과 서구에서도 팔레스타인인들의 소통 전략이 효과를 발휘했다는 사실이다. 1960년대에 이르러 제3세계 나라들의 존재감이 훨씬 커진 유엔에서 이런 상황은 팔레스타인의 대의에 한결 유리한 환경으로 이어졌다. 그 결과, 세계 여론을 좌우하는 데 성공한 시온주의자들과 무능하기 짝이 없는 팔레스타인인들 사이에 존재하던 역사적 간극이 좁아지기 시작했다. 서구 문화에 익숙해지거나 세계 다른 지역들에서 경험을 쌓은 팔레스타인인의 수가 늘어난 탓도 있었다.

전쟁이 끝나고 9개월 뒤인 1968년 3월 아랍 세계에서 이 운동은 요르단의 소읍인 카라메Karameh(우연의 일치지만 이 이름은 〈존엄〉을 의미한다)에서 엄청난 힘을 얻었다. 전쟁 이후 이스라엘이 최대 규모로 벌인 군사 작전으로 기갑부대와 포대, 공군의 지원 아래 1만 5,000명의 병력이 카라메와 그 주변을 근거지로 삼아 집결한 팔레스타인 투사들을 제거하기 위해 요르단강을 건넜다. 공격에 나선 이들은 예상치 못하게 요르단군과 팔레스타인해방기구의 격렬한 저항에 부딪혔다. 무적을 자랑하던 이스라엘군은 100~200명의 사상자가 발생했을 뿐만 아니라 파손된 탱크와 병력 수송 장갑차를 비롯한 수많은 장비를 포기하고 후퇴해야 했다.

재앙에 가까운 전쟁 이후 1년도 채 되지 않은 시점에서 비교적 소규모 교전이긴 하나 이스라엘군이 우왕좌왕 전장에서 물러난 듯 보이자, 아랍 세계는 흥분을 감추지 못했고 팔레스타인인들의 이미지가 혁명적으로 바뀌었다. 이스라엘군에 가장 큰 피해를 입힌 것은 분명 요르단강 계곡이 내려다보이는 언덕 위에 배치된 요르단 대포와 기갑부대였지만, 카라메 안에서 싸운 팔레스타인인들이 이 교전에서 가장 많은 영광을 차지했다. 카라메 전투는 팔레스타인 저항 운동을 선전하기 위한 뜻밖의 선물임이 입증되었다. 그들은 이 충돌을 아랍 정권들의 잇따른 실패 때문에 짓밟힌 아랍의 긍지를 알리기 위한 연단으로써 효과적으로 홍보했다. 그 결과 팔레스타인의 저항은 아랍 세계 전역에서 갈채를 받았다.

이런 자기표현에서 나타난 아이러니는 팔레스타인해방기구가 정점에 달했을 때에도 이스라엘군에 어떤 식으로든 군사적 도전을 제기한 적이 없다는 사실이다. 이스라엘은 재래식 전쟁이 벌어질 때마다 아랍 군대를 전부 물리쳤다. 카라메의 경우처럼 팔레스타인해방기구 군대가 방어전에서 선전했을 때에도 그들은 세계에서 가장 노련하고 훈련과 장비가 뛰어난 군대를 상대로 장기간 전면전을 치를 능력이 거의 없었다. 게다가 1960년대 팔레스타인 무장투쟁이 시작된 시점부터 나중에 팔레스타인해방기구가 무장투쟁을 포기할 때까지, 그들은 성공적인 게릴라전 전략을 발전시킬 수 없었다. 이스라엘 재래식 군대의 압도적 우위나 이스라엘의 군사적 압력에 취약한 아랍 나라들에 근거지를 두고 있다는 한계를 넘어서기에는 무리였다.

실제로 팔레스타인해방기구가 1960년대 말과 1970년대 전성기에 가장 큰 성공을 거둔 것은 외교 영역에서였다. 팔레스타인인들과의 대화를 거부하는 미국의 방해를 무릅쓰고 거둔 성과였다. 이 성공은 1960년대 말부터 줄곧 팔레스타인해방기구를 제한적으로나마 지지한 아랍 세계와 동구권뿐만 아니라 제3세계 대부분과 서유럽의 많은 나라들, 그리고 결의안 제242호에도 불구하고 유엔에서도 두드러지게 나타났다. 미국이 거부권을 행사할 수 있는 안보리와는 달리, 이제 팔레스타인해방기구는 유엔 총회에서 다수표를 받을 수 있었다. 유엔을 비롯한 여러 무대에서 팔레스타인해방기구는 높은 수준의 외교적 인정을 받았고, 심지어 근소하게나마 이스라엘을 고립시키는 데 성공하기도 했다. 팔레스타인해방기구는 1974년 아랍연맹으로부터 팔레스타인인의 유일한, 정당한 대표자로 인정받은 동시에 100여 개 나라에서 재외 공관을 개설하게 되었다. 바로 그해에 야세르 아라파트가 유엔 총회에서 연설자로 초청받은 것은 수십 년 세월 동안 국제연맹과 유엔, 강대국들의 인정을 받지 못한 끝에 이룬 팔레스타인 역사상 최대의 외교적 성과였다.

이렇게 제한적이나마 성공을 거둔 데에는 여러 다른 이유들이 있었다. 당시는 알제리와 아프리카 남부, 동남아시아에서 성공을 거둔 민족 해방 운동이 서구에서 특히 젊은이들의 지지를 받던 시대였다. 팔레스타인해방기구가 내세우는 반식민주의·제3세계 혁명의 호소는 또한 중국과 소련 및 위성국가, 제3세계 나라들, 그리고 이 나라들의 유엔 대표들 사이에서 공감을 얻었다.[38] 아시아와 아프리카의 대다수 신생 독립국에서 팔레스타인인들은 서구 열강의 지원을 받는 식민주의-정착민 기획에 맞서 싸우는 또 다른 민족으로 여겨졌다. 따라서 그들은 이제 막 식민주의의 굴레를 벗어던진 이들의 공감을 받을 자격이 충분했다. 베트남 전쟁이 최고조에 달했을 때, 이런 주제가 유럽과 미국에서 불만을 품은 젊은이들에게 커다란 호소력을 발휘했다. 마침내 팔레스타인해방기구는 남북 아메리카의 팔레스타인과 아랍 디아스포라에 활기를 불어넣는 데 어느 정도 성공했고, 많은 이들이 민족적 대의의 지지자가 되었다.

하지만 이 모든 노력에는 여러 가지 심각한 한계가 있었다. 팔레스타인해방기구는 외교와 정보 분야에서 성과를 거두긴 했지만 그래도 충분한 에너지와 재능과 자원을 이 분야에 쏟아붓지 못했다. 또한 주요한 설득 대상인 이들, 무엇보다도 중요한 미국과 이스라엘 사람들을 이해시키기 위해 충분한 노력을 기울이지 않았다. 이 나라들에서 팔레스타인해방기구는 결국 〈팔레스타인인〉을 〈테러리스트〉와 동일시하는 이스라엘과 그 지지자들이 만들어 내는 더욱 효과적인 대항 서사를 이겨 내지 못했다.[39] 팔레스타인해방기구가 이렇게 결정적으로 두 분야의 중요성을 이해하지 못한 것은 우선 고위 지도부 때문이었다. 미국에서 존경받는 팔레스타인계 미국인 학자들, 특히 에드워드 사이드, 이브라힘 아부루고드Ibrahim Abu-Lughod, 왈리드 할리디, 히샴 샤라비Hisham Sharabi, 푸아드 무그라비Fouad Moughrabi, 사미 파르순Samih Farsoun 등은 팔레스타인 지도자들이 미국의 여론을 고려하고 여기에 충분한 자원과 에너지를 쏟도록 설득하려고 거듭 노력했지만, 아무 성과도 거두지 못했다.

1984년 암만에서 열린 팔레스타인해방기구의 의회격인 팔레스타인민족평의회Palestine National Council, PNC 회의에서 나도 참여한 미국의 한 팔레스타인 지지 단체는 이 점을 야세르 아라파트에게 강조하려고 노력했다. 아라파트는 기꺼이 우리를 만나서 정중하게 우리의 이야기에 귀를 기울였지만, 불과 몇 분 만에 한 참모가 들어와서 그에게 귓속말을 했다. 아라파트가 아부 알아바스Abu al-'Abbas라는 사람을 맞이하는 가운데 우리는 쫓겨나다시피 방에서 나왔다. 팔레스타인의 대의에 심각한 피해를 입힌(이라크에서 정기적으로 돈을 받았다) 별로 중요하지 않은 소규모 정파인 팔레스타인해방전선Palestine Liberation Front, PLF의 지도자였다. 그렇게 우리의 면담은 끝이 났고, 우리 팔레스타인계 미국인들이 미국의 여론에 호소하는 것이 중요하다는 점을 설득할 수 있는 기회도 날아가 버렸다. 팔레스타인해방기구 지도부의 잘못된 우선순위에서 보자면, 아라파트가 탁월한 능력을 발휘한 아랍 내부의 갈등 조정이 세계를 지배하는 초강대국의 국민에게 팔레스타인의 대의를 설득하는 것보다 더 시급한 일이었다.

이런 실책이 있긴 했지만, 팔레스타인의 대의는 1967년 이후 미국에서 실제로 어느 정도 진전을 이루었다. 앞서 말한 팔레스타인계 미국인 학자 집단이 노력한 덕이 컸다. 그들은 팔레스타인의 이야기를 대학 캠퍼스와 대안 언론을 비롯한 여론 부문에 제시하는 데 실력을 발휘했다. 특히 에드워드 사이드는 사람들이 접해 보지 못한 논리 정연한 방식으로 팔레스타인을 지지하는 주장을 펼치면서 막대한 영향을 미쳤다. 사이드와 그의 팔레스타인계 미국인 동료들은 대체로 이스라엘의 노선을 앵무새처럼 되풀이하는 주류 언론에서 돌파구를 열지는 못했지만, 향후에 팔레스타인의 관점에 대한 이해를 높이기 위한 토대를 닦았다.

팔레스타인해방기구가 1967년 이후 외교와 선전에서 잇따라 승승장구하는 것처럼 보였지만, 이런 성공이 논란의 여지가 없었던 것은 아니다. 매번 여러 적수들의 격렬한 반발을 불러일으켰다. 이스라엘의 카라메 공격은 팔레스타인해방기구의 지위가 상승하는 것을 막으려는 첫 번째 시도 가운데 하나였다. 1968년 베이루트 공항을 겨냥한 대대적인 공격도 마찬가지였다. 1970년 팔레스타인해방인민전선이 여러 차례 항공기를 납치하고 요르단에서 팔레스타인 세력이 폭력 사태를 일으키자, 하심 가문 정권과 파국적인 대결이 벌어졌다. 저항 운동 쪽에 승산이 없는 대결이었다. 압도적인 무력에 직면하고 대중적 공감도 일부 상실한 저항 운동은 그해에 이른바 검은구월단Black September 사건 속에서 암만에서 밀려났고, 1971년 봄에 요르단에서 완전히 추방되었다. 요르단 와해 사태를 거치면서 저항 운동의 일부 요소들, 특히 팔레스타인해방인민전선이 그 시점까지 유지하던 성공적인 역동성의 아우라가 속절없이 무너졌다. 무모하게 적들을 도발하고, 의지처가 되는 나라들을 소외시키며, 결국 쫓겨나게 되는 저항 운동의 이런 양상은 11년 뒤 베이루트에서 고스란히 되풀이되었다.

한편 이스라엘은 팔레스타인인들이 근거지로 삼아 군사 작전을 계속하는 시리아와 레바논에 대해 더 많은 보복 공격을 수행했다. 1972년 레바논 남부에 대규모로 지상 침공을 벌였고, 1974년 레바논의 나바티예Nabatiyeh 팔레스타인 난민촌을 공습했고(난민촌은 완전히 파괴되어 다시는 재건되지 않았다), 1978년 레바논 남부 지역을 침공해서 장기 점령했다. 팔레스타인해방기구를 겨냥한 이 모든 조치는 미국의 강력한 지원을 받았다. 이스라엘군과 요르단군은 미국산 무기를 받았고, 양국 모두 미국의 전면적인 외교적 지원에 의지할 수 있었다.

미국은 팔레스타인해방기구가 부각되고 아랍권이 단합하는 듯 보이자 다른 식으로도 대응했다. 소련이 팔레스타인해방기구와 아랍권을 지지하는 가운데, 닉슨 대통령과 국가안보 보좌관이자 후에 국무장관이 되는 헨리 키신저는 소련과, 미국이 중동 아랍권의 소련 피보호국이라고 간주하는 나라들의 연계를 약화시키고자 커다란 노력을 기울였다. 이런 냉전 전략의 대표적인 사례는 이집트를 소련에서 떼어 내서 미국 편으로 삼고, 이스라엘과 독자적 강화 조약에 합의하도록 유도하려 한 시도다. 미국이 이끈 이런 시도가 1970년대 말 카터 행정부 아래서 마침내 성공을 거두자, (명목상) 통일된 아랍 전선이 분열되고 팔레스타인을 비롯한 아랍 세력들이 입지가 한층 약해진 가운데 이스라엘과 대결하는 상황에 처하게 되었다. 이 모든 과정에서 미국은 유엔 안보리 결의안 제242호에서 규정한 노선을 고수했다. 팔레스타인인들은 분쟁 합의를 위한 교섭에서 완전히 배제되었다. 미국의 정책 결정권자들은 전투적 행동을 벌이고 소련과 제휴하는 팔레스타인해방기구에 대한 반감뿐만 아니라 팔레스타인 문제에 관해서는 일체의 논의를 격렬히 반대하는 이스라엘의 태도에 따라서도 움직였다.

그 후 팔레스타인해방기구는 딜레마에 빠졌다. 중동의 평화적 해결을 위해 국제적으로 인정된 조건인 안보리 결의안 제242호가 팔레스타인의 민족적 열망을 부정하는 상황에서 이 해결에 참여하는 식으로 어떻게 자신들의 민족적 열망을 달성할 수 있는가? 밸푸어 선언과 팔레스타인 위임통치에 의해 제기된 것과 놀랍도록 흡사한 딜레마였다. 팔레스타인인들은 인정을 받기 위해서 자신들의 존재를 부정하기 위해 고안된 국제적 공식을 수용해야 했다.

1950년대와 1960년대에 팔레스타인 민족 운동을 다시 시작한 소규모 전사 집단들은 단순한 투쟁 목표를 내놓았다. 그들이 보기에 팔레스타인은 오래전부터 아랍인이 다수인 아랍 땅이었다. 팔레스타인 사람들은 자신들의 집과 재산, 고국과 자결권을 부당하게 빼앗겼다. 이 단체들의 주요한 목적은 팔레스타인인들을 고국으로 돌려보내고, 그들의 권리를 되찾고, 강탈자라고 여기는 이들을 몰아내는 것이었다. 〈귀환〉이라는 단어가 중심이 되었고, 그 후 팔레스타인인들에게 항상 핵심 요구로 남았다. 대부분은 이제 팔레스타인에 두 민족이 존재하고 각각 민족적 권리가 있다고 생각하지 않았다. 그들이 보기에 이스라엘인들은 정착민에 지나지 않았다. 자기들 나라에 온 외국인 이민자에 불과했던 것이다. 이런 입장은 대다수 이스라엘인들의 입장을 거울처럼 반영한 것이었다. 이스라엘인들이 보기에, 이스라엘 땅Eretz Yisrael에서 민족적 권리가 있는 것은 한 민족, 즉 유대인뿐이었고, 아랍인들은 일시적인 침입자에 불과했다. 그 시기에 대한 팔레스타인의 해석에서 보면, 이스라엘은 서구가 창조를 돕고 지원한 식민주의-정착민 기획이었고(대체로 맞는 말이다), 이스라엘 유대인들은 하나의 민족이 아니라 어떤 종교 집단의 일부일 뿐이었다(탄탄한 민족 정체성을 지닌 강력한 민족국가를 성공적으로 창조함으로써 이미 잘못된 판단임이 드러난 상태였다). 이 시점에서 팔레스타인인들은 팔레스타인에 새로운 민족 집단이 등장한 현실을 받아들이지 못했다. 자신들이 희생양이 되면서 막대한 피해를 입었기 때문에 좀처럼 받아들일 수 없었다.

팔레스타인 투쟁의 목표에 대한 이런 사고가 정점에 다다른 것은 1964년 팔레스타인해방기구가 채택한 민족헌장al-mithaq al-watani이었다. 민족헌장은 팔레스타인은 아랍 땅이며, 1917년 이전부터 여기에 살아온 이들과 그 후손들만 민족적 권리를 갖는다고 선언했다. 이 집단에는 당시 팔레스타인에 거주하던 유대인도 포함되었지만, 밸푸어 선언 이후에 이민 온 이들은 포함되지 않았으므로 팔레스타인을 떠나야 했다. 이런 관점에서 보면, 해방을 이루려면 밸푸어 선언과 영국위임통치, 팔레스타인 분할, 나크바 이래 이 땅에서 벌어진 모든 사태를 되돌려야 했다. 시간을 거꾸로 돌려서 팔레스타인을 다시 한번 아랍 나라로 개조해야 했다. 헌장에 구현된 사고는 당시 팔레스타인의 많은, 어쩌면 대다수의 정서를 반영하는 것이었지만, 헌장을 채택한 기구는 팔레스타인인들이 선출하거나 그들을 대표하는 조직이 아니라 아랍연맹이 창설한 조직이었다.

이런 목표는 1964년 이후 상황이 달라지고 팔레스타인의 정치가 변화하면서 급속하게 바뀌었다. 1968년 파타를 비롯한 저항 단체들이 팔레스타인해방기구를 장악한 가운데 민족 운동은 새로운 목표를 정식화하면서 팔레스타인이라는 개념을 유대인과 아랍인을 아우르는 모든 시민을 위한 단일한 민주국가로 주창했다(거듭 반복된 몇몇 구절은 세속적 민주국가를 거론했다). 그리하여 민족헌장에서 제시한 목표를 대체하면서 이스라엘 유대인이 이미 팔레스타인에서 살 권리를 획득했고 그들을 쫓아낼 수 없다는 사실을 인정했다. 이런 변화는 또한 1964년 민족헌장에서는 마치 존재하지 않는 듯한 취급을 받은, 이스라엘인들의 눈에 비치는 팔레스타인해방기구의 이미지와 호소력을 바꿔야 함을 의미했다. 팔레스타인에 사는 유대인과 아랍인이 이 나라의 동등한 시민이 될 자격이 있다는 언명은 민족 운동의 사고에서 커다란 발전이 이루어졌음을 의미했다. 하지만 단일한 민주국가 제안은 이스라엘인을 민족적 권리를 지닌 한 집단으로 인정하지 않았고, 또한 이스라엘 국가나 시온주의의 정당성도 받아들이지 않았다.

시간이 흐르면서 이런 새로운 목표가 팔레스타인인들 사이에서 폭넓게 받아들여지게 되었고, 팔레스타인해방기구가 팔레스타인민족평의회의 결의안을 통해 잇따라 내놓은 권위적인 정책 선언에 구현되었다. 결국 이 목표가 헌장을 대체하고 폐물로 만들어 버렸지만,

팔레스타인해방기구의 적수들은 이런 근본적인 변화를 단호하게 무시하면서 이후 수십 년간 민족헌장의 원래 조항을 앵무새처럼 되풀이했다. 이런 변화는 또한 대다수 이스라엘인들에게 거의 영향을 미치지 못했고, 서구에서도 많은 사람들을 설득하지 못했다. 이번에도 역시 팔레스타인해방기구 지도부는 이스라엘과 서구의 일반 사람들이 얼마나 중요한지를 이해하지 못했고, 그들을 자기편으로 끌어들이기 위해 이런 변화의 의미를 설명하는 데 충분한 자원을 쏟아붓지 않았기 때문에, 결국 이런 목표의 타당성을 설득하는 데 실패할 수밖에 없었다.

무엇보다도 이 정도로 거대한 목표를 달성하려면 이스라엘을 해체하고 새로운 팔레스타인 국가가 그 자리를 대신해야 했다. 그러려면 유엔 총회 결의안 제181호의 문구에서 규정된 대로 1947년 이래 유대 국가 이스라엘의 존재를 둘러싸고 이루어진 국제적 합의를 뒤집어야 했다. 이스라엘 내부에서만이 아니라 국제적으로도 세력 균형이 혁명적으로 바뀌어야만 그런 목적을 달성할 수 있었지만, 팔레스타인인들 스스로 그런 변화를 달성하거나 기대하기는 어려웠다. 그리고 아랍 각국 정권에 있는 형제들에게 의지할 수도 없었다. 시리아나 이라크, 리비아 같은 급진적 아랍 국가들은 팔레스타인의 대의와 관련해서 여전히 큰소리를 쳤지만, 공허한 호언장담일 뿐이었다. 이 국가들이 실제로 한 일은 아부 니달Abu Nidal 조직 같은 허무주의적 테러리스트 단체를 후원하는 식으로 팔레스타인해방기구를 고의로 방해하는 것이었다. 아부 니달 조직은 팔레스타인해방기구의 지도자를 여럿 암살하고 이스라엘인과 유대인을 무차별적으로 살해했다. 다른 핵심적 아랍 국가들의 경우, 이집트와 요르단은 사우디아라비아가 지원하는 가운데 이미 1970년에 안보리 결의안 제242호를 받아들였고, 시리아도 1973년에 그 뒤를 이었다. 이런 대대적인 상황 변화는 (이스라엘은 인식하지 못했지만) 적어도 1949년 휴전선 안에서는 사실상 이스라엘을 인정하는 결과로 이어졌다. 몇몇 주요 아랍 국가들이 보인 이런 결정적인 변화와 팔레스타인해방기구가 고수하는 입장 사이의 불일치는 이후 팔레스타인인들에게 심각한 영향을 미치게 된다.

중동 지역의 상황이 바뀌자 많은 팔레스타인해방기구 지도자들은 다시 목표를 수정하는 것을 고려해야 했다. 많은 요인들이 영향을 미쳤다. 팔레스타인해방기구는 요르단의 근거지를 잃은 뒤 이스라엘에 맞서 효과적인 게릴라 투쟁을 지속하지 못했고, 아랍 국가들은 점차 이스라엘과의 분쟁을 존재론적 차원이 아니라 국경을 놓고 국가끼리 벌이는 대결로 받아들였으며, 아랍과 국제사회는 팔레스타인해방기구에 좀 더 제한적인 목표를 받아들이라고 압력을 가했다. 1967년 수단 하르툼에서 열린 아랍연맹 정상회담에서 연맹은 이스라엘과는 어떤 평화도, 인정도, 협상도 없을 것이라고 선언한 바 있었다(이 〈삼무 선언〉은 이스라엘의 선전에서 거듭 되풀이되었다). 하지만 실제로 이집트와 요르단은 유엔 특사 군나르 야링Gunnar Jarring과 나중에는 미국 국무 장관 윌리엄 로저스William Rogers를 통해 이스라엘과 중재하는 것을 환영했다. 이스라엘과 이웃한 가장 강력한 아랍 국가는 하르툼 정상회담에 아랑곳하지 않고 안보리 결의안 제242호를 받아들임으로써 이미 원칙적으로 이웃 이스라엘이 안전한 국경선을 인정받을 권리가 있음을 시인한 상태였다. 이제 아랍 국가들과 이스라엘이 이 국경선을 비롯한 합의 조건을 협상하는 일만 남아 있었다. 1970년 9월 요르단의 팔레스타인인 일제 단속은, 비록 팔레스타인해방인민전선이 항공기 납치를 자행한 탓에 벌어진 일이긴 했지만, 무엇보다도 핵심 아랍 국가들이 새롭게 제한한 목표를 받아들이지 않는 팔레스타인인들을 응징하기 위한 것이었다.

1970년대 초를 시작으로 팔레스타인해방기구 성원들은 이런 압력, 특히 소련의 촉구에 부응하여 이스라엘과 나란히 팔레스타인 국가를 만든다는 구상, 사실상 두 국가 해법을 내놓았다. 이 방식은 특히 팔레스타인해방민주전선Democratic Front for the Liberation of Palestine, DFLP(1969년 팔레스타인해방인민전선에서 떨어져 나온 조직이다)이 시리아의 지원을 받는 단체들과 함께 주창한 것으로, 파타 지도부도 조심스럽게 권장했다. 팔레스타인해방인민전선과 파타의 일부 간부들은 일찍부터 두 국가 해법에 저항했지만, 시간이 흐르자 아라파트를 필두로 한 지도자들이 이 방안을 지지한다는 사실이 분명해졌다. 민주국가라는 최대주의적 목표와 여기에 담긴 혁명적 함의에서 벗어나 이스라엘과 나란히 존재하는 팔레스타인 국가라는 좀 더 실용적인 목표로 나아가는 장기간에 걸친 점진적 과정의 시작이었다. 이 목표는 안보리 결의안 제242호를 토대로 한 교섭을 통해 이루어질 것이었다.

이렇게 급진적인 목표 수정으로 가는 과정은 팔레스타인해방기구로서는 쉽지 않았다. 나크바 이래 팔레스타인 민족 운동이 몇 차례 더 심각한 타격을 입고 난 뒤에야 팔레스타인해방기구는 안보리 결의안 제242호에 근거한 두 국가 방식을 받아들이게 되었다. 이런 타격은 공식적으로는 1975년 4월에 시작된 레바논 내전 시기에 순식간에 잇따라 벌어졌다. 하지만 팔레스타인인들에게 전쟁은 2년 전인

1973년 4월 10일부터 시작되었다. 팔레스타인해방기구 지도자 세 명이 에후드 바라크Ehud Barak(후에 이스라엘 총리가 된다)가 이끄는 이스라엘 특공대에 의해 서베이루트의 자택에서 암살당한 것이다.[40] 시인이자 팔레스타인해방기구 대변인인 카말 나세르Kamal Nasser와 파타 지도자인 카말 아드완Kamal 'Adwan과 아부 유수프 나자르Abu Yusuf Najjar의 장례식에는 팔레스타인인과 레바논인이 구름처럼 모여들었다. 슬픔에 흐느끼는 사람들과 함께 걷는데, 가산 카나파니 장례식 때보다도 훨씬 많은 수가 모인 게 놀랍지 않았다.

이 세 사람은 모사드의 암살대에 희생된 팔레스타인의 지도자와 간부 수십 명 중 일부였다. 팔레스타인을 표방한 단체들이 파타 중앙 위원 세 명과 팔레스타인해방기구의 런던 대사와 사회주의인터내셔널SI 대사를 비롯한 다른 팔레스타인 인사들을 살해한 것은 사실이다. 이 단체들은 말로는 팔레스타인의 대의를 지지한다고 떠들썩하게 선언하면서도 팔레스타인해방기구를 가혹하게 다룬 아랍의 세 독재 정권—시리아의 하페즈 알아사드, 이라크의 사담 후세인, 리비아의 무아마르 알카다피—의 대리인 노릇을 했다. 각각 시기는 다르지만, 이 정권들은 이런 살인을 대부분 자행한 아부 니달 조직과 다른 소규모 이탈파 단체들에 속한 총잡이들의 후원자였다.

이스라엘과 적대적인 아랍 강국들이 자행한 이런 암살의 충격은 팔레스타인 민족 운동이 얼마나 고난의 길을 걸었는지를 보여 주는 상처 자국이지만, 양쪽은 중요한 차이가 있다. 시리아의 아사드 정권이 1976년 레바논의 팔레스타인해방기구와 맞붙기 위해 병력을 보낸 경우처럼, 이런 수단을 활용한 아랍 국가들은 잔인한 힘을 행사해서라도 팔레스타인해방기구를 자기 뜻대로 움직이려고 했다. 하지만 그들은 냉정하고 계산적인 국가 이성raison d'état에 근거해서 움직였다.

그들은 팔레스타인해방기구를 파괴하거나 팔레스타인의 대의를 절멸시키기를 원하지 않았다. 이스라엘의 경우는 전혀 달라서 언제나 이 두 가지가 목표였다. 위임통치 후기의 시온주의 운동으로부터 물려받은, 팔레스타인 지도자들을 제거한다는 이스라엘의 오랜 정책은 팔레스타인의 현실을 인구와 관념, 정치 모든 면에서 없애 버리는 것을 목표로 삼았다. 따라서 요르단강에서 지중해까지 이 땅 전체를 아랍 나라에서 유대 나라로 뒤바꾼다는 이스라엘의 야심에서 암살은 중심적인 요소였다. 바루크 키멀링의 표현을 다시 빌리자면, 이 정책은 말 그대로의 의미에서 정치적 살해의 한 예였다.

제거 작전이 얼마나 대대적으로 이루어졌는지를 보여 주는 증거로 우리에게는 이 작전에 관한 새로운 설명이 두 가지가 있는데, 그 중 하나는 이스라엘 정보부와 군의 기밀 자료에 근거한 것이다. 여러 새로운 내용이 있는데, 야세르 아라파트를 암살하려는 거듭된 시도에 관한 충격적인 폭로도 들어 있다.[41] 이런 살인이 〈테러 행위〉에 대항하는 타격이라는 핑계는 민족 운동의 지도자를 표적으로 삼을 때는 신뢰가 가지 않는다. 그 운동 자체를 파괴하는 게 목적이었음이 분명하다. 아일랜드나 인도, 케냐나 알제리 등 다른 반식민주의 운동의 지도자들도 언제나 식민 지배자들에게서 비슷한 용어 ─ 테러리스트, 산적, 살인자 ─ 로 비방을 받았다. 마찬가지로 이스라엘이 팔레스타인해방기구를 〈테러리스트〉라고 악마화한 것은 이 단체를 근절하려는 시도를 정당화하는 구실이 되었다. 이스라엘 국방 장관 아리엘 샤론이 1982년에 베이루트의 팔레스타인 〈테러리스트〉들에 관해 개인적으로 언급한 것은 이 점에서 더없이 분명한 사례다.[42]

테러리스트에 맞서 필요한 보안 조치로 암살을 정당화하는 것(먼저 죽이지 않으면 테러리스트들이 살인을 저지를 것이다)은 또한 살해된 많은 이들—가령 가산 카나파니와 카말 나세르, 또는 마무드 함샤리Mahmoud Hamshari나 와일 주아이티르Wael Zu'aytir 같은 팔레스타인해방기구의 해외 대표자들—이 군인이 아니라 팔레스타인의 대의를 옹호하는 지식인이었다는 점에서 공허한 주장일 뿐이다. 그들이 벌인 모험적 예술 활동은 그들의 정치 활동과 연계된 보완물이었다. 카나파니는 재능 있는 소설가이자 화가였고, 나세르는 시인, 주아이티르는 작가이자 신진 번역가였다. 그들은 〈테러리스트〉가 아니라 민족 운동의 가장 두드러진 대변자였다. 이스라엘은 바로 이 사람들의 목소리를 질식시키고자 했다.

1973년 4월 레바논에서 나세르와 아드완, 나자르가 암살당하고 한 달 뒤에 레바논 군대와 무력 충돌이 벌어져서 공군이 베이루트 남쪽 교외에 자리한 사브라와 샤틸라의 팔레스타인 난민촌에 폭격을 가했다. 1990년까지 이어진 레바논 내전 시기 내내 팔레스타인 난민촌과 인구 밀집 지역은 걸핏하면 공격의 표적이 되었다. 포위 공격으로 황폐해진 학살과 강제 추방의 현장이었다. 텔알자타르Tel al-Za'tar, 카란티나Karantina, 드바예Dbaye, 지스르알바샤Jisr al-Basha, 아인알힐웨'Ain al-Hilwe, 사브라, 샤틸라 이 모든 지역의 팔레스타인인들은 이런 잔학 행위를 겪었다. 전쟁 과정에서 팔레스타인해방기구의 일부 정파와 레바논 동맹 세력이 레바논 기독교인들을 끔찍하게 학살하는 사건도 여러 차례 있었다. 1976년 다무르Damour에서 벌어진 학살 사건에서는 기독교인 수백 명이 살해당하고 도시가 약탈을 당했다.

텔알자타르는 베이루트 지역에서 가장 규모가 크고 가난하고 고립된 팔레스타인 난민촌으로, 팔레스타인 난민 약 2만 명과 주로 남부 출신 시아파인 가난한 레바논인 1만 명 정도가 살았다. 동베이루트의 교외인 디콰네Dikwaneh에 자리한 곳으로, 이 도시에는 우파 반

팔레스타인 성향인 팔랑헤당에 동조하는 레바논 마론파 기독교인이 주로 살았다. 내전으로 이어지는 시기에 나는 아내 모나Mona와 함께 베이루트에 살고 있었다. 처음에 박사 학위 논문을 쓰다가 그다음에는 레바논 대학교와 베이루트 아메리칸 대학교에서 학생들을 가르쳤다. 우리는 레바논-팔레스타인 자선 단체인 자미야트인아쉬알무카얌Jamiyat In'ash al-Mukhayam(난민촌가족협회)의 지원을 받아 한 무리의 친구들 — 팔레스타인인 대학원생과 텔알자타르 주민들 — 과 함께 난민촌 최초의 유치원을 개설했다.

레바논의 상황이 악화됨에 따라 난민촌과 주변 지역의 관계가 점점 험악해졌고, 1973년 5월에 이르자 텔알자타르와 이웃한 드바예와 지스르알바샤의 난민촌뿐만 아니라 카란티나 지역의 팔레스타인 공동체까지 대단히 적대적인 환경에 둘러싸여 있음이 분명해졌다. 레바논의 이웃들은 난민촌에 중무장한 팔레스타인 민병대가 존재한다는 사실에 크게 분노했다. 이런 위험한 상황에서 우리는 모두 유치원에 다니는 어린아이들의 안전을 걱정했기 때문에 협회 지하에 은신처를 팠다. 다른 단체들, 그리고 결국 팔레스타인해방기구도 지하에 은신처를 팠는데, 그 덕분에 1975년에 내전이 본격적으로 발발했을 때 많은 생명을 구할 수 있었다.

그해 4월의 어느 일요일, 모나하고 나는 텔알자타르에 있는 친구 카심의 부모님 집에서 점심을 먹고 있었는데, 난민촌으로 이어지는 도로에서 사고가 난 소리를 들었다. 주로 마론파가 사는 아인알루마네Ain al-Rummaneh 교외를 관통하는 도로였다. 낡은 폭스바겐 비틀을 타고 서베이루트로 돌아가는 길에 도로 한가운데에 소형 버스 한 대가 기묘한 각도로 서 있는 게 보였다. 방금 전 텔알자타르로 돌아가는 길에 팔랑헤당 민병대의 기습 공격을 받아서 승객 27명 전원이 살해된 것이었다. 팔랑헤당이 인근에 있는 마론파 교회에서 총격이 벌어진 사건에 대해 보복을 한 것임이 밝혀졌다. 당시 교회 안에 지도자 피에르 제마엘이 있었다.[43] 15년에 걸친 레바논 내전의 시작이었다.

우리는 절대 텔알자타르로 돌아갈 수 없었다. 피에르 제마엘의 아들 바시르가 이끄는, 〈레바논부대Lebanese Forces〉라고 불리게 되는 집단에 포위당한 난민촌은 1976년 8월에 괴멸되었고, 주민들은 전부 쫓겨났다. 내전을 통틀어 아마 단일 사건으로는 규모가 가장 큰 학살 사건으로 2,000명이 살해된 것으로 추산된다. 일부는 포위 중에 사망했고, 일부는 난민촌을 빠져나와 도망치다가 죽었으며, 일부는 〈레바논부대〉 검문소에서 검문에 걸려 다른 곳으로 옮겨져 살해되었다. 우리 유치원에서 일하던 교사 두 명도 이런 식으로 살해되었고, 카심의 열한 살짜리 조카인 지하드는 어머니와 함께 납치되어 바리케이드에서 살해당했다.

〈레바논부대〉는 이스라엘이 은밀하게 지원하는 가운데 텔알자타르 학살을 저질렀다. 몇 년 뒤인 1982년, 노동당 지도자들이 의회에서 비판을 가하자 아리엘 샤론은 1976년 텔알자타르 학살 당시에 이스라엘 정부가 팔랑헤당을 지지했다는 사실을 지적하면서 그해 9월에 사브라와 샤틸라에서 벌어진 악명 높은 학살(1,000명이 넘는 민간인이 살해되었다) 시기에 자신이 한 행동을 변호했다.[44] 크네셋의 국방외교위원회 비공개 회의에서 샤론은 텔알자타르 학살 시기에 현장에 있던 이스라엘군 정보장교들이 팔랑헤당이 〈우리가 공급한 무기와 우리가 설립을 도와준 부대로〉 사람들을 죽이고 있다고 보고한 사실을 폭로했다.[45] 더 나아가 샤론은 1976년에 집권당이었다가 이제 야당인 노동당 지도자 시몬 페레스Shimon Peres에게 다음과 같이 말했다.

당신하고 나는 똑같은 도덕적 원칙에 따라 행동하고 있습니다. ……
팔랑혜당은 샤틸라에서 살인을 했고, 텔자아타르[원문 그대로]에서도
살인을 했죠. 이 연계는 도덕적인 겁니다. 우리가 팔랑혜당하고 손을 잡
아야 할까요, 말아야 할까요? 당신은 그들을 지지했고 텔자아타르 이후
에도 계속 지지했습니다.[46]

이스라엘군과 정보기관 장교들이 난민촌 내부에 없었을지 몰라
도, 샤론이 크네셋 위원회에 지적한 것처럼, 그들은 두 작전을 진두지
휘한 사령부에 있었다. 1976년 학살이 벌어지던 바로 그 순간에 〈레
바논부대〉 작전실 현장에서 학살을 저지하려고 애를 쓰면서 공포에
질린 아랍연맹의 중재자 하산 사브리 알홀리Hassan Sabri al-Kholi에 따르
면, 이스라엘 장교들과 시리아 연락관인 알리 마다니'Ali Madani 대령과
무함마드 홀리Muhammad Kholi 대령도 당시 그 자리에 있었다고 한다.[47]
〈레바논부대〉 지휘관들이 팔레스타인 난민촌에서 학살을 지휘하는
동안 옆에서 지켜보는 이스라엘과 시리아 장교들의 모습—레바논에
서 두 집단이 자리를 함께하도록 주선한 것은 팔레스타인해방기구를
〈결딴내려고 한〉 헨리 키신저였다[48]—만큼 레바논 전쟁 당시 팔레스
타인인들이 직면한 곤경을 상징적으로 보여 주는 이미지는 없다. 하
지만 키신저가 다른 맥락에서 말한 것처럼, 〈비밀 행동을 선교 업무
와 혼동해서는 안 된다〉.[49]
　레바논 전쟁에는 레바논인과 비레바논인 등 주인공이 여럿이었고
각자 서로 다른 목적을 추구했지만, 팔레스타인해방기구는 많은 이
들에게 주요 표적이었다. 마론파 기독교도가 대부분인, 팔레스타인
해방기구에 반대하는 레바논인들이 보기에, 팔레스타인 무장 세력에
맞선 그들의 저항은 레바논 민족주의와 독립이라는 이름으로 수행

되었다. 레바논에 있는 팔레스타인 난민의 대다수가 수니파 무슬림이었고, 세속적인 팔레스타인해방기구가 레바논 좌파와 이슬람 단체들과 동맹 세력이었기 때문에, 마론파는 종교 집단끼리 분점하는 이 나라의 정치 체제가 붕괴될 것을 우려했다. 프랑스 위임통치 당국이 1920년대 초에 자신들에게 유리하게 만들어 놓은 정치 체제였다.

시리아 입장에서 레바논은 자신들이 지배해야 하는 전략적 요충지이자 이스라엘과의 충돌에서 잠재적으로 취약한 지점인 동시에 이스라엘에 맞서는 아랍 전선의 지도권을 둘러싸고 팔레스타인해방기구와 대결하는 현장이었다. 이집트가 거침없이 이스라엘과 독자적으로 강화하는 쪽으로 나아가고 사실상 미국의 종속국이 되자 다마스쿠스 입장에서는 레바논 문제가 중대한 쟁점이 되었다. 동맹국 이집트를 잃어버린 시리아는 이스라엘에 맞서는 또 다른 균형추가 필요했는데, 레바논, 팔레스타인인, 요르단에 대한 지배가 현실적으로 유일한 선택지처럼 보였을 것이다. 시리아 대통령 하페즈 알아사드와 팔레스타인해방기구의 아라파트가 서로 끝없이 불신한 탓에 상황이 더욱 악화되었다. 팔레스타인해방기구가 레바논 좌파의 결집을 지원해서 이 세력이 다마스쿠스로부터 더욱 독립적인 입지를 확보한 것도 상황 악화의 요인이었다.

이스라엘 정부로서는 레바논 전쟁에 직간접적으로 관여함으로써 레바논의 새로운 의존 집단을 확보하고, 세력권을 개발하고, 시리아와 그 동맹자들을 약화시킬 수 있는 절호의 기회를 얻었다. 무엇보다도 이 전쟁은 이스라엘인을 상대로 간헐적으로 벌이는 팔레스타인해방기구의 공격에 보복하면서 이 조직의 기반을 허물고 완전히 무력하게 만들 수 있는 기회를 제공했다. 또한 팔레스타인 민족주의가 이스라엘의 영원한 점령지 지배(1967년 이후 수백만에 달하는 다루기 힘든 팔레스타인인이 이스라엘의 통치를 받게 되었다)에 제기하는 위협을 무력화할 수 있었다. 레바논을 기점으로 종종 민간인을 표적으로 삼은 팔레스타인해방기구의 공격은 이스라엘 역대 정부에 북쪽 이웃 나라에 대한 개입을 정당화하는 데 필요한 도발이 되었다. 이스라엘이 구사한 방법은 팔레스타인해방기구의 적, 특히 〈레바논부대〉(이스라엘의 공식 자료에 따르면 1억 1850만 달러 상당의 장비와 1,300명 민병대의 훈련을 제공받았다[50])에 무기와 훈련의 형태로 직접 지원하는 것에서부터 암살과 차량 폭탄으로 팔레스타인 지도자와 무수히 많은 민간인을 살해하는 것에 이르기까지 다양했다. 이스라엘군과 정보기관의 고위 인사들은 레바논에 관한 장에 〈한 무리의 들개들A Pack of Wild Dogs〉이라는 제목이 붙은 책에서 이 작전들 중 일부를 자세히 설명했다.[51] 이스라엘 공작원들이 〈레바논부대〉의 협력자들에 관해 설명한 내용으로, 살상 작전 가운데 가장 소름끼치는 작전을 대부분 이 협력자들에게 맡겼다.

미국은 레바논에서 이스라엘이 추구하는 목표를 지지했다. 닉슨, 포드, 키신저, 그리고 나중에는 카터, 밴스, 브레진스키뿐만 아니라 레이건 행정부 시기에도 똑같았다. 미국 중동 정책의 본질적인 두 가지 목표는 아랍에서 가장 중요한 국가인 이집트를 소련으로부터 떼어 내 끌어당기는 한편 중동의 충돌 때문에 소련과의 데탕트détente가 복잡하게 뒤얽히지 않도록 하는 것이었다. 그러려면 이집트가 이스라엘을 받아들이는 쪽으로 조종해야 했다. 이집트가 완전히 미국 편이 되면 미국 지도자들은 중동의 냉전에서 승리하는 한편 팍스 아메리카나Pax Americana를 수립했다고 주장할 수 있었다. 이런 전략적 목표가 워싱턴에 얼마나 중대했는지를 감안하면, 팔레스타인해방기구의 반발은 비교적 사소한 장애물이었고, 미국을 도와 팔레스타인해방기구를 억누르기 위해 기꺼이 나설 중동의 세력들은 무궁무진했다.

미국이 공공연하게 승인하는 가운데, 이런 세력 중 하나인 시리아가 1976년 레바논의 팔레스타인해방기구에 대한 직접적인 군사 공격을 개시했다. 이미 레바논 내전이 진행되던 때였다. 워싱턴과 시리아가 이런 개입에 대해 합의하는 쪽으로 나아가는 중에, 키신저는 미국이 추구하는 목표를 분명히 했다. 「우리는 시리아가 나서서 팔레스타인해방기구를 결딴내게 만들 수 있습니다.」[52] 결국 미국은 이 기회를 놓치지 않았고, 시리아 군대는 시돈과 슈프산맥을 비롯한 여러 곳에서 팔레스타인 특공대와 대격전을 벌였다. 시리아가 이렇게 개입할 수 있었던 것은 키신저가 이스라엘이 반발하지 않도록 설득한 덕분이었다. 시리아의 진군에 지리적 한계를 설정한 〈레드 라인〉에 관해 암묵적 합의가 있었던 것이다.[53]

미국이 팔레스타인인들을 겨냥한 적대 행위에 관여한 것은 1976년 시리아의 공격을 승인하기 한참 전부터였다. 헨리 키신저는 냉전에 바탕을 둔 중동 정책을 추구하면서 팔레스타인해방기구나 팔레스타인 문제의 해결에 전혀 여지를 주지 않았다. 그가 보기에, 팔레스타인인들은―소련 및 〈급진〉 아랍 정권들과 손을 잡고 있어서―최악의 경우에는 제거해야 할 장애물이었고, 기껏해야 무시해야 하는 문제였다. 미국이 냉전의 목표를 추구하고 중동에서도 외곬으로 이런 목표에 몰두하는 가운데 키신저는 1973년 이후 이스라엘과 이집트와 시리아 사이에서 중요한 세 가지 비개입 협정을 교섭하는 데 핵심 역할을 했다. 이 협정들은 독자적인 이집트-이스라엘 평화 조약의 전조였다. 이런 목표를 달성하기 위해 키신저는 팔레스타인 문제를 봉쇄하고, 이 문제가 자신의 외교에 간섭하는 것을 막고, 관리 가능하게 유지하는 것만을 추구했다. 필요하다면 여러 대리인을 통해 무력을 행사하기도 했다.

1960년대 말부터 1971년까지 요르단, 그리고 1970년대 초부터 중반까지 레바논이 이런 경우였다. 당시 팔레스타인해방기구는 미국이 부추기는 가운데 이집트가 이스라엘과 직접 합의로 나아가는 데 반대했다. 키신저는 미국의 현지 동맹 세력과 공모해서 팔레스타인 운동을 진압했다. 미국은 이 모든 세력의 배후에서 그림자 속에 숨어서 종종 간접적으로 영향을 행사했다.

하지만 키신저는 회고록에서 팔레스타인인들이 처한 〈운명이 어쨌든 위기의 근원이었다〉고 인정했다. 그의 기나긴 경력을 지켜본 사람이라면 누구나 증언할 수 있듯이, 그는 극단적인 실용주의자였다.[54] 1975년 팔레스타인인들을 겨냥한 시리아의 군사 개입 조건을 교섭하던 바로 그 순간에 키신저는 또한 팔레스타인해방기구와의 은밀한 간접적 대화를 승인했다. 이런 접촉은 비밀리에 할 수밖에 없었다. 국무 장관이 그해 9월에 비밀리에 체결한 미국-이스라엘 합의 각서에서 서약을 했기 때문이다. 이 서약에 따르면, 미국은 팔레스타인해방기구가 이스라엘이 〈존재할 권리〉를 인정하고, 무력 사용(테러 행위로 규정된)을 공개적으로 포기하며, 안보리 결의안 제242호와 제338호(1973년에 통과된 이 결의안은 제242호를 재확인하면서 〈적절한 지원 아래 관련된 당사자들이 ……교섭할 것〉을 요구했다. 나중에 이 요구대로 제네바에서 소집된 다자간 평화 회담이 열렸다)를 받아들이기 전까지 〈팔레스타인해방기구를 인정하거나 교섭하지 않겠

다〉고 다짐했다.[55]

이처럼 이스라엘에 비밀리에 약속을 했음에도 그 직후에 키신저는 제럴드 포드 대통령에게 미국이 팔레스타인해방기구와 접촉하는 것을 승인해 달라고 요청했다. 그러면서 〈팔레스타인해방기구와 중동 문제에 대한 우리의 입장이 바뀔 일은 절대 없겠지만, 레바논 상황에 관해 오로지 팔레스타인해방기구하고만 대화를 하지 않겠다고 이스라엘과 약속한 바는 없다〉고 주장했다.[56] 표면상 이렇게 접촉하는 목적은 레바논 내전 와중에 베이루트에 있는 미국 대사관과 미국인의 안전을 보장하기 위한 것이었는데, 팔레스타인해방기구는 안전 보장을 약속했다. 이후 몇 년간 양쪽 정보기관 인사들이 팔레스타인해방기구가 제공하는 이런 안전 보장에 관해 광범위하게 의견을 조정했다. 이런 거래가 알려지자 이스라엘은 격렬하게 비난하는 반응을 보였지만, 미국 정부는 제한된 성격의 거래임을 확인했다. 하지만 미국-팔레스타인해방기구의 접촉은 순식간에 이런 원래의 제한된 목표를 훌쩍 넘어서서 레바논의 전반적인 정치 상황을 아우르게 되었다. 1977년 베이루트 주재 미국 대사 리처드 파커Richard Parker는 팔레스타인해방기구에 소속된 중개자들을 통해 광범위한 정치 문제에 관련된 접촉을 유지하라는 지시를 받았다. 중개자들 중에는 베이루트 아메리칸 대학교 교수와 저명한 팔레스타인 사업가도 있었다.

키신저가 아무리 정당화하려고 해도 미국이 팔레스타인해방기구와 논의한 것은 1975년 이스라엘과 체결한 합의 각서의 조항을 위반한 행동이라는 점에서는 이론의 여지가 없다.[57] 이스라엘 정부는 당시 진행되는 상황을 알아채자 배신 행위로 간주하고 강력하게 대응했다. 1979년 1월, 베이루트에 있는 이스라엘 요원들이 이 접촉에 관여한 팔레스타인해방기구의 핵심 인물인 아부 하산 살라메Abu Hassan

Salameh를 암살했다. 살라메의 차량에 설치한 폭탄은 〈거대한 폭발〉과 함께 〈불덩이〉를 만들어 냈다. 살라메는 전에 야세르 아라파트의 개인 경호 조직인 포스17의 책임자였는데, 이스라엘은 그가 1972년 뮌헨 올림픽에서 이스라엘 선수들을 공격한 사건에 관여했다고 주장했다. 하지만 암살 작전에 관여한 이스라엘 정보장교들을 인터뷰해서 나온 설명에 따르면, 〈모사드는 결국 이 통로를 차단하는 게 중요하다〉는 결론을 내리고 〈친구에게 이런 식으로 행동해서는 안 된다고 미국인들에게 암시를 주었다〉.[58] 암살 사건 이후에 훨씬 더 은밀한 방식으로 바뀌긴 했어도 접촉이 중단되지는 않았다. 미국과 팔레스타인해방기구 양쪽 모두 이스라엘의 무지막지한 암시를 눈치챘을 뿐이다.

1978년 파커의 후임으로 레바논 주재 대사가 된 존 건서 딘John Gunther Dean은 연락 채널을 계속 유지하라는 지시를 받았다. 이 채널이 확대되어 미국과 팔레스타인해방기구 관리들이 처음 직접 대화를 나누기도 했고, 한층 더 폭넓은 정치 문제를 다루게 되었다. 그 문제들 가운데는 팔레스타인해방기구가 안보리 결의안 제242호를 수용하고 미국이 이 기구를 인정하기 위한 조건, 팔레스타인해방기구를 평화 교섭에 참여시키는 문제, 이란에서 일어난 이슬람 혁명, 테헤란에 억류된 미국인 인질 석방 등도 있었다. 미국은 이스라엘과 한 약속과 상관없이 최소한 4년 동안 비밀리에 팔레스타인해방기구와 교섭을 했다.

딘은 1980년 암살 시도의 표적이었다. 레바논외세해방전선Front for the Liberation of Lebanon from Foreigners이 자신들의 소행이라고 주장했지만, 나중에 이스라엘 정보기관과의 인터뷰에서 이 그룹은 이스라엘이 통제하는 조직체로 확인되었다.[59] 딘은 자기를 살해하려 시도한 배후에 이스라엘이 있다고 줄곧 주장했는데, 이런 증거뿐만 아니라 미국과 접촉한 팔레스타인인 몇 명을 이스라엘이 암살한 사실로 볼 때, 딘의 주장이 입증되는 것 같다.[60]

딘은 1979년에 국무부와 교환한 서신을 내게 보여 주었는데, 이 내용을 보면 미국과 팔레스타인해방기구가 얼마나 광범위하게 접촉했는지가 생생하게 드러난다. 국무부에서 공식적으로 펴내는 연속 간행물인 『미국의 대외 관계*Foreign Relations of the United States*』에는 이런 사실이 전혀 반영되어 있지 않다.[61] 이 접촉에는 예를 들어 테헤란 대사관에 억류된 미국인 인질을 구해 내기 위해 팔레스타인해방기구가 기울인 시도에 관한 광범위한 의견 교환도 포함된다(인질 숫자가 공개된 것은 최소한 어느 정도는 팔레스타인 세력이 이란 혁명 정권과 중재한 덕분이다). 이런 접촉은 중개자들을 통해 시작되었지만, 결국 딘과 사드 사옐Sa'd Sayel(아부 알왈리드Abu al-Walid)을 비롯한 팔레스타인해방기구 인사들이 직접 만났다. 사옐은 요르단군 장교 출신으로 팔레스타인해방기구 참모총장이자 고위 군 장교였다.[62] 그도 나중에 암살당했는데, 아마 시리아 요원들이나 어쩌면 이스라엘 요원들의 소행이었을 것이다.

이런 의견 교환의 정도와 범위만큼이나 중요한 것은 그 취지였다. 접촉에 관여한 팔레스타인 중개자들은 팔레스타인해방기구가 결의안 제242호를 수용하는 조건에 관해(몇 가지 단서가 붙긴 했지만 기꺼이 수용할 태세였다), 그리고 미국과 팔레스타인이 이를 계기로 공식적·공개적으로 접촉하는 방안을 놓고 딘과 그의 동료 한 명과 장시간 대화를 나눴다. 하지만 이 문제에 대한 합의는 결코 이루어지지 않았다. 접촉에 관여한 팔레스타인인들은 미국의 이익을 위해 노력을 기울이는 점을 워싱턴으로부터 인정받고 싶다는 팔레스타인해방기구의 바람을 거듭 전달했지만, 딘은 미국 기관들에 안전을 제공한 데 대해 감사한다는 자국 정부의 뜻을 표하는 것만 승인을 받았다. 미국은 팔레스타인 지도부가 분명히 기대한 이런 공로에 대한 정치적 보상을 절대 제공하지 않았다.

미국이 베이루트에서 팔레스타인해방기구와 계속 접촉하는 한편, 제네바에서 다자간 중동 평화 회담을 열고자 작업하고 있던 지미 카터 행정부는 1977년 10월 소련과 공동 코뮈니케communiqué를 발표했다. 코뮈니케는 새 장을 열면서 〈팔레스타인인〉을 포함한 분쟁의 모든 당사자가 참여한다고 언급했다. 몇 달 전 카터가 내놓은 성명은 팔레스타인인에게도 고국이 필요하다고 호소함으로써 워싱턴의 어조가 바뀌었다는 신호를 보냈다. 하지만 이스라엘에서 새로 당선된 메나헴 베긴이 이끄는 리쿠드당 정부와 이집트의 안와르 사다트가 압력을 가하는 가운데, 카터 행정부는 금세 포괄적 합의를 하고 팔레스타인인도 교섭에 참여해야 한다는 요구를 포기했다.[63] 실제로 미국 정부는 양자 간 대화인 캠프데이비드Camp David 방식을 채택해서 결국 1979년에 독자적인 이집트-이스라엘 평화 조약을 이끌어 냈다.

이 방식은 팔레스타인해방기구를 축출하고, 1967년에 차지한 점령지를 방해받지 않고 식민화하고, 10년 넘게 교착 상태인 팔레스타인 문제를 보류하기 위해 베긴이 특별히 고안한 것이었다. 사다트와 미국 관리들은 카터가 대통령 취임 초기부터 중요성을 강조한 팔레스타인 문제를 이렇게 회피하는 것에 대해 무기력하게 항의했지만, 결국 묵인했다. 사다트 입장에서 보면, 이 조약으로 이집트는 시나이

반도를 되찾았다. 베긴은 이집트와 일방적으로 평화를 이룸으로써 나머지 점령지를 이스라엘이 더욱 굳건하게 지배하고 이집트를 아랍-이스라엘 분쟁에서 영원히 배제할 수 있었다. 미국은 이 조약으로 이집트가 소련을 벗어나 미국 진영으로 완전히 넘어옴으로써 중동의 초강대국 분쟁에서 가장 위험한 부분이 해결되었다.

세 당사자에게 이런 국가적 목표가 대단히 중요한 상황에서 베긴은 캠프데이비드와 1979년 평화 조약에서 팔레스타인과 관련된 조건을 규정할 수 있었다.[64] 팔레스타인해방기구 지도부는 이 모든 사실을 분명히 보았고, 이후 간접적으로 이루어진 미국 정부와의 대화 국면에서 이런 씁쓸한 감정이 반영되었다. 팔레스타인해방기구가 레바논에서 협력한 게 보답을 받기는커녕 사실상 미국과 동맹국 이스라엘에 의해 더욱 고립되는 결과로 이어지는 것을 보았기 때문이다.

카터 시절 미국은 팔레스타인의 민족적 권리와 교섭 참여를 거의 지지했지만, 양쪽 사이의 거리는 어느 때보다도 더욱 멀어졌다. 캠프데이비드와 이스라엘-이집트 평화 조약은 미국이 이스라엘에서 팔레스타인의 권리를 부정하는 가장 극단적인 세력과 손을 잡는다는 신호였고, 이 제휴는 로널드 레이건 행정부에서 더욱 공고해졌다. 베긴과 리쿠드당의 후임자들인 이츠하크 샤미르, 아리엘 샤론, 베냐민 네타냐후는 팔레스타인 국가 수립이나 주권 확보, 점령지 요르단강 서안과 동예루살렘의 지배권 회복에 철저히 반대했다. 제에브 자보틴스키의 이데올로기적 상속자인 그들은 팔레스타인 전체가 오직 유대인의 땅이며 민족적 권리를 가진 팔레스타인이란 존재하지 않는다고 믿었다. 〈현지 아랍인들〉에게 자치권은 주었지만, 이 자치권은 땅이 아니라 사람들에게만 주어졌을 뿐이다. 그들이 명백하게 추구하는 목표는 팔레스타인 전체를 이스라엘 땅으로 바꾸는 것이었다.

이집트와 체결한 조약을 통해 베긴은 리쿠드당의 구상을 실행하는 데 방해가 될 것을 모조리 치워 버렸다. 그가 빈틈없이 깔아 놓고 미국이 받아들인 토대가 이후 이어지는 모든 것을 위한 밑바탕이 되었다.[65] 향후 이뤄지는 교섭은 무한히 연장할 수 있는 과도기를 위한 자치 조건에 제한되었고, 주권, 국가 수립, 예루살렘, 난민의 운명, 팔레스타인의 토지와 물과 대기에 대한 관할권 등에 관한 논의는 죄다 배제되었다. 그사이 이스라엘은 점령지의 식민화를 강화하기 시작했다. 미국과 이집트가 이따금 미지근한 항의를 하긴 했지만, 베긴이 부과한 조건이 팔레스타인인들이 교섭을 할 수 있는 상한선이 되었다.

1979년 평화 조약 직후에 팔레스타인인들의 상황은 한층 더 나빠졌다. 레바논 전쟁은 지루하게 이어지면서 나라의 대부분을 파괴하고, 사람들을 지치게 만들고, 팔레스타인해방기구를 약화시켰다. 각기 다른 단계마다 팔레스타인해방기구는 이스라엘과 시리아, 레바논의 군대와 마주해야 했다. 이스라엘과 미국, 이란, 사우디아라비아 등 여러 나라가 은밀히 지원하는 레바논 민병대와도 맞서야 했다. 그러나 이 모든 압박과 1978년 이스라엘의 침공 ─ 레바논 남부 지역을 이스라엘의 대리인인 〈남레바논군〉이 지배하는 결과로 이어진 리타니 작전Litani Operation ─ 에도 불구하고 팔레스타인해방기구는 여전히 건재했다. 실제로 팔레스타인해방기구는 레바논의 여러 지역에서 계속 가장 강한 세력을 유지했다. 서베이루트, 트리폴리, 시돈, 슈프 산맥, 남부의 많은 지역 등 외국 군대나 대리 세력의 수중에 들어가지 않은 지역이 주요 무대였다. 팔레스타인해방기구를 몰아내려면 또 한 차례의 군사 행동이 필요했는데, 1982년 미국 국무 장관 알렉산더 헤이그 장군은 팔레스타인해방기구, 아니 더 나아가 팔레스타인 민족주의를 끝장내기 위한 아리엘 샤론의 계획에 동의했다.

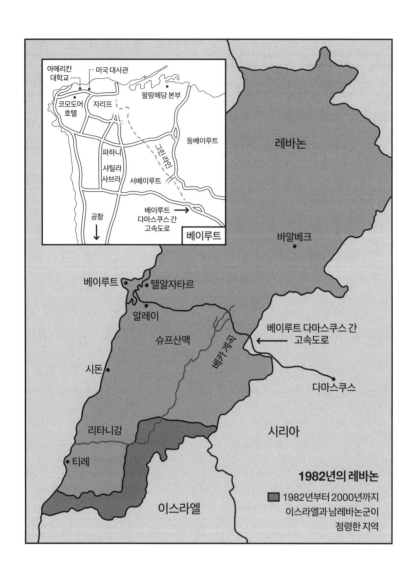

아메리칸
대학교
미국 대사관
코모도어
호텔
자리프
팔랑헤당 본부
파하니
사틸라
사브라
동베이루트
서베이루트
그린라인
공항
베이루트
다마스쿠스 간
고속도로
베이루트

레바논

바알베크

베이루트
텔알자타르
알레이
슈프산맥
베카계곡
베이루트 다마스쿠스 간
고속도로
시돈
다마스쿠스
리타니강
시리아
티레

이스라엘

1982년의 레바논

1982년부터 2000년까지
이스라엘과 남레바논군이
점령한 지역

4   **네 번째 선전포고, 1982**

무방비 상태의 도시, 마을, 주거지, 주택에 대한 공격이나 포격은 금
지된다.

　　― 헤이그 협약 부속 문서 제25조, 1899년 7월 29일[1]

당신들은 우리 독자들이나 불만을 제기할 수 있는 사람들에게 이스
라엘이 도시 전체를 무차별 포격할 능력이 있다고 이야기하는 걸 두려
워합니다.

　　― 『뉴욕 타임스』 베이루트 지국장 토머스 프리드먼이 편집국에 전
한 말[2]

1982년에 이르러 베이루트 사람들은 이미 오랜 전쟁을 겪으며 살
고 있었다. 폭발 소리에 익숙해져서 경험을 통해 그 소리를 구분할 수
있었다. 그해 6월 4일 금요일, 나는 6년째 가르치고 있는 베이루트 아
메리칸 대학교 입학위원회 회의에 참석 중이었다. 여느 때와 다름없
는 평범한 주말 같았다. 그런데 갑자기 천둥 같은 소리가 들렸다. 멀
리서 약 907킬로그램짜리 폭탄이 여러 발 터진 게 분명했다. 우리는

순식간에 얼마나 심각한 일이 벌어지고 있는지 알아챘고, 회의는 곧바로 중단되었다. 이 공습은 팔레스타인해방기구를 겨냥한 이스라엘의 1982년 레바논 침공의 신호탄이었다. 레바논 사람은 누구나 오래전부터 이 사태를 예상했는데, 대부분 두려워하고 있었다.

다섯 살 반인 라미야Lamya와 세 살이 다 된 디마Dima 두 딸은 각기다른 유치원과 어린이집에 있었다. 멀리서 공격을 위해 강하하는 초음속 전투기의 날카로운 소리(세상에서 가장 끔찍한 소리다)가 울려퍼지는 가운데, 나는 차에 뛰어올라 아이들을 데리러 달려갔다. 그날도로 위에 있던 모든 이들은 베이루트에서 다시 전투가 시작될 때마다 그러하듯이 자포자기한 심정으로 차를 몰았다. 그러니까 평소보다 약간 무모하게 운전을 했다.

아내 모나는 당시 임신 4개월째로 팔레스타인통신사에서 일하고있었다. 영어판 뉴스 단신 편집 책임자였다. 내가 아는 한, 레바논 수도를 뒤흔드는 거대한 폭음은 몇 마일 떨어진 서베이루트의 파하니Fakhani구에서 들려오는 것 같았다. 항상 붐비는 곳이었다. 사브라와샤틸라 난민촌에서 가까운 팔레스타인통신사 사무실이 그곳에 있었고, 팔레스타인해방기구의 정보·정치 부서도 대부분 거기 있었다. 곧바로 라디오 보도를 통해 폭발 현장이 그곳임이 확인되었다.

원래 믿음직스럽지 않고 7년간 전쟁이 이어지면서 훨씬 열악해진베이루트 전화 시스템이 워낙 과부하가 걸려서 모나하고 통화를 할수 없었다. 아내한테 연락할 방법이 없었고 무슨 일이 벌어지고 있는지도 알지 못했다. 무너진 통신사 건물 지하실로 몸을 피했기를 바랐다. 다행히 아메리칸 대학교는 애들 유치원과 어린이집하고 가까웠다. 모나와 나는 개시와 중단을 반복하는 전투가 시작될 때마다 곧바로 아이들한테 달려갈 수 있어야 한다고 항상 불안해했다. 레바논에

서베이루트 파하니구, 1982년 6월. 팔레스타인해방기구의 대다수 정보·정치 부서와 마찬가지로 팔레스타인통신사도 이곳에 있었다.

서 간헐적인 전투가 벌어진 처음 몇 년간 우리 자신에 관해서 걱정할 일은 없었지만, 아이들이 유치원과 어린이집을 다니기 시작하자 항상 걱정을 달고 살았다.

　두 딸과 나중에 나온 아들까지 전쟁이 한창인 베이루트에서 태어났는데, 정치에 관여하는(레바논에 사는 30만 명 가까운 팔레스타인인이 거의 전부 그랬다) 부모를 둔 덕분에 아이들은 모나하고 나처럼 이스라엘 정부와 다른 몇몇 집단으로부터 테러리스트 취급을 받았다. 당혹스럽게도 이런 식으로 우리에게 딱지를 붙일 가능성이 제일 큰 이들이 이제 막 도시로 쳐들어올 준비를 하고 있었다. 멀리서 섬찟한 폭음이 들리는 가운데서도 아이들을 데리러 가는 베이루트의 평범한 금요일이 될 뻔한 날이었지만, 한동안 우리의 삶이 평범하지 않을 것임을 알았다. 금세 아이들을 안전하게 집으로 데려왔다. 바깥에서는 천둥 같은 소리가 끊이지 않았고, 어머니와 나는 최대한 아이들을 진정시켰다.

마침내 모나가 집에 왔는데, 알고 보니 대대적인 공습이 있었는데도 아내는 지하 대피소로 내려가라는 조언을 따르지 않았다. 여러 해 전쟁을 겪은 덕분에 장시간 공격이 계속될 때(그날이 그런 경우였다) 지하로 내려가면 꼼짝없이 갇혀서 몇 시간 동안 아이들을 보지 못할 것임을 알았기 때문이다. 그래서 재빨리 사무실을 빠져나와 집으로 달려온 것이다. 거리에 있던 사람들이 폭격을 피해 도망치고 자동차나 택시가 사라진 가운데 아내는 냅다 뛰었다. 그렇게 약 1.6킬로미터 정도를 숨 가쁘게 달려가다가 유네스코 사무실 근처에서 택시를 한 대 발견해서 집까지 안전하게 왔다. 이 경험은 배 속에 있던 아이에게 아무런 영향을 미치지 않은 게 분명했다. 하지만 몇 달 뒤 태어난 아들 이스마일Ismail은 아주 오랫동안 큰 소리에 극도로 민감한 반응을 보였다.

그 금요일에 이스라엘 전투기들이 폭탄을 퍼부어 파하니구 근처에 있는 경기장을 포함해 건물 수십 채를 잔해로 만들었다. 팔레스타인해방기구 사무실과 시설이 있다는 이유에서였다. 다음 날까지 계속된 베이루트와 레바논 남부의 표적에 대한 집중 폭격은 6월 6일에 시작된 대규모 지상 공격의 신호탄이었고, 결국 이스라엘은 레바논의 광대한 지역을 점령했다. 이 공세는 7주간 이어진 베이루트 포위 공격으로 정점에 달했고, 마침내 8월 12일에 휴전과 함께 끝났다. 포위 기간에 이미 크게 파괴된 도시의 서쪽 절반에 있는 아파트 건물 전체가 잿더미가 되었고 넓은 지역이 황폐화되었다. 베이루트를 비롯한 레바논 전체에서 5만 명 가까운 수가 죽거나 부상을 당했다. 이 포위 공격은 제2차 세계 대전 이래 정규군이 아랍 국가의 수도를 상대로 벌인 가장 대규모 공격으로, 2003년 미국이 바그다드를 점령할 때까지 이후에도 유사한 사례가 없었다.

1982년 레바논 침공은 이스라엘과 팔레스타인 사이의 분쟁에서 분수령이 되었다. 1948년 5월 15일 이래 아랍 각국 군대가 아니라 주로 팔레스타인인이 관여해서 최초로 벌어진 대규모 전쟁이었다. 팔레스타인 페다인은 1960년대 중반부터 줄곧 요르단의 카라메에서, 1960년대 말과 1970년대에 레바논 남부, 특히 1978년 리타니 작전에서, 그리고 1981년 여름 레바논-이스라엘 국경을 가로지르는 격렬한 포격전 등에서 이스라엘 군대와 대결했다. 하지만 존재 자체를 없애려는 거듭된 시도에도 불구하고 팔레스타인해방기구가 정치적·군사적으로 레바논에서 굳건한 입지를 구축해 놓은 까닭에 비교적 제한된 이런 성격의 군사 작전으로는 최소한의 영향만 미칠 수 있었다.

1982년 침공은 그 목표와 규모, 지속 기간, 막대한 손실, 광범위한 영향 면에서 완전히 성격이 달랐다. 이스라엘의 대레바논 전쟁은 여러 목표를 겨냥했지만, 팔레스타인인들에게 주로 초점을 맞추고 팔레스타인 내부의 상황을 바꾼다는 원대한 목표를 추구했다는 점에서 독특했다. 전쟁을 위한 전반적인 계획은 메나헴 베긴 총리와 이스라엘 내각의 승인을 받았지만, 침공의 설계자인 국방 장관 아리엘 샤론은 침공의 진짜 목표와 작전 계획을 대개 내각에 비밀로 부쳤다. 샤론은 팔레스타인해방기구와 시리아 무장 세력을 레바논에서 축출하고 베이루트에 말 잘 듣는 동맹 정부를 만들어 그 나라의 상황을 바꾸기를 원했지만, 주요한 목표는 팔레스타인 자체였다. 샤론, 베긴, 이츠하크 샤미르 같은 대이스라엘Greater Israel 주창자들의 관점에서 보면, 팔레스타인해방기구를 군사적으로 파괴하고 레바논에서 그 힘을 제거하면 요르단강 서안과 가자 지구, 동예루살렘 등 점령지에서 팔레스타인 민족주의의 힘도 끝장이 날 것이었다. 그렇게만 되면 이스라엘이 이 지역들을 한결 쉽게 통제하고 결국 병합할 수 있을 것이었다. 전 이스라엘 참모총장 모르데하이 구르Mordechai Gur는 개전 초기에 크네셋 위원회의 비공개 회의에 나와서 전쟁의 목표에 찬성하며 이렇게 요약했다. 〈결국 점령지에서 (팔레스타인해방기구) 지도부가 미치는 영향력을 제한해서 우리가 더 폭넓은 행동의 여지를 확보하는 것〉이라고.[3]

규모 면에서 볼 때, 이스라엘의 레바논 침공에는 8개 사단(12만 명이 훌쩍 넘는 병력에서 예비군의 비중이 컸다)이 참여했는데, 1973년 전쟁 이래 최대 규모의 동원이었다.[4] 개전 초기 몇 주일간 이 대규모 병력은 레바논 남부에서 몇천 명의 팔레스타인과 레바논 투사들을 상대로 간헐적이면서도 치열한 전투를 벌였다. 베이루트 동쪽 베카 계곡과 슈프 군과 메튼 군의 산악 지대에서는 시리아 기갑·보병 2개 사단과 격렬하게 충돌했다. 6월 26일, 시리아가 휴전을 받아들이고(팔레스타인해방기구는 분명하게 배제되었다) 이후 전쟁 기간 동안 방관자 역할만 했다. 계속된 베이루트 포위 공격으로 도시가 공습과 포격을 당했고, 팔레스타인해방기구 부대와 레바논 동맹 세력만이 간헐적으로 지상전을 벌였다.

레바논의 공식 통계에 따르면, 1982년 6월 초부터 10월 중순까지 10주간 벌어진 전투에서 대부분 민간인인 팔레스타인인과 레바논인 1만 9,000여 명이 사망하고 3만 명 이상이 부상을 당했다.[5] 전략적 위치에 자리한 시돈 근처의 아인알힐와'Ain al-Hilwa 팔레스타인 난민촌은 주민이 4만 명이 넘어서 레바논 최대 규모였는데, 사람들이 이스라엘의 진격에 격렬하게 저항한 뒤 거의 완전히 파괴되었다. 9월에는 베이루트 교외에 있는 사브라와 샤틸라 난민촌에도 비슷한 운명이 닥쳤다. 전투가 끝난 뒤에 악명 높게 섬뜩한 학살이 벌어진 것이다. 베이루트를 비롯한 남부의 여러 지역과 슈프산맥이 심각한 피해를 입은 한편, 이스라엘 군대는 걸핏하면 레바논 수도의 포위된 서부 지역에 대한 수도와 전기, 식량과 연료 공급을 차단했다. 그와 동시에 간헐적이지만 때로 대단히 집중적으로 공중, 지상, 해상에서 포격을 퍼부었다. 전쟁과 포위 공격이 진행된 10주간 이스라엘이 공식적으로 발표한 군 사상자 수는 총 2,700명이 넘었는데, 군인 364명이 사망하고 거의 2,400명이 부상을 당했다.[6] 레바논 침공과 이후 이어진 레바논 남부 장기 점령—2000년에야 끝났다—으로 이스라엘은 70년이 넘는 역사 동안 벌인 여섯 차례의 대규모 전쟁 가운데 세 번째로 많은 군 사상자를 기록했다.[7]

서베이루트 포격과 포위 공격이 진행된 10주간 우리 가족—모나, 두 딸, 어머니 셀와Selwa, 남동생 라자Raja, 그리고 나—은 서베이루트에서 건물이 빽빽하게 들어찬 자리프Zarif 지구에 있는 아파트에서 같이 살았다. 남쪽 교외인 하레트흐레이크Haret Hreik에 있는 어머니 집 근처까지 전선이 불안하게 다가온 상태여서 어머니와 남동생이 우리 집으로 옮겨 온 것이었다. 전투가 끝난 뒤 어머니네 아파트를 찾아가 보니 주방이 이스라엘 포탄에 직격당한 상태였다.

같이 살다 보니 가족들이 항상 서로 어디에 있는지 알고, 포위된 상태라 여러 가지가 부족한 상황에서도 함께 기운을 북돋워 줄 수 있었다. 집 안에 꼼짝없이 갇힌 두 아이를 돌보면서 물과 전기, 신선 식품이 부족한 상황과 쓰레기 태우는 냄새를 견뎌 냈다. 서베이루트 주민 수십만 명이 우리처럼 버텼다. 전에도 수년간 이어진 내전을 견디면서 집중 포격과 이스라엘의 공습까지 이겨 냈지만, 이번 포위 공격은 지상과 해상에서 날아오는 이스라엘의 집중 포화와 무자비한 공습 때문에 훨씬 더 격렬하고 지독했다.

팔레스타인의 대의 자체가 생과 사의 갈림길에 놓인 듯싶은 이 존재론적 위기의 시기에 나는 서구 언론인들의 비공개 정보원 노릇을 했다. 몇몇 언론인은 오래전부터 친구로 지낸 이들이었다. 팔레스타인해방기구의 공식 노선을 소개해야 한다는 의무에서는 자유로웠지만 한때 일했던 팔레스타인통신사의 동료들과 여전히 긴밀하게 연락을 하고 있었던 터라 진행되는 상황에 관해 나 자신의 솔직한 의견을 제시할 수 있었다. 한편 모나는 팔레스타인통신사의 영어판 뉴스 단신 편집 일을 계속했는데, 임신한 몸이라 이제 파하니구에 있는 예전 사무실까지 출퇴근하는 게 너무 위험해서 원격 근무를 해야 했다.[8]

대다수 언론인이 도시 서쪽에 자리를 잡고 있는 가운데 베이루트가 줄곧 중동 대부분의 중심부(또한 첩보 활동의 중심지)였다는 사실은 팔레스타인의 관점을 소개하는 데 안성맞춤이었다. 언론인들 중에는 오랜 세월 동안 아랍-이스라엘 분쟁과 레바논 분쟁을 다뤄 온 베테랑 전쟁 특파원도 있었다. 이 기자들은 팔레스타인해방기구의 분명한 메시지든, 마론파 레바논전선*의 거친 언사든, 시리아 정권의 판에 박힌 엄포든, 이스라엘의 전유물인 번드르르하고 기만적인 홍보전hasbara이든 간에 노골적인 선전에 이골이 난 터였다. 그들이

---

* Lebanese Front, 레바논 내전 당시 1976년에 기독교 지식인들이 중심이 되어 결성한 민족주의 정당들의 연합체.

베이루트를 지키고 있었던 덕분에 국제 언론에서 전쟁의 향방이 제대로 보도되었다.

지난해 7월에 이스라엘과 팔레스타인해방기구는 국경을 사이에 두고 2주간 치열한 포격전을 벌였다. 이스라엘 공군과 대포가 레바논 남부를 두들기고, 팔레스타인해방기구의 로켓포와 포병 부대도 이스라엘 북부의 표적을 공격했다.[9] 그 결과, 레바논인과 팔레스타인인 민간인 다수가 집을 버리고 도망쳤고, 갈릴리 지방의 이스라엘인들도 대피소에 발이 묶이거나 피난을 갔다. 이런 격렬한 전투는 1981년 7월 25일에 정점에 달해서 미국 대통령 특사인 필립 하비브 Philip Habib 대사가 휴전을 교섭했다. 놀랍게도 휴전은 이후 10개월 동안 유지되었고 위반하는 경우도 거의 없었다.[10] 하지만 베긴 정부와 아리엘 샤론이 이런 결과에 만족하지 않았음이 분명했다.

이스라엘이 전쟁 준비를 하고 있다는 경고가 레바논과 팔레스타인 지도자들, 그리고 언론을 비롯한 여러 사람들에게 전해졌다. 이런 경고 가운데 하나는 1982년 봄에 팔레스타인연구소에서 연구자들을 대상으로 한 브리핑에서도 전달되었다. 나도 그 자리에 참석했다. 브리핑을 진행한 예브게니 프리마코프 Yevgeny Primakov 박사는 소련동양연구소 Soviet Oriental Institute 소장으로 국가보안위원회 KGB 고위 관리라는 소문이 자자했다. 프리마코프는 퉁명스러웠다. 이스라엘이 조만간 레바논을 공격할 테고, 미국이 전면 지지할 것이며, 소련은 사전에 공격을 막거나 레바논과 팔레스타인 동맹자들을 보호할 역량이 없다는 것이었다. 그의 말로는, 모스크바 당국은 전쟁이 시리아로 확대되는 것을 막거나 중동의 주요 동맹국인 시리아 정권을 지키는 데 급급할 것이었다. 팔레스타인해방기구 지도부에도 이미 똑같은 이야기를 했다는 말을 들었다.[11]

따라서 1982년 6월 4일 베이루트 포격과 함께 전쟁이 시작되었을 때 우리 중 누구도 놀라지 않았다. 다만 이후 벌어진 전쟁의 범위와 규모는 나나 다른 사람들이 예상한 것보다 훨씬 컸다. 이와 대조적으로, 야세르 아라파트를 비롯한 팔레스타인해방기구 지도자들은 전쟁이 일어났을 당시 샤론이 군대를 베이루트까지 쭉 밀어붙이리라는 것을 오래전부터 알고 있었다. 그들은 이런 만일의 사태에 분명히 대비하면서 탄약과 물자를 비축하고, 사무실과 자료를 옮겨 놓으며, 대피소와 예비 지휘 본부를 준비했다.[12] 6월 6일을 시작으로 종종 상륙부대와 헬리콥터로 착륙한 특공대를 앞세운 이스라엘의 거대한 기갑부대 행렬이 빠르게 북쪽으로 밀어붙이며 시돈을 지나 해안을 따라 베이루트로 향했다. 이스라엘의 다른 기갑부대들도 동시에 레바논 중심부에 있는 슈프산맥을 관통해 진격하는 한편, 다른 부대들도 베카 계곡에서 싸우면서 동쪽으로 나아갔다. 8개 사단으로 이루어진 침공군은 모든 전선에서 숫자와 장비 면에서 절대적 우위를 누렸고, 공중과 해상도 완전히 장악했다. 험한 지형이나 건물이 빽빽이 들어찬 지역에서 필사적인 저항에 부딪히면 이런 강력한 공세가 잠깐 지체될 뿐이었고, 이스라엘 쪽 사상자가 대규모로 발생하는 경우에나 공세가 느려졌다. 그래도 멈추는 법은 없었다.

　그리하여 6월 13일, 이스라엘 부대가 베이루트 바로 남쪽에 있는 해안 도로의 전략적 요충지인 할데Khaldeh 교차로에 도착했고, 팔레스타인, 레바논, 시리아 전투원들은 결국 궤멸되었다.[13] 그 직후 이스라엘 탱크와 포대가 바압다Ba'abda에 있는 대통령 관저 근처와 수도의 동쪽에 있는 다른 교외 지역에 나타났다. 서베이루트는 이제 완전히 둘러싸였고, 포위 공격이 막 시작될 참이었다. 이스라엘의 공세로 시리아 군대가 베이루트가 내려다보이는 산악 도시에서 밀려나 독자적으로 휴전을 한 뒤, 팔레스타인해방기구만이 레바논민족운동*의 동맹자들과 함께 전장에 남았다. 포위 공격은 물샐 틈이 없었고, 이스라엘 군대가 서베이루트를 마음먹은 대로 포격했으며, 어느 세력도 구조나 의미 있는 지원을 해줄 가능성이 보이지 않았다.

몇몇 경우에 이스라엘의 포격과 폭격은 표적을 정확히 겨냥했는데, 때로는 확실한 정보에 바탕을 둔 것이었다. 하지만 그렇지 않은 경우가 너무도 흔했다. 도시 서부 지역 전체, 특히 파하니-아랍 대학교 지구에서는 8층에서 12층짜리 아파트 수십 채가 공습으로 파괴되었다. 주택뿐만 아니라 이미 비어 있는 팔레스타인해방기구 사무실도 여러 곳 공격당했다. 서베이루트와 다른 곳—가령 내 사촌인 왈리드의 아파트가 포격으로 파괴된 라우셰Raouché 지구의 해안가 지역—에서 무너져 내린 건물들 가운데 다수는 군사 시설과 전혀 무관한 곳이었다.

『뉴욕 타임스』편집부가 기사에서 불쾌한 단어라고 삭제하긴 했지만, 토머스 프리드먼 기자는 언젠가 이스라엘의 포격을 〈무차별적〉이라고 묘사했다.[14] 프리드먼은 특히 코모도어 호텔 주변 지역 같은 주거지에 간헐적으로 가한 포격을 언급한 것이었는데, 그를 비롯한 언론인 대부분이 머무른 그 호텔에는 확실히 군사 관련 시설이 하나도 없었다.[15] 이렇게 전면적인 포격을 가한 목적이 있다면 그것은 베이루트 주민들이 공포에 질려서 팔레스타인해방기구에 등을 돌리게 만드는 것뿐이었다.

이런 대규모 포격과 이스라엘의 광범위한 공중 감시 역량, 레바논

---

* Lebanese National Movement, LNM, 레바논 내전 중에 팔레스타인해방기구를 지원하기 위해 만들어진 전선체. 좌파, 범아랍주의, 시리아 민족주의 정당과 단체가 참여했다.

에 심어 놓은 수백 명의 요원과 스파이에도 불구하고[16](전쟁이 벌어진 때는 정찰 드론의 시대가 도래하기 전이었다), 팔레스타인해방기구가 운영하는 여러 지하 사령부와 통제소, 통신 센터는 하나도 공격을 당하지 않았다. 또한 이스라엘 공군이 표적을 명중시키지 못했을 때 다수의 민간인이 사망했지만, 팔레스타인해방기구 지도자는 한 명도 공격으로 사망하지 않았다. 이스라엘이 그들을 죽이려고 여러 방면으로 시도한 사실을 감안하면 놀라운 결과다.[17] 이스라엘 지도자들은 이 과정에서 민간인을 죽이는 일에 아무런 관심이 없었던 게 분명하다. 1981년 7월 공습으로 베이루트의 건물 한 채가 파괴되어 다수의 민간인 사상자가 발생한 뒤, 베긴의 집무실에서는 〈이스라엘은 이제 더 이상 민간인 지역에서 게릴라 목표물을 공격하는 일을 삼가지 않을 것〉이라고 선언했다.[18] 아라파트가 주요 표적이었다. 8월 5일 로널드 레이건에게 보낸 편지에서 베긴은 〈요즘 들어〉 자신과 〈용감한 군대가 무고한 민간인들 사이에서 히틀러와 그의 심복들이 지하 깊숙한 벙커 속에 은신해 있는 베를린을 상대하고 있는〉 느낌이 든다고 말했다.[19] 베긴은 종종 아라파트와 히틀러를 그런 식으로 비교했다. 아라파트가 제2의 히틀러라면, 그를 죽이는 것은 민간인의 인명이 아무리 희생되더라도 분명 정당하게 허용되는 일이었다.[20]

이스라엘의 가장 악명 높은 스파이 용의자 중 하나로 베이루트에서는 아부 리쉬Abu Rish(〈깃털의 아버지〉: 그는 이따금 모자에 깃털 하나를 꽂고 다녔다)로 통하던 사람이 있었다. 그는 서베이루트의 마나라Manara 지구에 있는 장모님 아파트 맞은편에 진을 치고 있었는데, 때로는 아파트 로비까지 들어왔다. 기인 같은 외모 때문에 지나가는 사람이나 내 딸들도 그가 눈에 익었다. 아파트 발코니에서 그를 지켜본 딸들은 35년이 지난 뒤에도 그를 기억했다.[21] 몇몇 베이루트 사람들은 나중에 그가 이스라엘 부대에 길을 인도하는 모습을 보았다고 말했는데, 어쩌면 도시 전설일 수도 있다.

팔레스타인해방기구 정보부장 아부 이야드(살라 할라프)는 전쟁이 끝나고 2년 뒤 튀니스에서 나와 인터뷰하면서, 이스라엘이 정보기관의 역량을 자랑하면서도 몇몇 의도한 표적을 명중시키지 못한 이유를 설명해 주었다. 포위 공격 당시 팔레스타인해방기구는 마론파를 주축으로 이스라엘 편에 선 레바논전선의 한 지부가 통제하는 전선을 가로질러 연료와 식료품, 탄약을 지속적으로 확보할 수 있었다. 흡연자 특유의 걸걸하고 낮은 목소리로 그가 말했다. 「그냥 돈만 있으면 되는 거였지.」 그리고 이중간첩을 체계적으로 활용한 것도 팔레스타인해방기구 지도자들의 높은 생존률과 어느 정도 관계가 있었다. 「하지만 절대 이중간첩을 믿어선 안 됩니다. 돈에 넘어가는 사람이라면 다시 또 넘어갈 수 있거든요.」 잔인한 아이러니인데, 다시 배신해서 1991년 튀니스에서 아부 이야드를 암살한 사람도 이중간첩이었다.[22]

포위 공격이 끝나갈 무렵인 8월 6일, 나는 우리 집에서 두어 블록 떨어진 곳에 반쯤 완공된 8층짜리 아파트 근처에 있었는데, 정밀 유도탄이 떨어져 아파트가 내려앉았다.[23] 아파트에서 멀지 않은 곳에 주차해 놓은 친구를 내려주기 위해 잠시 정차했다가 출발한 직후에 벌어진 일이었다. 폭격기들이 강하하는 순간 나는 집에 거의 다 와가는 길이었는데, 뒤쪽에서 엄청난 폭발음이 들렸다. 나중에 보니 건물 전체가 내려앉아 무덤처럼 쌓인 잔해 사이로 연기가 피어오르고 있었다. 들리는 말로는 사브라와 샤틸라에서 온 팔레스타인 난민들이 빽빽이 들어차 있는 이 아파트 구조물에 방금 전 아라파트가 왔다 갔다고 했다. 최소한 100명, 아니 그 이상이 죽었다. 대부분 여자와 아이들이었다.[24] 그로부터 며칠 뒤에 친구가 한 말에 따르면, 공습 직후에 그는 잠깐 휘청했지만 다치지는 않아서 차에 올랐는데, 그가 타자마자 근처에서 차량 폭탄이 터졌다고 한다. 잔해 더미 속에서 사랑하는 가족을 찾으려고 애쓰는 가족들을 도와주는 구조대원들을 죽이려고 설치해 둔 폭탄이었을 것이다. 모사드의 한 장교는 이런 차량 폭탄을 〈살인 자체를 위해 살인을 하는 무기〉라고 지칭했다. 베이루트를 포위한 이스라엘군이 선택한 무기로, 죽음과 파괴의 수단 중 가장 끔찍한 것이었다.[25]

이 더러운 전쟁은 이스라엘과 미국, 그리고 레바논의 동맹 세력이 거세게 압박을 가하고 아랍 각국 정부는 어떤 유의미한 지지도 하지 않는 가운데, 팔레스타인해방기구가 어쩔 수 없이 베이루트에서 철수하기로 합의할 때까지 계속되었다.[26] 탈출 교섭은 주로 하비브 대사가 레바논의 중개자들과 의견을 교환하면서 이루어졌지만, 프랑스와 몇몇 아랍 정부, 특히 사우디아라비아와 시리아 정부도 참여했다. 미국은 주요 인물과 이스라엘에 대한 태도가 약간 바뀌긴 했지만, 끝까지 이스라엘의 핵심적인 전쟁 목표, 즉 팔레스타인해방기구를 물리치고 베이루트에서 몰아낸다는 목표를 달성하는 데 전념했다.

이스라엘은 팔레스타인해방기구가 완전히, 그리고 사실상 아무 조건 없이 베이루트에서 철수할 것을 요구했고, 미국도 이런 목표를 전면적으로 지지했다. 베긴과 샤론은 미국이 동조할 것을 확신하고 냉전의 언어를 구사하면서, 일찍부터 레이건 대통령과 그의 행정부에 팔레스타인해방기구는 악의 제국 소련과 제휴한 테러리스트 집단이며 이 집단을 제거하는 것이 미국과 이스라엘에 공히 도움이 된다고 설득했다. 전쟁 당시 미국의 외교 전반이 양국이 공유하는 이런 확신을 바탕으로 이루어졌다. 따라서 팔레스타인해방기구는 이스라엘의 격렬한 군사적 압박만이 아니라 그 동맹국인 미국의 끈질긴 외교적 강압에도 직면했다. 그런 강압은 맹렬하고 지속적이었으며, 교섭의 향방에 관한 이스라엘과 미국의 가짜 정보, 기만 작전과 나란히 진행되었다. 팔레스타인과 레바논의 사기를 떨어뜨리고 빠른 항복을 재촉하기 위한 작전이었다.

한편 미국은 또한 동맹국에게 긴요한 물질적 지원을 제공했다. 1981년과 1982년에 무려 연간 14억 달러에 달하는 군사 원조를 제공한 것이다. 이 돈은 이스라엘이 레바논에 배치한 무수히 많은 미국산 무기 시스템과 군수품 대금으로 쓰였다. F16 전투폭격기부터 M113 병력 수송 장갑차, 155밀리미터와 175밀리미터 야포, 공대지 미사일, 집속탄 등이었다.

이스라엘과 미국의 뒤얽힌 역할 말고도 가장 비열하고 수치스러운 전쟁의 부차적인 측면 가운데 하나는 주요 아랍 정권들이 미국의 압력에 굴복했다는 것이다. 각국 정부는 팔레스타인의 대의를 지지한다고 떠들썩하게 선언했지만, 팔레스타인해방기구가 동맹자 레바논과 함께 이스라엘의 군사 공격에 맞서 외로이 버틸 때, 그리고 한 아랍 국가의 수도가 포위 상태로 폭격을 당하고 점령되었을 때 그들을 전혀 지원하지 않았다. 미국이 팔레스타인해방기구를 베이루트에서 쫓아내라는 이스라엘의 요구를 지지하는 동안, 아랍 정부들은 형식적인 이의 제기만 했을 뿐이다. 그해 말 열리는 아랍 정상회담을 준비하기 위해 7월 13일에 회동한 아랍연맹 외무 장관들은 전쟁에 대응하는 행동을 아무것도 제안하지 않았다. 그때쯤이면 이미 5주 넘게 전쟁이 벌어지고 있었는데 말이다. 아랍 국가들은 굴종적으로 전쟁을 묵인했다.

특히 시리아와 사우디아라비아가 입을 굳게 다물었다. 앞서 두 나라는 아랍연맹에서 1982년 여름에 워싱턴 방문 사절단을 구성하여 아랍의 입장을 대표할 주역으로 선택된 상태였다. 아랍권 정부가 전쟁에 반기를 들었지만 미국이 새로운 미국-중동 외교 구상을 발표하겠다고 얄팍한 약속을 해서 매수해 버렸다. 마침내 9월 1일에 공개되어 나중에 레이건 플랜Reagan Plan이라는 이름이 붙은 구상이었다. 이 구상이 실행되었다면 요르단강 서안과 가자 지구에서 이스라엘 유대인의 정착에 제한이 가해지고 팔레스타인의 자치 당국이 만들어졌겠지만, 두 지역에서 팔레스타인 주권 국가는 배제되었다. 미국이 강력하게 밀어붙이지 않는 가운데 베긴 정부가 손쉽게 무력화한 레이건 플랜은 결국 아무 성과도 보지 못했다.

하지만 아랍권 여론에서 레바논 침공과 베이루트 포위 공격에 대해 눈길을 사로잡는 방송 화면이 널리 퍼지면서 엄청난 충격과 분노를 불러일으켰다. 그러나 억압적이고 비민주적인 아랍 정부들 중 어느 하나도 대중의 압력에 밀려서 아랍 수도에 대한 이스라엘의 포위전을 중단하거나 팔레스타인해방기구가 더 나은 조건으로 철수하도록 강제하지 않았다. 경찰의 단속이 심한 대다수 아랍권 도시에서는 대중적 시위나 공공연한 소요가 거의 벌어지지 않았다. 아이러니하게도, 전쟁 때문에 중동에서 최대 규모의 시위가 벌어진 곳은 텔아비브였는데, 사브라와 샤틸라 학살에 항의하는 시위였다.

전쟁에서 싸우고 사상자가 발생한 것은 이스라엘 사람들이었지만, 이번에도 역시 팔레스타인인들은 전장의 적이 처음부터 초강대국의 지원을 받고 있음을 발견했다. 레바논 침공을 결정한 것은 이스라엘 정부였지만, 미국 국무 장관 알렉산더 헤이그가 분명히 동의하거나 아랍 각국 정부가 수수방관하는 가운데, 미국의 외교적·군사적 지원이 없었더라면 침공을 실행할 수 없었을 것이다. 헤이그가 이스라엘에 이른바 〈제한된 작전〉을 승인해 준 것은 더없이 밝은 청신호였다. 공격이 시작되기 열흘 전인 5월 25일, 샤론은 워싱턴에서 헤이그와 만나 야심적인 전쟁 계획을 상세하게 펼쳐 보였다. 실제로 샤론은 나중에 이스라엘 내각에 제시한 것보다 훨씬 큰 그림을 헤이그에게 보여 주었다. 헤이그가 유일하게 보인 반응은 〈국제사회가 이해할 만한 ……뚜렷한 도발이 있어야 한다〉는 것이었다.[27] 그 직후 벌어진 런던 주재 이스라엘 대사 슐로모 아르고브Shlomo Argov 암살 시도(팔레스타인해방기구 반대 세력인 아부 니달 그룹의 소행)가 바로 이런 도발 구실을 했다.[28]

샤론은 이스라엘 군대가 레바논에 있는 팔레스타인해방기구, 특히 베이루트에 소재한 〈테러리스트 조직〉 전체, 군사 구조, 정치 지휘부를 뿌리 뽑을 작정이라고 헤이그에게 설명했다. (이런 계획만으로도 〈제한된 작전〉이라는 샤론의 설명이 거짓임이 드러난다.) 이스라엘은 또한—비록 샤론은 〈시리아와 전쟁을 벌일 생각이 없다〉고 위선적으로 주장했지만—〈그 부산물로〉 레바논에서 시리아를 축출하고 레바논에 꼭두각시 정부를 세울 것이었다. 오해의 여지가 없는 분명한 설명이었고, 이 회동의 성과를 〈헤이그로부터 제한된 작전에 대한 승인〉을 받은 것이라고 기록한 미국 외교관의 말도 명쾌했다.[29]

팔레스타인해방기구는 1982년 당시 집권 중인 아랍 정권들로부터 거의 지원을 기대할 수 없음을 알았지만, 그래도 레바논 사람들의 동정적인 반응에 의지하고 있었다. 하지만 그전에 15년간 팔레스타인해방기구가 가혹하고 종종 오만한 행동을 보여서 팔레스타인의 대의 전반과 특히 레바논에 사는 팔레스타인 사람들에 대한 대중적 지지가 심각하게 잠식된 상태였다. 베이루트의 상류층 동네인 베르덩Verdun에 있는 팔레스타인연구소 근처에서 벌어진 전형적인 사건이 있다. 어느 날 밤늦은 시간에 팔레스타인해방기구 고위 지도자로서 모범적인 인물과는 거리가 먼 아부 자임Abu Za'im 대령의 경호원들이 레바논의 젊은 커플에게 총을 쏴 죽인 것이다. 대령의 아파트 근처에 서둘러 만든 검문소에서 차량을 멈추지 않았다는 이유에서였다.[30] 팔레스타인해방기구는 규율이 엉망이었기 때문에 이런 사망 사고에 대해 아무도 처벌받지 않았다. 이처럼 변명의 여지가 없는 행동이 너무나도 흔하게 벌어졌다.

원래 레바논에서 팔레스타인 게릴라가 벌이는 활동은 공식적인 틀—1969년 채택된 카이로 협정—안에 제한되어 있었다. 이 협정에 따라 팔레스타인해방기구는 레바논 남부의 많은 지역에서 팔레스타인 난민촌을 통제하고 행동의 자유를 누렸다. 하지만 중무장한 팔레스타인해방기구는 레바논의 여러 지역에서 점차 지배권을 쥐고 권력을 휘두르는 세력이 되었다. 레바논의 보통 사람들은 내전이 장기화됨에 따라 이렇게 억압적인 팔레스타인 세력이 더욱 강화되는 것에 불만을 품었다. 팔레스타인해방기구가 레바논에 세운 일종의 미니 국가는 궁극적으로 지속 가능하지 않았다. 많은 레바논 사람들이 용납할 수 없는 일이었기 때문이다. 팔레스타인의 군사 행동에 자극받은 이스라엘이 레바논 민간인을 대상으로 대대적인 공격을 가하는 상황에 대해서도 분노가 들끓었다. 이스라엘을 겨냥한 팔레스타인해방기구의 공격은 종종 민간 목표물을 대상으로 삼았고, 팔레스타인의 민족적 대의에 해를 끼치지는 않을지라도 진척시키는 데 가시적으로 별로 도움이 되지 않았다. 이 모든 요소들 때문에 필연적으로 레바논 국민의 여러 중요한 집단들이 팔레스타인해방기구에 등을 돌렸다. 자신들 스스로 저지른 잘못된 행동과 그릇된 전략 때문에 얼마나 큰 반감이 생겼는지를 미처 깨닫지 못한 것이야말로 이 시기에 팔레스타인해방기구의 가장 심각한 결점이었다.

따라서 1982년에 진실의 순간이 도래하자, 팔레스타인해방기구는 갑자기 세 핵심 집단을 포함한 여러 전통적인 동맹자들의 지지를 잃게 되었음을 깨달았다. 나비 베리Nabih Berri가 이끄는, 시리아와 제휴한 아말* 운동과 레바논 남부와 베카 계곡에 모여 있는 다수의 시아파 지지자들(하지만 아말의 젊은 전사들은 이후에도 여러 지역에서 팔레스타인해방기구 편에서 용감하게 싸웠다), 베이루트 동남쪽 슈프산맥에 전략적으로 자리한 왈리드 줌블라트Walid Jumblatt의 드루즈 세력권, 베이루트와 트리폴리, 시돈의 수니파 도시 주민들이 그 세 집단이다. 수니파 정치 지도자들의 지지는 1960년대 이래 레바논에서 팔레스타인의 정치적·군사적 존재를 지키는 데 핵심 역할을 했다.[31]

이 지도자들과 그들이 대표하는 공동체들의 논리를 이해하기는 어렵지 않다. 시아파가 다수인 남부 사람들은 팔레스타인해방기구의 행동 때문에 다른 어떤 레바논인들보다도 많은 고통을 받았다. 남부 주민들에게 피해를 주는 여러 위반과 침해 행위 말고도 팔레스타인해방기구가 존재한다는 사실 자체 때문에 주민들까지 덩달아 이스라엘의 공격에 노출되어 많은 이들이 마을과 도시를 등지고 도망치는 일이 되풀이되었다. 이스라엘이 팔레스타인인들과 떼어 놓기 위해 의도적으로 민간인을 응징한다는 것은 누구나 알고 있었지만, 그렇다 하더라도 팔레스타인해방기구에 대한 반감이 클 수밖에 없었다.

---

* Amal, 1970년 레바논의 시아파가 조직한 정치·군사 조직. 아말은 희망을 뜻한다.

비슷한 이유로 왈리드 줌블라트는 후에 슈프산맥의 드루즈 지역으로 밀고 들어오는 이스라엘의 압도적 군대 앞에 굴복하는 수밖에 없었다고 말했다. 이스라엘군에 속한 드루즈파 장교들의 약속으로 드루즈인 집단의 안전이 보장되리라고 느꼈을지 모른다. 1982년 6월 말을 시작으로 이스라엘군과 정보기관이 규율도 없고 복수심에 불타는 마론파 민병대가 드루즈파가 지배하는 알레이'Aley나 베이트 알딘Beit al-Din 같은 지역에 밀고 들어가는 것을 지지하자, 줌블라트는 자신의 결정을 후회하게 되었다. 마론파 민병대는 이 지역에서 많은 잔학 행위를 저질러서 악명을 떨쳤다.[32]

수니파, 특히 서베이루트의 수니파 입장에서 보면, 레바논 수도가 폭격과 포위 공격을 당하자 팔레스타인해방기구에 대한 확고한 지지를 끝낼 수밖에 없었다. 마론파가 민병대의 군사력을 앞세워 레바논 국가를 지배하는 데 맞서는 핵심적 동맹자를 이제는 버려야 했다. 일부는 베이루트를 제2의 스탈린그라드나 베르됭으로 만들어야 한다는 팔레스타인인들의 호소에 자극을 받았을지 몰라도, 대다수는 이스라엘의 대포와 공습으로 도시가 폐허로 변할 것처럼 보이자 기겁을 했다. 이스라엘에 저항하는 것은 어쩔 수 없는 일이었지만, 자기 집과 재산이 파괴되는 위험까지 무릅쓸 일은 아니었다. 결정적인 변화였다. 베이루트의 다수인 수니파와 많은 시아파 주민들의 지지 없이 팔레스타인해방기구가 이스라엘의 공세에 장기적으로 저항한 것은 결국 아무 소용 없었다.

남부와 슈프 지역이 침략당하고, 베이루트가 폭격과 포위 공격을 당하고, 시리아가 전쟁에서 떨어져 나가고, 필립 하비브가 팔레스타인해방기구는 즉각 무조건 철수해야 한다는 이스라엘의 가혹한 요구를 중개하는 가운데, 이런 계산 때문에 이미 약해지고 있는 팔레스타인해방기구에 대한 지지가 심각하게 잠식되었다. 교전 초기부터 이미 지지가 한층 감소했다. 하지만 전쟁이 몇 주 계속되자 레바논의 세 무슬림 공동체의 지도자들은 완전히 입장을 바꿔서 팔레스타인해방기구를 더욱 지지하게 되었다. 팔레스타인해방기구가 자신들이 떠나고 난 뒤 남은 민간인들을 확실히 보호하겠다는 보장을 받는 대가로 베이루트에서 철수하는 데 동의하자 입장이 바뀐 것이다.

7월 8일 팔레스타인해방기구는 베이루트에서 무장 세력을 철수하기 위한 11개조 계획Eleven-Point Plan을 제시했다. 이스라엘 군대와 서베이루트 사이에 완충지대 설정과 더불어 이스라엘군의 제한적 철수, 다국적 군대의 지속적인 배치, 팔레스타인해방기구 투사들이 떠나고 나면 사실상 무방비 상태가 될 팔레스타인(과 레바논) 주민에 대한 국제적 안전 보장 등을 요구하는 계획이었다.[33] 레바논의 무슬림 지도자들은 이 계획 덕분에 팔레스타인해방기구가 도시를 구하기 위한 조치로 기꺼이 철수할 의지가 있음을 확신했다. 또한 그들은 이스라엘이 마론파가 주류인 〈레바논부대〉를 공공연하게 지지한다는 증거가 속속 드러나자 크게 당황했다. 팔레스타인해방기구가 철수한 뒤 이스라엘과 그 군사적 동맹자들이 레바논을 지배하는 경우에 무슬림 공동체가 취약해질 것임이 자명했기 때문이다.

6월 말에 슈프 지역에 〈레바논부대〉 민병대가 도착한 뒤 이곳을 비롯해 이스라엘이 통제하는 남부 지역 곳곳에서 학살과 납치, 살인을 자행하자 이런 우려가 더욱 강화된 상태였다.[34] 7년간 내전이 계속된 뒤인 이 단계에 이르면, 종파 간 살육이 흔한 일이었고, 팔레스타인해방기구 군대가 레바논의 무슬림과 좌파를 보호하는 으뜸가는 세력이었다. 따라서 수니파와 시아파, 드루즈파 지도자들은 팔레스타인해방기구가 11개조 계획에서 제시한 요구를 더욱더 지지했다.

이후에 벌어진 상황을 이해하려면 미국의 책임이라는 결정적으로 중요한 맥락을 살펴보아야 한다. 그 결과는 샤론과 베긴을 비롯한 이스라엘 지도자들이 내린 결정이나 이스라엘의 동맹자였던 레바논 민병대가 벌인 활동의 결과물만이 아니었다. 이스라엘의 압력 아래 민간인에 대한 공식적인 안전장치의 필요성을 완강하게 거부하고, 국제적 보장 제공을 퇴짜 놓으며 비전투원을 보호할 수 있는 다국적군의 장기적 배치를 가로막은 레이건 행정부의 직접적인 책임이기도 했다. 필립 하비브는 그 대신 팔레스타인해방기구의 철수를 확보하기 위해 레바논 중개자들을 통해 움직이면서 팔레스타인인들에게 서베이루트의 난민촌과 주거 지역에 있는 민간인들을 보호하겠다는 엄숙하고 절대적인 문서 약속을 제시했다. 공식 문서 표시나 서명, 신분 증명이 없는 백지에 타이핑된 이 각서가 레바논 총리 샤피크 알와잔 Shafiq al-Wazzan을 통해 팔레스타인해방기구에 전달되었고, 나중에 레바논 정부 기록에 정식으로 기술되었다. 8월 4일자로 된 첫 번째 각서에서는 〈난민촌의 ······안전에 관한 미국의 보장〉을 거론했다. 이틀 뒤에 작성된 두 번째 각서에서는 〈우리는 또한 베이루트에 있는 난민촌의 ······안전 및 안보와 관련하여 미국의 보장을 재확인한다〉고 말했다.[35] 8월 18일자로 레바논 외무 장관에게 전달한 미국의 문서에는 다음과 같이 이 서약이 공식적으로 기록되었다.

베이루트에 남아 있는 법을 준수하는 팔레스타인의 비전투원들과 철수한 사람들의 가족은 평화롭고 안전하게 거주하도록 승인을 받을 것이다. 레바논과 미국 정부는 ······이스라엘 정부, 그리고 이 정부와 접촉해 온 일부 레바논 그룹의 지도자들이 확언한 내용에 근거해서 ······ 적절한 안전 보장을 제공할 것이다.[36]

팔레스타인해방기구는 이런 보장을 구속력 있는 약속으로 받아들였고, 이에 근거하여 베이루트에서 철수하는 데 동의했다.

곡절 많은 기나긴 교섭 끝에 8월 12일에 팔레스타인해방기구의 철수를 위한 최종 조건이 타결되었다. 회담이 진행되는 동안 이스라엘은 포위 공격 기간 중 가장 격렬한 폭격과 지상 공격을 이틀째 퍼부었다. 그날 하루에 진행된 공습과 포격―팔레스타인해방기구가 베이루트에서 철수하기로 원칙적으로 합의한 지 한 달여가 지난 후였다―으로 500명이 넘는 사상자가 발생했다. 무자비한 공격이 계속되자 로널드 레이건조차 베긴에게 학살극을 멈추라고 요구했다.[37] 레이건은 일기에서 이 지독한 공세 중에 이스라엘 총리에게 전화를 걸었다고 말하면서 이렇게 덧붙인다. 〈화가 났다. 베긴에게 지금 당장 멈추지 않으면 우리의 향후 관계 전체가 위험에 빠질 것이라고 말했다. 일부러 홀로코스트라는 단어를 써가면서 폭격으로 두 팔이 날아간 7개월 된 아기의 사진이 이스라엘의 전쟁을 상징하는 이미지가 되고 있다고 말했다.〉[38] 이 신랄한 통화에 압박을 받은 베긴 정부는 결국 거의 곧바로 집중 포화를 중단했지만, 이스라엘은 팔레스타인해방기구가 철수하는 대가로 약속한 팔레스타인 민간인들에 대한 국제적 보호라는 중대한 문제에 대해 조금도 양보하려 하지 않았다.

8월 21일에서 9월 1일 사이에 팔레스타인해방기구 전사들과 전투 부대 수천 명이 베이루트를 떠나는 것과 동시에 서베이루트 곳곳에서 감정이 폭발적으로 분출했다. 팔레스타인 전사들을 항구로 수송하는 트럭들이 지나가는 도로변에 운집한 사람들이 흐느끼면서 노래를 부르고 큰 소리로 울부짖었다. 사람들은 팔레스타인해방기구가 레바논 수도에서 강제로 철수하면서 지도자와 간부, 투사들이 미지의 운명을 향해 묵묵히 나아가는 모습을 지켜보았다. 결국 그들은 육로와 해상을 통해 대여섯 개 아랍 나라들로 뿔뿔이 흩어졌다.

많은 베이루트 사람들은 일부는 인생에서 두 번째나 세 번째로 불확실한 유랑 길에 오르는 이 남녀들을 영웅으로 보았다. 중동에서 가장 강력한 군대에 맞서—이렇다 할 만한 외부의 지원이 전혀 없이—10주간 버텨 냈기 때문이다. 수송 대열이 베이루트를 통과하던 순간, 어느 누구도 이스라엘의 압력 아래 미국이 갑작스럽게 일방적으로 내린 결정이 철수를 감독하는 다국적군(미국, 프랑스, 이탈리아 군대)이 마지막 선박이 출발하는 즉시 똑같이 철수한다는 의미라는 사실을 알지 못했다. 이스라엘이 억지를 부리고 미국이 묵인한 결과 민간인들이 무방비 상태가 되어 버렸다.

우리가 살던 자리프 구역에서는 건물 몇 채만 심각하게 파손되었기 때문에 베이루트 포위 공격으로부터 물리적으로 아무 상처도 없이 살아남을 수 있었다(다만 어린 두 딸이 전쟁이 남긴 지속적인 여파에 시달릴지 걱정이 되었다).[39] 팔레스타인해방기구 군대가 사라지고 포위가 해제되자 서서히 일상적인 생활로 돌아가기 시작했다. 물론 이스라엘 군대가 여전히 서베이루트를 에워싼 상태였고, 아직도 팽팽한 긴장이 감돌고 있었다. 하지만 이런 표면적인 일상은 금세 끝이 났고, 결국 우리는 팔레스타인해방기구에 전달된 안전 보장이 그 서약을 쓴 백지 값만도 못하다는 사실을 깨닫게 되었다.

9월 14일, 〈레바논부대〉 사령관이자 팔랑헤당 지도자인 대통령 당선인 바시르 제마옐이 팔랑헤당 본부를 무너뜨린 거대한 폭발 사건으로 암살당했다. 이 사건을 계기로 이스라엘군은 곧바로 베이루트 서쪽 지역에 진입해서 점령했다. 점령하지 않겠다고 한 미국과의 약속을 어기고 팔레스타인해방기구 본부가 있던 곳이자 동맹 세력인 레바논민족운동LNM이 여전히 자리한 곳을 장악해 버린 것이다. 다음 날 이스라엘 군대가 서베이루트로 들이쳐서 레바논민족운동 투사들의 산발적이고 간헐적인 저항을 제압했다. 우리 가족과 나는 우리의 안전을 걱정했다. 팔레스타인해방기구와 연결된 다른 팔레스타인인들, 그러니까 레바논에 있는 거의 모든 팔레스타인인들도 마찬가지였다. 레바논에 등록되거나 여기서 태어난 난민만이 아니라 우리처럼 외국 시민권이나 취업 허가증, 법적 영주권을 가진 사람도 해당되었다.

우리 모두의 마음속에 맨 먼저 떠오른 생각은 1976년 텔알자타르 난민촌에서 팔랑헤당이 팔레스타인 난민 2,000명을 학살한 사건이었다. 이스라엘과 〈레바논부대〉의 동맹을 고려하여 팔레스타인해방기구는 11개조 계획과 철수를 둘러싼 교섭 과정에서 텔알자타르를 특별히 거론한 바 있었다. 물론 우리가 느끼는 공포는 더욱 커졌다. 이스라엘이 최근 점령한 지역에서 〈레바논부대〉가 살인을 저지르고 있으며, 이스라엘이 팔레스타인해방기구를 테러리스트 집단으로 묘사하면서 전사와 민간인을 전혀 구별하지 않는 탓이었다.

제마엘이 암살된 다음 날 아침, 집중 포화 소리가 거센 가운데 열어 놓은 아파트 창문을 통해 부르릉거리는 디젤 엔진과 철커덩거리는 탱크 무한궤도 소리가 들려왔다. 서베이루트로 진격하는 이스라엘 장갑 차량 행렬이 내는 소리였다. 신속히 대피해야 한다는 생각이 들었다. 다행히 베이루트 아메리칸 대학교 총장이자 좋은 친구인 맬컴 커Malcolm Kerr와 연락이 닿아서 비어 있는 교직원 아파트로 곧바로 몸을 피할 수 있었다.[40] 모나와 어머니, 남동생과 내가 아이들과 서둘러 싼 짐을 자동차 두 대에 싣고 대학으로 달려갔다. 이스라엘 군대가 교문에 도착하기 직전에 가까스로 들어갔다.

다음 날인 9월 16일, 커 총장을 비롯한 대학의 다른 몇몇 동료들과 함께 총장 공관 베란다에 앉아 있는데 대학 경비원이 숨을 헐떡이며 달려와서 말을 전했다. 장갑차 행렬의 선두에 선 이스라엘 장교들이 테러리스트를 수색하기 위해 캠퍼스에 진입할 것을 요구한다는 것이었다. 커는 한걸음에 학교 정문으로 달려갔는데, 나중에 들려준 이야기에 따르면 장교들의 요구를 거절했다고 한다. 「베이루트 아메리칸 대학교에는 테러리스트가 없습니다.」 총장이 말했다. 「테러리스트를 찾고 있다면 당신네 군대에서 베이루트를 파괴한 자들을 찾아보세요.」

맬컴 커가 용기를 낸 덕분에 우리는 학교의 교직원 아파트에서 잠시 안전할 수 있었지만, 얼마 지나지 않아 그 순간 다른 사람들이 생사의 위협에 시달리고 있다는 소식을 들었다. 같은 날 밤인 9월 16일, 남동생 라자하고 나는 초현실적인 광경을 목격하면서 당혹감에 빠졌다. 아무 소리도 들리지 않는 가운데 이스라엘 조명탄이 베이루트 남쪽 전역에 차례로 떨어지고 있었다. 끝도 없이 떨어지는 것만 같았다. 조명탄이 떨어지는 모습을 보자 당황스러웠다. 군대는 보통 전장을 비추기 위해 조명탄을 사용하는데, 이미 한 달 전에 휴전이 체결되었고, 팔레스타인 투사들은 일주일 전에 철수했으며, 이스라엘 부대의 서베이루트 도착에 맞서는 레바논 세력의 미약한 저항도 전날 끝난 상태였다. 폭발음이나 총격 소리가 전혀 들리지 않았다. 도시는 고요한 채 두려움에 떨었다.

다음 날 저녁 충격을 받은 미국 언론인 두 명이 자신들이 본 광경을 말해 주려고 우리한테 왔다. 사브라와 샤틸라 난민촌에 처음으로 들어간 서구인들인 『워싱턴 포스트』의 로렌 젱킨스Loren Jenkins와 조너선 랜들Jonathan Randal이었다.[41] 두 사람은 라이언 크로커Ryan Crocker와 함께 있었는데, 그는 미국 외교관으로는 최초로 셋이 목격한 상황에 관한 보고서를 작성한 인물이었다. 학살에 대한 소름끼치는 증거였다. 전날 밤 내내 이스라엘군이 쏜 조명탄은 〈레바논부대〉 민병대원들이 무방비 상태의 민간인들을 도살하도록 난민촌을 환하게 밝혀주었던 것이다. 민병대원들은 〈소탕 작전〉을 위해 투입된 것이었다. 9월 16일부터 9월 18일 아침까지 민병대원들은 1,300명이 넘는 팔레스타인과 레바논의 남녀노소를 살해했다.[42]

동생과 나를 그토록 당혹스럽게 만든 조명탄은 아리 폴먼이 공동으로 만든 영화이자 책인 『바시르와 왈츠를Waltz with Bashir』에서는 전혀 다른 시각에서 묘사된다. 베이루트 포위전 당시 이스라엘 군인이었던 폴먼은 학살이 벌어지던 순간에 조명탄을 쏜 부대와 함께 어느 건물의 지붕 위에 배치되어 있었다.[43] 『바시르와 왈츠를』에서 폴먼은 이런 행위 때문에 가능해진 대량 학살에 대한 책임의 동심원을 언급하면서 바깥쪽 원에 있던 사람들도 책임이 있다고 말한다. 그의 마음속에서 〈살인자들과 그들을 둘러싼 동심원은 전혀 구분되지 않았다〉.[44]

이 발언은 사브라와 샤틸라의 학살에 관해서도 마찬가지지만, 전쟁 전체에 관해서도 사실이다. 사태가 벌어진 뒤 이스라엘 대법관 이츠하크 카한Yitzhak Kahan을 위원장으로 해서 구성된 조사위원회는 베긴과 샤론, 그 밖에 이스라엘 고위 군 지휘관들에게 학살의 직간접적 책임이 있음을 확인했다.[45] 이름이 거론된 이들은 대부분 조사 결과와 학살을 둘러싸고 이스라엘에서 확산된 반감으로 결국 자리에서 물러났다. 하지만 2012년 이스라엘 국가문서보관소에서 공개한 문서들[46]과 카한위원회에서 발표하지 않은 비공개 부록[47]을 보면, 이 사람들의 개인적 죄과를 입증하는 증거가 더욱 많이 드러난다. 1983년에 나온 원래 보고서에서 밝혀진 것보다 훨씬 더 죄과가 크다. 이 문서들을 보면, 샤론을 비롯한 이스라엘 지도자들이 대량 학살과 추방을 목적으로 팔랑헤당의 숙련된 살인자들을 팔레스타인 난민촌에 보내기로 오랜 숙고 끝에 결정을 내린 사실이 드러난다. 또한 이스라엘 지도부가 미국 외교관들을 거듭 협박해서 결국 미국 정부가 방지하기로 약속한 도살을 저지하지 못한 과정을 알 수 있다.

이 문서들에 따르면, 1982년 8월 말 팔레스타인해방기구의 군사 파견대 전체가 베이루트에서 철수한 뒤, 베긴과 샤미르, 샤론을 비롯한 이스라엘 관리들은 철수 협정을 위반한 채 팔레스타인 투사 2,000여 명과 중화기가 여전히 도시에 남아 있다고 거짓된 주장을 폈다.[48] 샤미르는 9월 17일 미국 외교관과 회동한 자리에서 이런 주장을 폈지만,[49] 미국 정부는 이 말이 사실이 아님을 확실히 알고 있었다. 샤론 자신이 하루 전에 이스라엘 내각에서 〈무장 테러리스트 1만 5,000명이 베이루트에서 철수했다〉고 밝혔기 때문이다.[50] 게다가 이스라엘군 정보부는 이 숫자에 베이루트에 있는 팔레스타인해방기구 정규군이 전부 포함되어 있음을 확실히 알고 있었다.

유감스럽게도 미국 외교관들은 이스라엘 지도자들이 제시하는 가짜 숫자에 이의를 제기하지 않았다. 실제로 이 문서들을 보면, 미국 관리들은 서베이루트 점령과 관련된 모든 문제를 놓고 이스라엘인들에게 맞서는 데 어려움을 겪었다. 워싱턴 주재 이스라엘 대사 모세 아렌스Moshe Arens는 국무 장관 조지 슐츠George Shultz(헤이그의 후임자로 임명됨)가 초안을 작성한 일련의 거친 연설 내용—이스라엘의 〈기만행위〉를 비난하면서 서베이루트에서 군대를 즉각 철수할 것을 요구하는 내용이었다—을 읽어 주는 것을 들을 수밖에 없었을 때, 냉소적으로 대꾸했다. 「당신네가 지금 무슨 일을 하고 있는지 과연 아는지 모르겠네요.」 국무부 부장관 로런스 이글버거Lawrence Eagleburger에게 대답하면서 미국의 주장이야말로 〈날조〉이자 〈완전히 잘못된〉

내용이라고 지칭했다. 이글버거는 국무부가 이스라엘의 서베이루트 점령을 〈전에 보장한 약속에 위배된다〉고 규정하는 성명서를 발표할 수 있다고 말했다. 그 순간 아렌스의 부관인 33세의 베냐민 네타냐후가 끼어들었다. 「이 문구는 삭제했으면 좋겠습니다. 그러지 않으면 기록을 정확히 밝혀서 우리의 진실성을 변호할 수밖에 없습니다. 결국 서로 총격전을 벌이게 될 겁니다.」 아렌스는 네타냐후가 히브리어로 따로 하는 이야기를 들은 뒤 한마디 덧붙였다. 「이 사람 말이 맞습니다.」[51] 역사상 작은 나라의 하급 외교관이 초강대국의 고위 대표자에게 이렇게 말한 경우는, 더군다나 이런 말을 하고도 지지를 받은 경우는 찾아보기 어렵다.

9월 17일, 로렌 젱킨스와 존 랜들이 묘사한 학살이 계속되는 가운데, 필립 하비브의 보좌역인 모리스 드레이퍼Morris Draper 대사는 워싱턴으로부터 샤미르와 샤론을 압박해서 서베이루트 철수 약속을 받아 내라는 지시를 받았다. 샤론은 과연 그답게 사태를 더욱 고조시켰다. 「베이루트에 테러리스트 수천 명이 있습니다.」 그가 드레이퍼에게 말했다. 「그자들을 그대로 놔두는 게 당신네 나라에 도움이 됩니까?」 드레이퍼는 이런 가짜 주장에 이의를 제기하지 않았지만, 분노한 미국 대사는 그 자리에 모인 이스라엘 관리들에게 말했다. 「우리는 당신네가 서베이루트에 진입하지 않았어야 한다고 봅니다. 바깥에 그대로 있었어야 했어요.」 그러자 샤론은 대사에게 퉁명스럽게 대꾸했다. 「당신네가 어떻게 보든지 상관없습니다. 우리의 안보에 관한 한 당신네 의견을 물어본 적이 없어요. 앞으로 물을 생각도 없고요. 국가의 존립과 안보에 관한 한 모두 우리 책임이고 누구한테든 우리 대신 결정해 달라고 하지 않을 겁니다.」 드레이퍼가 샤론에게 〈테러리스트〉와 관련된 또 다른 주장에 대해 부드럽게 이의를 제기하자, 이스라엘 국방 장관은 단호하게 대답했다. 「그자들을 죽일 겁니다. 거기에 내버려두면 안 돼요. 당신네가 구해 줘서도 안 되고요. 이런 국제 테러리스트[원문 그대로] 집단들을 구해 주면 안 됩니다.」[52]

샤론은 더없이 소름끼치도록 분명하게 입장을 밝혔다. 드레이퍼나 미국 정부에 알리지 않은 채, 바로 그 순간 샤론의 군대가 난민촌으로 보낸 〈레바논부대〉 민병대원들이 그가 말한 학살을 저지르고 있었다. 하지만 테러리스트 용의자가 아니라 비무장한 노인과 여성, 아이들이 대상이었다. 샤론의 군대가 실제로 도살을 자행하지 않았을지라도 거금 1억 1850만 달러를 들여 〈레바논부대〉를 무장시키고 훈련을 제공했으며, 학살을 저지르도록 현장에 보내고 피비린내 나는 임무를 용이하게 수행하도록 조명탄을 쏴주었다.

이런 식으로 〈레바논부대〉를 활용하려는 샤론의 의도가 사전에 계획되었다는 사실은 조사위원회 보고서의 비공개 부록 수십 쪽에서 두드러지게 나타난다. 샤론, 참모총장 라파엘 에이탄 소장, 군 정보부장 여호수아 사기Yehoshua Saguy 소장, 모사드 수장 이츠하크 호피Yitzhak Hofi, 호피의 부관이자 후임자인 나훔 아드모니Nahum Admoni 등은 모두 레바논 전쟁 당시 이전에 〈레바논부대〉가 잔학 행위를 자행한 사실을 잘 알고 있었다.[53] 그들은 또한 바시르 제마엘과 그의 추종자들이 팔레스타인인들을 해치려는 의도도 알고 있었다.[54] 이름이 거론된 이들은 카한위원회에서 손사래를 치며 사전에 알았다는 사실을 부인했지만, 위원회가 수집해서 비밀에 부친 증거는 꼼짝 못 할 정도로 확실했고, 위원회는 이 증거에 따라 결정을 내렸다. 그렇다 하더라도 사브라와 샤틸라의 학살은 단순히 〈레바논부대〉 민병대원들이 복수심에 불타서라거나 이 이스라엘 사령관들이 사전에 숙고한 결과만은 아니었다. 이 전쟁 자체가 그렇듯이, 사브라와 샤틸라의 죽음 또한 미국 정부에 직접적인 책임이 있었다.

레바논 침공을 계획하는 과정에서 이스라엘 지도자들은 미국의 승인을 받지 않은 채 이집트를 공격했다가 어쩔 수 없이 물러나야 했던 1956년의 대실패를 되풀이하지 않으려고 조심했다. 이런 씁쓸한 경험에서 교훈을 얻은 이스라엘은 1967년에는 동맹국 미국의 지지를 받고 나서야 전쟁을 벌였다. 이제 1982년에 이스라엘의 많은 전문가들이 이름 붙인 대로 〈스스로 선택한 전쟁〉을 개시한 것은 전적으로 알렉산더 헤이그가 청신호를 준 결과였다. 이 점은 전쟁 직후에 이스라엘의 정통한 언론인들이 확인한 사실이다.[55] 이전에는 입수할 수 없었던 문서들에서 새롭게 드러난 더 자세한 내용들을 보면 분명히 알 수 있다. 샤론은 이제 막 하려는 바로 그 일에 관해 헤이그에게 아주 자세히 말했으며, 헤이그는 이를 지지함으로써 사실상 팔레스타인인들에게 또 다른 선전포고를 한 셈이다. 사브라와 샤틸라 학살 이후에, 베이루트 폭격 장면이 텔레비전으로 방영된 뒤, 레바논과 팔레스타인의 민간인들이 숱하게 죽어 나가는 것을 보고 대중의 격렬한 반응이 나타난 뒤에도, 미국의 지지는 조금도 줄어들지 않았다.

아리 폴먼이 말하는 이른바 책임의 동심원에서 보자면, 이스라엘의 침공에 대한 미국의 책임은 헤이그가 준 청신호를 훌쩍 넘어서 확대된다. 미국은 민간인 수천 명을 살해한 치명적인 무기 체계를 공급했다. 이 무기 체계는 미국 법에서 규정된 대로 분명히 방어 목적으로만 사용되지 않았다. 샤론은 미국 관리들에게 이런 일이 생길 것이라고 미리 공공연하게 경고했다. 드레이퍼가 나중에 회고한 바에 따르면, 1981년 12월에 하비브와 함께 샤론을 만난 뒤, 그는 이스라엘이 계획한 공격에서 〈우리는 미국산 항공기가 레바논 상공에서 미국산 폭탄을 투하하는 광경을 보게 될 테고, 민간인들이 죽어 나갈 것이라고〉워싱턴에 보고했다.[56] 게다가 이스라엘 최고 사령부와 정보기관만이 〈레바논부대〉가 팔레스타인 민간인들을 얼마나 잔인하게 다루는지 알고 있었던 것도 아니다. 미국 지도부도 〈레바논부대〉의 유혈적인 과거 전력을 익히 알고 있었다.

이렇게 알고 있었기 때문에, 이처럼 미국이 이스라엘을 지지하고 이스라엘의 행동을 용인했기 때문에, 민간인을 상대로 사용할 무기와 탄약을 공급하고, 팔레스타인해방기구가 베이루트에서 철수하도록 강제하면서도 직접 대화하기를 거부하고, 아무 쓸모도 없는 보호를 보장했기 때문에, 1982년 침공은 이스라엘과 미국이 공동으로 실행한 군사적 시도로 보아야 한다. 특별히 팔레스타인인들을 겨냥한 첫 번째 전쟁이었다. 그리하여 미국은 1930년대에 영국이 맡았던 것과 비슷한 역할을 떠맡으면서 시온주의의 목표를 달성하기 위해 팔레스타인인들을 무력으로 억압하는 데 힘을 보탰다. 하지만 1930년대에는 영국이 주역이었던 반면, 1982년에는 이스라엘에게 결정권이 있었다. 이스라엘이 군사력을 배치하고 학살을 한 반면, 미국은 필수 불가결한 지원 역할을 수행했다.

사브라와 샤틸라에서 학살이 벌어진 사실을 알고 난 뒤, 우리는 베이루트에 남아 있으면 안전하지 않다는 것을 알았다. 더군다나 어린 아이가 둘이 있고 모나의 배 속에는 셋째가 있었다. 언론인 친구들은 미국의 고위 정책 담당 외교관으로 서베이루트 대사관에 아직 남아 있는 유일한 관리인 라이언 크로커Ryan Crocker와 연결해 주었다.[57] 크로커는 미국 시민으로 우리가 철수하도록 주선해 주었을 뿐만 아니라 대사관 소유의 장갑차량으로 이스라엘이 점령한 베이루트에서 빠져나오도록 우리를 호송해 주었다. 하지만 레바논 산맥에 있는 밤둔Bhamdoun과 소파르Sofar 사이의 이스라엘-시리아 경계선까지만 데려다줄 수 있었다. 시리아가 장악한 지역에 이란 혁명수비대Revolutionary Guards가 주둔하고 있다는 소문이 파다했기 때문이다. 내가 거기보다 멀리, 최소한 베카 계곡에 있는 슈타우라Shtaura까지는 가야 택시를 타고 다마스쿠스로 갈 수 있다고 말하자, 그도 동의했다. 크로커는 언행이 일치하는 사람이었다. 암살당한 형 대신에 아민 제마옐Amin Gemayel이 레바논 대통령으로 선출된 9월 21일, 우리는 크로커와 운전사 한 명하고 베이루트를 떠나 이스라엘과 〈레바논부대〉의 경계선을 넘어서 슈타우라에 도착했고, 택시를 잡아타고 다마스쿠스로 향했다.

하지만 다마스쿠스에 도착하자 운전사는 우리를 호텔로 데려가는 대신 시리아 정보기관의 많은 사무실 중 한 곳에 넘겼다. 임신 7개월째인 모나와 남동생, 나는 거기서 몇 시간 동안 구금된 채 잠깐씩 따로 심문을 받았다. 「베이루트에서 이스라엘 군인을 봤습니까?」 같은 예리한 질문이 가슴에 박혔다. 다행히도 시리아 보안 기관은 예순일곱인 어머니나 어린 두 딸은 심문하지 않았고, 결국 우리 모두 풀려났다. 곧바로 호텔로 간 우리는 이내 최대한 빨리 다마스쿠스를 떠났다.[58] 서둘러 간 튀니스에서 베이루트에서 먼저 철수한 팔레스타인 친구 몇 명을 다시 만났다. 튀니스에서 나는 1982년 전쟁 당시 팔레스타인해방기구가 내린 결정들에 관해 다룬 『포위 상태』의 밑바탕이 된 생각들을 처음 발전시켰고, 나중에 책을 쓰기 위해 인터뷰한 팔레스타인해방기구의 몇몇 지도자와 토론을 시작했다. 그다음 모나와 나의 가족이 있던 카이로로 갔는데, 그제야 두 딸이 전쟁으로 얼마나 큰 상처를 입었는지 깨닫게 되었다. 가까운 도로에서 시내 전차가 덜 컹덜컹 달리는 소리가 들릴 때마다 아이들은 공포에 사로잡혀 어쩔 줄을 몰랐다. 이스라엘 탱크 소리로 들은 것이었다.

우리는 이스라엘군이 서베이루트에서 철수하고 공항이 다시 문을 열자마자 그 도시로 돌아갔다. 모나가 셋째 아이 출산도 두 딸을 받아 준 산부인과 의사에게 맡겨야 한다고 고집했기 때문이다(이 의사의 아버지가 30여 년 전에 모나를 받았다). 아들 이스마일은 1982년 11월에 태어났고,[59] 나는 베이루트 아메리칸 대학교에서 다시 학생들을 가르치고 팔레스타인연구소 일도 계속했다. 1983년 봄 미국 대사관 자살 폭탄 공격으로 상징되는 긴장 속의 몇 개월이 지난 뒤, 우리는 1년만 나가 있을 예정으로 베이루트를 떠났다. 하지만 레바논 내전이 다시 한번 폭발했고, 우리는 다시는 베이루트 집으로 돌아가지 못했다.[60]

1982년 전쟁이 정치에 미친 파급력은 엄청났다. 이 전쟁이 중동 지역에 야기한 대대적인 변화는 오늘날까지도 영향을 미치고 있다. 전쟁이 낳은 가장 중요한 지속적인 결과 가운데는 레바논에서 헤즈볼라Hezbollah가 부상한 것과 레바논 내전이 격화되고 장기화된 것이 있다. 이 내전은 훨씬 더 복잡한 지역적 분쟁으로 비화했다. 1982년 침공은 여러 가지로 최초의 사건이었다. 1958년 미군이 잠깐 레바논에 파병된 이래 미국이 최초로 중동에 군사 개입한 사례였고, 이스라엘이 아랍 세계에서 최초이자 유일하게 강제로 정권 교체를 시도한 사례였다. 이 사건들 때문에 많은 레바논인과 팔레스타인인, 아랍인

사이에서 다시 이스라엘과 미국에 대해 훨씬 격렬한 반감이 생겨나면서 아랍-이스라엘 분쟁이 한층 악화되었다. 이 모든 것은 이스라엘과 미국의 정책 결정권자들이 1982년 전쟁을 개시하면서 내린 선택에서 직접적으로 나온 결과였다.

전쟁은 또한 격렬한 반발을 낳아서 이스라엘 사회의 중요한 집단들 사이에서 전쟁의 결과에 대한 반감이 널리 확산되었다. 결국 1978년에 창설된 피스나우Peace Now 운동이 급속하게 성장했다. 또한 1948년 이래 처음으로 미국과 유럽에서 이스라엘에 대해 부정적인 인식이 생겨나 상당한 수준으로 지속되었다.[61] 여러 주 동안, 국제 언론을 통해 포위 상태로 폭격을 당하는 베이루트에서 고통에 시달리는 민간인들의 끔찍한 이미지가 널리 퍼져 나갔다. 이런 식으로 이스라엘의 공격을 당한 뒤 점령된 최초이자 유일한 아랍 국가의 수도였다. 이스라엘과 그 지지자들이 아무리 정교한 선전을 쏟아부어도 이런 잊기 힘든 이미지를 지우지 못했고, 그 결과 세계 속에서 이스라엘이 차지하는 지위가 심각하게 손상되었다. 이스라엘이 서구에서 주도면밀하게 쌓아 놓은 무한히 긍정적인 이미지가 적어도 일시적으로는 눈에 띄게 더럽혀졌다.

팔레스타인인들은 포위 공격의 결과로 상당한 국제적 공감을 얻었다. 또 다른 최초의 사례로, 그들은 이스라엘의 선전으로 성공적으로 붙은 테러리스트라는 꼬리표를 적어도 어느 정도 떼어 냈으며, 많은 이들에게 골리앗 같은 이스라엘의 거대한 군대에 맞선 다윗으로 보였다. 하지만 이렇게 국제적 이미지가 약간 개선되긴 했어도, 아랍 국가들에게서든 소련이나 다른 나라들에게서든 충분한 지지를 받는 데는 실패했다. 팔레스타인해방기구를 레바논에서 쫓아낸다는 이스라엘의 핵심적 전쟁 목표를 레이건 행정부가 굳건하게 지지하는 데 맞서기에는 역부족이었다.

팔레스타인해방기구가 베이루트에서 철수하자 팔레스타인의
대의는 심각하게 약해진 듯 보였고, 샤론은 핵심 목표를 전부 달성
한 것 같았다. 하지만 이 사태가 낳은 역설적인 결과는 1950년대와
1960년대에 다시 시작된 팔레스타인 민족 운동의 무게중심이 이웃
아랍 나라들로부터 점차 팔레스타인 내부로 옮겨 갔다는 것이다. 5년
뒤인 1987년 12월, 1차 인티파다Intifada가 발발한 곳도 팔레스타인
으로, 이스라엘과 세계의 여론을 뒤흔드는 결과를 낳았다. 수십 년 전
에 나크바가 그랬던 것처럼, 이런 뼈아픈 패배를 계기로 팔레스타인
인들은 자신들을 겨냥한 다면적인 전쟁에 맞서 새로운 형태의 저항
을 일으켰다. 샤론과 베긴은 팔레스타인해방기구를 물리치고 팔레스
타인인들의 사기를 꺾음으로써 이스라엘이 자유롭게 점령지를 흡수
하기 위해 침공에 착수했지만, 오히려 팔레스타인인들의 저항을 자
극하고 팔레스타인 내부로 무게중심을 이동시키는 결과를 낳았다.

1982년 여름의 사태에서 핵심적인 역할을 한 이들의 경우 대부분
불안과 후회에 휩싸여 그 시기를 회고한 것 같다. 1983년과 1984년
에 나와 한 인터뷰에서, 당시 레바논 주재 미국 대사였던 모리스 드레
이퍼와 로버트 딜런Robert Dillon은 팔레스타인해방기구와의 협상에서
자신들이 한 역할이 몹시 후회된다고 심정을 토로했다. 둘 다 샤론과
베긴에게 비참하게 기만당했다고 느꼈다. 이스라엘군이 서베이루트
에 진입하지 않을 것이라고 미국에 분명하게 약속을 해놓고 뒤통수
를 쳤다는 것이었다. 필립 하비브는 미국 정부가 이스라엘뿐만 아니
라 자국 국무 장관에게도 기만을 당했다고 가차 없이 폭로했다. 「헤
이그는 거짓말을 했어요. 샤론도 거짓말을 했고요.」[62] 하비브가 내게
한 말이다. 최근에 공개된 이스라엘의 문서들을 보면, 1982년 봄과

여름에 엄청난 기만과 어쩌면 훨씬 더 큰 자기기만이 베이루트와 워싱턴, 예루살렘에서 벌어졌음이 확인된다.

팔레스타인해방기구의 레바논 철수 교섭 과정에 참여한 프랑스의 고위 외교관들은 나와의 인터뷰에서 더 나은 조건을 얻어 내지 못한 데 대해 유감을 표시했다. 그러면서 팔레스타인 민간인에 대한 국제적 안전 보장과 그들을 보호하기 위한 다국적군의 장기 주둔을 확보하지 못한 점을 안타까워했다. 또한 미국이 교섭을 일방적으로 진행하고 국제 대표단의 관여를 제한하려 한 것을 유감으로 여겼다. 당시에 그들은 미국이 따르고 있는 경로가 비극적 결과로 이어질 것이라고 선견지명을 갖고 거듭 경고했지만, 결국 프랑스 정부는 그 사태를 막기 위해 아무 일도 하지 않았다.

팔레스타인해방기구 내에서 지도자들은 미국에 배신당한 데 대해 분노했다. 미국은 결국 난민촌을 보호해 주지 못했다. 지도자들은 뒤에 남겨 둔 이들의 안전을 확실하게 보장받지 못한 데 대해 슬픔과 심지어 죄책감까지 표했다. 포위전 내내 교섭에서 더욱 강경하게 나갈 것을 주장한 아부 이야드는 팔레스타인해방기구 지도부가 자민족을 저버렸다고 공공연하게 비난했는데, 대다수 팔레스타인인이 비슷하게 평가했다. 몇몇 다른 이들도 크게 다르지 않은 견해를 보였다. 아부 지하드(할릴 알와지르)는 이런 결과에 깊은 유감을 표하는 것 외에는 입을 굳게 다물었다. 많은 이들이 예상한 대로 아라파트는 자기비판에 가장 인색했다.[63]

미국 입장에서 보면, 중동 외교를 독점하려고 고집하고 이스라엘의 야심을 부추긴 것은 자국의 국익에도 도움이 되지 않았다. 이후 벌어진 상황을 보면 적나라하게 드러난다. 베이루트 미국 대사관, 미 해병대 병영, 그리고 사브라와 샤틸라 학살 직후에 실체가 불분명한 임무를 부여받고 베이루트로 복귀한 프랑스군을 겨냥한 자살 폭탄 공격이 이어졌다. 몇 달 만에 전함 USS 뉴저지호가 드루즈파 민병대(시리아의 지원을 받았다)가 〈레바논부대〉(이스라엘의 지원을 받았다)와 싸우고 있던 슈프산맥에 폭스바겐 비틀 크기의 포탄을 발사했고,[64] 미국은 갑자기 전쟁에 휘말리게 되었다. 직접 관여한 많은 이들을 비롯해서 거의 아무도 제대로 이해하지 못하는 전쟁이었다.

레바논의 혼란 상태에서 자라난 헤즈볼라는 미국과 이스라엘에게 치명적인 적이 되었다. 헤즈볼라의 부상을 검토하면서, 이 운동을 창설하고 미국과 이스라엘의 표적을 겨냥해 치명적인 공격을 가한 많은 젊은이들이 1982년에 팔레스타인해방기구와 나란히 싸운 이들이라는 사실에 주목한 사람은 거의 없었다. 이 젊은이들은 팔레스타인해방기구 투사들이 떠난 뒤에 남아서 사브라와 샤틸라의 팔레스타인인들과 나란히 자신들과 같은 시아파 수백 명이 학살되는 모습을 지켜보았다. 미국 대사관 폭발 사건에서 죽은 사람들, 병영에서 목숨을 잃은 해병대원들, 그리고 베이루트에서 납치되거나 암살당한 많은 미국인들—그중에는 맬컴 커를 비롯해 베이루트 아메리칸 대학교의 내 동료와 친구들도 몇 명 있었다—은 대개 나중에 헤즈볼라가 된 그룹들의 공격에 희생되었는데, 미국과 이스라엘 점령자들이 공모한 대가를 그들이 치른 셈이다.

폴먼이 묘사한 책임의 동심원 내부를 보면, 학살에 직간접적으로 책임이 있는 레바논인들이 아마 가장 큰 대가를 치렀을 것이다. 바시르 제마엘과 그의 부관 엘리 호베이카 외에도 몇 사람이 암살을 당했고, 〈레바논부대〉 고위 지도자(결국 〈레바논부대〉가 변신한 정당의 총재가 된) 사미르 제아제아Samir Geagea는 1982년 침공과 관련된 죄로는 처벌받지 않았지만 레바논 전쟁 당시 저지른 범죄로 11년을 교도소에서 보냈다. 사브라와 샤틸라의 비극으로 이어진 치명적인 결정을 내린 팔레스타인해방기구 지도자들 가운데 아부 지하드와 아부 이야드는 암살당했다. 아부 지하드는 이스라엘에 의해, 아부 이야드는 이라크 요원으로 추정되는 사람 손에 죽었다. 아라파트는 라말라의 본부에서 이스라엘 군대에 포위된 상태로 지내다가 사망했다.[65] 이 사람들 중 어느 누구도 1982년 전쟁의 결과에 책임을 지지 않았다.

베긴과 샤론, 몇몇 고위 장성 등 이스라엘의 정책 결정권자들은 대부분 카한위원회 보고서가 나오고 학살 이후 이스라엘 내에서 비난이 일면서 굴욕을 당하거나 자리에서 물러났다. 하지만 어느 누구도 형사 처벌을 받거나 다른 중대한 제재를 받지 않았다. 실제로 침공군을 총지휘한 이스라엘 북부 사령관 아미르 드로리Amir Drori 소장은 임기를 끝까지 마친 뒤 워싱턴 D.C.로 1년간 연구 휴가를 떠났다. 샤미르와 샤론, 그리고 네타냐후는 이후 이스라엘 총리를 지냈다.

이와 대조적으로, 침공에 관여한 미국 관리들은 어떤 행위에 대해서든 아무도 책임을 지지 않았다. 1982년 전쟁을 개시하고 수행하는 과정에서 이스라엘과 공모한 점에 대해서든, 미국이 팔레스타인 민간인의 안전 보장에 관한 약속을 지키지 않은 점에 대해서든 어떤 책임도 질 필요가 없었다. 레이건, 헤이그, 하비브 등 많은 이들이 지금은 고인이 되었다. 지금까지 모두 심판을 받지 않았다.

5 　　　　　　　　　　다섯 번째 선전포고, 1987~1995

그자들은 불모지를 만들어 놓고 평화라고 부른다.

— 타키투스[1]

1987년 12월에 벌어진 팔레스타인 봉기, 일명 인티파다는 의도하지 않은 결과의 법칙을 보여 주는 완벽한 사례다.[2] 아리엘 샤론과 메나헴 베긴은 팔레스타인해방기구의 힘을 진압함으로써 점령지인 요르단강 서안과 가자 지구에서 팔레스타인 민족주의 저항을 끝장내고 이 지역을 이스라엘로 흡수하기 위해 레바논 침공을 벌였었다. 이렇게 되면 역사적 시온주의의 식민주의 과제가 완성되어 팔레스타인 전역에 유대 국가가 만들어질 것이었다. 1982년 전쟁으로 실제로 팔레스타인해방기구를 약화시키는 데는 성공했지만, 역설적 결과로 팔레스타인 자체 내에서 팔레스타인 민족 운동이 강화되면서 행동의 초점이 외부에서 내부로 이동했다. 비교적 다루기 쉬운 20년간의 점령 끝에 대이스라엘이라는 이상의 열렬한 지지자인 베긴과 샤론은 의도치 않게 식민화 과정에 대한 새로운 차원의 저항을 촉발시켰다. 그 후 줄곧 팔레스타인 내부에서 이스라엘의 토지 장악과 군사 통치에 대한 반대가 여러 형태로 거듭 분출했다.

이른바 1차 인티파다는 점령지 전역에서 자생적으로 폭발했다. 이스라엘 군용 차량이 가자 지구의 자발랴Jabalya 난민촌에서 트럭과 충돌해서 팔레스타인인 4명이 사망한 사건이 계기가 되었다. 봉기는 순식간에 확산되었다. 가자 지구가 용광로였고 이후 계속해서 이스라엘이 통제하는 데 가장 애를 먹은 지역으로 남았다. 인티파다를 거치면서 마을과 소읍, 도시와 난민촌에서 광범위한 지역 조직이 생겨났고, 비공개 조직인 통일민족지도부Unified National Leadership가 이끌게 되었다. 인티파다 시기에 결성된 유연하고 비밀스러운 풀뿌리 네트워크들은 군사 점령 당국이 진압을 하기가 불가능했다.

한 달간 소요가 고조된 뒤인 1988년 1월, 국방 장관 이츠하크 라빈은 군경에 〈무력과 완력, 구타〉를 써서라도 진압할 것을 지시했다.[3] 이런 〈철권〉 정책은 시위대의 팔과 다리를 부러뜨리고 두개골을 깨부술 뿐만 아니라 군인들의 화를 돋우는 이들을 모조리 구타하는 공공연한 행동으로 실행되었다. 중무장한 군인들이 팔레스타인의 10대 시위자들을 잔인하게 폭행하는 장면이 텔레비전을 통해 퍼져 나가면서 미국을 비롯한 세계 여러 나라 언론에서 대대적인 반발이 일어났다. 이 과정에서 무자비한 점령 권력의 본래 모습이 적나라하게 드러났다. 베이루트 포위와 폭격이 언론에 보도되고 불과 5년 뒤에 이런 모습이 노출되자, 미국의 우호적인 여론에 크게 의존하는 나라의 이미지가 또다시 타격을 입었다.

1982년 전쟁의 여파로 이스라엘의 입지가 줄어들긴 했지만, 빈틈없는 홍보 노력 덕분에 미국 여론의 상당 부분을 다시 마비시키는 데 성공한 상태였다.[4] 하지만 텔레비전으로 중계된 레바논 공습과 폭격이 10주 뒤에 끝난 것과 달리, 인티파다의 잔인한 폭력 사태는 1987년 12월부터 1993년까지 질질 이어졌고, 걸프전과 1991년 10월 마드리드에서 미국이 조직한 평화 회담 시기에만 다소 잦아들었다. 인티파다 시기 내내 팔레스타인의 젊은 시위대가 병력 수송 장갑차와 탱크의 지원을 받는 이스라엘 군대를 상대로 시가전을 벌이는 광경이 세계인의 눈길을 사로잡았다. 이 시기를 상징적으로 압축한 이미지는 팔레스타인의 땅딸막한 소년 하나가 거대한 이스라엘 탱크에 돌멩이를 던지는 모습이다.

〈피를 흘리면 이목을 끈다If it bleeds it leads〉는 격언처럼, 텔레비전 시청자들은 반복되는 고통스러운 폭력의 장면에 주목했다. 영원한 피해자라는 이스라엘의 이미지는 팔레스타인의 다윗과 싸우는 골리앗으로 바뀌었다. 안보 기구에 미치는 압력만이 아니라 어쩌면 더 중요하게도 국제사회의 평판 측면에서 이스라엘은 끊임없이 손해를 볼 수밖에 없었다. 그런데 어떤 면에서는 이런 평판이 가장 중요한 자산이었다. 책임자인 라빈조차도 이런 정치적 요인의 중요성을 깨달았다. 『뉴욕 타임스』는 라빈의 비위를 맞춰 주는 인터뷰를 진행하면서 다음과 같은 주장으로 시작했다. 〈이츠하크 라빈 국방 장관은 팔레스타인 폭도가 세계 언론에서 이스라엘을 상대로 한 홍보전에서 승리를 거두고 있다고 인정하면서 군이 새로운 복잡한 상황에 직면하고 있다고 강조했다. 수십 년에 걸친 팔레스타인의 좌절에서 태어난 광범위한 봉기가 그것이다.〉[5]

1차 인티파다가 발발한 시점은 요르단강 서안과 가자 지구 점령이 20년 동안 이어진 뒤였다. 이스라엘은 상대적으로 조용한 상황을 활용하여 1967년 전쟁 직후부터 점령지의 식민화를 시작해서 결국 200개가 넘는 정착촌을 만들었다. 주민이 5만 명인 도시에서부터 정착민 몇십 명을 수용하는 허술한 조립식 공동주택까지 형태는 다양했다. 오래전부터 이스라엘 전문가들은 이른바 〈계몽된 점령〉 아래 사는 팔레스타인인들은 생활에 만족하고 완전히 통제 상태에 있다고 지도자들과 국민에게 호언장담한 바 있었다. 하지만 대규모 풀뿌리 저항이 분출하자 이런 통념이 거짓임이 드러났다. 일부 팔레스타인 인들이 1967년 전쟁 이후 이스라엘의 힘에 겁을 먹고, 또한 25만 명이 넘는 수가 대대적으로 추방당하면서[6] 처음에는 자신들에게 부과된 새로운 질서를 묵인하는 듯 보였던 것은 사실이다. 팔레스타인인 수만 명이 새롭게 이스라엘에서 취업 허가를 받으면서 요르단강 서안과 가자 지구의 수입이 크게 증가한 것도 사실이다.

하지만 1976년에 이르면 소외가 극심해진 상태였다. 민족주의의 기미가—팔레스타인 깃발을 휘날리거나, 팔레스타인 특유의 색깔을 드러내거나, 노동조합을 조직하거나, 팔레스타인해방기구나 다른 어떤 저항 조직을 지지하는 발언을 하는 등—조금만 보여도 벌금과 구타, 투옥 등의 극심한 탄압을 받았다. 구금되고 투옥된 사람들은 고문까지 당하기 일쑤였다. 공개적으로나 인쇄물을 통해 점령에 항의해도 똑같은 결과로 이어지거나 심지어 국외 추방까지 당할 수 있었다. 더욱 능동적인 저항, 특히 폭력이 수반되는 저항은 연좌제와 주택 파괴, 〈행정 구금〉이라는 규정에 따른 재판 없는 투옥(몇 년이고 계속될 수 있었다), 심지어 사법 절차를 거치지 않는 살인으로까지 이어졌다. 그해에 팔레스타인해방기구의 지지를 받는 시장 후보들이 나블루스와 라말라, 헤브론, 알비레al-Bireh를 비롯한 여러 도시의 지자체 선거에서 승리했다. 1980년에 여러 시장이 선동죄로 고발당해 국외 추방되었고, 다른 시장들은 1982년 봄 군사 점령 당국에 의해 자리에서 쫓겨났다. 이에 항의하는 소요가 곳곳에서 벌어졌다. 팔레스타인해방기구를 쫓아내려는 아리엘 샤론의 종합적인 작전의 일환으로 레바논 침공으로 이어지는 시기 동안 이런 일이 착착 진행되었다.

이 작전의 한 축으로 지역 차원에서 〈마을연맹village league〉이라는 협력 조직을 만들려는 시도가 있었다. 하지만 시장들이 쫓겨난 뒤 대다수 팔레스타인인들이 점령에 협조하기를 거부했기 때문에 이 사업은 첫발을 떼지도 못했다. 샤론이 이 정책의 앞잡이로 선택한 것은 이른바 이스라엘 아랍 전문가인 메나헴 밀손Menachem Milson이었는데, 그는 아랍어 교수이자 이스라엘군 예비역 대령이었다.[7] 이렇게 일인이역을 하는 경우가 드물지 않았다. 이스라엘 학계의 고참 중동 전문가는 대부분 군정보부를 비롯한 보안 기관의 예비역 장교로도 일하면서 나머지 시간에 연구하는 사람들을 정탐하고 억압하는 일에 관여했다.[8]

한편 태어나면서부터 군사 점령밖에 알지 못하는 새로운 세대의 팔레스타인인들이 성년이 되었는데, 그들은 결코 점령을 묵인하지 않았다. 이 젊은이들은 동예루살렘과 요르단강 서안, 가자 지구에서 위험을 무릅쓰고 팔레스타인해방기구에 대한 지지를 공개적으로 표현했다. 인티파다가 벌어지기 전 몇 년간 앞선 세대보다 두려움이 없는 팔레스타인의 젊은이들이 대규모 시위를 벌였고, 이스라엘 군경은 강경한 탄압에 나섰다. 군경 지휘관들은 자신들이 지시하는 야만적 폭력이 누적되면 어떤 결과가 야기될지 신경 쓰지 않는 듯 보였다.

소요가 확대되는 온갖 징후를 감안하면, 봉기가 일어났을 때 이스라엘 당국이 별로 놀라지 않았을 게 분명하다. 하지만 이스라엘의 신속한 대응은 발상부터 잘못되었고, 물리력에만 의존했으며, 그것도 지나치게 폭력적이었다. 대부분 젊은 징집병인 군인들이 통제 임무를 부여받은 주민들을 상대로 체계적으로 잔인한 폭력을 행사한 것은 욕구 불만이나 심지어 공포 때문만은 아니었다. 〈박살을 내라〉는 라빈의 지시가 지침이 되긴 했지만, 사회 전체가 끊임없이 반팔레스타인 감정을 주입한 것이 과도한 폭력의 밑바탕이 되었다. 군경이 아랍인들을 무력으로 저지하지 않으면 그들이 이스라엘을 괴멸시킬 것이라는 교조적 이념이 바탕에 깔려 있었다. 유대인에 대한 무분별한 적대감이 걷잡을 수 없이 날뛰는 것을 막아야 했다.[9]

요르단강 서안이 요르단의 통치 아래 있던 1966년 이래 처음으로 내가 팔레스타인을 여행할 때는 이미 인티파다가 1년 반 가까이 진행되던 중이었다.[10] 시카고 대학교의 동료들과 함께 나블루스를 방문하던 중 어느 날 저녁 사촌 지야드Ziyad의 집을 나와 걷다 보니 구시가의 구불구불한 거리였는데, 젊은 시위대와 이스라엘 군대의 추격전이 벌어지고 있었다. 고무총탄과 최루탄을 쏘는 군인들은 시위대를 한 명도 잡지 못했지만, 결국 해산시키는 데는 성공했다. 그 순간 이런 식의 쫓고 쫓기는 도시 소요에서 이스라엘군이 항구적인 승리를 거두기는 불가능하다는 사실이 분명해졌다. 젊은 시위대는 미로처럼 어지럽게 얽힌 좁은 골목 어딘가에서 언제든 다시 나타날 수 있었다. 물론 군대는 그냥 시위자들을 죽일 수 있었고, 실제로 그런 일이 너무도 자주 벌어졌다. 1차 인티파다가 시작된 순간부터 1996년 말까지—인티파다가 계속된 6년을 포함한 9년 동안—이스라엘 군대와 무장 정착민들이 팔레스타인인 1,422명을 죽였다. 거의 이틀에 한 명 꼴로 죽인 셈이다. 그중에 20퍼센트 이상인 294명이 16세 이하의 미성년자였다. 같은 기간에 이스라엘인 175명이 팔레스타인인들 손에 죽었는데, 그중 86명이 군인이나 경찰이었다.[11] 8 대 1이라는 사망자 비율은 상징적인데, 미국의 언론 보도를 아무리 열심히 보아도 좀처럼 알기 어려운 수치다.

또 다른 경우인데, 나는 차를 타고 가자시티를 관통해 사촌 후다

나블루스 구시가, 1차 인티파다, 1988년. 이런 식으로 쫓고 쫓기는 도시 소요에서 이스라엘군이 항구적인 승리를 거두기는 불가능했다.

Huda네 집으로 가는 중이었다. 후다의 남편은 가자 지구의 팔레스타인 적신월사 대표인 하이다르 압둘 샤피Haydar 'Abd al-Shafi 박사였다. 차가 밀려서 엉금엉금 가다가 중무장한 이스라엘 순찰대를 지나치는데, 지프차에 탄 군인들이 사격 태세를 갖추고 있었다. 안절부절못하는 그들의 얼굴에서 1982년 베이루트를 점령한 이스라엘 군인들에게서 보았던 표정이 떠올랐다. 두려워하는 얼굴이었다. 이스라엘군 차량들은 건물이 빽빽하고 사람도 많은 지역을 느릿느릿 통과했다. 동네 전체가 군인들을 앞세워 강제하는 점령에 진저리를 치고 있었다. 정규군 병사들은 아무리 중무장을 하더라도 그런 환경에서는 절대 안전하다고 느끼지 못할 것이다.

라빈을 비롯한 이들은 내가 나블루스와 가자의 거리에서 본 그런 본질적인 문제를 인식하고 있었다. 라빈의 전기를 쓴 인물로 가까운 동료이자 테니스 친구였던 이타마르 라비노비치에 따르면, 1차 인티파다가 벌어지자 이 베테랑 장군은 정치적 해법이 필요하다는 것을 깨달았다.[12] 그렇다 하더라도 라빈은 무자비한 진압이 억제 효과가 있음을 굳게 믿었다. 「구타를 포함해 무력을 사용한 까닭에 틀림없이 우리가 원한 결과가 나오고 있습니다. 이스라엘군에 대한 주민들의 공포가 커지고 있단 말입니다.」[13] 어쩌면 그럴지도 모르지만, 이런 무자비한 진압도 봉기를 끝장내지는 못했다.

인티파다는 누적된 좌절감을 바탕으로 아래에서부터 자생적으로 생겨난 저항 운동이었고, 처음에는 팔레스타인의 공식적 정치 지도부와 아무 연계가 없었다. 1936~1939년 반란과 마찬가지로, 인티파다가 장기간 광범위하게 지속된 것은 대중의 폭넓은 지지를 누렸다는 증거다. 봉기는 또한 유연하고 혁신적이어서 공동 지도부를 발전시키는 한편 지역 차원의 동력과 통제를 유지했다. 활동가들도 남성과 여성, 엘리트 전문직과 사업가, 농민, 마을 사람, 도시 빈민, 학생, 자영업자 등 사회의 거의 모든 집단을 아울렀다. 많은 남자들이 감옥에 갇히자 여자들이 중심적인 역할을 하면서 점점 지도부의 자리를 차지했고, 전통적으로 남성이 지배하는 정치에서 흔히 배제되는 사람들을 결집시켰다.[14]

인티파다는 시위와 나란히 파업, 불매 운동, 세금 납부 거부에서부터 다른 창의적인 형태의 시민 불복종에 이르기까지 다양한 전술을 활용했다. 항의는 때로 폭력 사태로 바뀌었는데, 대개 비무장 시위대나 돌멩이를 던지는 젊은이들에게 군인들이 실탄과 고무총탄을 발사하여 많은 사상자를 내면서 불이 붙었다. 하지만 봉기는 비무장, 비폭력적인 방식이 압도했다. 그 덕분에 거리에서 항의하는 젊은이들 외에도 사회의 여러 부문을 결집시키는 한편 점령당한 팔레스타인 사회 전체가 현재 상태에 반대하고 인티파다를 지지한다는 것을 보여주었다.

1차 인티파다는 억압에 맞선 대중적 저항의 탁월한 사례였고, 1917년에 시작된 기나긴 식민주의 전쟁에서 팔레스타인이 처음으로 진정한 승리를 거두었다고 볼 수 있다. 1936~1939년 반란과 달리, 인티파다는 폭넓은 전략적 전망과 통일된 지도부에 따라 진행되었고, 팔레스타인 내부의 분열을 악화시키지 않았다.[15] 인티파다가―1960년대와 1970년대의 팔레스타인 저항 운동과 대조적으로―팔레스타인을 단합시키는 효과를 발휘하고 대체로 총기와 폭발물을 사용하지 않은 덕분에 국제사회에서도 많은 이들이 그들의 호소에 귀를 기울여서 결국 이스라엘과 세계 여론에 심대하고 오래가는 긍정적 영향을 미쳤다.

이런 결과는 우연의 일치가 아니었다. 인티파다는 팔레스타인인과 아랍인을 결집시키는 것만이 아니라 이스라엘과 세계의 인식을 바꾸는 것도 공공연한 목표로 삼았다. 인티파다가 여러 전술을 구사하고, 또한 인티파다가 어떤 의미인지를 국제사회에 설명해 줄 수 있는 이들이 정교하고 효과적인 소통 전략을 활용한 것을 보면, 이것이 핵심 목표라는 사실이 분명했다. 하난 아슈라위Hanan 'Ashrawi, 하이다르 압둘 샤피, 라자 셰하데Raja Shehadeh, 이야드 알사라지Iyad al-Sarraj, 가산 알하티브Ghassan al-Khatib, 자히라 카말Zahira Kamal, 무스타파 바르구티Mustafa Barghouti, 리타 지아카만Rita Giacaman, 라지 수라니Raji Sourani 등 팔레스타인 내부의 여러 논리 정연한 세속적 활동가와 지식인들이 여기에 포함되었다. 에드워드 사이드와 이브라힘 아부루고드 같은 팔레스타인 외부의 사람들도 비슷한 영향을 미쳤다. 1990년대 초에 이르면 팔레스타인의 통일된 자세 때문에 적어도 처음 20년간 기능했던 것처럼 점령을 유지할 수 없음이 분명해졌다.

　1차 인티파다가 여러 성과를 낳긴 했지만, 봉기의 성공과 명료하고 매력적인 대변인들을 갖춘 효과적인 현지 지도부의 등장에는 숨겨진 내적인 위험이 존재했다. 기성 정치 엘리트들을 대체하는 풀뿌리 운동은 그들의 권력에 대한 도전으로 여겨진다. 1982년 레바논에서 팔레스타인해방기구가 패배한 뒤, 이 조직은 튀니스를 비롯한 아랍 각국 수도에서 별 성과 없는 망명 활동에 갇혀 힘을 잃었다. 미국과 이스라엘에 각각 대화 상대와 분쟁 해결의 파트너로 인정받기 위한 초기의 결실 없는 시도에 에너지를 쏟았기 때문이다. 팔레스타인해방기구는 풀뿌리가 주도하는 봉기가 발발하자 깜짝 놀라면서 곧바로 이 봉기를 조직으로 흡수하고 이익을 챙기려고 했다.

　점령지에서 봉기를 일으킨 이들은 대부분 팔레스타인해방기구와 그 지도부를 각각 정당한 대표체와 팔레스타인 민족주의를 구현하는 이들로 보았기 때문에 처음에는 별로 문제가 제기되지 않았다. 검은구월단 사건 당시 요르단에서, 그리고 내전과 이스라엘의 침공 기간 내내 레바논에서 팔레스타인해방기구 전사들이 희생을 당하는 모습을 멀리서 지켜본 점령지 주민들은 이제 자신들이 민족적 짐의 일부분을 어깨에 짊어지고 있다고 느꼈다. 그들은 점령하의 팔레스타인인들이 해방을 위한 투쟁에서 앞장서고 있음을 자랑스러워했다.

　이런 진전과 함께 문제점은 튀니스에 있는 팔레스타인해방기구 지도자들이 근시안적 시각과 제한된 전략적 전망에 갇혀 있다는 것이었다. 지도자들 대다수는 이스라엘의 지배가 20년이 흐른 뒤 점령

체제의 본성이나 요르단강 서안과 가자 지구에 사는 팔레스타인인들이 처한 복잡한 사회적·정치적 상황을 제대로 이해하지 못했다. 실제로 이 지도자들은 대부분 1967년이나 그 전에 일찌감치 팔레스타인을 떠나 있었다. 이스라엘 사회와 정치에 대한 그들의 이해는 이스라엘의 통치 아래 살면서 지켜본 팔레스타인인들에 비해 훨씬 제한적이었다. 점령지 팔레스타인인들은 대부분 이스라엘 안에 있는 직장이나 수감 생활에서 히브리어를 배운 상태였다(점령당한 팔레스타인 주민의 5분의 1이 수감 생활을 경험했다). 그 결과, 팔레스타인해방기구가 대중적 저항으로 시작된 운동을 지배하게 됨에 따라 점차 인티파다를 튀니스에서 원격 통제 방식으로 관리했다. 팔레스타인해방기구는 멀리 떨어진 곳에서 지침을 발표하고 상황을 관리하면서 애초에 봉기를 시작해서 성공적으로 이끈 이들의 견해와 우선순위를 종종 무시했다.

인티파다가 시작되고 4개월 정도가 지난 1988년 4월 이스라엘이 아부 지하드를 암살한 뒤, 이 문제가 한층 더 극심해졌다. 아라파트의 최측근 부관인 아부 지하드는 파타Fatah가 출범한 때부터 지도적 인물이었고 오랫동안 점령지 문제를 다룬 책임자였다. 그가 맡은 부서의 이름 자체가 점령지를 가리키는 서부부서al-Qita' al-Gharbi였다(아마 진짜 목적을 가리기 위한 이름일 것이다). 아부 지하드는 결점이 있었지만, 팔레스타인 내부 상황을 면밀히 들여다보는 인물이었고 그곳에 사는 팔레스타인인과 이스라엘인에 대해 깊은 식견이 있었다. 이스라엘 지도부는 인티파다를 억제하는 데 실패한 무력감이 높아지자 결국 그를 암살한 것이었다. 팔레스타인해방기구는 다른 사람으로 쉽게 대체할 수 없는 핵심 인물 가운데 하나를 잃었다.[16] 아부 지하드를 살해한 것은 팔레스타인의 고위 조직가들, 특히 유능한 이들을

체계적으로 제거하는 수십 년에 걸친 정책의 일환이었다.[17]

아부 지하드가 사라지면서 튀니스에 전문가가 부족했던 것만이 팔레스타인해방기구가 인티파다를 다루는 문제에 있어 직면한 유일한 이유가 아니었다. 1982년 전쟁 이후 파타는 레바논 북부와 동부, 시리아에 남아 있는 간부들 사이에서 시리아가 지원하는 하극상을 겪었다. 고위 군 사령관인 아부 무사Abu Musa 대령과 아부 할리드 알아믈레Abu Khalid al-'Amleh가 이끈 반란이었다. 파타가 창설된 이래 가장 심각한 내부의 도전으로, 아랍 정권들이 팔레스타인 민족 운동을 상대로 은밀하게 벌인 공세 가운데 하나였다. 이번에는 시리아가 배후에 있었다.[18]

파타에서 격렬하게 벌어진 하극상은 큰 타격이 되었고, 아라파트와 동료들은 특히 적대적인 정권들의 영향 아래 경쟁자들이 등장하자 우려가 커졌다. 운동의 적수들이 점령지의 마을연맹처럼 대안을 만들어 내려고 시도했기 때문에 이런 우려는 기우가 아니었다. 특히 1987년에 창설된(처음에는 팔레스타인해방기구를 약화하려는 목적 아래 이스라엘이 신중하게 지원했다[19]) 하마스는 이미 만만치 않은 경쟁자로 발전하기 시작했다. 이처럼 경쟁자에게 자리를 뺏길 수 있다는 경각심이 팔레스타인 지도부가 인티파다의 현지 지도자들에 대해 갖는 질투심의 밑바탕에 깔려 있었다. 팔레스타인 내에서 그들을 추종하는 사람들이 늘어나고 세계 언론이 그들을 긍정적으로 보게 되면서 시기심은 더욱 커졌다. 인티파다가 진전되면서 팔레스타인해방기구가 오랫동안 열망한 성과—팔레스타인인들의 정당한 대표자로 국제적 교섭에서 한 자리를 차지하는 것—가 손에 들어오는 것처럼 보이자 아라파트의 분노가 점차 문제로 대두되었다.

❖

팔레스타인해방기구 지도자들은 점령지와 이스라엘 내부의 현실을 제대로 이해하지 못한 것처럼, 미국에 대해서도 결코 온전히 파악하지 못했다. 1982년 이후에도 여전히 미국과 미국의 정책에 관해 잘 알지 못했다. 나빌 샤아트Nabil Sha'ath나 엘리아스 쇼파니Elias Shoufani처럼 미국에서 교육을 받은 몇몇 하급자들은 예외였지만, 아라파트와 그의 파트너들에게 영향을 미치기에는 역부족이었다.[20] 정치부장(사실상 외무 장관) 파루크 카두미(아부 루트프) 같은 고위 지도자들이 해마다 가을에 뉴욕에서 열리는 유엔 총회에 참석했지만, 컬럼버스서클에서 반경 약 40킬로미터 이내로 이동이 금지되었다. 어쨌든 그들은 뉴욕에 체류하는 대부분 기간 동안 고급 호텔 밖을 나가지 않았다. 가끔 아랍 외교관을 만나거나 팔레스타인 공동체 그룹을 상대로 발언을 하러 나서긴 했지만, 공개적으로 모습을 드러내는 경우는 드물었고 미국의 단체나 뉴욕 언론을 상대하지 않았다. 확실히 그들은 이스라엘 관리들처럼 전방위적인 외교·홍보 캠페인을 벌이지 않았다. 이스라엘 관리들은 특히 유엔 연차 총회가 열릴 때는 언제든 텔레비전과 지역 회합에 얼굴을 내밀었다.

유엔에서 팔레스타인의 존재를 제대로 활용하지 않은 것은 세계 최강대국이자 이스라엘의 주요 지지국의 국민과 엘리트, 언론을 의도적으로 무시한 셈이었다. 이런 태도는 1948년과 그 전부터 줄곧 이어졌다. 내가 1984년에 목격한 것처럼, 아라파트는 오락가락하는 미국의 여론에 관한 전문가의 조언에 귀를 기울이기보다는 이라크와 연결된 팔레스타인해방기구의 소수 정파 지도자와 만나는 것을 더 중요하게 여겼다. 그 후로도 상황은 조금도 나아지지 않았다. 워싱턴의 정부 구조와 의사 결정에 대한 단순한 시각 때문에 팔레스타인 해방기구는 미국 정부에 팔레스타인을 정당한 대화 상대로 인정받는 데 모든 희망을 걸었다. 그렇게만 되면 미국의 주선으로 이스라엘과 공정한 거래를 확보할 수 있다고 보았기 때문이다. 이런 태도에는 이전 세대 팔레스타인 지도자들의 순진한 믿음, 즉 영국의 식민 장관이나 총리, 미국의 국무 장관이나 대통령에게 개인적으로 호소해서 문제를 해결할 수 있다는 믿음의 흔적이 담겨 있었다(오늘날까지도 아랍의 많은 통치자들이 이런 믿음을 고수한다). 권력 관계의 개인적 요소에 대한 이런 환상적 시각의 밑바탕에는 아랍 세계에서 변덕스러운 무소불위의 독재자와 절대 군주를 상대한 경험이 깔려 있는 것 같다.

미국 국무 장관 조지 슐츠(페르시아만의 주요 도급 업체인 벡텔 Bechtel을 이끈 전력이 있었다)나 나중에는 조지 H. W. 부시 대통령과 그의 국무 장관 제임스 베이커James Baker(둘 다 석유 산업과 연결된 이력이 있는 텍사스 출신이다)를 〈친아랍 인사〉라고 본 아랍 군주들의 경험도 어느 정도 작용했다. 실제로 루스벨트 이래 미국의 대다수 정책 결정권자들이 그러하듯, 이 사람들은 아랍의 석유 군주국들과 밀접한 관련이 있었다. 하지만 그렇다고 해서 저절로 아랍인들 일반이나 특히 팔레스타인인들에게 공감을 느끼거나 이스라엘에 비판적 태도를 취한 것은 아니다.

이런 결함투성이의 이해가 밑바탕에 깔려 있었기 때문에 팔레스타인해방기구는 1980년대 말까지 미국의 여론을 진지하게 다루면서 평화 교섭에 참여하지 못했다. 하지만 인티파다의 국제적 영향력에 한껏 고무된 1988년에 팔레스타인해방기구는 더욱 노력을 기울였고, 결국 11월 15일 알제에서 열린 팔레스타인민족평의회 회의에서 팔레스타인 독립 선언서를 채택하기에 이르렀다. 마무드 다르위쉬가 에드워드 사이드와 존경받는 지식인 샤피크 알후트Shafiq al-Hout의 도움을 받아 초안을 대부분 작성했다. 이 문서를 통해 팔레스타인해방기구는 팔레스타인 땅 전체에 대한 소유권을 공식적으로 포기하면서 분할 원칙과 두 국가 해법, 평화로운 분쟁 해결을 받아들였다. 독립 선언서에 부속된 정치적 코뮈니케는 안보리 결의안 제242호와 제338호를 평화 회담의 기본 원리로 수용했다.

이런 선언은 팔레스타인해방기구의 대대적인 정치적 변화이자 1970년대 초를 시작으로 이스라엘을 수용하고 팔레스타인 국가와 이스라엘의 공존으로 나아가는 점진적 진전의 정점이었지만, 이스라엘의 적수들은 이런 변화를 인정하지 않았다. 더욱 중대한 변화가 아직 남아 있었다. 그해 12월 14일, 아라파트는 미국이 양자 간 대화를 위해 내건 조건을 수용했다. 성명에서 아라파트는 결의안 제242호와 제338호를 분명히 받아들이고, 이스라엘이 평화롭고 안전하게 존재할 권리를 인정했으며, 테러리즘을 포기했다.[21] 이렇게 미국이 내세운 조건에 굴복한 덕분에 팔레스타인해방기구는 오랫동안 바란 대로 워싱턴과 대화를 개시할 수 있었지만, 이스라엘에게서는 대화 상대로 인정받지 못했고 평화 교섭도 이끌어내지 못했다. 적어도 3년간은 아무 성과도 없었다.

이렇게 된 이유는 간단했다. 팔레스타인해방기구가 미국에 대해 여러 면에서 오판한 것 외에도, 지도자들은 미국이 그들의 이해와 목적에 관심이 없고 심지어 경멸한다는 사실을 파악하지 못했다(1982년 베이루트에서 미국이 난민촌의 안전을 보장한다고 약속해놓고 등을 돌린 전력에 비춰 볼 때, 이런 몰이해를 헤아리기는 쉽지 않다). 하지만 더욱 중요한 것은 미국과 이스라엘 양국의 정책이 얼마나 긴밀하게 연결되어 있는지를 그들이 이해하지 못했다는 점이다. 1975년 키신저가 비밀리에 한 약속 때문에 미국의 정책 결정권자들은 팔레스타인 문제를 다룰 때 발이 꽁꽁 묶인 상태였다. 팔레스타인해방기구는 이스라엘이 모든 평화 회담에서 미국의 입장에 대해 사실상 거부권을 확보해 놓은 사실을 몰랐을 수도 있지만,[22] 이런 비밀 협정에 대해 언론을 비롯한 여러 곳에서 이미 상당히 신빙성 있는 정보가 유출되어 있었다(이 협정들을 널리 알리고 싶은 마음이 컸던 이스라엘이 주범이었다).[23] 유엔 주재 미국 대사 앤드루 영Andrew Young이 팔레스타인해방기구 관리와 만난 뒤 사임할 수밖에 없었던 것처럼 당혹스러운 사건들도 있었다.

미국이 이스라엘에 약속한 전반적인 내용은 정보에 밝은 전문가라면 분명히 알았을 것이다. 하지만 아라파트와 동료들은 확실히 제대로 알지 못했다. 인티파다 덕분에 그들은 헤아릴 수 없이 소중한 선물, 즉 풍부한 도덕적·정치적 자본을 선물로 받았다. 대중의 봉기를 계기로 군사 점령의 한계가 드러났고, 이스라엘의 국제적 지위가 손상되었으며, 팔레스타인인들의 국제적 지위는 개선되었다. 팔레스타인해방기구가 초기 수십 년간 팔레스타인을 세계 지도에 다시 새기는 데 일정한 역할을 하기는 했지만, 이 조직이 대체로 별 효과 없이 시도한 무장투쟁보다 인티파다가 세계 여론에 더 긍정적인 영향을 미쳤다고 주장할 수 있다. 당시 모사드 수장인 나훔 아드모니는 이런 사실을 확인하면서 이렇게 말했다. 「인티파다는 팔레스타인해방기구가 창설 이래 지금까지 한 모든 것보다 우리에게 더 많은 정치적 피해를 입히고 우리의 이미지를 망쳐 놓았다.」[24] 이렇게 상당히 새로운 자산을 활용한 덕분에 팔레스타인해방기구 지도자들은 팔레스타인 바깥의 근거지에서 무장투쟁을 벌이는 전략을 공식적으로 포기할 수 있었다. 어쨌든 이런 방식은 1982년 이후 점차 불가능해지고 있었고, 팔레스타인의 대의에 실제로 피해를 주지는 않더라도 성공 가능성이 높았던 적이 없었다.

1982년 이전에도 팔레스타인해방기구의 많은 이들은 이제 무장투쟁을 중단해야 할 때가 되었음을 깨달았다. 아직 레바논에 본부를 두고 있던 시절에 지도자들은 에드워드 사이드와 절친한 사이이자 나와도 친구인 파키스탄의 저명한 지식인 에크발 아마드Eqbal Ahmad 에게 군사 전략을 평가하는 과제를 준 바 있었다. 아마드는 1960년 대 초 알제리 민족해방전선Front de libération nationale, FLN과 함께 일하면서 프란츠 파농Frantz Fanon을 알게 된 저명한 제3세계 반식민주의 사상가였다. 레바논 남부의 팔레스타인해방기구 기지들을 방문한 뒤 돌아온 그는 비판적 의견을 내놓아서 조언을 구한 이들을 당혹스럽게 만들었다. 원칙적으로 아마드는 알제리 같은 식민주의 정권에 맞선 무장투쟁을 헌신적으로 지지하는 사람이었지만, 팔레스타인해방기구가 이런 전략을 수행하는 방식에서 무능하고 종종 오히려 역효과를 낳는다고 강하게 비판했다.

더욱 심각한 질문으로, 그는 도덕적이거나 법적인 게 아니라 정치적 이유에서 과연 무장투쟁이 팔레스타인해방기구의 특별한 적인 이스라엘에 맞서는 올바른 행동 방침인지에 대해 의문을 제기했다. 특히 20세기에 유대인의 역사가 거친 경로를 감안할 때, 무력 사용은 이스라엘인들 사이에 이미 널리 퍼져 있는 피해자 인식을 강화할 뿐인 한편, 이스라엘 사회를 통합시켰고, 시온주의의 가장 전투적인 경향을 강화했으며, 외부 행위자들의 지원을 부추겼다.[25] 민족해방전선이 폭력을 사용해서 결국 프랑스 사회를 분열시키고 식민주의 기획에 대한 지지를 잠식하는 데 성공한 알제리와는 달랐다(질로 폰테코

르보Gillo Pontecorvo의 1966년작 영화 「알제리 전투The Battle of Algiers」에 등장하는 프랑스 심문관의 비난하는 말을 빌리자면 〈양동이로 폭탄을 날라 숱하게 많은 무고한 생명을 앗아간〉 여자들도 있었다). 아마드의 비판은 강력하고 파괴적이었으며, 팔레스타인해방기구 지도자들에게 환영을 받지 못했다. 지도자들은 실제로는 무장투쟁에서 손을 떼면서도 여전히 공개적으로 무장투쟁에 전념하겠다고 선언했다. 시온주의와 유럽 유대인 박해의 기나긴 역사 사이의 깊은 연관성을 날카롭게 파악한 것 외에도, 아마드의 분석은 이스라엘의 식민주의 기획의 독특한 본성을 기민하게 지각했다.[26]

팔레스타인에서 주로 비폭력적으로 벌어진 인티파다 덕분에 아라파트는 때늦긴 했어도 아마드의 견해를 고려하는 동시에 미국이 대화의 으뜸 조건으로 내세운 요구에 긍정적으로 대응할 수 있었다. 미국과 이스라엘이 테러리즘으로 간주하는 무장 저항을 포기하라는 요구였다. 하지만 팔레스타인해방기구가 미국을 순진하게 대한 결과가 금세 분명해졌다. 미국의 인정을 받고 교섭 테이블에 한자리를 차지하는 것은 그 자체로는 나무랄 데 없는 목표였다. 알제리나 베트남, 남아프리카 등 모든 반식민주의 운동은 적이 자신의 정당성을 받아들이고 분쟁을 명예롭게 종식시키기 위해 교섭하기를 열망했다. 하지만 이 모든 사례에서 명예로운 결과란 점령과 식민화를 끝내고 이상적으로 보자면 정의에 근거해서 평화로운 화해에 도달하는 것을 의미했다. 바로 이것이 다른 해방 운동들이 추구한 교섭의 으뜸가는 목표였다. 하지만 팔레스타인해방기구는 인티파다의 성공을 활용해서 이런 해방적 목표를 중심으로 한 대화의 장을 끝까지 요구하는 대신 명백히 이스라엘이 설계한 과정으로 끌려 들어갔다. 미국이 묵인하는 가운데 점령과 식민화를 끝내는 게 아니라 연장하기 위한 과정이었다.

　팔레스타인해방기구는 애초부터 안보리 결의안 제242호에 의해 팔레스타인인들에게 크게 불리한 방식으로 범위가 협소하게 제한된 이른바 평화 교섭에 끼기 위해 필사적으로 노력했다. 결의안 제242호에는 팔레스타인 문제에 관한 언급이 전혀 없고, 1947년의 유엔 총회 결의안 제181호에 명시된 아랍 국가 수립이나 1948년 유엔 총회 결의안 제194호에서 요구한 난민 귀환도 언급되어 있지 않다. 1967년 〈점령지territories occupied〉(〈*the* territories occupied〉라고 구체적으로 명시하지도 않았다) 철수에 관한 신중한 표현으로 결의안 제242호는 사실상 이스라엘에 1967년 이전 국경을 한층 더 확대할 기회를 주었다. 아라파트와 동료들은 자각했든 하지 못했든 간에 결의안 제242호를 교섭의 토대로 받아들임으로써 스스로 불가능한 임무를 설정한 셈이었다.

　그들은 또한 적들을 계속 압박해야 한다는 점을 이해하지 못했다. 무장투쟁이 끝나고 1990년대 초에 인티파다가 한풀 꺾이자 압박의 가능성은 점점 줄어들었다. 1991년 가을 마침내 회담이 시작되자 팔레스타인해방기구는 교섭 개시가 과정의 시작이 아니라 끝이라도 되는 것처럼 인티파다를 중단시키려고 노력했다(중단되지는 않았지만 몇 년 뒤 점차 소멸했다). 미국이 과거에 해놓은 약속이 있는 한 절대 정직한 중개인 구실을 할 수 없다는 사실 외에도, 이스라엘은 또한 나름의 독자적인 입장이 있었다. 따라서 팔레스타인해방기구가 미국에 어떤 양보를 하더라도 이스라엘이 반드시 응하거나 기꺼이 대화 상대로 여기고 나서지는 않았다. 실제로 레이건 행정부 막바지에 미국이 마침내 1988년 선언에 이어 팔레스타인해방기구와 대화를 시작했을 때, 이스라엘은 훨씬 더 비타협적으로 나왔다.

게다가 팔레스타인해방기구는 1978년 캠프데이비드 협정과 이어진 1979년 이집트-이스라엘 평화 조약의 완전한 함의를 이해하지 못한 것 같았다. 당시 메나헴 베긴은 안와르 사다트, 지미 카터와 팔레스타인에 파멸을 초래하는 교섭을 체결했다. 또한 소련의 몰락은 일관성 없이 이따금 팔레스타인해방기구를 도와주던 후원자가 사라졌음을 의미했다. 과거에 소련은 군사와 외교적 지원을 제공하고, 미국과 이스라엘이 요구하는 것보다 한결 관대한 조건으로 팔레스타인해방기구를 교섭에 참여시킬 것을 주창했다.[27] 하지만 1991년 말에 이르러 소련은 사라졌고, 미국은 팔레스타인-이스라엘의 모든 교섭 과정에서 유일한 국제적 보증자이자 후원자로 남았다.

팔레스타인해방기구의 지위가 또다시 큰 타격을 입은 것은 야세르 아라파트와 그의 동료 대다수가 1990~1991년 걸프전과 관련해 심각한 오산을 했기 때문이다. 1990년 8월 이라크가 쿠웨이트를 침공하고 점령한 거의 직후에, 페르시아만 국가들은 이집트와 시리아를 비롯한 사실상 거의 모든 주요 아랍 강국과 함께 미국이 주도하는 국제적 동맹에 합류했다. 아랍연맹 회원국의 주권을 심각하게 침해한 사담 후세인의 행동을 뒤집어엎기 위한 동맹이었다. 아시아와 아프리카, 중동의 탈식민 국가들이 식민지 시절 경계선과 그 안에서 자라난 국가를 보호하는 쪽을 일관되게 선호한 것과도 일맥상통했다. 아라파트는 이라크에 맞서 쿠웨이트를 확고하게 지지하는 대신 〈중립〉 방침을 따르면서 양쪽 사이를 중재하려고 했다. 당사자들은 모두 아라파트의 제안을 무시했고, 소련 같은 한결 강력한 행위자의 중재 시도도 무시를 당했다. 소련은 고위급 중동 특사를 바그다드로 보냈지만 아무 성과도 거두지 못했다.[28]

팔레스타인해방기구가 사실상 이라크를 지지하는 기묘한 결정을 내린 데에는 여러 가지 이유가 있었다. 하지만 이 결정으로 재정적 지원을 제공하던 페르시아만 국가들 사이에서 따돌림을 받아 여러모로 피해를 입었다. 무엇보다도 첫째 이유는 아라파트가 하페즈 알아사드의 고압적인 시리아 정권에 오래전부터 격한 반감을 품고 있었고 (이 반감의 대가를 톡톡히 치렀다) 반사적으로 균형추를 모색했다는 것이다. 아라파트 특유의 구호 가운데 하나—〈팔레스타인의 독자적 결정al-qarar al-Filastini al-mustaqill〉—는 보통 팔레스타인해방기구를 구속하고 억제하고 지배하려는 시리아의 시도에 대항하는 무기였다. 이집트가 한때 아사드 정권이 행사하는 압력에 균형을 맞추는 역할을 했지만, 사다트가 독자적으로 이스라엘과 평화를 이룬 뒤에는 이제 그런 역할이 가능하지 않았다. 유일하게 가능한 다른 균형추는 필연적으로 시리아의 경쟁자인 이라크였다. 사다트가 변절한 직후에, 특히 시리아 정권이 1982년 동족상잔의 반란을 배후 조종해 아라파트의 지도력을 훼손하려고 한 뒤, 팔레스타인해방기구는 점차 이라크의 정치·군사·재정적 후원에 기대게 되었다.

이렇게 의존하게 되자 아라파트와 팔레스타인해방기구는 이라크의 정책에 순응하라는 강한 압박을 받게 되었다. 무식하고 변덕스럽고 잔인한 조폭 같은 독재자인 사담 후세인이 기분 내키는 대로 지시하는 정책이었다. 이라크 정권은 팔레스타인해방기구를 다잡아 두기 위해 걸핏하면 응징했다. 이런 목적으로 활용한 많은 도구 가운데 바그다드는 아부 니달의 테러망인 바트당의 아랍해방전선Ba'thist Arab Liberation Front과 아부 알아바스가 이끄는 팔레스타인해방전선PLF 같은 명목상의 팔레스타인 분리 그룹들을 여럿 거느렸다. 이 소규모 그룹들은 하나같이 대중적 기반이 없었고, 사실상 무시무시한 이라크 정보기관의 연장선상에 있었다(하지만 앞서 살펴본 것처럼, 리비아와 시리아 정권도 아부 니달의 살인 청부업자들을 이따금 비밀리에 고용했고, 다른 정보기관들도 그 그룹에 깊숙이 침투했다). 이 그룹들 가운데 어느 것이든 팔레스타인해방기구의 토대를 허물어뜨리거나 지도자들을 공격해서 이라크 정권에 동조하게끔 만들기 위해 고안된 작전을 실행할 수 있었다. 실제로 한동안 아부 니달의 살인 청부업자들은 유럽에서 모사드와 거의 맞먹을 만큼 많은 수의 팔레스타인해방기구 사절과 지도자들을 살해했다. 몇몇 아랍 정권의 간판 조직인 이 그룹들은 또한 이스라엘과 유대인 민간인을 겨냥한 눈길을 끄는 테러 작전이 전문이었다. 1985년 아부 니달 그룹이 벌인 로마와 빈 공항 테러 사건, 1986년 역시 이 그룹이 벌인 이스탄불 유대교 회당 유혈 습격, 1985년 팔레스타인해방전선이 벌인 크루즈선 아킬레 라우로Achille Lauro호 습격 사건 등이 대표적인 사례다.

이라크에 의존하는 현실은 논외로 하더라도 아라파트와 지도부는 1990~1991년에 이라크의 군사 역량을 크게 과대평가했다. 그들은 쿠웨이트 침공 이후에 뻔히 예상되는 미국이 주도하는 동맹의 공격을 이라크가 견딜 수 있다고 오판했다. 이런 망상적 견해(이라크는 8년간 이어진 전쟁에서 이란을 물리칠 수 없었다)가 아랍 세계 각지에 널리 퍼졌다. 미국이 주도하는 필연적인 역습이 시작되기 전 몇 달간, 원래는 판단력이 있고 정보에 밝은 팔레스타인과 레바논, 요르단의 많은 사람들이 전쟁이 일어나는 일은 없을 것이며 설령 일어난다 해도 이라크가 승리할 게 확실하다고 소리 높여 선언했다. 아라파트는 어느 정도 대중적 물결에 휩쓸렸다. 아랍의 여론을 주도하는 많은 집단이 하나같이 이런 환상을 품었기 때문이다. 많은 이들이 사담 후세인의 점령을 〈식민주의가 부과한 경계선〉에 대항하는 민족주의의 일격으로 보면서 지지했다(마치 아랍 동부의 대다수 국경과 국가 역시 식민주의가 부과한 것이 아닌 것처럼). 이렇게 망상에 빠진 이들은 사담을 아랍의 위대한 영웅으로 보았다. 새로운 살라딘(진짜 살라딘도 후세인의 고향인 티크리트 출신이었다)이 미국과 그 동맹자들을 확실히 물리칠 것만 같았다.

무지몽매한 팔레스타인해방기구에서 예외가 있다면 정보부장인 아부 이야드였는데, 그는 고위 지도자들 가운데 가장 똑똑하고 현실에 기반을 두고 있었다. 그는 이 방침을 따르면 재앙이 닥친다는 것을 알고 이라크를 지지하기로 한 결정에 격렬하게 반대했다. 아라파트와 치열한 설전을 벌이기도 했다. 이런 입장을 고수한 데에는 여러 명백한 이유가 있었지만, 그는 쿠웨이트에서 번성하는 팔레스타인 공동체를 보호하는 문제에도 관심을 기울였다. 수십만 명의 안전이 걸린 문제였다. 그와 아라파트 둘 다 쿠웨이트에서 수년간 생활하고 일한 적이 있었고, 그는 이 공동체와 긴밀한 연계가 있었다. 이 공동체는 세계 어느 곳보다도 팔레스타인해방기구에 가장 확고한 대중적·경제적 토대를 제공했다. 게다가 쿠웨이트 자체가 팔레스타인해방기구를 지지했고, 팔레스타인인들이 상대적인 표현의 자유를 누리는 유일한 아랍 나라였다. 쿠웨이트의 팔레스타인인들은 자체적으로 학교를 운영했고, 쿠웨이트 정치에 간섭하지 않는 한 팔레스타인해방기구를 돕기 위한 조직 활동을 할 수 있었다. 아부 이야드는 아라파트가 사담의 자멸적인 쿠웨이트 침공에 반대하지 않으면 팔레스타인해방기구가 약화되고 그 나라에 있는 팔레스타인인 공동체가 파괴되고 다시 쫓겨날 것이라고 주장했다.

아부 이야드가 내다본 대로 상황이 펼쳐졌지만, 그 역시 만용의 대가를 치렀다(들리는 말로 그는 사담 후세인을 직접 비판하기도 했다고 한다).[29] 그는 미국이 주도하는 공세가 시작되기 3일 전인 1991년

1월 14일 튀니스에서 암살당했다. 살인 청부업자는 아부 니달 조직망(그리고 당연히 이라크)을 위해 행동한 것이었다. 아부 이야드가 이끄는 팔레스타인해방기구 정보부에서 오랫동안 추적한 조직망이었다. 아부 지하드가 암살당하고 3년 뒤에 아부 이야드까지 사라지자, 파타의 최고 지도부에는 아라파트에 맞설 능력이나 의지를 지닌 이가 하나도 남지 않았다. 아라파트가 고압적 태도를 한층 밀어붙이기 좋은 상황이 된 것이다.

아라파트가 신중하지 못한 결정을 내린 결과가 나오는 데는 오랜 시간이 걸리지 않았다. 쿠웨이트가 해방된 뒤 팔레스타인인 수십만 명이 쫓겨나는 비극이 시발점이었다. 페르시아만 국가들은 팔레스타인해방기구에 대한 모든 재정 지원을 중단했고, 1982년 베이루트에서 철수한 팔레스타인해방기구 지도부를 받아들이는 데 동의했던 나라들까지 일부 포함해서 많은 아랍 나라가 이 기구를 추방했다. 그리하여 1990~1991년 걸프전 이후, 팔레스타인해방기구는 역사상 그 어느 때보다도 고립무원의 처지가 되었다. 아라파트와 그의 동지들이 올라탄 빙산은 빠르게 녹아내리고 있었고, 그들은 단단한 땅에 뛰어내리고자 필사적으로 애썼다.

공교롭게도 이런 위기 상황과 동시에 미국은 이라크에서 승리를 거두고 소련이 종언을 고하면서 의기양양한 순간을 누리고 있었다. 1991년 1월 조지 H. W. 부시는 연두교서 연설에서 〈새로운 세계 질서〉와 〈또 다른 미국의 세기〉를 환호하며 맞이했다. 부시 행정부는 사담의 경거망동으로 주어진 기회를 활용해서 이 새로운 세계 질서를 형성하고 규정하려고 결심했다. 그러려면 우선 아랍-이스라엘 분쟁을 해결해야 했다. 이스라엘과 미국의 외교관들은 팔레스타인해방기구의 교섭 지위가 심각하게 약해진 사실을 알았다. 바로 이런 맥락에서 국무 장관 제임스 베이커는 1991년 10월 마드리드에서 평화 회담을 열 계획에 착수했다. 이스라엘-아랍의 직접 대화를 활성화해서 팔레스타인의 미래를 결정하려는 기대를 품은 것이다. 아라파트와 그의 동료들이 마침내 협상 테이블에 대리인 자리를 제안받았을 때, 대화의 조건이 크게 불리하다는 것도 제대로 판단하지 못했다. 튀니스를 비롯한 여러 곳에서 극심한 압박에 시달리면서 불안한 지위에서 벗어나려는 열망이 컸기 때문이다. 마드리드와 워싱턴, 오슬로, 그 후까지 이어진 교섭이 차질을 빚은 것은 따라서 팔레스타인해방기구가 애초에 쿠웨이트에 대해 심각하게 오산을 한 탓이 컸다.

예루살렘에서 연구를 하던 1991년 여름, 나는 우연히 인척인 파이살 후세이니를 찾아갔다. 결국 쿠웨이트에서 세상을 떠나기 전까지 그는 예루살렘에서 으뜸가는 팔레스타인 지도자이자 파타의 고위 인사였다. 전에도 몇몇 사촌 사이에 사소한 문제가 생겨서 상담하러 간 적이 있었다(예루살렘에 있는 많은 친인척들 사이에서는 이따금 곤란한 문제가 생긴다). 파이살은 대뜸 미국에서 평화 회담이 소집되는데, 팔레스타인 대표단의 고문으로 일해 볼 생각이 있느냐고 물었다. 팔레스타인해방기구의 지시에 따라 후세이니와 하난 아슈라위, 하이다르 압둘 샤피 등이 제임스 베이커와 회담의 기본 규칙과 대표단 구성에 관해 협의 중이라는 사실은 나도 알고 있었다. 또한 이스라엘 총리 이츠하크 샤미르가 팔레스타인해방기구가 교섭에 참여하는 것 자체와 팔레스타인 국가 수립에 완강하게 반대한다는 것도 알고 있었기 때문에 회담이 열리는 일은 없을 것이라고 확신하고 있었다. 나는 별생각 없이 파이살의 요청을 받아들이고 집안 문제에 관해 조언해 줘서 감사하다고 말하고 자리에서 일어섰다.

몇 달 뒤인 1991년 10월 말, 나는 베이커의 고집을 꺾지도 못하고 튀니스에 있는 팔레스타인해방기구 지도부의 자포자기식 태도도 달래지 못한 채 마드리드에 있었다. 회담 초기에 팔레스타인 대표단장인 압둘 샤피가 당당하게 연설을 하고 아슈라위가 언론에 효과적으로 모습을 드러내면서 많은 팔레스타인인들은 인티파다의 희생이 헛된 게 아니었고 마침내 자신들의 대의에 관심이 쏠린다는 인상을 받았다. 하지만 이 회담과 이후에 마드리드와 워싱턴에서 이스라엘과 자리한 모든 양자 교섭에는 갖가지 어두운 구름이 드리웠다. 팔레스타인해방기구는 베이커를 통해 샤미르가 내건 조건, 즉 팔레스타인의 운명을 결정하기 위한 회담에 팔레스타인의 독자적인 대표가 참석하지 않는다는 조건을 받아들인 바 있었다. 따라서 나는 요르단-팔레스타인 공동 대표단에 고문으로 참가했다.

물론 팔레스타인인들이 자신들의 삶에 관한 결정을 내리는 과정에서 독자적인 역할을 배제당한 것은 전혀 새로운 일이 아니었다(팔레스타인 대표단은 결국 요르단 대표단에서 분리하는 것이 허용되었다). 하지만 이스라엘은 팔레스타인 대표를 선택하는 문제까지 거부권을 행사했고, 팔레스타인해방기구와 연결된 인사, 예루살렘 사람, 디아스포라 출신 등의 참여를 봉쇄했다(따라서 뽑을 만한 대표자 후보의 범위가 크게 축소되었다). 베이커가 개입한 덕분에, 후세이니와 아슈라위, 사리 누세이베Sari Nuseibeh처럼 이런 식으로 배제된 지도자들뿐만 아니라 라자 셰하데와 카미유 망수르Camille Mansour, 그리고 나와 같이 고문이나 법률·외교 전문가들도 대표단에 합류할 수 있었지만, 이스라엘인들과의 공식 회담에는 참가하지 못했다. 이스라엘이 교섭 상대와 구성까지 일방적으로 결정하는 절차에 참여하는 것은 굴욕적인 일이었지만 그래도 팔레스타인해방기구는 단념하지 않았다. 아직도 더 많은 모욕이 기다리고 있었다.

샤미르 정부는 누가 대화할 수 있는지를 지시했을 뿐만 아니라 어떤 주제를 이야기할 수 있는지도 결정했다. 베긴이 캠프데이비드 협정과 1979년 이집트와 체결한 평화 조약에서 고집한 팔레스타인에 관한 제한 사항이 이제 3일간 진행된 마드리드 회담과 이후 몇 달간 워싱턴에서 이루어진 논의에 적용되었다. 팔레스타인인들은 오직 〈자치〉나 〈과도자치정부〉라는 이름으로 자치만을 논의할 수 있었다. 본질적인 항목들—팔레스타인의 자결권, 주권, 난민 귀환, 점령과 식민화 종식, 예루살렘의 처리 결정, 유대인 정착촌의 미래, 토지와 물에 관한 권리 통제—에 관한 논의는 금지되었다. 그 대신 이 쟁점들은 대략 4년 뒤로 미뤄졌는데, 사실은 그런 미래는 결코 오지 않았다. 1997년(이 기한은 나중에 오슬로 협정에서 1999년으로 연장되었다)까지 완료되기로 예정된 가공의 〈최종 지위〉 회담은 결코 마무리되지 않았다. 한편 그때까지만 지속될 예정인 과도 단계에서 이스라엘은 이 모든 영역에서 마음 내키는 대로 행동할 수 있었다. 그리하여 1990년대 내내 마드리드를 비롯한 회담장에서 팔레스타인 쪽 교섭자들은 현재 진행 중인 식민화와 점령의 조건으로만 토론을 제한하는 강요된 규칙 아래서 움직였다. 마드리드 회담의 보증인들은 향후에 이런 과도 단계에서 벗어날 수 있다고 장담했지만, 점령지 팔레스타인인들은 지금도 사반세기가 넘도록 이런 임시 과도 국가에서 살고 있다.

미국은 표면상 소련과 공동으로 회담을 주관했지만, 소련은 국가 자체가 사라지려는 참이었기 때문에 명목상으로 지지했을 뿐이다.

실제로는 베이커와 부시가 모든 결정을 내렸다. 워싱턴의 기본 원칙은 신중하게 작성되어 시리아, 레바논, 요르단 대표단을 포함한 모든 당사자에게 보낸 초청장에 구체적으로 드러났다.[30] 초청장에 담은 엄숙한 약속에서 미국은 〈종합적인〉 방식으로 〈아랍-이스라엘 분쟁을 해결하기 위해 정직한 중개자로 행동하겠다〉고 맹세했다.[31] 별도로 자세히 쓴 미국의 보증서한도 각 대표단에 보내졌다. 팔레스타인인들에게 쓴 이 서한에서 미국은 〈모든 당사자가 일방적으로 행동해서 국지적 긴장을 악화하거나 교섭을 더욱 어렵게 만들거나 최종 성과를 가로채는 일이 없도록 장려하겠다〉고 약속하면서 〈누구도 교섭을 통해서만 해결할 수 있는 쟁점들을 사전에 결정하려는 일방적 행동을 해서는 안 된다〉고 강조했다.[32] 그러나 미국은 이런 약속을 결코 지키지 못했다. 정착촌을 확대하고 요르단강 서안과 가자 지구 사람들이 예루살렘에 들어오지 못하게 차단한 것에서부터 거대한 장벽과 보안 장애물, 검문소를 새롭게 세운 것에 이르기까지 이스라엘이 일방적인 행동을 끝없이 벌이는데도 전혀 막지 못한 것이다.

팔레스타인 대표단이 마드리드에 도착했을 때, 어느 누구도 1975년에 제럴드 포드가 이스라엘이 동의하지 않는 평화안을 일절 내놓지 않겠다고 라빈에게 분명하게 약속한 사실을 알지 못했다. 나역시 알지 못했다.[33] 우리 모두 1978년 캠프데이비드 협정과 미국이 이스라엘 편을 든다는 사실, 그리고 많은 미국 외교관들이 편파적이라는 것을 알고 있었지만, 키신저가 후임자들을 이스라엘이라는 기둥에 어느 정도나 단단히 묶어 두었는지는 알지 못했다. 만약 사전 준비가 얼마나 철저했는지, 그리고 미국이 이런 식으로 공식적 약속에 손발이 묶인 사실—결국 이스라엘이 자신의 입장과 회담 주관자의 입장을 사실상 결정했다—을 알았더라면, 아마 나는 마드리드에 가지 않았을 테고 이후 2년의 대부분을 워싱턴 회담에 참가하느라 보내지 않았을 것이다. 설령 대표단에게 이런 사실을 알려 줄 수 있었다 하더라도(대표단은 전부 점령지 출신으로 외교 경험이 전무했지만, 결국 만만찮은 교섭 상대임이 밝혀졌다) 별 차이가 없었을 것이다.

팔레스타인 쪽에서 나온 중요한 결정은 모두 튀니스에 있는 팔레스타인해방기구 지도자들이 내린 것이었다. 그들은 교섭 과정에 참여하고 고립 상태에서 벗어나려고 필사적이었기 때문에, 미국이 얼마나 충실하게 이스라엘의 노선을 따르는지 알았다 하더라도 결국 회담에 참여해서 똑같은 실수를 저질렀을 공산이 크다고 본다. 지역이나 세계에서 동맹자가 거의 없고, 이스라엘에 압박을 가할 능력도 별로 없으며, 점령의 성격이나 이와 관련된 난해한 법적 쟁점도 제대로 이해하지 못했기 때문에, 그들은 이스라엘이 사전에 승인한 견해만을 표현할 수밖에 없는 미국 정부에 전부를 건 셈이었다. 무엇보다도 그들은 노련한 이스라엘 외교관들과 교섭할 때 필요한 자잘한 법적 항목을 꼼꼼하게 따지는 인내심이 부족했다. 또한 영토 통제나 정착촌 확대, 예루살렘의 지위 문제 등과 관련된 핵심 쟁점에 대해 이스라엘의 완고한 태도를 누그러뜨릴 만한 장기적인 전략도 없었다.

마드리드 회담은 관련 당사자를 모두 모으면서 포괄적인 교섭 과정을 개시하는 기능을 했다. 이후 몇 가지 다른 경로가 이어졌다. 아랍 3국, 즉 시리아, 레바논, 요르단은 계속해서 이스라엘과 최종 평화 조약에 관한 양자 간 회담을 진행했다. 한편 요르단의 경로에서 떨어져 나온 팔레스타인의 경로는 1년 반에 걸쳐 워싱턴 국무부에서 이스라엘 대표들과 10차례의 논의를 진행했다. 논의는 여전히 요르단 강 서안과 가자 지구의 제한된 자치라는 주제에만 엄격히 국한되었다. 워싱턴에서 진전을 가로막은 수많은 장애물 — 팔레스타인해방기구 지도부의 어설픈 회담 지휘, 미국의 기만적 역할, 팔레스타인의 권리에 대한 이스라엘의 완고한 태도 — 가운데는 팔레스타인 교섭자들과 고문들이 점차 법적·외교적 전문성을 발전시킨 반면, 튀니스의 지도자들은 이 과정에서 이런 전문성이 결정적으로 중요하다는 것을 전혀 이해하지 못했다는 사실도 있었다.

교섭에 관여한 미국의 많은 인사들이 왜곡된 역할을 한 사실을 감안하면, 이 사실이 더욱더 중요했다. 몇몇 인사들은 중요한 어떤 쟁점 — 정착촌 확대나 과도기 동안 예루살렘의 지위, 명목상 자치를 하게 되는 지역과 주민에 대해 팔레스타인 쪽이 갖는 관할권의 범위 등 — 에 대해서도 이스라엘에 압박을 가하려 하지 않았다. 당면한 쟁점이 무엇이든 간에 미국 대표들은 자신들이 이해하는 이스라엘의 입장이 현실적으로 가능하거나 논의될 수 있는 한계라고 생각했다. 우리는 미국 대표들이 이스라엘 동료들과 긴밀하게 협조했고, 그중 일부는 이스라엘에 대한 미국의 공식적인 (하지만 은밀한) 약속을 극단까지 밀어붙였음을 안다. 훗날 미국의 교섭 담당자 애런 데이비드 밀러Aaron David Miller는 당시 자신을 비롯한 많은 동료들이 〈이스라엘 쪽 변호사〉 같은 입장을 취했다고 후회하며 말했다.[34] 이 표현을 처음 쓴 것은 분명 헨리 키신저였는데, 그는 미국이 이스라엘의 정책을 옹호한다는 것을 속속들이 아는 인물이었다.[35]

이런 점에서 부하 직원들 누구와도 무척 달랐던 제임스 베이커는 대단히 섬세한 정치적 본능과 권력을 효율적으로 활용하는 방법을 예리하게 지각한 인물이었다. 베이커와 부시는 냉전 이후 시기에 아랍-이스라엘 분쟁을 포괄적으로 해결하는 것이 미국에 이익이 된다는 사실을 이해했고, 항구적인 합의에 도달하려면 이스라엘에 압박을 가해야 한다는 것을 직관적으로 알았다. 베이커는 또한 기개가 충만하고 대통령과 긴밀한 관계에 있었기 때문에 1975년에 키신저가 교섭한 결과로 미국의 행동의 자유가 제한되는 상황을 무시하거나, 적어도 미국의 국익이라는 기준에 비춰 이런 제한을 느슨하게 해석할 수 있었다. 두 사람은 이런 바탕 위에서 교섭을 개시했다. 샤미르가 회담을 주관하려는 미국 행정부의 초기 시도를 방해했을 때, 베이커는 샤미르 정부에 공개적으로 맞서는 것을 두려워하지 않았다. 〈진지하게 평화를 원한다면 우리한테 전화하세요〉라고 말하며 백악관 전화번호를 주었다.[36] 베이커는 샤미르가 완고하게 반대하는 것을 무릅쓰고 팔레스타인의 마드리드 회담 참여를 가차 없이 밀어붙였다. 베이커를 만난 우리는 그가 점령 상태에서 팔레스타인인이 겪는 곤경에 공감하고 샤미르 정부가 강요하는 불합리한 제한에 우리가 좌절하는 상황을 십분 이해한다는 것을 감지했다. 이런 공감은 그가 회담을 준비하기 위한 회동에서 후세이니와 아슈라위, 압둘 샤피 등과 오랫동안 대화를 나눈 결과이기도 했다.

하지만 베이커의 능력과 의지는 딱 그만큼이었을 뿐이다. 그는 여러 가지 일을 하지 않았는데, 무엇보다도 교섭이 진행 중인 가운데 팔레스타인의 현재 상태를 체계적으로 뒤바꾸는 이스라엘의 행동을 저지하지 않았다. 이스라엘은 정착촌 건설을 계속했고 나머지 점령지의 주민들이 예루살렘에 들어오는 것을 막기도 했다. 둘 다 베이커의 보증서한에 구현된 미국의 약속을 심각하게 위반하는 행동이었다. 팔레스타인 입장에서 보면, 이스라엘은 이런 행동을 통해 양쪽이 나눠 먹기로 한 케이크를 먼저 먹어 치우는 한편, 팔레스타인 대표단이 최종 지위 문제에 관해 이야기하는 것을 막은 금지 조항을 한껏 활용하고 있었다. 샤미르의 방해 공작과 요르단강 서안의 중단 없는 식민화에 부시 행정부가 인내심을 잃으면서 이스라엘이 러시아 출신 유대인의 재정착을 위해 요구한 100억 달러의 차관 보증을 보류하긴 했지만, 이런 조치로는 이스라엘 정부에 거의 또는 전혀 영향을 미치지 못했다.[37] 하지만 워싱턴은 그 이상의 조치는 취할 생각이 없었다.

어쨌든 베이커는 마드리드 회담 10개월 뒤인 1992년 8월에 국무부에서 물러나 결국 패배로 끝난 부시의 대통령 선거 운동에 합류했다. 그 시점부터 국무 장관 시절 베이커가 확실히 다잡아 놓았던 하급 관리들이 국무부를 장악했는데, 그들은 베이커 같은 능력이나 이스라엘을 대하는 굳은 의지, 공평무사함, 통찰력이 없었다. 이런 상황은 부시 행정부의 남은 임기 몇 개월 동안 계속되었고, 이후 빌 클린턴 시절에는 더욱 나빠졌다. 그해 11월에 당선된 빌 클린턴과 별로 내세울 것 없는 국무 장관 워런 크리스토퍼Warren Christopher와 매들린 올브라이트Madeleine Albright는 별 성과를 내지 못했다. 새로운 행정부의 고위 인사 가운데 어느 누구도 이스라엘, 또는 팔레스타인 문제의 평화 교섭 과정에 대해 부시나 베이커 같은 시야가 없었고, 부시 행정부로부터 물려받은 관리들, 특히 데니스 로스Dennis Ross의 영향을 강하게 받았다.

이 전문가 집단의 많은 성원들은 노동당의 시온주의와 강한 개인적 친화성이 있었고, 1992년 6월에 총리가 된 라빈을 마음속 깊이 존경했다(빌 클린턴의 경우도 마찬가지였다). 그들은 1978년 캠프데이비드 정상회담 이래 질질 끌어온 이른바 평화 교섭 과정을 처리하면서 명성과 경력을 쌓은 이들이었다. 이런 평화 교섭 과정 전문가들이 부상하면서 국무부를 비롯한 정부 부처에서 이른바 아랍 전문가 세대의 소멸이 두드러졌다. 아랍 전문가들은 주로 중동에서 오랫동안 공직 생활을 하면서 폭넓은 언어 능력을 갖추었고, 중동 지역과 미국의 입장에 관한 깊은 이해를 업무에 적용했다. 미국이스라엘공공

문제위원회American Israel Public Affairs Committee, AIPAC 같은 로비 단체들은 종종 그들이 반이스라엘 세력이라고 거짓 비난 공세를 폈다. 사실 그들은 결국 그들을 계승한 대다수 관리들과 달리, 이스라엘 중심적 견해를 대변하지 않았을 뿐이다.[38]

그들의 후임자들은 다른 모든 문제는 거의 배제한 채 이 문제에만 몰두한 남자—진짜로 전부 남자였다—들이었다. 〈동양은 평생의 과업이다〉라는 디즈레일리Disraeli의 말은 〈평화 교섭 과정은 평생의 과업이다〉로 바뀌었다. 그들은 대부분 학문적 전문성이 있었지만—데니스 로스, 마틴 인디크Martin Indyk, 대니얼 커처Daniel Kurtzer, 밀러 등은 모두 박사 학위가 있었다[39]—중동에서 근무한 적은 없었고, 또한 이스라엘 말고 중동 지역이나 사람들에게 특별히 공감하지 않았다. 그중 몇몇은 나중에 미국 대사로 일했고(커처는 이집트와 이스라엘 주재 대사, 인디크는 이스라엘 주재 대사), 다른 이들은 중동 담당 차관보나 국무부 정책기획국장, 국가안보회의NSC 등에서 일했다.

이 평화 교섭 과정 전문가들 가운데 가장 고참이자 중요한 당파적인 인물은 데니스 로스였다. 국무부의 한 고위 관리가 평한 것처럼, 〈로스의 나쁜 습관은 이스라엘 사람들하고 사전에 협의하는 것〉이었다.[40] 또 다른 관리는 훨씬 더 통렬했다. 그의 말에 따르면, 로스는 〈상대가 고수하려는 마지노선에 미리 굴복하는〉 경향이 있었다. 여기서 상대란 물론 이스라엘을 의미했다.[41] 중동 문제를 담당한 수십 년간 열정적이고 지속적으로 이스라엘에 헌신하는 로스의 태도는 더욱 분명해졌다. 특히 2011년에 공직에서 물러난 뒤에는 더욱 심했다(그는 1970년대 이래 공직을 들락날락했다). 그 후 로스는 이름만 내걸지 않았을 뿐 사실상 이스라엘 로비스트가 되었고, 유대인기구가 창설하고 재정을 대는 기관인 유대인정책기획연구소Jewish People Policy

Planning Institute 소장, 미국이스라엘공공문제위원회가 지원하는 워싱턴근동정책연구소Washington Institute for Near East Policy 특별 연구원 등을 지냈다. 워싱턴근동정책연구소는 마틴 인디크와 공동으로 창설한 것이었다. 마틴 인디크 역시 그전에 미국이스라엘공공문제위원회에서 일했고 클린턴 행정부 시기에 교섭에서 핵심 인물이 되었다(정부는 오스트레일리아 국적인 인디크에게 서둘러 미국 시민권을 부여해서 1993년에 정부 직책을 맡겼다).[42]

데니스 로스와 몇몇 동료들의 공공연한 편견은 우리와 대화하는 내내 분명히 드러났다. 그들의 핵심적 특징은 이스라엘이 공언한 입장을 미국 정책에서 수용 가능한 한계로 받아들였다는 것이다. 로스를 비롯한 이들의 이런 사고방식 밑바탕에는 핵심적 믿음이 있었다. 실제로 로스는 이스라엘에 치우친 편견을 한층 더 밀고 나가서 이스라엘이 무엇을 받아들이려 하지 않는지, 그리고 미국이 무엇을 지지할 수 없는지를 스스로 판단했다. 이런 평가는 종종 잘못된 것으로 드러났다. 그는 팔레스타인해방기구를 인정하고 교섭에 참여시키는 것은 이스라엘로서는 수용 불가라고 보았다. 그렇지만 라빈은 결국 이런 조건에 동의했다. 언젠가 워싱턴에서 교착 상태에 빠졌을 때, 독자적인 구상을 내놓기를 완강하게 거부하던 미국 측은 이른바 〈중개 제안bridging proposal〉을 제시하는 데 동의했다. 로스가 자랑스럽게 소개한 종착지 없는 중개안은 이스라엘 스스로 비공식적으로 내놓은 최종 입장보다도 내용이 훨씬 부실했다.[43] 로스의 편견은 회담의 다른 시점에서도 분명히 드러났다. 내가 듣는 자리에서 그는 을러댔다. 만약 팔레스타인 대표단이 이스라엘이 압박을 가하는 쟁점을 받아들이지 않으면, 워싱턴은 〈페르시아만의 우방들〉을 자신들에게 의지하게 만들겠다고 말이다.

한편 이스라엘이 제기한 장애물은 완전히 성격이 달랐다. 샤미르가 총리인 동안에는 절차를 놓고 끊임없이 설전을 벌이고 실질적인 내용에 관한 한 귀를 막고 대화하는 꼴이었다. 특히 이스라엘은 1978년 캠프데이비드에서 베긴이 선언한 구상을 고수했다. 주민들의 자치는 인정하지만 땅의 자치권은 인정할 수 없다는 것이었다. 이 구상은 오직 한 민족, 유대인만이 이 땅 전체에서 존재하고 주권을 누릴 정당한 권리가 있으며, 이 땅의 이름은 팔레스타인이 아니라 이스라엘 땅Eretz Israel이라는 이스라엘 우파의 견해 —사실상 시온주의 교의의 핵심 — 와 일치했다. 팔레스타인인들은 기껏해야 침입자였다. 실제로 팔레스타인인들이 미래의 자치 당국이 폭넓은 법적·영토적 관할권을 가져야 한다고 요구했을 때, 이스라엘 교섭자들은 단호하게 거부했다. 마찬가지로 정착촌 건설 활동을 어떤 식으로 제한하는 것도 거부했다. 놀라운 일이 아니었다. 샤미르는 다시 10년간 회담에서 발을 빼고 그동안 〈이스라엘이 점령한 땅에서 유대인 정착민 수를 크게 늘릴〉 생각이었다고 말한 것으로 유명하다.[44]

샤미르 정부 대신 노동당이 주도하는 연정이 들어선 뒤, 총리가 된 라빈은 시리아 경로와 팔레스타인 경로 가운데 무엇을 우선시할지 망설였다. 언제나 전략가였던 그는 시리아와 먼저 협상을 타결하면 팔레스타인인들의 입지를 약화시켜서 그들과의 교섭이 용이해지는 이점이 있다고 판단했다. 라빈은 또한 시리아 전선에서 합의를 이루는 것이 전략적으로 더욱 중요하고, 비교적 수월하며, 달성 가능하다고 보았다. 아마 마지막 부분의 평가는 맞아떨어졌을 테고, 라빈과 하페즈 알아사드는 거의 협정을 체결할 뻔했다.[45]

시리아를 진지하게 상대하려 했다는 증거로, 라빈은 이타마르 라비노비치를 시리아 경로의 수석 교섭 담당자로 (그와 동시에 미국 주재 이스라엘 대사로) 임명했다. 고위 정보장교로 복무했던 이스라엘 군의 예비역 대령이자 시리아에 관해 전문적 식견이 깊은 저명한 학자인 라비노비치는 이 자리에 어울리는 적임자였다. 그의 임명으로 그 스스로 말한 것처럼 시리아와의 관계에서 〈일정한 진전〉이 있었지만, 결국 양쪽은 합의에 이르지 못했다. 갈릴리호 동쪽 연안에 있는 몇 평방마일의 전략적 땅의 처분을 둘러싸고 불거진 견해차가 주된 요인이었다. 꽤 단순하지만 묵직한 이 문제는 라빈 총리가 계획을 준비 중인 조치대로 골란고원에서 조금이라도 철수를 하는 것에 대해 이스라엘의 몇몇 집단(과 미국의 가장 열렬한 지지자들)에서 격렬한 반대가 나오면서 더욱 증폭되었다. 교섭이 한창인 가운데 나는 우연히 시카고에서 열린 회담에 참석했는데, 당시 라비노비치는 이스라엘의 강경 노선 지지자들에게 시리아와의 합의가 실현 가능하고 바람직하다는 것을 설득하는 데 완전히 실패했다. 나는 라비노비치에게 이런 비합리적인 반대는 앞서 이스라엘이 시리아를 악마화하면서 스스로 만들어 낸 결과라고 지적했다. 여태까지 시리아를 악마로 만들어 놓고 그와 라빈은 이제 그 나라와 협정을 맺을 수 있다고 확신하고 있었던 것이다.

시리아에 대해 비교적 유연하게 접근하고 적임자를 사절로 임명한 것과 대조적으로, 라빈은 교섭 테이블에서 팔레스타인인들을 대하는 이스라엘의 핵심적 태도에 거의 변한 게 없었다. 그는 이스라엘 대표단 책임자 엘리야킴 루빈스타인Elyakim Rubinstein을 유임시켰는데, 노련한 외교관으로 훗날 대법관이 되는 인물이다. 루빈스타인은 우리를 대하는 데서는 냉혹하기 짝이 없었다. 이스라엘이 몇 차례—팔레스타인의 선거, 요르단강 서안과 가자 지구의 연결, 그 밖에 몇 가지 문제에서—입장을 바꿨지만, 루빈스타인이 맡은 임무 가운데 핵심 요소는 여전히 엄격하게 제한된 형태의 자치 이외에 어떤 것도 양보하지 않는다는 것이었다. 이스라엘에서 정권이 교체되어도 실질적인 입장 변화가 없다는 것을 깨달은 순간, 팔레스타인 대표단 내부와 튀니스에서는 실망하는 눈치가 역력했다. 우리는 놀라지 말았어야 했다. 1989년에 한 연설에서 라빈은 팔레스타인인들에게 자치는 허용하지만 독립국가는 안 된다는, 베긴의 캠프데이비드 접근법을 지지한다는 뜻을 분명히 밝힌 바 있었다.[46] 그로부터 6년 뒤인 1995년 10월, 크네셋에서 라빈은 팔레스타인에서 어떤 〈조직체〉가 만들어지더라도 〈국가 수준에는 미치지 못할 것〉이라고 말했다. 그리고 한 달이 되지 않아 그는 암살당했다.[47]

1992년 1월 워싱턴에서 실망스러운 징후가 나타나긴 했지만, 샤미르가 아직 총리인 가운데 팔레스타인 대표단은 팔레스타인 과도자치당국Palestinian Interim Self-Governing Authority, 약칭 피스가PISGA의 제안서 개요를 내놓았다. 우리는 이것이 국가로 나아가는 디딤돌이 될 것으로 보았다. 3월에는 내용을 보완한 실질적인 판본이 나왔다. 핵심 개념은 요르단강 서안과 예루살렘, 가자 지구에 사는 팔레스타인 주민, 1967년에 이 지역들에서 쫓겨난 사람들, 그리고 그 후 이스라엘에 의해 추방된 사람들이 선거를 통해 권한을 부여하는 팔레스타인 정부 조직을 만든다는 것이었다. 선거 이후에 이스라엘 군정과, 점령을 관리하는 미화된 이름의 관료 기구인 민정청Civil Administration은 이 새로운 기구에 모든 권한을 이양하고, 그 후 이스라엘 기구들은 모두 철수할 터였다. 과도자치당국은 이스라엘 정착촌(정착민은 제외)을 포함한 점령지 전체의 영공과 땅과 물, 그리고 팔레스타인 주민 전체에 대해 완전한 관할권을 가질 것이었다. 과도자치당국이 만들어지면 이스라엘은 정착촌 건설 활동을 중단하고 〈팔레스타인 점령지 경계선에 있는 재배치 지점들로〉 군대를 철수해야 했다.[48]

과도자치당국 제안은 점령에서 독립으로 이행을 계획하려는 진정한 시도였지만, 결국 교섭을 속박하는 여러 제한과 이스라엘이 지지할 만한 제한된 형태의 자치를 우회하려는 헛된 시도였다. 안보, 땅, 물, 영공, 인구 등록, 이동, 정착촌, 그 밖에 이스라엘이 중요시하는 대부분의 문제에 대해 모든 권한을 사실상 유보한 것이었다. 과도자치당국 제안이 실패로 돌아간 데는 여러 이유가 있지만, 주된 이유는 팔레스타인인들의 추방의 근원에 있는 교의였다. 팔레스타인 전체를 유대인의 배타적 권리로 간주하는 시온주의 교의 말이다. 과도자치당국 제안에서 대략적으로 예상한 관할권은 바로 다른 모든 것의 원천인 이 핵심 교의와 충돌했다. 관할권은 루빈스타인과 그의 정치적 상관들, 그러니까 이츠하크 샤미르든 이츠하크 라빈이든 절대 수용할 수 없는 주권 요구와 너무 가까웠다.

튀니스는 또 다른 장애물이었다. 팔레스타인해방기구 지도부는 이 제안을 승인한 바 있었지만, 내가 보기에 이 제안에 구현된 구상들에 대한 열의가 전혀 없었다. 지도부는 홍보를 통해 어느 정도 추진력을 얻을 수 있었을 텐데도 국제사회나 아랍 세계, 이스라엘에서 이 제안을 널리 알리지 않았다. 아마 이스라엘 정부가 절대 수용할 리가 없다는 걸 알았을 텐데, 어떤 합의든 수용 가능한 합의에 지나치게 몰두했다. 또는 대표단이 상대방이 제시하는 안에 무작정 반응하는 대신 실제로 꼼꼼하게 작성한 복잡한 계획을 만들어 내자 질투심을 느껴 미지근한 반응을 보인 것인지도 모른다. 팔레스타인해방기구는 평화 교섭 과정이 시작된 순간부터 계속 그랬고 지금까지도 미지근한 태도로 일관하고 있다.

이 문제는 튀니스에 있는 팔레스타인해방기구와 점령지에 사는 팔레스타인인들 사이의 뿌리 깊은 긴장 관계 때문에 악화되었다. 대표단의 공식 성원들 가운데는 인티파다의 베테랑 지도자들인 점령지 팔레스타인인이 많았다. 우리는 모두 이런 긴장 관계를 의식했고, 이따금 공개적인 논쟁으로 비화하는 광경도 보았다. 우리 대부분은 파이살 후세이니가 워싱턴의 호텔 스위트룸에서 아라파트와 전화로 격렬한 논쟁을 벌인 현장에 있었다. 이스라엘인들도 이런 긴장 관계를 잘 알았고 기꺼이 써먹었다. 1993년 이스라엘은 갑자기 기본 규칙을 변경해서 후세이니와 아슈라위 등(고문인 우리도 포함) 공식 교섭에서 배제되었던 이들이 직접 참여하는 것을 허용했다. 너그럽게 양보하는 것처럼 보일지 모르지만, 라빈이 클린턴을 만나 이야기한 것처럼, 그가 노리는 목표는 팔레스타인인들 사이에 분열의 씨앗을 뿌려서 〈지역 지도자가 아라파트에 반기를 들게〉 만드는 것이었다.[49] 일찍이 라빈이 국방 장관이었을 때 써먹은 이런 분할통치 전술은 모든 식민 통치자가 일반적으로 구사하는 방식이지만 결국에는 중요하지 않았다. 우리의 과도자치당국 제안을 거부한 뒤, 이스라엘은 워싱턴에 있던 대표단에게 팔레스타인 내부의 식민지적 현재 상태를 유의미하게 바꿀 수 있는 어떤 진지한 역제안도 내놓지 않았다. 그 결과 워싱턴 회담은 아무 결실도 맺지 못했다.

마침내 이스라엘의 입장에 뭔가 근본적인 변화가 생기긴 했지만, 워싱턴에서 체류하던 시기에 우리는 이런 변화를 어렴풋이 눈치만 챘을 뿐이다. 1년 반이 넘도록 교착 상태에 실망하며 보낸 끝에, 우리는 팔레스타인해방기구와 이스라엘 사이에 중요한 의견 교환이 비밀리에 진행되었다는 사실을 알게 되었다. 1993년 6월 워싱턴에서 이스라엘 측과 마지막 회담을 하는 동안 아슈라위와 나는 이 대화에 관한 브리핑 자료로 쓸 문서를 하룻밤 새에 작성하라는 요청을 받았다. 다음 날 회의 주관자인 미국 쪽을 대표하는 외교관들에게 브리핑을 하기 위해서였다. 미국 쪽에 이야기할 내용을 들었을 때 나는 깜짝 놀랐다. 팔레스타인해방기구와 이스라엘이 비밀리에 합의에 도달했다는 것이었다. 팔레스타인해방기구 간부진과 〈어쩌면 팔레스타인해방군Palestine Liberation Army, PLA 장교들까지 포함한〉 군대가 점령지에 진입해서 보안군 임무를 맡는 것을 허용한다는 합의였다. 브리핑을 하기로 예정된 우리로서는 뜻밖의 소식이었다. 만약 이게 사실이라면, 팔레스타인해방기구와 이스라엘이 지금까지 비밀리에 직접 교섭을 했고(이런 취지의 소문이 돌기는 했다), 라빈과 아라파트 양자에게 가장 중요한 쟁점인 안보에 관해 이미 잠정적 합의에 도달했다는 뜻이었다.

　나중에 알고 보니 비공개로 진행된 오슬로 회담과 완전히 별도로 비밀에 부쳐진 교섭 트랙이 진행된 결과로 이런 돌파구가 열린 것이었다. 이 교섭은 잘 알려지지도 않았다. 이것은 라빈이 승인한 몇몇 대화 트랙 가운데 하나일 뿐이었고, 각 회담에 참여한 사람들은 다른 회담의 존재에 관해 알지 못했다.[50] 나란히 진행된 오슬로 교섭의 주역인 이스라엘 외무 장관 시몬 페레스와 팔레스타인해방기구의 아마드 쿠레이Ahmad Quray'(아부 알알라Abu al-'Ala')는 자기선전의 귀재라는 평이 자자했고, 두 사람이 자신들의 이야기로 나머지 모든 것을 덮어버리려고 한다는 게 충분히 예상되었다. 실제로도 바로 그런 일이 벌어졌다.[51] 이와 대조적으로, 라빈과 아라파트는 비밀 중개자를 통해 핵심적인 안보 문제에 관해 조용히 합의에 도달했다. 안보 문제는 동시에 진행 중인, 더 유명하고 종합적인 오슬로 교섭 과정의 성공에 필수적인 선결 조건이자 성공의 토대였다.

이런 안보 회담은 지금도 공개되지 않은 장소에서 비밀 특사를 통해 이목을 전혀 끌지 않으면서 진행되었다. 오늘날까지도 이 회담의 내용은 거의 알려진 게 없다. 이스라엘 쪽 대표는 점령하의 팔레스타인인들을 관장하는 첫 번째 조정자를 지낸 전 군 정보부장 슐로모 가지트Shlomo Gazit 소장(퇴역)이었다. 라빈은 가지트나 라비노비치 같은 현역, 예비역, 퇴역 고위 장교들만 전적으로 신임한 것 같다.[52] 아라파트도 같은 성향이어서 가지트의 상대는 니자르 아마르Nizar 'Ammar였다. 고(故) 아부 이야드가 이끈 정보부의 고위 장교로 나중에 팔레스타인 자치당국Palestinian Authority, PA 보안군 사령관을 지낸 인물이다.[53] 아라파트는 내 동료인 하난과 내가 막 준비하던 브리핑을 분명히 승인했었다. 나는 이스라엘 쪽이 이런 확대된 조건을 받아들일 의향이 있는지 의심스러워서 튀니스에 우리가 애초에 담은 내용의 어조를 다소 낮춘 브리핑 초안을 보냈기 때문에 이런 사실을 알고 있었다. 우리는 곧바로 초안을 원래대로 복원한 아라파트의 친필이 분명한 교정본을 돌려받았다.

공식 협정이 존재한다고 공공연하게 말해도 된다는 승인을 받지는 못했지만(물론 중요하기는 해도 기껏해야 비공식 합의였다), 1993년 6월 23일, 우리는 댄 커처와 애런 데이비드 밀러에게 브리핑을 했고, 두 사람 역시 쉽사리 믿지 못했다. 하난 아슈라위는 안보를 제공하려면 〈외부 자원〉, 가령 관련된 경험이 있는 〈팔레스타인해방군 장교들에 의지할〉 필요가 있다고 말했다. 나는 〈이스라엘 안보 관리자들〉은 그런 사람들이 필요하다는 점을 이해한다고 덧붙였다. 미국 외교관 한 명은 〈이스라엘과 팔레스타인 사이에 뭔가 소통이 진행 중인 것 같다〉는 점을 곧바로 간파했지만, 〈이스라엘 쪽과 합의가 마련되지 않으면〉 그런 협의가 성공을 거두지 못한다고 보았다. 나는 미국인들을 안심시키려고 하면서 이스라엘과 〈이 문제에 관해 합의를 이루는 데 문제가 없을 것으로 본다〉고 말했다. 커처는 〈글쎄요, 이렇게 할 말이 없는 건 처음이군요〉라고 말했고, 밀러는 〈안보에 관한 이 설명은 공상적인데요〉라고 덧붙였다.[54]

정보에 밝은 이 미국 외교관들은 팔레스타인과 이스라엘 사이에 비밀 채널이 만들어진 사실을 분명히 알았지만, 팔레스타인해방기구와 이스라엘이 그렇게 결정적인 문제에 관해 합의할 수 있었다고 생각하기는 쉽지 않았다. 또한 이 정보는 두 사람과 데니스 로스가 굳게 믿고 항상 국무부와 백악관의 상관들에게 보고한 내용, 그러니까 이스라엘은 팔레스타인해방기구와 직접 대화를 할 리가 만무하고 더군다나 팔레스타인해방군이 점령지에 들어와서 보안을 책임지게 할 일은 없다는 판단과 정반대였기 때문에 분노했을지도 모른다. 하나 두 사람이 어떤 반응을 보였든 간에 이제 미국의 손을 떠난 문제였다.

이런 중요한 변화는 라빈이 인티파다를 겪으면서 교훈을 얻은 결과물이었다. 이스라엘은 이제 더 이상 무력행사만으로 점령지를 통제할 수 없다는 교훈을 얻은 것이다. 그리하여 라빈은 베긴과 샤미르와는 다른 방식으로 행동하는 한편 나머지 팔레스타인 지역을 계속 군사적으로 점령하고 식민화하기를 원했다(실제로 라빈 정부하에서 정착촌 비용 지출은 제한되었지만 전반적인 정착촌 건설 활동은 증가했다). 이런 목적을 위해 라빈은 팔레스타인해방기구와의 직접 접촉을 승인했지만, 제한된 자치라는 협소한 선택지를 굳게 고수했다. 시간이 흐르면서 이런 비밀 접촉을 통해 라빈은 양쪽의 상호 인정을 조건으로 팔레스타인해방기구 지도자와 간부진 대다수가 팔레스타인으로 귀환하는 것을 받아들였다. 상호 인정은 1993년 9월 백악관 잔디밭에서 이스라엘과 팔레스타인해방기구가 조인한 〈원칙 선언 Declaration of Principles〉의 토대였다. 이 합의에 따라 이스라엘은 팔레스타인해방기구를 팔레스타인인들의 대표로 인정했고 팔레스타인해방기구도 이스라엘 국가를 인정했다.

라빈이 이스라엘 지도자로서는 처음으로 팔레스타인인이 존재한다는 사실을 공식적으로 인정하고, 팔레스타인해방기구를 그들의 대표자로 받아들이고, 교섭을 개시하면서 그 대가로 이스라엘 국가를 인정받기는 했지만, 이런 거래는 대칭적이지도 않았고 호혜적이지도 않았다. 이스라엘은 팔레스타인 국가를 인정하거나 그런 국가의 창설을 허용하겠다고 약속하지 않았다. 참으로 독특한 이 거래를 통해 민족 해방 운동은 억압자들로부터 명목상의 인정을 획득했지만, 해방을 이루지는 못했다. 반면 그 대가로 자신들의 고국을 식민화하고 계속 점령하는 국가를 인정해 주었다. 이런 터무니없는 역사적 오류는 팔레스타인 사람들에게 심각한 결과를 안겨 주었다.

백악관 잔디밭에서 조인식이 열리기 석 달 전인 1993년 6월에 이르면, 워싱턴 회담은 이제 더 이상 팔레스타인해방기구와 이스라엘의 으뜸가는 교섭 장소가 아니었다. 두 당사자 사이에 열린 다양한 비밀 직접 소통 채널 가운데 가장 중요한 것은 오슬로 회담이었다. 양쪽은 주관자인 미국과 언론의 관심을 피하고 싶었는데, 이것은 부차적인 이유였다. 직접 대화가 가능하다는 것을 깨닫자마자 라빈과 아라파트는 여러 특사에게 더 많은 가능성을 탐색해 보는 임무를 맡겼다. 오슬로 회담은 두 지도자의 승인을 받았지만 이스라엘 쪽에서는 시몬 페레스가, 팔레스타인 쪽에서는 마무드 아바스(아부 마진)가 지휘했다.

바로 이곳에서 오슬로 협정 I Oslo I이라고 불리게 되는 〈원칙 선언〉이 만들어지고 양쪽의 자세한 합의 내용이 매듭지어졌다. 이 협정의 문제점은 악마는 디테일에 있는데, 오슬로에 파견된 팔레스타인해방기구 인사들은 디테일에 강하지 않았다는 것이다. 실제로 그들은 이스라엘 쪽에서 정확히 무슨 일을 하고 있는지 파악하는 데 필요한 언어나 법률, 기타 분야의 전문성을 갖추지 못했다. 이스라엘 쪽에서 두 학자가 이끈 예비 토론을 몇 차례 진행한 뒤, 팔레스타인인들은 요엘 싱어Joel Singer(역시 이스라엘군 대령 출신이었다)처럼 국제법 경험이 풍부한 인사가 포함된 노련하고 만만찮은 이스라엘 교섭단과 직면하고 있음을 깨달았다.

이 교섭단을 구성한 시몬 페레스는 라빈이나 샤미르와 마찬가지로 팔레스타인인을 동등한 존재로 보거나 팔레스타인의 국가 수립과 주권을 지지할 생각이 없었다. 오슬로의 팔레스타인 사절들은 그들의 안중에 없었고, 자원과 훈련이 부족했으며, 그들 중 누구도 수십 년간 점령된 팔레스타인에 살지 않았고, 우리가 이스라엘과 10차례 진행한 교섭을 연구해서 흡수하지 못한 상태였다. 오슬로 이후 1990년대 중반 이래 점령지 팔레스타인인들의 상황이 악화된 것은 대부분 교섭에 서투른 이 사절들이 그릇된 선택을 하고, 그들이 작성한 결함투성이 합의안에 아라파트와 그 동료들이 기꺼이 서명을 한 결과다.[55]

오슬로에서 합의된 문서를 처음 보았을 때, 마드리드와 워싱턴에서 21개월간 잔뼈가 굵은 우리는 곧바로 팔레스타인 쪽 교섭자들이 이스라엘이 말하는 자치가 무엇인지 이해하지 못했음을 간파했다.

그들이 서명한 내용은 점령지의 한쪽 땅에서 아주 제한된 형태로 자치를 하고 땅과 물, 경계선, 그 밖에도 많은 부분에 대해 통제권이 없는 것이었다. 이런 협정과 이후 여기에 근거해서 이루어진 협정들은 오늘날까지 약간의 수정을 거친 채 시행되고 있는데, 이스라엘은 이와 같은 온갖 특권을 유지하면서 사실상 땅과 사람을 완벽하게 통제하는 셈이다. 주권의 속성들도 대부분 이스라엘 손에 있다. 우리는 과도자치정부 제안을 통해 사람과 땅에 대한 확실한 관할권을 선출된 팔레스타인 자치당국에 부여하는 식으로 바로 이런 결과를 피하고자 했다. 오슬로의 팔레스타인 교섭자들은 이런 결정적인 자산의 중요성을 보지 못하고 우리가 가까스로 피했던 함정에 잇따라 빠졌다. 사실상 그들은 결국 베긴의 자치안을 거의 바꾸지 않은 안을 받아들였다. 샤미르 정부와 라빈 정부가 굳게 고수한 안이었다.

이스라엘이 과도자치정부 제안을 거부한 뒤, 우리 대표단은 베긴식의 자치를 받아들이기를 거부했다. 점령지에서 온 대표들은 이스라엘식 자치가 실제로 무엇을 의미하는지를 알았고, 팔레스타인에서 살거나 오랜 시간을 보낸 대표단 고문들도 잘 알았다. 샤미르 정부와 라빈 정부 둘 다 영구 정착 동결을 지지하거나 군사 통치를 종식시키는 것을 거부한 상황에서, 우리는 그들이 표면상의 변화를 제시할 뿐이고 점령 상태를 무한정 유지하려는 속셈임을 알고 있었다. 이런 이유 때문에 우리는 워싱턴에서 완강하게 버텼고, 또한 팔레스타인해방기구는 베긴식 합의에 끝까지 거부하도록 오슬로의 사절들에게 지시를 내렸어야 했다. 에드워드 사이드는 이런 합의를 〈팔레스타인을 굴복시키는 도구, 다른 말로 하면 팔레스타인의 베르사유 조약〉이라고 따끔하게 지적했다.[56]

나는 워싱턴과 오슬로에서 이스라엘의 껍데기뿐인 제안을 마땅히 거부했어야 한다고 확신한다. 팔레스타인해방기구가 이런 강경한 자세를 취했더라면, 1993년 이래 팔레스타인인들이 땅과 자원, 이동의 자유를 빼앗긴 것보다 더 나쁜 결과가 나오는 일은 없었을 것이다. 모든 사실을 고려할 때, 아예 합의를 이루지 못하더라도 오슬로에서 나온 합의보다는 더 나았을 것이다. 어쨌든 점령은 계속되었을 테지만, 팔레스타인의 자치라는 포장이 없고, 이스라엘이 수백만 명을 통치하고 관리하는 재정적 부담을 더는 일이 없으며, 이스라엘 식민 정착민들이 점점 팔레스타인 땅을 차지하는 가운데 이스라엘 군사 정권 아래 사는 불만에 찬 팔레스타인인들을 단속하는 데 팔레스타인 자치당국PA이 이스라엘을 돕는 〈안보 협력〉─ 오슬로가 낳은 최악의 결과다─ 같은 건 없었을 것이다.

라빈이 어쩔 수 없이 더 나은 조건을 양보하게 만들 수 있는 가능성도 조금은 있었다. 이런 가상의 조건이 진정한 팔레스타인 주권 국가로 이어졌을지는 판단하기 쉽지 않다. 하지만 팔레스타인해방기구가 합의를 확보해야 한다고 느낀 것처럼, 라빈 역시 특히 시리아 트랙의 진전이 막힌 뒤에는 협정을 만들어 낼 필요성을 느꼈다. 이타마르 라비노비치에 따르면, 1993년 8월에 이르러 라빈은 극적인 조치를 취해야 한다는 〈압박을 느꼈다〉. 시리아, 팔레스타인인들과 1년간 진행한 교섭이 교착 상태에 빠지고, 자신이 이끄는 연정이 불안정해졌기 때문이다.[57] 이 조치는 팔레스타인인들에게 더 유리한 합의로 나아가는 방향이었을 것이다.

하지만 라빈은 자신의 한계와 편견에 제약을 받았기 때문에 이런 결과는 가능성이 없어 보인다. 그는 안보에 대한 집착이 심했는데, 이스라엘 사전에서 안보란 적을 완전히 지배하고 통제하는 포괄적인 의미이고, 또한 그는 경력의 대부분 동안 맞서 싸운 팔레스타인 민족주의와 특히 팔레스타인해방기구를 마음속 깊이 경멸했기 때문이다. 1993년 9월 워싱턴에서 아라파트와 악수를 할 때에도 라빈의 얼굴에는 이런 경멸이 역력히 드러났다. 그는 또한 대이스라엘 땅Greater Land of Israel을 주창하는 열렬한 종교-민족주의 세력이 팔레스타인인들과 진정한 협정을 맺는 데 극렬하게 반대하는 것도 고려해야 했다. 이런 유력한 집단을 두려워한 것은 당연했다. 이 집단의 지지자 중 한 명인 이갈 아미르Yigal Amir가 1995년에 라빈을 죽였고, 그 후로 줄곧 그들은 이스라엘 정치를 지배하고 있다.

야세르 아라파트는 1994년 7월 팔레스타인으로 귀환했고, 나는 그 직후에 바다가 내려다보이는 가자의 새로운 본부에 있던 그를 찾아갔다. 그는 거의 30년 만에 튀니스의 자기 구역이었던 도금한 철창에서 벗어나 고국에 돌아왔다는 사실에 잔뜩 흥분해 있었다. 한 철창에서 다른 철창으로 옮겨 온 것이라는 사실을 깨닫지 못하는 것 같았다. 나는 내가 살고 있는 아랍의 동예루살렘 상황이 악화되고 있는 데 대한 깊은 우려를 표하기 위해 찾은 것이었다. 이스라엘은 다른 점령지에 사는 팔레스타인인들이 예루살렘에 접근하는 것을 차단했으며, 그들이 들어오는 것을 단속하기 위해 일련의 장벽과 대대적으로 강화한 경계 검문소를 세웠다.

요르단강 서안과 가자 지구 사람들의 진입을 가혹하게 제한하면서 예루살렘의 아랍 지역 경제가 파탄 나고, 토지를 몰수하고, 주택을 파괴하고, 이스라엘이 자의적으로 거주권이 상실되었다고 간주하는 예루살렘 주민들을 추방하는 일이 가속화함에 따라, 예루살렘에 사는 팔레스타인 주민들의 상황이 점점 악화되고 있다는 우려스러운 징후가 많았다. 아라파트는 내 우려를 무시했다. 얼마 지나지 않아 이 방문이 시간 낭비임을 깨달았다. 아라파트는 여전히 행복의 나래를 펼치면서 팔레스타인 각지에서 존경의 인사를 하러 오는 대표단을 맞이하느라 정신이 없었다. 그는 나쁜 소식에 귀를 기울일 생각이 없었고, 어쨌든 어떤 문제든 간에 조만간 해결될 것이라고 대수롭지 않다는 투로 말했다. 그날 늦게 역시 얼마 전에 가자에 온 아부 마진에게도 비슷한 우려를 표명했지만 똑같이 무시당했다.

아라파트와 아부 마진은 자신들이 보낸 사절이 오슬로에서 팔레스타인인을 위한 성과를 얻지 못했지만, 이후 교섭을 통해 이스라엘로부터 뽑아낼 것이라고 낙관적으로 생각한 게 분명했다. 아라파트는 아마 수십 년간 아랍 정권을 상대하며 연마한 자신의 전설적인 책략에 의존했을 것이다. 아랍의 여러 군주와 독재자의 인내심을 결국 고갈시켰다는 자신감이 있었다. 하지만 이스라엘인들은 아라파트의 전매특허인 속임수에 전혀 넘어가지 않았다. 그들은 기존의 의견을 굳게 고수했고, 이후에 체결된 협정들은 오슬로 협정 I처럼 일방적인 내용이었다.

1995년 양쪽이 요르단강 서안과 가자 지구에 관한 잠정 협정 Interim Agreement on the West Bank and the Gaza Strip, 일명 오슬로 협정 II에 합의하면서 오슬로 협정 I의 파괴적인 작업이 마무리되었다. 이 협정으로 두 곳이 악명 높은 누더기 지역들—A, B, C—로 쪼개졌고, 전체의 60퍼센트가 넘는 C지역이 완전하고 직접적이고 제한받지 않는 이스라엘의 통제 아래로 들어갔다. 팔레스타인 자치당국PA은 18퍼센트에 해당하는 A지역의 행정·치안권, 22퍼센트인 B지역의 행정권을 부여받은 한편, B지역의 치안권은 여전히 이스라엘 손에 있었다. A지역과 B지역을 합치면 면적으로는 40퍼센트였지만 팔레스타인 인구로 따지면 87퍼센트 정도였다. C지역은 한 곳을 제외하면 모두 유대인 정착촌이었다. 이스라엘은 또한 팔레스타인 지역 전체의 진입과 출입에 대해 계속 전면적인 권한을 가졌고 인구 등록의 배타적인 권리도 갖고 있었다(결국 누가 거주권이 있고, 누가 살 수 있는지를 결정했다). 정착촌 건설은 빠른 속도로 계속될 수 있었고, 예루살렘은 요르단강 서안과 한층 더 단절되었으며, 점령지 팔레스타인인들은 점점 이스라엘에 들어가는 것이 금지되었다. 마침내 요르단강 서안은 수십 곳의 군사 검문소와 수백 마일에 달하는 장벽과 전기 울타리 때문에 점점이 박힌 섬들처럼 고립되었고, 살벌한 풍경이 펼쳐졌다.

얼마 지나지 않아 나 같은 많은 팔레스타인인들이 별 어려움 없이 정기적으로 하던 일이 불가능해졌다. 라말라에서 예루살렘까지 반시간 안에 운전해서 간다거나 가자에서 요르단강 서안까지 신속하게 가는 것은 옛일이 되어 버렸다. 오슬로 협정 이후 내가 처음 가자 지구를 찾았을 때, 진입로임을 알리는 다 쓰러져 가는 검문소에서 이스라엘 군인 한 명이 무릎 위에 총을 놓고 의자에 기대앉은 채 손짓으로 우리를 통과시키던 모습은 결코 잊지 못하리라. 검문소와 장벽이 새로 생기고 까다로운 절차를 거쳐 이스라엘의 통행증을 받아야 통과할 수 있고, 이스라엘이 요르단강 서안과 가자, 동예루살렘 사이의 자유로운 이동을 가로막고, 팔레스타인인은 통행이 금지된 도로가 생기면서 팔레스타인인, 특히 가자 주민들의 생활이 점점 압박을 받았다. VIP 통행증을 가지고 검문소를 순조롭게 통과하는 아라파트와 팔레스타인해방기구 지도부의 동료들은 팔레스타인 보통 사람들이 점점 제약을 받는 상황을 모르거나 아랑곳하지 않는 것 같았다.

팔레스타인해방기구의 대다수 인사들은 금세 튀니스와 다른 곳에서 점령지로 옮겨 와 보안 기관과 팔레스타인 자치당국의 여러 기관에서 주로 고위직을 차지했다. 자치당국은 원래 점령지의 과도자치기구로 만들어져서 몇 년 뒤 최종 지위 협상을 마무리하고 상설적인 형태의 정부로 대체될 예정이었다. 하지만 그런 일은 이루어지지 않았다. 팔레스타인해방기구는 오슬로 협정의 결과가 분명해질 때까지 조직의 대부분은 아니더라도 일부나마 팔레스타인 바깥에 유지하는 대신, 마치 이미 해방이 이루어진 것처럼 대대적인 이전을 감행했다. 정치부—외무부—를 비롯한 몇몇 부서만 튀니스나 다른 나라들에 남겨 두었다. 인간적인 차원에서 보면, 기나긴 망명 생활을 겪은 뒤 고국에 돌아오고 싶은 바람과 1982년 이래 팔레스타인해방기구가 눈치를 보며 얹혀 살던 아랍 각국 수도를 벗어나고 싶은 열망을 쉽게 공감할 수 있었다. 대부분의 팔레스타인인 공동체에서 차단된 채 활동해 온 터라, 조직의 구성원들이 팔레스타인 내부에 있는 대중적인 정치 기반 속에서 생활하는 것도 이해가 가는 일이었다.

하지만 팔레스타인해방기구 대부분을 여전히 점령 상태인 지역으로 옮기는 데는 숨겨진 위험이 있었다. 아라파트와 그의 동료들은 스스로 우리 안으로 들어간 셈이었다. 별로 변한 게 없이 여전히 굳건한 군사 체제에 몸을 맡긴 것이다. 불길한 징조로, 이스라엘은 팔레스타인해방기구의 일부 인사가 예루살렘에서 거주하거나 활동하는 것을 막으려고 했다. 더 나쁜 일은 나중에 벌어졌다. 2차 인티파다의 격렬한 폭력 사태가 최고조에 달한 2002년, 이스라엘 군대가 라말라를 비롯한 A지역에 있는 팔레스타인 자치당국 사무실을 습격했다. 군인들은 또한 오래전부터 예루살렘에서 팔레스타인 정치 활동의 중심지이자 이스라엘과 교섭하는 팀이 본부로 쓰던 오리엔트하우스를 폐쇄했다. 폐쇄는 지금까지도 계속되고 있다.[58] 이스라엘은 또한 팔레스타인인들의 모든 활동이나 이동, 모임을 제한하거나 금지할 수 있었고, 자치당국 지도자들을 상대로 이런 권한을 마음대로 활용했다. 실제로 팔레스타인해방기구는 사자의 입 속으로 들어간 셈이었고, 사자가 아가리를 닫는 데는 오랜 시간이 걸리지 않았다. 2002년 9월, 이스라엘군은 아라파트의 라말라 본부인 무카타Muqata'a를 포위해서 그가 사망하기 직전까지 2년간 사실상 감금했다.

오슬로 협정 이후 사반세기 동안, 팔레스타인과 이스라엘의 상황은 흔히 거의 동등한 세력, 즉 이스라엘 국가와 팔레스타인 자치당국이라는 준국가의 충돌이라고 그릇되게 묘사되어 왔다. 이런 묘사는 변함없이 불평등한 식민지적 현실을 가린다. 자치당국은 이스라엘이 허용하는 것을 제외하고는 아무런 주권과 관할권, 권한이 없으며, 이스라엘은 심지어 관세와 기타 세금의 형태로 자치당국 세입의 주요 부분을 통제한다. 예산의 대부분이 투입되는 자치당국의 주요 기능은 치안이지만, 이것은 팔레스타인 사람들을 위한 것이 아니다. 자치당국은 팔레스타인인들의 저항(폭력적인 저항이든 다른 어떤 저항이든)에 맞서 이스라엘 정착민과 점령군의 안전을 보장하라는 미국과 이스라엘의 지시에 따라 움직인다. 1967년 이래 과거 팔레스타인 위임통치령 지역 전체에 이스라엘이라는 하나의 국가 권력만이 존재했다. 팔레스타인 자치당국이 만들어지긴 했어도 이런 현실은 바뀌지 않았고, 자치당국은 팔레스타인이라는 타이타닉호의 갑판 위에 있는 의자를 재배치하는 한편 이스라엘의 식민화와 점령에 팔레스타인이라는 필수적인 보호 장치를 제공했다. 이스라엘 국가라는 거인을 마주하는 것은 동등한 권리와 민족 자결권을 행사할 수 있는 능력을 부정당하는 식민화된 사람들이다. 이런 상황은 제1차 세계 대전 이후 민족 자결이라는 개념이 세계 곳곳에서 확고히 자리를 잡은 이래 지속되고 있다.

인티파다를 계기로 라빈과 이스라엘 보안 기관은 점령 — 분노로 끓어오르는 팔레스타인의 인구 밀집 중심지에 대한 이스라엘군의 치안 유지 방식 — 을 수정할 필요가 있음을 깨달았다. 그런 깨달음의 결과물인 오슬로 협정은 이스라엘에 유리한 점령의 부분들 — 국가와 정착민들이 누리는 갖가지 특권과 특전 — 을 유지하는 한편 성가신 책임을 떠넘기는 동시에 팔레스타인의 진정한 자결권과 국가 수립, 주권을 방지하기 위해 고안된 것이었다. 오슬로 협정 I은 이런 수정의 신호탄이었고, 이후에 다른 협정들이 추가되었다. 이스라엘의 총리가 누구든 상관없이, 이 협정들은 모두 힘의 불평등을 유지하는 것을 목표로 삼았다.

오슬로 협정 I은 또한 가장 광범위한 수정, 즉 팔레스타인해방기구를 점령의 하청업자로 끌어들이는 결정을 수반했다. 라빈이 아라파트와 끌어낸 안보 합의의 실제 의미는 바로 이것이었고, 1993년 6월 나와 동료들은 미국 외교관들에게 이 합의에 관해 발표했다. 핵심은 언제나 이스라엘, 즉 점령과 정착민을 위한 안보였고, 팔레스타인 주민들을 복종시키는 비용과 책임은 팔레스타인 쪽에 떠넘겨졌다. 라빈의 협력자인 슐로모 가지트 소장은 1994년에 더욱 퉁명스럽게, 그것도 공개적으로 말했다. 「야세르 아라파트에게는 선택권이 있습니다. 그는 라드 같은 인물이나 라드보다 훨씬 거물이 될 수 있지요.」[59] 가지트가 언급한 이는 이스라엘이 무장시키고 자금을 대고 관리한 〈남레바논군〉의 사령관 앙투안 라드Antoine Lahd다. 〈남레바논군〉은 1978년부터 2000년까지 이스라엘이 레바논 남부 점령을 유지하는 것을 돕는 임무를 맡았다. 이런 의미심장한 발언으로, 가지트는 자신과 상관인 라빈이 오슬로 협정으로 조성한 체제의 진짜 목표를 확인해 주었다.

오슬로와 워싱턴에서 만들어진 체제는 이스라엘만의 모험이 아니었다. 1967년과 1982년의 경우처럼 이스라엘 곁에는 필수적인 후원자인 미국이 있었다. 미국이 묵인하지 않았더라면 팔레스타인인들에게 오슬로 협정이라는 구속복을 억지로 입히지 못했을 것이다. 일찍이 1978년의 캠프데이비드부터 줄곧 교섭의 얼개 자체, 그리고 구불구불하고 무한히 늘어나는 과도 단계와 계속 미뤄지는 팔레스타인 국가 수립 등은 주로 이스라엘이 강요한 게 아니었다. 물론 베긴이 기본 틀을 구상하고 이스라엘의 양대 정당인 리쿠드당과 노동당의 후계자들이 실행하긴 했지만 말이다. 팔레스타인인들에게 이것이 유일한 교섭 경로라고 고집하면서 결국 유일한 한 가지 결과로 이끄는 압박을 가한 것은 미국이었다. 미국은 방조자가 아니라 이스라엘의 파트너였다.

이런 파트너십 때문에 카터부터 오늘날에 이르기까지 미국의 역대 행정부는 단순한 묵인이나 동의보다 훨씬 많은 일을 해야 했다. 이런 관계 속에서 이스라엘은 팔레스타인 전체의 식민화를 진척시키기 위해 정치, 외교, 군사, 법률 차원에서 미국의 지원―정착촌 건설과 예루살렘의 아랍인 주거지 잠식을 지원하기 위해 원조와 차관과 면세 자선 기부 등으로 제공된 막대한 액수, 세계 최첨단 무기의 풍부한 공급―에 의존했다. 오슬로 협정은 사실 100년 묵은 시온주의 운동의 기획을 진척시키기 위해 미국과 이스라엘이 국제적 승인 아래 팔레스다인인들을 상대로 발표한 선전포고나 마찬가지였다. 하지만 1947년이나 1967년과 달리, 이번에는 팔레스타인 지도자들이 스스로 나서서 적들과 공모하는 쪽을 선택했다.

여섯 번째 선전포고, 2000~2014

이것은 그들이 우리를 전혀 필요로 하지 않는 곳에 우리가 종속된 독특한 식민주의입니다. 그들에게 가장 좋은 팔레스타인인은 죽거나 사라진 팔레스타인인이지요. 그들은 우리를 착취하기를 바라는 것도 아니고, 알제리나 남아공의 방식처럼 우리를 하위계급으로 묶어 둘 필요가 있는 것도 아니에요.

— 에드워드 사이드[1]

1993년 백악관 잔디밭에서 조인식이 열린 지 오래지 않아 대다수 팔레스타인인의 마음속에 오슬로 협정에 대한 깊은 실망감이 자리를 잡았다. 처음에는 군사 점령과 이스라엘 정착촌을 위한 토지 탈취가 드디어 끝이 난다는 가능성을 흡족하게 바라보며, 많은 이들이 이제 국가 수립으로 가는 도정의 출발점에 서 있다고 믿었다. 그러나 시간이 흐르면서 오슬로 협정에도 불구하고, 아니 바로 이 협정 때문에 팔레스타인 식민화가 빠른 속도로 계속되었고 이스라엘은 팔레스타인 독립국가의 창설을 전혀 허용할 생각이 없다는 깨달음이 분명해졌다.

실제로 팔레스타인 자치당국과 경제적·개인적 이해관계가 얽혀 있거나 이스라엘과의 관계 정상화로 혜택을 본 극소수의 사람을 제외하면 상황이 한층 더 나빠졌다. 허가와 검문소, 장벽, 울타리 등이 미로처럼 얽힌 시스템이 만들어지자 다른 모든 사람들은 이동이나 물품 운송을 위한 허가를 끊임없이 거부당했다. 이스라엘의 의도적인 〈분리〉 정책 속에서 가자 지구는 요르단강 서안과 단절되었고, 서안은 다시 예루살렘과 단절되었다. 이스라엘 내부의 일자리는 다시 생겨나지 않았다. 정착촌, 그리고 정착촌들 사이를 연결하는 정착민 전용 도로가 급증하면서 요르단강 서안은 고립된 섬들처럼 변해서 큰 타격을 입었다. 번영이 바로 눈앞에 있다는 약속과는 달리, 1993년에서 2004년 사이에 1인당 국내총생산GDP이 감소했다.[2]

소수 특권층 — 팔레스타인해방기구와 자치당국의 영향력 있는 인사들 — 은 VIP 통행증을 받아서 이스라엘 검문소를 순조롭게 통과할 수 있었다. 다른 모든 이들은 이제 팔레스타인 각지를 자유롭게 이동할 수 없었다. 1991년까지 많은 수의 팔레스타인인은 별 방해도 받지 않고 특별한 허가증도 필요 없이 이스라엘에서 일을 했었다. 요르단강 서안이나 가자 지구의 번호판이 붙은 자동차를 타고 이스라엘과 점령지 어디든 다닐 수 있었다. 이런 자유를 다시 누릴 것이라는 기대는 금세 잠재워졌다. 인구의 다수는 이동 허가를 받지 못했고, 사실상 요르단강 서안과 가자 지구에, 그리고 원주민을 겨냥한 검문소가 점점이 박혀 있는 울퉁불퉁한 도로에 갇혀 버렸다. 반면 정착민들은 그들 전용으로 부설된 매끈한 고속도로와 고가도로 망을 이용해서 빠르게 내달렸다.

오슬로 협정 이후의 이런 감금 상태는 가자 지구 사람들을 가장 옥죄었다. 1993년 이후 수십 년간 가자 지구는 단계적으로 나머지 세계와 차단되었다. 지상에서는 군대가, 해상에서는 이스라엘 해군이 겹겹이 에워쌌다.[3] 가자 지구를 출입하려면 거의 발행되지 않는 허가증이 필요했는데, 가축우리 비슷한 대규모 요새화 검문소를 통과해야만 했다. 그마저도 이스라엘이 아무 때나 별 이유도 없이 폐쇄해서 가자 지구를 오가는 물품의 운송이 막히는 일이 잦았다. 사실상 가자 지구 포위 상태에 따른 경제적 결과는 특히 피해가 막심했다. 가자 주민들은 대부분 이스라엘 안에서 일을 하거나 물품 수출에 의존했다. 그런데 이 두 가지가 동시에 크게 제한되자 경제생활이 서서히 질식되었다.[4]

　팔레스타인 아랍인들의 최대이자 가장 중요한 도심지인 예루살렘에서는 동예루살렘의 팔레스타인 지역 출입구에 장벽이 만들어져서 도시와, 경제, 문화, 정치적 배후지인 요르단강 서안 사이의 자유로운 이동이 가로막혔다. 동예루살렘의 시장, 학교, 문화 기관, 병원, 법률 사무소 등은 전부 점령지 전역에서 오는 고객과 이스라엘에서 오는 팔레스타인인, 외국인 관광객 등에 주로 의존해서 번성했었다. 그런데 갑자기 요르단강 서안과 가자 지구의 팔레스타인인이 예루살렘에 오려면 허가증이 있어야 했는데, 대부분은 허가증을 발급받지 못했다. 어찌어찌해서 허가증을 받는다 하더라도 요르단강 서안에서 예루살렘으로 들어가는 이동을 통제하는 이스라엘 검문소를 통과하는 동안 일상적인 모욕과 시간 지체를 겪어야 했다. 예루살렘의 폐쇄는 도시 경제에 무지막지한 영향을 미쳤다. 2018년 유럽연합 보고서에 따르면, 아랍권 동예루살렘이 팔레스타인 국내총생산에 기여하는 비중은 1993년 15퍼센트에서 현재 7퍼센트까지 줄어들었다. 유럽연합 보고서는 〈이런 물리적 고립과 이스라엘의 엄격한 허가증 정책 때문에 도시는 이제 과거와 같은 경제, 도시, 상업의 중심지 역할을 대

부분 잃었다〉고 말했다.[5]

이렇게 상황이 악화되는데도 주류 언론은 거의 언급조차 하지 않았다. 여전히 점령 아래 있는 팔레스타인 주민들이 2000년 9월 대규모 시위를 통해 쓰디쓴 배신감을 표명했을 때, 국제사회는 깜짝 놀랐다. 끈질기게 남아 있는 오슬로의 흐릿한 불빛 때문에 대부분의 전문가들이 현실을 직시하지 못했다. 이스라엘이나 미국, 유럽, 특히 자유주의 시온주의 진영 내의 사람들 모두 마찬가지였다. 2000년에 폭력 사태가 분출한 뒤에도 오슬로 협정이 시혜를 베풀었다는 신화에 가로막혀 명료한 분석이 제대로 이루어지지 않았다.[6]

하지만 팔레스타인해방기구를 새롭게 위협하는 강력한 경쟁자인 하마스 입장에서 보면, 오슬로가 팔레스타인 쪽 지지자들이 기대한 바에 미치지 못한다는 증거는 오히려 이익이 되었다. 1987년 12월 1차 인티파다 초기에 창설된 하마스는 여러 가지 이유로 대중이 팔레스타인해방기구에 불만을 품는 흐름에 편승해서 순식간에 몸집을 불렸다. 인티파다 시기에 하마스는 독자적 정체성을 유지할 것을 고집하면서 통합민족사령부Unified National Command에 합류하지 않았다. 하마스는 팔레스타인해방기구보다 전투적인 이슬람주의 대안 세력으로 자신을 홍보하면서 팔레스타인민족평의회가 1988년 독립 선언에서 무장투쟁을 포기하고 외교로 전환한 것을 비난했다. 그리고 무력 사용을 통해서만 팔레스타인 해방을 이룰 수 있다고 주장하면서 1967년 이스라엘이 점령한 지역만이 아니라 팔레스타인 전체에 대한 권리를 다시 주장했다.[7]

하마스는 무슬림형제단의 팔레스타인 지부가 발전한 조직이었다. 무슬림형제단은 1928년 이집트에서 개혁주의적 목표를 내세우면서 창설되었지만, 1940년대와 1950년대에 폭력 노선으로 전환하고

1970년대에야 이집트의 사다트 정권과 화해한 조직이다. 무슬림형제단이 관대한 대우를 받는 대가로 이스라엘 점령자에 대해 지나치게 유순한 태도를 보인다고 느낀 투사들이 가자에서 하마스를 창설했다. 실제로 점령 초기 20년간 군사 당국은 팔레스타인의 정치, 사회, 문화, 전문직, 학술 집단을 모조리 극심하게 탄압하면서도 무슬림형제단은 자유롭게 활동하게 내버려두었다. 점령 당국 입장에서는 팔레스타인 민족 운동을 분열시키는 데 유용했기 때문에, 이스라엘은 하마스가 비타협적이고 반유대주의적인 강령을 내세우고 폭력에 몰두하는데도 무슬림형제단처럼 너그럽게 방치했다.[8]

하지만 이스라엘의 태도는 하마스가 성공을 거둔 주된 이유가 아니었다. 하마스가 부상한 것은 많은 이들이 20세기 대부분 동안 중동 정치를 지배한 세속적 민족주의 이데올로기의 파산이라고 간주한 현상에 대한 대응을 대변하는 지역적 추세의 일부였다. 팔레스타인해방기구가 무장투쟁에서 벗어나 비록 성과를 내지는 못했지만 팔레스타인 국가를 수립하기 위한 외교적 경로로 돌아선 뒤, 많은 팔레스타인인인들은 이 조직이 길을 잃었다고 느꼈다. 그리고 하마스는 그 결과로 극히 보수적인 사회적 입장과 모호한 미래상을 내세우면서도 몸집을 부풀렸다.

이스라엘이 강요한 조건 아래서도 팔레스타인 쪽이 참여한 가운데 마드리드 평화 회담이 열렸을 때 대중이 만족하는 분위기가 높아지자 하마스는 잠시 당황했다. 하지만 워싱턴 교섭 시기에 하마스는 계속해서 이스라엘과 교섭한다는 원칙 자체를 비판하면서 인티파다의 생명력을 유지하기 위해 노력했다. 오슬로 협정 조인은 팔레스타인인인들의 기대를 높이고 하마스를 일시적으로 잠식하는 비슷한 효과를 발휘했다. 하지만 팔레스타인해방기구의 입지가 이스라엘과 합의를 이루는 결과에 연결된 상황에서 오슬로 협정 시행 이후 대중적 불만이 널리 퍼지자 하마스는 그 이득을 거둬들이려는 자세를 취했고, 팔레스타인해방기구와 새롭게 구성된 자치당국을 더욱 날카롭게 비판했다.

협정에서 명시된 5년의 과도기가 원래 기한을 넘어서 오랫동안 계속되자 팔레스타인인들은 또다시 실망감에 빠졌다. 최종 지위 협상이 1999년까지 예정된 대로 마무리되기는커녕 시작조차 되지 않은 것처럼, 이런 지연은 아라파트의 교섭 전략에 또다시 차질로 작용했다. 팔레스타인해방기구가 다시 멈칫한 것은 아라파트와 이스라엘 총리 에후드 바라크가 최후의 담판을 벌인 2000년 캠프데이비드 정상회담이 실패로 돌아갔기 때문이다. 클린턴 대통령이 이미 극심한 레임덕에 시달리던 두 번째 임기 막바지에 소집한 회의는 준비 자체가 제대로 되지 않았다. 바라크 정부가 크네셋에서 다수당 지위를 상실하고, 아라파트의 인기가 급격하게 떨어지고 있었기 때문이다. 정상 차원의 회담에서 통상적인 관행과 달리 양쪽 사이에 사전 의사소통도 전혀 없었고, 아라파트는 교섭이 최종 실패하면 비난을 받을까 두려워 억지로 참석한 셈이었다.

바라크가 아라파트와 실질적인 회동을 피하고 그 대신 미국 쪽을 통해 비밀 제안을 내놓는 한편 어떠한 수정도 거부하면서 캠프데이비드는 파국으로 끝이 났다. 미국은 이런 이례적인 절차를 허용함으로써 사실상 이스라엘의 입장을 공식적으로 지지했다. 바라크의 수정 불가능한 제안—전혀 공개된 적이 없고 다만 회담이 끝난 뒤 참가자들이 내용을 재구성했을 뿐이다—은 몇 가지 결정적인 면에서 팔레스타인인들이 도저히 받아들일 수 없었다. 이스라엘이 요르단 강 유역과 팔레스타인 영공을 영구히 통제하고, 따라서 외부 세계와의 접근 통로까지 통제하며(결국 팔레스타인 〈국가〉는 진정한 주권을 갖지 못한다), 계속해서 요르단강 서안의 수자원을 통제하고, 일부 지역을 병합해서 요르단강 서안이 몇 개의 고립된 구역으로 분할되는 등의 내용이었다. 당연하게도 양쪽의 의견이 가장 크게 갈린 것은 예루살렘의 처분 문제였다. 이스라엘은 하람알샤리프 전체와 나머지 구시가 대부분을 포함해서 배타적인 주권을 요구했는데, 이 문제가 회담을 결국 결렬되게 만든 중심 요인이었다.[9]

그 후 클린턴은 전에 한 약속과 달리 정상회담의 실패 책임을 아라파트에게 돌렸다. 회담이 끝나기도 전에 바라크는 언론인들에게 아라파트가 방해 책동을 벌인다고 브리핑하기 시작했고, 얼마 지나지 않아 팔레스타인인들은 평화를 바라지 않는다고 선언했다. 이 전략은 오히려 문제를 키운 셈이었다. 아라파트와 팔레스타인해방기구에 대한 그의 평가가 옳다면, 그는 실패할 수밖에 없는 정상회담에 참석해서 우스꽝스러운 모양새를 자초한 것이기 때문이다. 이 전략은 또한 라빈과 페레스, 바라크, 이스라엘 노동당의 방식 전체에 의문을 제기했다. 바라크의 전술적 오류의 직접적 수혜자는 아리엘 샤론이었다. 이제 리쿠드당을 이끄는 샤론은 일관성을 장점으로 내세웠다. 줄곧 팔레스타인인들과는 어떤 합의도 불가능하다고 말하면서 오슬로 협정에 극렬하게 반대했기 때문이다. 팔레스타인 쪽에서 보면, 어떻게든 협정을 성사시키려는 이 최후의 시도를 통해 이스라엘은 팔레스타인의 완전한 주권과 비슷한 어떤 것도 수용할 의사가 없고, 따라서 오슬로 교섭 과정은 팔레스타인의 최소한의 요구를 충족시키는 해법으로 귀결되지 않으며, 비참한 현재 상태가 계속될 것임이 확인된 뒤에 이런 비난이 날아온 것이었다. 이 모든 상황 때문에 하마스가 힘을 얻었고, 결국 팔레스타인 정치 체제가 유례없이 양극화되어 팔레스타인인들 내부에 심연이 생겼다. 이 시점에서 하마스는 1960년 대 중반 이래 팔레스타인해방기구 내에서 파타의 지배권과 팔레스타인 정치를 독점하는 기구 자체에 대한 가장 심각한 위협이 되었다.

오슬로 이후 팔레스타인인들의 상황이 악화되고, 국가 수립의 가능성이 점점 멀어지고, 팔레스타인해방기구와 하마스의 경쟁이 격화되어 불씨와 장작이 쌓여 가다가 결국 2000년 9월 2차 인티파다로 분출했다. 인티파다가 불붙는 데는 성냥불 하나면 충분했다. 아리엘 샤론이 보안 요원 수백 명에 둘러싸여 하람알샤리프를 도발적으로 방문한 것이 성냥불 역할을 했다. 하람—유대인들이 성전산Temple Mount이라고 부르는 곳—은 최소한 1929년의 유혈 사태 이래로 양쪽 모두에 민족주의적·종교적 열정이 집중되는 장소였다. 당시 수정주의적 시온주의 극단론자들이 이웃한 서쪽 벽Western Wall에서 깃발을 흔들며 떠들썩한 시위를 벌이자 팔레스타인 각지에서 폭력 사태가 일어나 양쪽에서 수백 명씩 사상자가 발생했다.[10] 팔레스타인의 우려는 1967년 도시의 동쪽 지역이 정복된 직후에 고조되었다. 당시 점령 당국은 서쪽 벽 부근에 널따란 산책로를 만들기 위해 하람과 인접한 동네인 하레트알마가리바Haret al-Maghariba(모로코 구역)에 있는 사원, 성지, 주택, 상점을 모조리 파괴했다. 6월 10~11일 밤에 이스라엘 불도저에 파괴된 많은 장소가 살라딘의 아들인 아이유브 왕조의 통치자 알말리크 알아프달al-Malik al-Afdal이 1190년에 세운 마드라사알아프달리야Madrassa al-Afdaliyya(알아프달 학교) 같은 기증 자산waqf이었다.[11] 2년 뒤 파괴된 또 다른 장소인 유서 깊은 자위야알

파크리야Zawiyya al-Fakhriyya는 하람에 바로 붙어 있는 수피파 건물이었다.[12]

이제 요르단강 서안과 가자의 팔레스타인인들이 예루살렘에 들어가지 못하고 이스라엘 정착민들이 동예루살렘으로 계속 확장해 들어가자, 주민들은 조만간 이스라엘인에게 밀려날 것이라고 걱정했다. 1년 전인 1999년, 이스라엘은 구시가의 많은 지역 아래로 이어지고 하람과 인접한 터널을 뚫어서 무슬림 구역에 있는 건물에 피해를 입혔고, 결국 광범위한 시위가 벌어졌다. 캠프데이비드 정상회담이 실패로 돌아간 직후에 샤론이 하람을 방문한 것은 시점으로 볼 때 최악의 선택이었다. 바라크의 뒤를 이어 총리가 되기 위해 선거 운동 중이던 샤론은 불길에 장작을 쌓으면서 〈성전산은 우리 것이고 앞으로도 우리 것〉이라고 선언했다.[13]

샤론의 도발이 낳은 결과로 1967년 이래 점령지에서 최악의 폭력 사태가 벌어졌다. 그 후 이스라엘 내부까지 폭력이 확대되어 치명적인 자살 폭탄 공격이 속출했다. 유혈 사태는 인상적인 수준으로 고조되었다. 8년 넘게 이어진 1차 인티파다에서 1,600명 정도가 살해되어 연평균 사망자가 177명이었다(그중 12퍼센트가 이스라엘인이었다). 그 후 비교적 잠잠해진 4년간 90명이 사망했다(해마다 약 20명. 이스라엘인의 비율은 22퍼센트). 이와 대조적으로, 2차 인티파다 8년간 6,600명의 사망자가 발생해서 연평균 825명이었다. 이스라엘인 사망자는 1,100명(17퍼센트에 약간 못 미친다), 이스라엘 군경과 정착민들에게 살해당한 팔레스타인인은 4,916명이었다(다른 팔레스타인인에게 살해당한 팔레스타인인도 600명이 넘었다). 2차 인티파다 시기에 사망한 이스라엘인의 대다수는 팔레스타인인이 이스라엘 내에서 벌인 자살 폭탄 공격의 민간인 피해자였으며, 전체 사망자의 3분의 1에 약간 못 미치는 332명은 이스라엘 군경이었다. 이처럼 2차 인티파다에서 사망자 수가 크게 늘어난 것을 보면, 폭력이 급격하게 고조되었음을 알 수 있다.[14]

하마스와 팔레스타인해방기구의 경쟁 관계가 이렇게 폭력이 고조되는 데 기여하기는 했지만, 이스라엘 군경이 처음부터 비무장 시위대에 실탄을 대대적으로 사용한 것(봉기가 시작된 〈처음 며칠〉 동안 130만 발의 총탄을 발포했다[15])이 결정적인 요인으로 충격적인 사상자 수를 야기했다. 이런 무차별 폭력 때문에 결국 일부 팔레스타인인—그중 다수가 팔레스타인 자치당국 군경이었다—이 무기와 폭발물을 집어 들었다. 지각 있는 관찰자라면, 이스라엘군이 폭력 사태가 고조되는 데 충분히 대비가 되어 있고, 이런 상황 전개를 촉발할 의도가 다분하다는 것을 감지했다.[16] 예측 가능한 일이지만, 이스라엘은 헬리콥터와 탱크, 포병대 등 중화기에 의지하면서 훨씬 더 많은 팔레스타인 사상자를 낳았다.

그러자 하마스와 하위 파트너인 이슬람지하드Islamic Jihad는 자살 폭탄 공격을 대대적으로 확대하는 식으로 대응했다. 자살 폭탄 공격은 주로 이스라엘 내부의 무방비 상태의 민간 목표물—버스, 카페, 쇼핑센터—을 대상으로 삼았다. 이 전술에 따라 이제까지 주로 점령지에 집중되어 있던 폭력이 적의 본토로 옮겨 갔는데, 처음에 이스라엘은 아무런 대비책이 없었다. 2001년 말을 시작으로 점점 빈도를 더해 가며 파타가 공격에 합류하면서 치명적인 경쟁이 이루어졌다. 극악무도한 자살 폭탄 공격이 가속화되었는데, 어느 정도는 두 정파 사이의 경쟁 때문에 촉발된 것이었다. 2차 인티파다의 초기 5년에 관한 한 연구에 따르면, 자살 폭탄 공격의 40퍼센트 가까이가 하마스 소행이었고, 동맹 세력인 이슬람지하드가 벌인 비율이 26퍼센트 정도, 파타의 소행은 26퍼센트 이상이었으며, 나머지는 팔레스타인해방기구 내의 파타 제휴 세력이 벌인 것이었다.[17]

팔레스타인해방기구는 1988년에 폭력에서 손을 뗐지만, 시위대의 많은 수가 이스라엘군의 총에 맞고 하마스가 자살 공격으로 대응하자, 파타의 행동을 촉구하는 압력이 커졌고, 폭력의 확대가 불가피해졌다. 1994년 헤브론의 이브라힘 사원 안에서 무장 정착민 한 명 손에 팔레스타인인 29명이 학살당하자, 1994년에서 2000년 사이에 하마스와 이슬람지하드는 오슬로 협정에 반대하는 운동의 일환으로 이스라엘 안에서 자살 폭탄 공격을 벌여 27차례의 공격에서 이스라엘인 171명을 살해했다. 하지만 이 시기가 끝날 무렵 팔레스타인 자치당국의 군경이 모질게 탄압을 해서 이런 공격이 대부분 봉쇄되었다. 팔레스타인해방기구 지도부는 파행을 거듭하는 오슬로 교섭 과정을 진행시키기 위해 어떤 대가를 치르고라도 이런 공격을 저지하려고 압박했다. 자치당국의 보안 기구—이스라엘 감옥에서 복역한 경험이 있는 파타 전사들이 주축이었다—는 이런 목적 달성을 위해 하마스 용의자들을 고문했다. 과거에 이스라엘 심문관들에게 당한 방식대로 거리낌 없이 동포를 고문한 것이다. 이런 일을 겪으면서 양쪽 모두에서 동족상잔의 증오가 깊어졌고, 2000년 중반을 시작으로 팔레스타인해방기구와 하마스의 공개적인 분열이 터져 나왔다.

1차 때와 극명하게 대조적으로, 2차 인티파다는 팔레스타인 민족 운동에 커다란 좌절을 안겨 주었다. 점령지는 극심하고 파괴적인 영향을 받았다. 2002년 이스라엘군은 중화기를 앞세워 광범위한 파괴를 야기하면서 도시와 소읍을 중심으로 제한 지역을 다시 점령했다. 오슬로 협정의 일환으로 철수가 이뤄진 지역이었다. 같은 해에 이스라엘군은 라말라에 있는 야세르 아라파트의 본부를 포위했고, 아라파트는 이곳에 갇힌 채 중병에 걸렸다. 나는 1994년 가자에서 마주쳤다가 실망한 뒤 그와의 만남을 피했는데, 친구 사리 누세이베가 병든 노인을 만나 보라고 부추기는 바람에 포위 기간 중에 두 차례 그를 찾아갔다. 신체적으로나 정신적으로나 기력이 크게 쇠한 모습이었다.[18] 팔레스타인인들의 역사적 지도자를 이처럼 가혹하게 대우하는 것은 모욕이었는데, 바로 그것이 아리엘 샤론이 의도한 바였다. 또한 이로써 팔레스타인해방기구가 지도부 전체를 점령지로 옮긴 것이 중대한 오류였음이 확인되었다. 속수무책으로 이런 굴욕을 당할 수밖에 없었기 때문이다.

캠프데이비드 정상회담이 무위로 끝난 뒤, 이스라엘이 요르단강 서안과 가자 지구의 도시와 소읍들을 다시 점령하면서 팔레스타인인들이 자기네 땅의 어떤 것에서든 주권 비슷한 것이나 진정한 권한을 갖고 있거나 앞으로 획득할 것이라는 겉치레는 모조리 사라져 버렸다. 재점령 때문에 팔레스타인 내부의 정치적 차이가 더욱 악화되었고 현실성 있는 대안적 전략이 부재하다는 사실이 부각되면서, 팔레스타인해방기구의 외교 노선과 하마스를 비롯한 세력의 무장 폭력 둘 다 실패했음이 드러났다. 이런 사건들을 통해 오슬로가 수포로 돌아갔고, 총기와 자살 폭탄 공격도 실패했으며, 이스라엘 민간인을 아무리 죽여도 어느 모로 보나 최대의 패배자는 팔레스타인인이라는 사실이 밝혀졌다.

또 다른 결과는 2차 인티파다의 끔찍한 폭력 때문에 1982년 이래 팔레스타인인들이 1차 인티파다와 평화 교섭을 통해 쌓아 온 긍정적인 이미지가 지워졌다는 것이다. 연이어 벌어지는 자살 폭탄 공격의 소름끼치는 광경이 세계 각지로 전송되자 (그리고 이런 보도로 팔레스타인인들에게 가해지는 훨씬 더 거대한 폭력이 가려지자), 이스라엘은 이제 압제자로 보이지 않았고, 오히려 비합리적이고 광신적으로 괴롭히는 세력의 희생자라는 익숙한 역할로 돌아갔다. 2차 인티파다가 팔레스타인인에게 강하게 미친 부정적 영향과 자살 폭탄 공격이 이스라엘의 여론과 정치에 미친 효과를 보면, 일찍이 1980년대부터 에크발 아마드가 팔레스타인이 폭력에 의지하는 것을 두고 통렬하게 비판한 내용이 근거가 있음이 확실해졌다.

그러나 자살 폭탄 공격을 기획하고 실행한 남자들(과 몇몇 여자들)의 마음속에는 확실히 이런 고려가 없었다. 그들이 추구한 목표 자체가 결함이 있다고 하더라도 과연 그들이 무엇을 이루고자 했는지 생각해 볼 수는 있다. 자살 폭탄 공격은 2차 인티파다의 초기 몇 주 동안 이스라엘이 비무장 시위대에 무차별적으로 실탄을 쏘고 가자에서 팔레스타인 민간인을 공격하고 암살한 것에 대한 보복이라고 보는 그들의 서사를 받아들인다 하더라도, 과연 자살 폭탄 공격으로 맹목적 복수 이외에 어떤 성과를 달성하려고 했는지에 대한 질문은 남는다. 또한 인티파다 시기에 전체 자살 폭탄 공격의 3분의 2를 자행한 하마스와 이슬람지하드가 샤론이 하람을 방문하기 전인 1990년대에도 이런 공격을 20여 차례 벌인 사실도 외면하는 셈이다. 이런 공격은 이스라엘을 제지하기 위한 것이었다고 주장할지 모른다. 하지만 모든 대결에서 어떤 대가를 치르고라도 우위를 점하고, 적을 제지할 뿐만 아니라 짓밟아 버리는 확고한 역량을 구축한다는 것이 이스라엘군이 오래전부터 정한 원칙임을 감안하면 우스운 주장이다.[19] 전임자인 라빈이 1차 인티파다 때 그랬던 것처럼, 샤론도 2차 인티파다 시기에 이 원칙을 충실히 실행했다. 다만 라빈 스스로가 인정한 것처럼 앞선 사례에서는 정치적 대가가 컸을 뿐이다.

민간인을 겨냥한 이런 공격이 치명타가 되어 이스라엘 사회를 와

해시킬 수 있다는 사고도 우스꽝스럽기는 마찬가지다. 이 이론은 이스라엘이 뿌리부터 분열되어 있는 〈인위적인〉 정치 체제라는, 널리 퍼져 있지만 치명적 결함이 있는 분석을 바탕으로 한다. 이 분석은 한 세기가 넘도록 명명백백한 성공을 거둔 시온주의의 민족국가 건설 노력뿐만 아니라 많은 내적 분열에도 불구하고 이스라엘 사회가 가진 응집력을 무시한 것이다. 하지만 폭탄 공격을 기획한 이들이 어떤 계산을 했든 간에 그 계산에서 빠진 가장 중요한 요인은 공격이 오랫동안 계속될수록 이스라엘 국민이 더욱 단합해서 샤론의 강경한 태세를 지지한다는 사실이었다. 실제로 자살 폭탄 공격은 적들을 단합시키고 강화하는 데 이바지한 반면, 팔레스타인 쪽을 약화하고 분열시켰다. 신뢰할 만한 각종 여론조사에 따르면, 2차 인티파다가 끝날 무렵 대다수 팔레스타인인은 이 전술에 반대했다.[20] 따라서 자살 폭탄 공격은 중대한 법적, 도덕적 쟁점을 제기하고 팔레스타인인들에게서 긍정적인 미디어 이미지를 앗아 갔을 뿐만 아니라 전략적 차원에서도 대단한 역효과를 낳았다. 이런 대실패를 낳은 자살 폭탄 공격에 대해 하마스와 이슬람지하드가 어떤 비난을 받든 간에, 결국 선례를 따른 팔레스타인해방기구 지도부도 책임에서 자유롭지 못하다.

  야세르 아라파트는 2004년 11월 파리의 병원에서 세상을 떠났다. 그가 어떤 상황에서 사망했는지는 여전히 모호하다. 마무드 아바스(아부 마진)가 팔레스타인해방기구와 파타의 수장 자리를 물려받았고, 2005년 1월 4년 임기의 자치당국 대통령에 선출되었다. 그 후로 대통령 선거가 치러지지 않았기 때문에 아바스는 2009년부터 줄곧 민주적인 위임을 받지 못한 채 통치하고 있다. 아라파트의 죽음은, 1950년대 초 되살아난 민족 운동이 처음 일으킨 물결에서 시작되어 1948년 이래 팔레스타인이 가장 밑바닥으로 추락하면서 끝난, 반세기에 걸친 한 시대의 종언을 상징했다. 이후 15년 동안 아바스는 이미 약해진 민족 운동의 상태가 심각하게 나빠지고, 팔레스타인 내부 갈등이 격화되고, 그나마 남아 있는 팔레스타인 땅에 대한 시온주의 식민화가 대폭 확대되고, 점점 심하게 포위당한 가자 지구를 상대로 이스라엘이 일련의 전쟁을 벌이는 과정을 무능하게 관장했다.

팔레스타인해방기구를 오랫동안 지배한 파타중앙위원회의 창립 성원 가운데 몇 안 되는 생존자 중 한 명인 아바스는 카리스마도 없고 언변도 유창하지 않았다. 또한 개인적 용기로 유명세를 떨치지도 못했고, 서민들에게 인기 있는 정치인도 아니었다. 전반적으로 그는 파타의 초기 세대 저명한 지도자들 가운데 별 볼 일 없는 인물이었다. 이 집단 중 몇몇은 자연사했지만, 많은 이들—아부 이야드, 아부 지하드, 사드 사옐(아부 알왈리드), 마지드 아부 샤라르Majid Abu Sharar, 아부 유수프 나자르, 카말 아드완, 하일 압둘 하미드(아부 알훌), 아부 하산 살라메—은 모사드의 암살자들이나 시리아, 이라크, 리비아 정권의 지원을 받는 그룹의 암살자들 손에 살해되었다. 가산 카나파니, 카말 나세르와 더불어 그들은 민족 운동에서 가장 뛰어나고 유능한 지도자이자 대변인이었고, 그들이 사라지자 팔레스타인인들에게는 역동성이 떨어지고 허약한 조직이 남았다. 이스라엘이 〈표적 살해〉라는 이름 아래 진행한 체계적인 제거는 2차 인티파다와 아바스 시기 내내 계속되었다. 파타와 팔레스타인해방인민전선, 하마스, 이슬람지하드의 지도자들도 살해되었다. 하마스 내에서 자살 폭탄 공격을 소리 높여 반대한 이스마일 아부 샤나브Isma'il Abu Shanab를 살해한 것을 보면, 이런 암살 가운데 일부는 군사나 안보에 관한 고려보다는 정치적 고려 때문이었음이 분명하다.[21]

2008~2009, 2012, 2014년 이스라엘의 대규모 지상 공격을 앞세워 가자를 지속적으로 괴롭힌 전쟁은 요르단강 서안과 동예루살렘의 팔레스타인 지역에 대한 이스라엘의 정기적인 군사 원정과 결합되었다. 이런 공격에는 체포와 암살, 주택 파괴, 주민 탄압 등이 수반되었는데, 라말라에서 파타가 운영하는 자치당국은 이 모든 일이 벌어질 때마다 조용히 공모했다. 이런 일들을 보면 자치당국은 이스라엘이 허용하는 것을 제외하곤 실질적 권한이나 주권이 전혀 없는 기구임을 확인할 수 있다. 이스라엘이 가자를 공습하는 동안 요르단강 서안에서 벌어지는 시위를 진압하는 데 공모한 것을 보아도 알 수 있다.

하마스와 이슬람지하드는 앞선 팔레스타인 자치당국 선거와 마찬가지로 2005년 대통령 선거도 보이콧했다. 오슬로 교섭 과정과 이 과정에서 등장한 자치당국과 팔레스타인 의회를 거부한 것과 일맥상통하는 행동이었다. 하지만 그 직후 하마스는 기습적으로 180도 방향을 선회해서 2006년 1월 의회 선거에서 후보단을 출마시키기로 결정했다. 선거 운동에서 하마스는 트레이드마크라 할 수 있는 사회적으로 보수적인 이슬람주의의 메시지나 이스라엘에 대한 무력 저항을 크게 내세우지 않았고, 그 대신 개혁과 변화를 강조했다. 후보단의 명칭 자체가 〈개혁과 변화〉였다. 더없이 의미심장한 반전이었다. 하마스가 의원 후보를 출마시킨 것은 자치당국의 정통성을 받아들일 뿐만 아니라 더 나아가 자치당국을 낳은 교섭 과정의 정당성, 그리고 교섭이 목표로 내세우는 두 국가 해법까지도 받아들인 셈이었다. 게다가 하마스는 또한 선거에서 승리하고, 이를 통해 아바스와 함께 자치당국을 통치하는 책임을 공유할 가능성까지 받아들였다. 이스라엘

요르단강 서안 아우자, C지역. 지은이의 남동생 라자 할리디가 살던 주택의 기반. 이스라엘군이 불도저로 밀어 버렸다.

과 미국, 유럽의 후원자들이 생각하는 자치당국의 핵심적 책임에는 이스라엘인을 겨냥한 폭력을 방지하고 이스라엘과 보안에 협력하는 것이 포함되었다. 하마스는 이런 변화가 실제로 속마음과 똑같다거나, 조직의 존재 이유이자 하마스라는 약칭의 원래 뜻인 〈이슬람 저항 운동〉에 포함되는 무장투쟁 추구와 모순된다는 것을 인정한 적이 없었다.

자체의 예상뿐만 아니라 모두의 예상까지 뒤엎고, 하마스는 큰 폭의 차이로 선거에서 승리했다. 전체 132석 가운데 하마스가 74석을 챙겼고 파타는 45석을 차지했다(선거 제도가 독특한 탓에 파타의 득표율은 41퍼센트, 하마스는 겨우 44퍼센트였다). 투표장 출구 여론 조사에 따르면, 이런 결과는 이슬람주의 정부나 이스라엘에 맞선 무장 저항 확대에 대한 요구보다는 점령지에서 변화를 바라는 유권자의 높은 열망에 힘입은 것이었다.[22] 기독교인이 우세한 일부 지역에서도 하마스가 많은 표를 얻었다. 많은 유권자들이 단순히 파타 현역 의원들을 거부하기를 원했음을 보여 주는 증거다. 그들의 전략은 실패로 끝났고, 이제는 부패한 데다가 대중의 요구를 무시하는 이들로 여겨졌기 때문이다.

하마스가 의회를 장악하자 파타와 하마스의 갈등이 고조되었다. 팔레스타인의 다양한 정치인들이 인정한 것처럼, 두 운동의 분열은 팔레스타인의 대의에 잠재적인 재앙이었고, 이런 우려의 정서는 여론에서 강력한 지지를 받았다. 2006년 5월에 파타, 하마스, 팔레스타인해방인민전선, 이슬람지하드 등 이스라엘 교도소에 갇혀 있는 주요 조직의 지도자 다섯 명이 〈수감자 문서〉를 발표했다(널리 알릴 만한 중요한 문서다). 두 국가 해법을 토대로 삼은 새로운 강령에 기반해서 정파 분열을 끝내자고 호소하는 문서였다.[23] 일대 사건인 이 문서는 가장 존경받는 인물들(암살당하지 않은 사람들)이 이스라엘 교도소에 갇혀 있는 양대 조직의 기층 성원들의 바람을 분명히 표명한 것이었다. 팔레스타인 사회에서는 수감자들이 대단히 존경을 받는데, 점령이 시작된 이래 팔레스타인인 40만 명 이상이 이스라엘에 의해 투옥되었다.

이런 아래로부터의 압력 아래 하마스와 파타는 양당의 성원들로 이루어진 연립정부를 구성하려고 거듭 노력했다. 이런 노력은 이스라엘과 미국의 격렬한 반대에 부딪혔다. 두 나라는 하마스가 자치당국 정부에 들어가는 것을 거부했다. 그러면서 〈수감자 문서〉에 구체화된 암묵적인 형태보다 이스라엘을 더욱 분명히 인정하는 것 외에도 여러 가지 조건을 고집했다. 그리하여 하마스는 팔레스타인해방기구가 수십 년간 강요받았던 것과 똑같이 끝없이 계속되는 양보의 춤판으로 끌려 들어갔다. 헌장을 개정하라, 유엔 결의안 제242호에 동의하라, 테러리즘을 포기하라, 이스라엘의 존재를 받아들여라 등 요구는 끝이 없었다. 하나같이 조건을 강요하는 이들에게 정통성을 부여받기 위한 전제였다. 1970년대에 팔레스타인해방기구에, 2000년대에는 하마스에게 이런 요구를 하면서도, 그전에 수많은 팔레스타인인을 내쫓고, 귀환을 가로막고, 무력과 집단적 위협을 내세워 그들의 땅을 점령하고, 자결권을 봉쇄한 권력은 어떤 보상도 제시하지 않았다.

이스라엘이 하마스가 팔레스타인 자치당국 연정에 들어가는 것을 거부한 한편, 미국 역시 하마스를 보이콧했다. 미국 의회는 돈의 힘을 앞세워서 미국 자금이 하마스나 하마스가 속한 자치당국의 기관에 들어가는 것을 막았다. 포드 재단 같은 팔레스타인인을 위한 자금원은 하마스와 막연하게나마 연결된 어떤 프로젝트에도 지원이 가는 일이 없도록 다양한 비정부기구에 법적인 명령을 강요했다. 극심한 친이스라엘 성향인 명예훼손방지연맹Anti-Defamation League 대표 에이브러햄 폭스먼Abraham Foxman에게 포드 재단의 후원을 받는 팔레스타인인을 심사하는 일을 맡기기도 했다. 예측 가능한 결과가 나왔다. 포드 재단은 사실상 팔레스타인 비정부기구에 대한 자금 지원을 중단했다. 이스라엘이 노린 대로였다.

한편 미국이 제정한 2001년 애국법Patriot Act of 2001에 따르면, 팔레스타인의 경우에 〈테러리즘에 대한 물질적 지원〉이 워낙 폭넓게 정의되는 탓에 하마스나 팔레스타인해방인민전선처럼 블랙리스트에 오른 그룹과 연관된 조직과 접촉하는 것 자체가 무거운 처벌을 받는 심각한 범죄 행위로 간주될 수 있었다. 1960년대 이래 수십 년에 걸쳐 팔레스타인해방기구를 악마화한 낙인은 이제 하마스를 대상으로 되풀이되었다. 하지만 자살 폭탄 공격과 국제법을 위반하는 민간인 공격, 헌장에 담긴 노골적인 반유대주의에도 불구하고, 하마스의 기록은 이스라엘이 팔레스타인에 가한 대규모 민간인 사상자 수와 법적 차별과 군사 통치의 정교한 구조에 비하면 무색해졌다. 그러나 테러리스트라는 꼬리표가 붙은 것은 하마스였고, 애국법의 하중은 분쟁의 한쪽 당사자인 팔레스타인에만 적용되었다.

이런 무자비한 공세에 비춰 볼 때, 팔레스타인 민족의 화해를 요구하는 대중의 목소리에도 불구하고, 타협적인 연립정부를 구성하려는 시도가 무산된 것은 놀랄 일이 아니다. 서구와 아랍의 재정 지원자들이 파타에게 하마스를 멀리하라고 가한 압력은 팔레스타인 자치당국에 속한 파타의 베테랑들에게 톡톡히 효과를 발휘했다. 애당초 그들은 라말라의 금박 거품 속에서 누리는 물질적 혜택이나 권력을 포기할 생각이 없었다. 그들은 훨씬 강력한 적에 맞서면서 자신들의 특권을 위험에 내맡기기보다는 팔레스타인 정치 체제가 분열로 무너지는 쪽을 선호했다. 하지만 놀라운 것은 미국이 훈련시키고 파타가 관리하는 군경이 무함마드 달란Muhammad Dahlan 사령관의 지휘 아래 가자 지구에서 하마스를 무력으로 내쫓으려 한 서투른 시도였다. 2007년 하마스는 역쿠데타를 일으켰고, 이어진 격렬한 전투에서 달란의 군대를 순식간에 압도했다. 1990년대 중반에 파타가 주도한 하마스 탄압 시절까지 거슬러 올라가는 양쪽 사이의 거대한 심연은 이제 가자 지구에서 양쪽 모두 많은 피를 흘리면서 한층 더 넓어졌다. 하마스는 가자에서 독자적으로 팔레스타인 자치당국을 세웠지만, 라말라를 기반으로 한 자치당국의 관할권은 초라하게 줄어들어 요르단강 서안의 20퍼센트에도 미치지 못했다. 이스라엘군이 관할권을 허용한 지역에 국한된 것이다. 터무니없는 일이지만, 이제 점령하의 팔레스타인인들은 무기력한 자치당국 하나가 아니라 두 개를 갖게 되었다.

하마스가 가자 지구를 장악하자 이스라엘은 전면적인 포위에 나섰다. 가자 지구에 들어오는 물자는 최소한으로 줄어들었고, 정기적인 수출은 완전히 중단되었으며, 연료 공급이 차단되었고, 가자 출입은 극히 드물게 허용되었다. 가자는 사실상 지붕 뚫린 감옥이 되었다. 2018년에 이르면 200만 팔레스타인인 가운데 최소한 53퍼센트가 빈곤 상태에서 살았고,[24] 실업률은 무려 52퍼센트로, 청년과 여성은 훨씬 높은 수치였다.[25] 국제사회가 하마스의 선거 승리를 인정하기를 거부하면서 시작된 사태는 팔레스타인의 파국적인 분열과 가자 봉쇄로 이어졌다. 이런 사태의 연속은 팔레스타인인들에 대한 새로운 선전포고나 마찬가지였다. 또한 앞으로 벌어질 공공연한 전쟁을 국제적으로 은폐하는 필수적인 가림막을 제공했다.

이스라엘은 팔레스타인의 심각한 분열과 가자의 고립을 활용해서 가자 지구에 세 차례에 걸쳐 야만적인 공중과 지상 공격을 감행할 수 있었다. 2008년에 시작된 공격은 2012년과 2014년에 계속되어 여러 도시와 난민촌의 넓은 지역이 잿더미가 된 채 거듭되는 정전과 식수 오염에 시달리고 있다.[26] 슈자이야Shuja'iyya나 라파Rafah의 일부 지역 같은 몇몇 동네는 특히 심하게 파괴되었다. 사상자 수는 진실의 일부만을 말해 줄 뿐이지만, 그렇다 하더라도 의미심장하다. 세 차례의 대규모 공격에서 팔레스타인인 3,804명이 살해되었는데, 그중 1,000명 가까이가 미성년자였다. 이스라엘인은 총 87명이 살해되었는데, 대부분 공격 작전에 참가한 군인이었다. 43:1이라는 일방적인 사상자 비율은 인상적이며, 이스라엘 사망자의 대부분이 군인인 반면 팔레스타인 사망자는 대다수가 민간인이라는 사실도 마찬가지로 의미심장하다.[27]

2014년 7월 가자시티 슈자이야. 미국의 한 퇴역 장군은 이스라엘의 포격을 〈균형이 전혀 맞지 않는 보복〉이라고 규정했다.

하지만 이스라엘의 민간 목표물을 겨냥하는 하마스와 이슬람지하드의 로켓 공격에만 초점을 맞추는 미국의 대다수 주류 언론 보도를 보면, 이런 사실을 알지 못할 것이다. 확실히 이런 무기를 사용함으로써 이스라엘 남부에 사는 사람들은 오랜 기간을 방공호에서 보내야 했다. 하지만 이스라엘의 내로라하는 조기경보시스템과 미국이 공급하는 최첨단 미사일 방어 역량, 방공호 네트워크 덕분에 로켓이 살상력을 발휘한 경우는 거의 없다. 2014년 이스라엘은 가자 지구에서 로켓 4,000발을 발사했다고 주장했는데, 이 공격으로 이스라엘 민간인 5명이 사망했다. 그중 한 명은 나카브(네게브) 지역에 사는 베두인족이고, 태국인 농업 노동자도 한 명 있어서 총 6명의 민간인이 사망했다.[28] 그렇다고 해도 하마스가 이런 비정밀 무기로 민간인 지역을 무차별 공격함으로써 교전 수칙을 위반한 죄가 경감되는 것은 아니다. 하지만 거의 전적으로 하마스의 로켓 공격에만 초점을 맞추는 언론에서 만들어지는 것과는 다른 이야기를 사상자 수가 말해 준다. 언론 보도는 이런 일방적인 전쟁, 즉 지구상에서 손꼽히는 강한 군대가 약 363제곱킬로미터* 규모의 포위된 지역을 상대로 전력을 쏟아부은 전쟁의 극단적인 비대칭성을 감추는 데 성공했다. 게다가 이 지역은 세계에서 가장 인구가 많은 고립 지역이고, 사람들은 장대비처럼 쏟아지는 포화를 피할 길이 전혀 없었다.

2014년 공격의 구체적인 수치는 이런 점을 두드러지게 보여 준다. 2014년 7월과 8월의 51일에 걸쳐 이스라엘 공군은 6,000회가 넘는 공습을 벌였고, 육군과 해군은 5만 발 정도의 대포와 전차포를 쏟아부었다. 이스라엘군은 모두 합쳐 총 2만 1,000톤으로 추정되는 고폭탄을 사용했다. 공습에는 미국산 헬파이어 미사일을 발사하는 미제 아파치 헬리콥터와 무장 드론에서부터 역시 미국산으로 약 907킬로그램 폭탄을 탑재한 F16과 F15 전투폭격기에 이르기까지 다양한 무기가 참여했다. 이스라엘 공군 사령관에 따르면, 이런 최신 항공기가 가자에 있는 표적에 수백 차례 공격을 가했는데, 대부분의 경우 이런 강력 폭탄을 사용했다.[29] 약 907킬로그램 폭탄이 폭발하면 대략 폭이 15미터에 깊이가 11미터인 구덩이가 생기고, 거의 반경 400미터까지 치명적인 파편이 날아간다. 이런 폭탄 한두 개면 고층 건물 하나를 완파할 수 있다. 8월 말 이스라엘의 공습이 마무리될 즈음 가자시티에서 수많은 고층 건물이 가루로 변했다.[30] 가자 지구에 이런 괴물 폭탄이 정확히 몇 발 투하되었는지, 또는 더 강력한 폭탄이 사용되었는지에 관한 공개 기록은 전무하다.

---

* 참고로 서울 면적이 605제곱킬로미터임.

8월 26일 최종 휴전이 이뤄지기 한참 전인 2014년 8월 중순 이스라엘 병참사령부가 발표한 보고서에 따르면, 공습 외에도 가자지구에 대포와 전차포 4만 9,000발을 발사했다.[31] 대부분 미국산 M109A5 155밀리미터 자주곡사포였다. 약 44킬로그램 포탄은 살인 범위가 반경 약 49미터이며, 직경 약 199미터 내에 있는 사람에게 부상을 입힌다. 이스라엘은 이런 자주곡사포 600대와 사거리가 더 긴 미국산 M107 175밀리미터 자주포 175대를 보유하고 있다. M107은 약 66킬로그램이 넘는 더 무거운 포탄을 발사한다. 이스라엘이 이런 치명적인 전장 무기를 사용한 사례 하나만으로도 가자 전쟁이 얼마나 불균형적이었는지 보여 주기에 충분하다.

2014년 7월 19~20일, 정예군인 골란여단, 기바티여단, 공수여단 부대들이 세 경로를 따라 가자시티의 슈자이야 지구로 공격을 개시했다. 골란여단은 특히 예상치 못하게 격렬한 저항에 맞부딪혀서 이스라엘 군인 13명이 사망하고 100명 정도가 부상을 당했다. 미군의 정보에 따르면, 이스라엘의 11개 기갑대대가 이런 155밀리미터와 175밀리미터 포를 최소한 158대 동원해서 24시간에 걸쳐 이 동네 한 곳에만 7,000발 이상을 퍼부었다. 7시간 동안 계속된 한 공격에서는 4,800발을 발사했다. 〈일일 브리핑〉에 참석하는 펜타곤의 한 고위 장교는 이 화력의 규모를 〈대대적〉이고 〈치명적〉이라고 지칭하면서 미군이라면 보통 4만 명의 병력(슈자이야에서 교전을 벌인 이스라엘군의 10배에 해당한다)으로 구성된 2개 사단 전체를 지원할 때 그렇게 〈엄청난〉 화력을 사용한다고 지적했다. 미군 기갑 지휘관 출신인 또 다른 이는 미군은 몇 개 사단으로 이뤄진 군단을 지원할 때만 그 정도 규모의 기갑 화력을 동원한다고 추산했다. 미국의 한 퇴역 장군은—탱크 포격 및 공중 공격과 나란히 가자의 동네 한 곳을 24시간

이상 동안 두드리는 데 동원된—이스라엘의 포격은 〈얼토당토않게 규모가 크다〉고 설명했다.[32]

이 공격에서 사용된 각종 포는 요새나 장갑차, 그리고 방탄복과 철모를 쓴 채 참호 속에 숨은 병력을 상대로 넓은 반경에 치명적인 지역포격area fire을 가하기 위해 고안된 것이다. 원래는 정밀 유도탄을 발사할 수 있지만, 슈자이야처럼 인구가 밀집한 주거지에 발사될 때는 정밀할 수가 없었다. 그리고 슈자이야나 베이트하눈Beit Hanoun, 칸유니스, 라파와 같이 건물이 가득 들어선 지역에 약 907킬로그램짜리 폭탄을 투하하는 공습은 필연적으로 막대한 민간인 사상자와 대규모 피해를 야기한다.[33] 그럴 수밖에 없다.

가자 지구처럼 과밀한 지역에서는 특히 그렇다. 자기 집이 금방 포격으로 무너진다고 사전에 경고를 받더라도 달리 도망칠 곳이 없다. 이런 규모의 공습과 포격은 인체에 끔찍한 손상을 가할 뿐만 아니라 재산 피해도 막대하다. 2014년 공격 당시 1만 6,000채가 넘는 건물이 사람이 살 수 없는 상태가 되었고, 동네 전체가 파괴된 곳도 많다. 유엔 학교와 국립학교 총 277곳, 병원과 보건소 17곳, 가자에 있는 대학교 6개 전체가 피해를 입었고, 다른 건물들도 4만 여 채가 파손되었다. 가자 지구 전체 인구의 4분의 1 정도인 45만 명이 집을 떠날 수밖에 없었는데, 그들 대부분은 그 후로 다시 돌아갈 집이 없었다.

이런 일은 무작위로 벌어진 것도 아니고, 전쟁 중에 흔히 유감스럽다고 개탄하는 부수적 피해collateral damage도 아니었다. 이스라엘이 선택한 무기는 치명적인 것들이었다. 원래 많은 사람이 거주하는 도시 환경이 아니라 사방이 탁 트인 전장에서 사용하는 무기들이었다. 게다가 공격의 규모 자체가 이스라엘의 군사 원칙과 완벽하게 맞아떨어졌다. 2014년 대부분이 민간인 1만 3,000명 정도를 살육, 난도질하고 수십만 채의 주택과 건물을 파괴한 것은 의도적인 행동이었다. 적어도 2006년에 레바논에서 바로 이런 전술을 구사한 이래 이스라엘군이 채택한 명백한 전략의 결과였다. 이른바 다히야 원칙Dahiya doctrine은 이스라엘 공군이 약 907킬로그램 폭탄을 비롯한 무기를 사용해서 파괴한 베이루트 남부 교외―알다히야―의 이름을 딴 것이다. 이 전략은 2008년에 당시 북부 사령관(이후 이스라엘 참모총장) 가디 에이젠코트Gadi Eizenkot 소장이 설명한 바 있다.

다히야 구역에서 벌어진 일은 ……이스라엘을 향해 로켓포를 발사하는 모든 마을에서 똑같이 벌어질 것이다. ……우리는 그곳에 불균형적인 무력을 가해서 막대한 피해와 파괴를 야기할 것이다. 우리 입장에서 보면, 이런 곳들은 민간인 마을이 아니라 군사 기지다. ……이건 권고가 아니다. 정해진 계획이다. 그리고 승인까지 받았다.[34]

이스라엘 군사 통신원들과 안보 분석가들에 따르면, 이스라엘이 6년간 가자를 세 번째로 공격한 2014년에 바로 이런 사고가 배후에 깔려 있었다.[35] 하지만 전략적 접근이라기보다는 집단적 응징을 위한 청사진이었고, 전쟁 범죄의 가능성이 농후했는데도 미국 정치인의 발언이나 미국의 대다수 주류 언론의 전쟁 보도에서는 다히야 원칙이 언급되는 경우가 거의 없었다.

워싱턴과 언론이 침묵을 지킨 데는 많은 이유가 있었다. 1976년 무기수출통제법Arms Export Control Act of 1976에 따르면, 미국이 공급한 무기는 〈정당한 자위용으로만〉 사용되어야 한다.[36] 이 조항을 감안할 때, 대통령부터 밑으로 줄줄이 미국 관리들이 한 발언―이스라엘의 가자 작전을 자위 행동으로 규정한 발언―은 명령을 내린 이스라엘 관리들과 폭탄을 투하한 군인들과 나란히 전쟁 범죄에 대한 책임과 기소 가능성을 피하기 위한 법적 조언의 소산이었을지 모른다. 언론 역시 이런 중요한 법적 고려를 좀처럼 언급하지 않는데, 아마 편견 때문이거나 혹시 정치인이 연루될까 두려워서, 또는 이스라엘을 조금이라도 비판하면 언제나 따라오는 공격을 피하기 위해서일 것이다.

어떤 전쟁 행위가 전쟁 범죄 수준에 해당하는지를 결정하는 데에 중심적인 균형성 문제가 여전히 남아 있다. 에이젠코트 본인의 말과 2006년 그가 지휘하는 군대가 한 행동, 그리고 이후 가자를 겨냥한 공격을 볼 때, 분명 이스라엘 쪽에서 의도적으로 불균형적인 공격을 가한 것이 확인된다. 이스라엘이 인구가 밀집한 도시 지역에 전장 무기를 사용한 사실과 양쪽이 동원한 화력의 엄청난 불균형도 이를 뒷받침한다.

하마스와 이슬람지하드도 민간인을 표적으로 삼았기 때문에 잠재적인 전쟁 범죄에 책임이 있을까? 점령군이 사용하는 무력과 피점령민 집단들이 사용하는 무력의 중대한 차이는 논외로 하더라도, 모든 전투원은 교전 법규를 비롯한 국제법 조항을 준수해야 한다. 이스라엘 남부에 발사된 로켓포는 살상용이긴 했지만, 정밀 유도 시스템이 장착된 경우가 거의 없었고 정밀유도탄은 하나도 없었다. 따라서 로켓포 사용이 대부분 무차별적이었기 때문에 많은 경우에 민간인을 겨냥한 것으로 간주할 수 있다.

하지만 이 로켓들은 2014년 이스라엘이 발사한 4만 9,000발 이상의 전차포와 대포처럼 크고 치명적인 탄두가 없었다. 하마스나 그 동맹 세력은 보통 소련이 설계한 122밀리미터 그래드Grad나 카추샤 Katyusha 로켓을 발사했는데, 약 20킬로그램이나 약 30킬로그램 탄두(약 44킬로그램짜리 155밀리미터 포탄과 비교된다)를 사용했다. 그

것도 사거리를 늘리기 위해 더 작은 탄두를 끼우는 경우가 많았다. 팔레스타인 쪽이 사용한 사제 카삼Qassam 로켓은 대부분 탄두가 훨씬 작았다. 가자 지구에서 발사해서 이스라엘에 떨어진 카삼, 카추샤, 그래드 등의 미사일 4,000발(많은 로켓이 정밀도와 제품 완성도가 크게 못 미쳐서 이스라엘까지 날아가지 못하고 가자 지구에 떨어졌다)은 모두 합쳐서 약 907킬로그램 폭탄 10여 개보다도 폭발력이 작았을 것이다.

하마스와 동맹 세력이 발사한 미사일이 빗줄기처럼 쏟아진 것은 분명 사거리 안에 있는 민간인들에게 유력한 심리적 효과를 발휘했겠지만(이런 효과는 부정확성 때문에 오히려 위력이 커졌다), 이 무기들은 위력이 크지 않았다. 그렇다 하더라도 2008년부터 2014년까지 이스라엘 민간인 수십 명이 사망한 것은 전쟁 범죄에 해당할 가능성이 높다. 그렇다면 2014년 한 해에만 전투에 가담하지 않은 민간인을 최소한 2,000명 죽인 것은 어떨까? 그중 1,300명은 여성과 어린이, 노인이었는데? 가자를 겨냥한 최후의 전쟁이 끝나고 몇 년이 지난 지금, 그 책임자들이 미국 후원자의 보호를 받으며 자신들의 행동에 대해 아무런 처벌도 받지 않을 것이 분명해 보인다.

하지만 일각에서는 이런 야만적인 불균형성이 각인되었다. 주류 언론이 2014년 포격을 다룬 결과로 일부 집단—기독교 복음주의자들과 노인, 부유층, 유대인 사회의 보수적 집단—에서는 이스라엘에 대한 강경한 지지가 굳건해진 반면, 젊은 층과 진보 성향 개인, 소수자 집단, 자유주의적인 개신교 교파, 그리고 일부 개혁적·보수적·무교파 유대인 사이에서는 이스라엘을 공개적으로 비판하는 목소리가 높아졌다. 2016년에 이르면, 이런 방향으로 변화가 이루어지고 있음(그리고 동시에 다른 집단들 사이에서는 이스라엘을 지지하는 여론이 굳어지고 있음)을 보여 주는 수치가 인상적이었다.

2016년 12월 브루킹스연구소Brookings Institution가 공개한 여론조사에 따르면, 민주당 지지자의 60퍼센트와 전체 미국인의 46퍼센트가 요르단강 서안에 불법적으로 유대인 정착촌을 건설한 이스라엘을 제재하는 것을 지지했다. 민주당 지지자의 대다수(55퍼센트)는 이스라엘이 미국 정치와 정책에 지나치게 많은 영향을 미치고 전략적으로 부담이 된다고 생각했다.[37] 같은 해에 퓨리서치센터Pew Research Center가 시행한 여론조사에서는 1980년 이후 태어난 사람과 민주당 지지자 가운데 팔레스타인인에게 동조하는 비율이 이스라엘에 공감하는 사람에 비해 증가하고 있음이 밝혀졌다.[38] 2018년 1월 공개된 퓨리서치의 여론조사에서는 이런 추세가 점점 가속화하고 있음이 드러났다. 민주당 지지자들은 이스라엘과 팔레스타인 지지 비율이 거의 똑같은 반면, 자유주의적 민주당 지지자들은 거의 두 배가 이스라엘보다 팔레스타인에 공감했다.[39] 2019년 4월 퓨리서치의 여론조사에서는 이스라엘과 팔레스타인 문제를 놓고 당파 간 분열이 한층 심해졌음이 밝혀졌다. 이스라엘인보다 팔레스타인인 편을 드는지, 아니면 그 반대거나 양쪽 다 좋아하는지 물었을 때, 민주당 지지자는 58퍼센트가 양쪽 다, 또는 팔레스타인인을 좋아한다고 대답한 반면, 공화당 지지자는 76퍼센트가 양쪽 다, 또는 이스라엘인을 더 좋아한다고 답했다. 한편 공화당 지지자는 61퍼센트가 이스라엘 정부에 찬성하는 시각을 보였지만, 민주당 지지자는 그 비율이 26퍼센트에 불과했다.[40] 모든 면을 고려할 때, 전례가 없는 수치였다.

따라서 가자를 겨냥한 전쟁은 1982년 레바논 전쟁, 1차 인티파다와 더불어 미국인들이 팔레스타인인과 이스라엘인을 바라보는 시각에 지속적으로 나타나는 변화에서 일대 전환점이 되었다. 이런 변화는 그래프상에서 곧바로 일직선으로 올라가는 식이기보다는 올라갔다 내려갔다 하는 식이었다. 2차 인티파다 시기에 자살 폭탄 공격이 잇따라 벌어지고 이스라엘이 끊임없이 효과적으로 선전 공세를 폈기 때문이다. 하지만 소름끼치는 이미지와 그것들이 재현되는 현실의 연속이 이스라엘의 행동을 감싸고 그 실상을 감추기 위해 꼼꼼하게 세운 방어막을 뚫고 나올 때마다 뚜렷한 비판적 정서의 물결이 고조되고 있다.

최근 들어 팔레스타인과 이스라엘에 관한 미국의 여론이 느리면서도 꾸준히 변화하기는 했어도, 미국의 정책 형성과 새로운 입법, 정치 담론 일반에서는 가시적인 변화가 거의 없었다. 이렇게 된 이유 중 하나는 공화당이 2000년 이래 거의 8년간 백악관을, 2010년 이래 상원을, 2014년부터 2018년까지 하원을 장악했고, 2016년에서 2018년 사이에 정부 부처 전체를 장악했다는 것이다. 공화당의 지지 기반, 특히 복음주의자들—많은 지역에서 노인과 백인, 보수주의자와 남성이 핵심을 차지했다—은 가장 강경한 이스라엘 정책을 열렬히 지지했다. 공화당의 대다수 선출직 관리들은 그런 지지층뿐만 아니라 보수 성향 기부자들의 열정까지 충실히 반영했다. 셸던 애덜슨Sheldon Adelson과 폴 싱어Paul Singer(2016년 선거 시기에 둘이서 공화당에 1억 달러가 넘는 돈을 기부했다) 같은 많은 기부자들이 이스라엘 문제에 대해 한층 더 강경한 접근을 단호하게 지지했다. 게다가 공화당 지지 기반과 당 지도부 대다수의 이슬람 혐오, 외국인 혐오, 세계에서 미국의 역할에 관한 공세적인 견해는 이스라엘 총리 베냐민 네타냐후와 우파 정부의 정신과 맞아떨어졌다. 실제로 2011년과 2015년에 공화당이 지배하는 의회 합동 회의에서 네타냐후가 연설을 했을 때 우레와 같은 박수가 터진 것을 보면 이런 사실이 분명히 드러난다. 1941년과 1943년, 1952년에 미국 의회에서 연설을 한 윈스턴 처칠만이 합동 회의에서 한 차례 이상 발언을 하는 영예를 누렸다.

이스라엘과 팔레스타인에 관한 민주당의 주장은 상대적으로 복잡하고 모순적이었다. 민주당 지지 기반의 상당 부분에서 나타난 변화는 젊은 층과 소수자 집단, 자유주의적 분파(당의 미래를 대표한다)에서 가장 두드러졌다. 하지만 이런 변화는 당 지도부나 대다수 선출직 관리, 큰손 기부자들(당의 과거를 대표한다)의 견해에 반영되지 않았다. 세대와 인종, 계급에 바탕을 둔 동학이 작동했으며, 이 동학은 또한 당의 큰손 기부자들과 미국이스라엘공공문제위원회 같은 유력한 압력 집단에 의해 영향을 받았다.

여러 여론조사를 보면 팔레스타인과 이스라엘에 관한 견해가 종종 연령과 밀접한 관계가 있음을 알 수 있다. 나이 든 사람들은 보수적이고 전통적이기 쉬운데, 2019년 민주당 지도부를 보면 낸시 펠로시Nancy Pelosi(78세), 찰스 슈머Charles Schumer(68세), 그리고 70대 초반인 클린턴 부부가 지배하는 당 조직으로 구성되었다. 다들 부유층이고 펠로시는 특히 부자다(펠로시 부부의 순자산은 1억 달러가 넘는 것으로 알려져서 하원에서도 가장 부유한 축에 속한다). 미국 정치인들의 핵심 관심사인 정치 자금 모금이 계속되고 1980년대 말 이후 민주당이 오른쪽으로 선회함에 따라, 민주당은 재계에 더욱 우호적이고 매력적으로 바뀌었다. 결국 당 지도부와 선출직 관리들 입장에서 보면 기부자들의 견해가 지지 기반이나 유권자들의 견해보다 더 중요해졌다. 그리고 언론 재벌인 하임 사반Haim Saban을 비롯해서 하이테크, 연예, 금융 산업의 거물처럼 많은 큰손 기부자들은 이스라엘이 아무리 지나친 행동을 해도 여전히 무한한 신뢰를 보냈다.

　그리하여 민주당은 이스라엘 정부가 어떤 행동을 하든 지지하는 성향의 나이 든 지도자들과 많은 큰손 기부자들과, 변화를 강하게 압박하기 시작한 밑바닥 당원들 사이에서 갈라졌다. 2016년 민주당 예비 경선에서 대통령 후보 버니 샌더스Bernie Sanders가 이스라엘과 팔레스타인에 대해 유례없는 입장을 나타내고 같은 해에 열린 전당대회에서 당 강령을 놓고 난상토론이 벌어진 것을 보면 이런 분열이 극명히 드러난다. 분열은 2016년 선거 이후 당 지도부에서 벌어진 싸움에서도 고스란히 드러났다. 선두 주자인 하원의원 키스 엘리슨Keith Ellison은 팔레스타인에 관해 솔직하게 입장을 밝혔다는 이유로 비방과 조소를 받았다. 양당이 손을 잡고 해마다 이스라엘에 40억 달러가 넘는 군사 원조를 제공하고 팔레스타인인에게 불리한 입법을 쏟아내는 것을 보면, 민주당의 팔레스타인 노선을 바꾸려는 시도가 구체적인 영향력을 미치지 못한다는 사실이 드러난다. 하지만 2017년 11월 하원의원 30명이 공동 발의하고 2019년 4월에 HR 2407로 다시 제출된 법안을 보면, 의회에서 작게나마 변화가 생기고 있음이 감지된다. 미국의 원조가 이스라엘 군경이 팔레스타인 어린이들을 학대하고 수감하는 것을 지원하는 데 쓰이는 것을 막기 위한 법안이었다. 2000년 이래 점령으로 구금된 어린이가 1만 명에 달했다.[41]

　특히 입법과 정치의 미사여구에 관한 한 이런 정치적 현실이 많은 것을 설명해 줄 수 있지만, 정책 결정에 관해서 시사하는 바는 제한적이다. 미국의 대외 정책을 수립하는 과정에서 행정부는 전통적으로 폭넓은 재량을 누렸다. 의회는 선거 주기와 그때마다 필요한 자금 모금에 압박을 받지만, 행정부는 그만큼 필연적으로 제약을 받지 않는다. 미국 대통령들은 실제로 미국의 중요하고 핵심적인 이익이 걸려 있다고 생각하는 경우에는 이스라엘과 그 지지자들의 반대를 별로 고려하지 않고 거듭 자유롭게 행동했다. 거짓 이야기에 따르면, 이스라엘과 그 지지자들이 중동 정책에 미치는 영향이 언제나 가장 중요하지만, 정책 결정권자들이 관련된 미국의 중대한 전략적 이익을 고려하지 않을 때, 그리고 가령 대통령 선거가 치러지는 해에 국내의 정치적 고려가 특히 중대할 때만 해당되는 이야기다.

미국이 워싱턴이 생각하는 이익을 챙기기 위해 이스라엘의 강력한 저항을 짓밟은 사례는 꽤 많다. 1956년 수에즈 전쟁 당시 미국은 냉전의 이해관계와 모순되게도 이집트 침공에 반대했다. 1968~1970년 수에즈 운하를 따라 진행된 소모전이 끝날 때쯤, 미국은 미소 대결을 피하기 위해 이스라엘의 전략적 이익에 불리하게 휴전을 강제했다. 또한 1973년에서 1975년 사이에 키신저는 이스라엘의 격렬한 반대를 무릅쓰고 세 차례의 전투 중지 협정을 강제해서 이스라엘군이 철수할 수밖에 없게 만들었다. 이스라엘 지도자들이 근시안적으로 반대하기는 했지만, 이런 행동들이 대부분 결국 이스라엘의 장기적 이익에도 기여한 것은 사실이다. 다른 사례들도 있다. 이스라엘과 워싱턴의 이스라엘 로비 집단이 소란스럽게 반발하는데도 사우디아라비아에 첨단 무기를 비싼 값에 판매하고, 버락 오바마 대통령이 네타냐후와 미국 의회의 이스라엘 지지자들이 반대하는 것을 무릅쓰고 이란과 핵무기 협정을 교섭한 일까지 있다. 요점은 워싱턴에서 미국의 중대한 이익이 걸려 있다고 볼 때, 미국 대통령들은 주저 없이 이런 이익을 위해 행동하며, 이스라엘의 우려에는 별로 관심을 기울이지 않는다는 것이다.

하지만 팔레스타인 문제, 그리고 필연적으로 이스라엘이 양보할 수밖에 없는 팔레스타인과 이스라엘의 화해에 관한 한, 미국의 주요한 전략적·경제적 이해가 전혀 없어 보이고, 또한 이스라엘과 그 지지자들의 지속적인 반대를 상쇄할 아무런 수단이 없는 듯하다. 이 문제에 관해서는 이런 반대가 필연적으로 다른 어떤 것보다 더 크게 작용할 수밖에 없다.[42] 트루먼부터 도널드 트럼프까지 역대 미국 대통령은 이런 반대의 소용돌이에 휘말려 들기를 원치 않았고, 따라서 대체로 이스라엘이 진행 속도를 정하고 심지어 팔레스타인과 팔레스타인인에 관련된 문제들에 대한 미국의 입장까지 결정하도록 놔두었다.

아랍 세계 사람들이 팔레스타인인을 광범위하게 지지하는 상황에서 이스라엘의 행동에 대한 미국의 이런 관대한 태도—이따금 특정한 조치에 대해 선언적 반대를 하긴 했으나 현지의 상황을 바꾸는 경우는 드물었다—때문에 중동에서 미국의 이익이 위험에 빠진다는 주장이 제기될 수 있다.[43] 하지만 중동은 오랫동안 세계 어느 지역보다도 많이 집중된 독재 정권의 통치를 받아 왔다. 게다가 미국은 중동에서 민주주의의 발전을 실질적으로 지원한 적이 없으며, 대다수 나라를 통제하는 독재나 절대 왕정을 상대하는 쪽을 선호했다. 이런 비민주적 정권들은 역사적으로 방위, 항공, 석유, 금융, 부동산 산업을 지원하는 미국을 비롯한 소중한 후원자들에게 영합했다. 그들은 대체로 자국의 친팔레스타인 여론을 무시하는 행동을 함으로써 이스라엘의 팔레스타인 점령과 식민화를 지원하는 미국이 어떤 역풍도 맞지 않도록 도와주었다.

이런 점에서 핵심적인 나라인 사우디아라비아는 1948년 이래 팔레스타인의 대의를 공공연하게 옹호하면서 왕왕 팔레스타인해방기구에 재정 지원을 제공하는 한편, 이스라엘에 유리한 정책을 바꾸도록 미국에 압력을 가하는 일은 거의 또는 전혀 하지 않았다. 사우디 왕정의 수동적 태도는 최소한 1948년 8월까지 거슬러 올라가는데, 당시 미국 국무 장관 조지 마셜George Marshall은 사우디 왕국이 팔레스타인에 대해 〈타협적인 모습〉을 보인 데 대해 압둘 아지즈 이븐 사우드 국왕에게 감사했다. 이스라엘이 팔레스타인 대부분 지역을 짓밟고 주민 대다수를 쫓아낸 뒤, 1948년 전쟁이 최고조에 달한 때였다.[44] 사우디아라비아는 1967년 이집트가 패배하고 1973년 이후 오일머니가 왕국의 국고로 밀려들어 온 이래로 중동 지역에서 한층 더 영향력을 키웠지만, 그사이 수십 년간 이스라엘을 묵인하는 태도는 거의 바뀌지 않았다.

이런 동학은 조지 W. 부시 행정부 시절에 뚜렷하게 드러났다. 그나마 남아 있던 아랍 전문가들과 〈평화 교섭 주창자〉들이 중동 정책 결정에서 대부분 밀려난 것이다. 부시와 체니, 럼스펠드는 그 대신 폴 월포위츠Paul Wolfowitz, 리처드 펄Richard Perle, 더글러스 페이스Douglas Feith, 루이스 〈스쿠터〉 리비Lewis 〈Scooter〉 Libby 등 열렬한 친이스라엘 신보수주의 강경파 핵심 그룹에 의지했다. 대부분 레이건 행정부 시절에 복귀한 인물들이었다. 그들은 중동 지역에 식견이 있는 이들을 핵심적인 결정에서 체계적으로 배제했다. 이전의 중동 전문가들은 팔레스타인이든, 이라크를 상대로 개시한 재앙적인 전쟁이든, 거의 전적으로 중동을 비롯한 이슬람 세계에서 벌어진 〈대테러 전쟁〉이든 어떤 문제에 대해서도 관여할 수 없었다. 샤론 정부는 워싱턴에서 팔레스타인의 폭력적인 2차 인티파다에 맞선 군사 행동을 대테러 전쟁의 필수 구성 요소로 받아들이고 자신을 결정적인 동맹자로 확신하도록 빈틈없이 힘을 쓰는 한편, 이런 이데올로기적 십자군에 대해 속이 빤히 보이는 많은 지적 정당화를 제공했다. 2004년 부시는 그 대가로 이스라엘의 경계선 안에 있는 정착촌 구역들―〈이미 존재하는 이스라엘의 대규모 인구 중심지들〉―을 최종 평화안의 맥락에 포함시키는 것을 받아들였다.[45] 부시는 또한 2005년 샤론이 가자 지구에서 이스라엘군과 정착민을 일방적으로 철수시키기로 갑작스레 결정한 것을 지지했다. 이스라엘은 팔레스타인 쪽과 의견 조정 없이 철수 결정을 내리는 한편, 가자 지구 출입을 계속 통제했다. 여전히 포위 중인 가자 지구는 얼마 지나지 않아 하마스의 수중에 들어갔다. 그리하여 또다시 가자 전쟁이 벌어지는 무대가 마련되었다.

이스라엘이 세 차례에 걸쳐 가자를 공격하는 동안 백악관에 앉아 있던 버락 오바마 대통령은 전임자들의 패턴을 그대로 이어 나갔다. 오바마가 당선되자, 중간 이름이 〈후세인〉인 미국 대통령, 에드워드 사이드와 나란히 사진을 찍은 적이 있고, 시카고 대학교 시절 내 이웃이자 동료이며, 이슬람 세계에서 미국의 〈새로운 출발〉을 선언한 인물을 믿는 많은 선량한 사람들에게 희망이 생겨났다. 확실히 오바마는 팔레스타인을 다르게 대할 것이라는 희망이었다. 대통령은 무한한 행동의 자유가 있다는 가정에서 생겨난 희망이었다. 하지만 행정부에 상당한 재량권이 주어지긴 하나, 영속적인 관료제와 정부 안팎을 드나드는 균질적인 전문가 그룹, 의회, 그 밖에 다른 구조적·정치적 요인들의 끈질긴 힘이 여전히 존재한다.

양당 지도부와 주류 언론에 굳건히 자리한, 이스라엘과 팔레스타인에 관한 인습적 사고의 힘, 그리고 이스라엘 로비 집단의 만만찮은 권세와 미국 정치에서 실질적인 대항 세력이 전무하다는 사실도 문제가 된다. 아랍 로비 집단이라고 해봐야 아랍 대다수 나라들에서 나쁜 통치를 하는 부패한 도둑정치 엘리트들의 이익을 보호하기 위해 막대한 돈을 받는 홍보 회사나 로펌, 컨설턴트, 로비스트들뿐이었다. 이 독재 통치자들은 대부분 미국에 신세를 지고 있으며, 미국의 방위, 항공, 석유, 금융, 부동산 세력의 소중한 고객이다. 이 세력은 워싱턴에 엄청난 영향력을 발휘한다. 이런 유력한 세력 또한 아랍 도둑정치인들을 위한 로비 집단이지만, 〈아랍인〉, 그러니까 이 나라들의 국민을 위해 로비를 하지는 않는다.

그러나 또 다른 희망적인 징후로, 2009년 1월 오바마는 신속하게 조지 미첼George Mitchell을 중동 평화 담당 특사로 임명하고 최종 합의를 위한 이스라엘과 팔레스타인의 직접 교섭을 조속히 개시하는 임무를 맡겼다. 미첼은 사이러스 밴스Cyrus Vance나 제임스 베이커와 비슷한 성격의 교섭가였다. 독립적 사고를 갖춘 노련한 워싱턴의 일꾼인 그는 경력의 마지막 단계에서 이스라엘이나 그 로비 집단에 신세를 지지 않았다. 메인 주지사와 상원 다수당 원내 대표를 지냈고, 빌 클린턴 대통령 특사 시절에는 1998년 북아일랜드 성금요일 협정을 성공적으로 이끌어 내면서 찬밥 신세였던 아일랜드공화군을 합의에 참여시켰다. 클린턴 시대의 평화 교섭 담당자들과 달리, 미첼은 이스라엘의 입장을 미국 정책의 한계로 수용하지 않았으며, 유대인 정착촌 건설 중단, 예루살렘의 미래 지위, 팔레스타인 난민의 귀환 등 가장 곤란한 교섭 쟁점들을 정면으로 다루려고 애를 썼다. 아일랜드공화군을 상대로 거둔 성공을 바탕으로, 그는 하마스를 교섭 과정에 참여시키자고 제안했다. 포괄적인 해결을 위해서는 하마스의 참여가 결정적이라고 보았기 때문이지만, 결국 이 시도는 실패로 돌아갔다. 이스라엘이 반대한 탓이 컸다. 하지만 미첼은 특별히 불리한 상황에 시달렸다. 오바마 행정부 내에서 그의 시도를 훼손한 것이다. 미첼이 맡은 임무를 사보타주sabotage한 핵심 인물은 이름을 거론하기도 민망한 데니스 로스였다.

로스는 조지 W. 부시 시절에 정부에서 물러나 있었지만, 2008년 플로리다를 비롯한 여러 곳에서 오바마 선거 운동을 벌이면서, 오바마가 이스라엘을 제대로 지지하지 않는다는 공화당의 비난에 맞서 그를 옹호했다. 따라서 신임 대통령은 그에게 신세를 졌다. 미첼(하마스를 상대하려고 한 것 외에도, 미첼은 조상 한쪽이 레바논계라서 필립 하비브 이래 최초로 중동 문제에 관여하는 미국 고위 관리 가운데 중동 배경이 있는 인물이었다)을 임명한 것을 유감스럽게 여기는 이들의 환심을 사기 위한 선물로, 로스가 힐러리 클린턴 국무 장관의 특별보좌관에 임명되었다. 그는 원래 페르시아만을 중점적으로 다뤄야 했지만, 금세 팔레스타인-이스라엘 교섭에 관여하기 시작했고, 이스라엘은 그를 대화 상대로 선호했다. 로스가 거듭 미첼의 뒤통수를 치고 이스라엘과 비밀리에 대화 채널을 만드는 등 특사의 노력에 간섭하는 일이 도가 심해진 결과, 그는 결국 국무부 자리에서 물러났다. 하지만, 국가안보회의에서 무난히 새로운 자리를 맡아 대통령에게 한결 가까이 갔다. 로스는 계속해서 미첼의 업무에 간섭하면서 네타냐후 정부와 부가 합의를 이룬 반면, 팔레스타인 자치당국은 이스라엘에 명백히 편향된 그와 일체의 접촉을 거부했다.

그것은 불공평한 싸움이었다. 미첼 혼자서 이스라엘 로비 집단, 의회, 네타냐후와 대결하는 가운데, 로스는 내내 후원자들의 지원에 의지하여 전직 상원의원의 등 뒤에서 부지런히 움직였다. 이스라엘로서는 양쪽 모두에서 양보를 끌어내려고 결심한 미국 정부 대표 한 명을 상대하는 대신 나긋나긋하고 항상 묵묵히 따르는 로스를 미첼과 대결시킬 수 있었다. 이런 상황에서 이스라엘은 무작정 버틸 수 있었고, 합의를 향한 조금의 진전도 가능하지 않았다. 결국 의회의 예전 동료들이 미첼에게 최후의 일격을 가했다. 하마스를 교섭 과정에 포함시키는 것은 수용 불가하고 미국 법에 위배된다고 선언한 것이다.[46] 승자는 이스라엘이었다. 기존 상태가 그대로 유지되었고, 팔레스타인인들은 여전히 갈가리 찢어졌으며, 이스라엘은 하마스와 대화를 하거나 진지하게 교섭할 필요가 없었고, 모두들 많은 노력을 기울일 필요가 없었다. 로스와 미국 의회가 이스라엘 대신 일을 처리해 주었기 때문이다.

오바마는 팔레스타인 문제가 신임 행정부의 우선 과제라고 밝힌 바 있었지만, 가자 전쟁에 대해 그가 보인 대응은 약속 이행 의지를 보여 주는 진정한 잣대였다. 첫 번째 전쟁은 오바마가 당선되었지만 아직 취임하지 않은 시점에서 그가 지켜보는 가운데 벌어졌다. 그때나 이후에나 대통령은 이런 지독한 공격이 벌어지는 동안 가자 지구에서 진행되는 사태가 이스라엘 민간인을 겨냥한 테러리스트들의 로켓 공격에 대한 정당한 대응이라는 거짓 주장을 막으려고 하지 않았다. 오바마 행정부는 미국 무기가 이스라엘로 유입되어 팔레스타인 민간인 3,000명을 살해하고 훨씬 많은 수를 불구로 만드는 것을 전혀 차단하지 않았다. 실제로 이스라엘이 필요로 할 때마다 무기 인도 속도가 빨라졌다. 또한 오바마는 가자 지구 포위를 놓고 이스라엘과 결정적으로 대결하지 않았다.

오바마가 워싱턴이 이스라엘에 치우친 경향을 바꾸겠다고 초기에 암시하자 우파 지도자들과 그 지지자들은 가슴속 깊이 대통령을 혐오했지만(오바마도 그런 감정을 고스란히 돌려주었다), 결국 대통령은 팔레스타인에서 아무것도 바꾸지 않았다. 국무 장관 존 케리John Kerry가 분쟁을 해결하려고 무익한 시도를 하긴 했지만, 오바마 행정부가 남긴 유일한 흔적은 미국이 기권한 가운데 14 대 1로 통과된 유엔 안보리 결의안 제2334호로, 이스라엘이 요르단강 서안과 동예루살렘에서 벌이는 정착 활동을 〈법적 타당성이 전혀 없는 ……명백한〉 국제법 〈위반〉이라고 규정했다. 오바마가 이미 레임덕 현상에 빠진 2016년 12월에 채택된 결의안은 그러나 이스라엘에 대해 제재나 강제 조치를 전혀 취하지 않았다. 미국의 선언적 행동이 으레 그렇듯이, 결의안은 이빨 빠진 호랑이였고 현지의 상황에 어떤 영향도 미치지 못했다. 오바마가 취임하고 몇 달 뒤에 네타냐후가 두 번째 임기를 시작하고 계속해서 미국의 야당인 공화당과 긴밀한 관계를 발전시켰다는 점에서, 대통령은 특히 운이 나빴다. 네타냐후와는 냉랭한 관계에서 끔찍한 관계로 바뀌었다. 그 밖에도 여러 이유로 오바마는 2017년 군사 점령과 유대인 정착촌 확대라는 팔레스타인의 식민지적 상태를 고스란히 둔 채로 백악관을 떠났다. 팔레스타인인들의 상황은 오바마가 취임한 8년 전보다 훨씬 나빠졌다.

　여기서 얻을 수 있는 교훈은 분명하다. 오바마가 정말로 팔레스타인과 이스라엘의 평화 문제를 — 이란과의 핵무기 협정만큼 중요한 — 우선 과제로 생각했다면, 의회의 반대와 미국이스라엘공공문제위원회와 이스라엘 정부의 노력을 무릅쓰고 이 문제를 밀어붙이려고 노력할 수 있었고 아마 성공을 거두었을 것이다. 가장 중요한 문제인 이란과의 전쟁과 평화 문제를 위해서, 오바마는 이스라엘의 로비와 이스라엘 후원자들에 맞서 이겨 낼 수 있었다. 하지만 팔레스타인의 교착 상태를 깨뜨리는 것은 자신이 위신과 권력, 정치적 자본을 투입할 만한 미국의 중대한 전략적 이익이 되지 못한다는 게 대통령의 견해임이 분명했다. 그리하여 미첼의 구상은 2011년에 소리 소문 없이 생명을 다했고, 케리의 시도는 2016년에 사라졌으며, 그와 더불어 완전히 새로운 토대 위에서 이스라엘과 팔레스타인이 교섭을 진행할 가능성도 연기처럼 사라졌다.

　팔레스타인 전쟁이 100년째를 맞이한 가운데, 이스라엘이 행동의 자유를 누리는 둘도 없는 근거지인 미국의 수도는 100년 전 밸푸어 경 시절과 마찬가지로 시온주의적 식민주의 기획을 전폭적으로 지지 했다. 팔레스타인 전쟁의 두 번째 세기는 팔레스타인 문제에 대한 새 롭고 한층 더 파괴적인 접근법으로 특징지어질 것이다. 미국이 이스 라엘, 그리고 페르시아만의 절대 왕정에서 새롭게 발견한 우방들과 긴밀하게 협조할 것이기 때문이다.

결론: 팔레스타인 100년 전쟁

1917년, 아서 제임스 밸푸어는 팔레스타인에서 영국 정부가 〈이 나라에 현재 사는 주민들의 바람을 들어 보는 형식을 거치는 것도 제안하지 않았다〉고 서술했다. 열강은 시온주의에 동조한다면서 그는 말을 이어 갔다. 〈시온주의는 그것이 옳든 그르든, 좋든 나쁘든 간에 현재 그 오래된 땅에 거주하는 70만 아랍인의 욕망과 편견보다 훨씬 의미심장한 아주 오래된 전통과 현재의 요구, 미래의 희망에 뿌리를 두고 있다.〉[1] 그로부터 100년 뒤 도널드 트럼프 대통령은 예루살렘을 이스라엘의 수도로 인정하면서 이렇게 말했다. 「우리는 예루살렘을 이제 논외로 했으니까 더 이상 이야기를 할 필요가 없다.」 트럼프는 베냐민 네타냐후에게 말했다. 「당신네가 한 점 땄는데, 나중에 협상이 이루어지면 몇 점 포기해야 할 겁니다. 과연 협상이 이뤄질지는 모르겠지만.」[2] 이런 식으로 팔레스타인인들의 역사와 정체성, 문화와 종교 의례는 그들의 바람을 들어 보는 겉치레도 없이 간단히 폐기되었다.

그때부터 한 세기 내내, 강대국들은 거듭해서 팔레스타인인들을 아랑곳하지 않은 채 행동하면서 그들을 무시하고, 그들을 대변한다면서 이해하지 못할 말을 하고, 그들이 존재하지 않는 듯이 행동했다.

하지만 팔레스타인인들은 온갖 역경을 무릅쓰면서 자신들을 정치적으로 제거하고 사방으로 흩어 버리려는 이런 시도에 완강히 저항하는 역량을 보여 주었다. 실제로 바젤에서 처음으로 시온주의자 대회가 열리고 120여 년 뒤이자 이스라엘이 탄생하고 70여 년 뒤, 둘 중 어느 경우에도 대표되지 못한 팔레스타인인들은 이제 어떤 식으로든 민족적 존재로 여겨지지 않았다. 그들의 자리에는 유대 국가가 세워졌는데, 그 국가에 자리를 내주는 원주민 사회는 이의를 제기하지 못했다. 하지만 제 아무리 강력한 힘과 핵무기를 갖고 있고 미국의 동맹국이라 할지라도, 오늘날 유대 국가는 최소한 과거 어느 때만큼이나 세계적으로 문제 제기를 받고 있다. 팔레스타인인들의 저항과 끈질긴 존재, 이스라엘의 야심에 대한 도전은 현 시대에 가장 인상적인 현상 가운데 하나다.

수십 년간 미국은 팔레스타인인의 존재를 말로만 인정하다가 중동 지도에서 그들을 제외시키려고 하는 등 오락가락 동요했다. 1947년 분할안(시행된 적은 없지만)에서 아랍 국가를 규정하고, 지미 카터가 팔레스타인의 〈고국〉을 언급하고, 클린턴 행정부부터 오바마 행정부에 이르기까지 팔레스타인 국가를 명목적으로 지지한 것은 모두 그런 말뿐인 인정이 만들어 낸 결과물이다. 미국이 팔레스타인을 배제하고 삭제한 사례는 무수히 많다. 린든 존슨은 유엔 안보리 결의안 제242호를 지지했고, 키신저는 1960년대와 1970년대에 줄곧 팔레스타인해방기구를 배제하고 은밀하게 대리전을 벌였으며, 1978년 캠프데이비드 협정을 지원했고, 레이건 행정부는 1982년 레바논 전쟁을 승인했으며, 존슨부터 오바마에 이르기까지 역대 대통령 모두 이스라엘이 팔레스타인 땅을 차지하고 정착촌을 건설하는 것을 막으려는 의지를 보이지 않았다.

그전의 영국과 나란히 당대의 제국 열강인 미국은 이런 동요와 무관하게 시온주의 운동과 이스라엘 국가를 전면적으로 지원했다. 하지만 그들이 시도한 것은 불가능한 일이었다. 탈식민 시대에 팔레스타인에 식민 현실을 강요하려 한 것이다. 에크발 아마드는 이렇게 요약했다. 〈영국의 인도 지배가 끝난 1947년 8월은 탈식민화의 개시를 알리는 기점이었다. 팔레스타인 식민화는 바로 그런 희망과 성취의 시기에 벌어졌다. 그리하여 탈식민화 시대의 동이 트는 순간에 우리는 먼 옛날의 가장 극심한 형태의 식민 지배 위협으로 돌아갔다. …… 배타주의적인 정착민 식민주의로.〉[3] 상황이나 시대가 달랐다면, 특히 유대인이 그 땅과 연결되어 있다고 오래전부터 마음속 깊이 종교적으로 느낀 점을 감안하면 원주민을 몰아내는 게 가능했을지 모른다. 18세기나 19세기라면, 또는 팔레스타인인들이 시온주의 정착민만큼 소수이거나 오스트랄라시아와 북아메리카 토착민처럼 완전히 몰살되었다면 말이다. 하지만 팔레스타인인들이 땅을 빼앗기고 쫓겨난 데 대해 오랫동안 저항한 사실을 보면, 역사학자 고 토니 주트Tony Judt의 말처럼 시온주의 운동은 〈너무 늦게 도래한 것〉임을 알 수 있다. 〈19세기 말 특유의 분리주의 기획을 이미 앞서 나가고 있는 세계에 가져온 것〉이기 때문이다.[4]

이스라엘이 세워지면서 시온주의는 팔레스타인에서 유력한 민족운동과 번성하는 새로운 민족을 만드는 데 성공했다. 하지만 이 땅에 사는 원주민을 완전히 밀어낼 수 없었기 때문에, 시온주의는 최종적 승리를 거두지 못했다. 정착민-식민주의와 원주민의 대결은 세 가지 결과 가운데 하나로 끝났을 뿐이다. 북아메리카에서처럼 토착민이 제거되거나 완전히 정복되는 경우, 극히 드물지만 알제리에서처럼 식민주의가 패배하고 쫓겨나는 경우, 남아프리카, 짐바브웨, 아일랜드에서처럼 타협과 화해의 맥락에서 식민주의의 패권을 포기하는 경우가 그것이다.

이스라엘이 1948년과 1967년처럼 다시 추방에 나서서 자신들의 고국에 끈질기게 남아 있는 팔레스타인인을 일부나 전부 몰아내려고 할 가능성도 여전하다. 이웃 나라 이라크에서는 미국의 침공 이후, 그리고 내전과 혼돈에 빠진 시리아에서는 종파나 종족에 근거하여 인구를 강제로 이동시키는 일이 벌어졌다. 2017년 유엔난민기구 UNHCR는 세계 각지에서 기록적으로 6800만 명이 살던 곳에서 쫓겨났다고 보고했다. 국제사회의 관심을 거의 받지는 못하지만 지역과 세계 차원의 이런 끔찍한 상황에 비춰 볼 때, 이스라엘이 이런 행동에 나서지 않으리라는 보장이 없다. 하지만 팔레스타인인들이 쫓겨나면 또다시 치열한 싸움에 나설 테고, 국제사회도 분쟁에 주목하고 있으며, 팔레스타인의 서사가 점점 널리 퍼지고 있기 때문에 쉽사리 행동에 나서기는 어려울 것이다.

식민지 시기에 벌어진 종족 청소가 워낙 명명백백하기 때문에(시리아와 이라크의 경우에는 내전인지 대리전인지 아리송한 전쟁에 광범위한 외국 세력이 개입되었다), 이스라엘이 과거처럼 순조롭게 새로운 추방 물결을 일으키지는 못할 것이다. 대규모 지역 전쟁을 틈타서 추방에 나선다 하더라도 이스라엘이 의지하는 서구의 지지에 치명타를 가할 가능성이 있다. 그렇지만 1948년 이래 어느 때보다도 최근 몇 년 사이에 이스라엘이 추방에 나설 가능성이 높아졌다는 공포가 커지고 있다. 종교적 민족주의자와 정착민들이 역대 이스라엘 정부를 계속 지배하고, 요르단강 서안을 병합하려는 계획을 공공연하게 세우고, 이스라엘 주요 의원들이 팔레스타인인의 일부나 전부를 쫓아내라고 요구하고 있기 때문이다. 현재 이스라엘은 팔레스타인인을 최대한 많이 쫓아내기 위해서 의도적으로 응징 정책을 시행하는 한편, 이스라엘 내부의 요르단강 서안과 네게브 지역에서도 주택 파괴와 허위 부동산 매각, 지구 설정 변경, 그 밖에 수많은 방식을 통해 사람들을 집과 마을에서 몰아내고 있다. 이런 검증된 인구 공학 전술에서 한 걸음만 내디디면 1948년과 1967년의 전면적인 종족 청소가 되풀이된다. 그래도 지금까지는 이스라엘이 이런 조치를 취하기가 불리한 형편이다.

만약 팔레스타인에서 토착 인구를 제거하는 게 불가능하다면, 진정한 화해가 가능해질 수 있도록 식민 지배자의 패권을 해체하면 어떨까? 이스라엘이 자신의 기획을 지속하면서 누려 온 이점은 대다수 미국인과 많은 유럽인이 팔레스타인에서 벌어지는 대결이 기본적으로 식민주의적 성격을 띤다는 점을 제대로 알지 못한다는 사실에 기초한다. 그들 눈에 이스라엘은 다른 나라들과 똑같이 정상적이고 자연스러운 민족국가로 보인다. 비타협적이고 종종 반유대적인 무슬림들(많은 이들은 기독교인이 있든 말든 팔레스타인인을 무슬림으로 뭉뚱그린다)의 비이성적인 적대에 직면해 있을 뿐이다. 이런 이미지가 확산된 것이야말로 시온주의가 거둔 위대한 업적이며 시온주의가 살아남은 비결이다. 에드워드 사이드가 말하는 것처럼, 시온주의가 성공을 거둔 한 가지 이유는 〈관념과 재현, 언어와 이미지가 문제가 되는 국제 세계에서 팔레스타인을 차지하기 위한 정치적 투쟁에서 승리했다〉는 것이다.[5] 오늘날에도 사정은 크게 다르지 않다. 팔레스타인과 이스라엘이 한 민족이 외부의 지원을 활용해서 다른 민족을 억압하고 밀어내지 않는 탈식민적 미래로 이행하고자 한다면, 이런 잘못된 생각을 무너뜨리고 분쟁의 진정한 성격을 분명히 드러내야 한다.

최근 여론조사를 보면 미국 여론의 일부 집단에서 변화가 일어나기 시작했음이 드러난다. 팔레스타인의 자유를 주창하는 이들에게는 고무적이긴 하지만, 이런 변화가 대다수 미국인들의 입장을 반영하지는 않는다. 또한 분쟁에서 작동하는 식민주의의 동학을 제대로 이해한 결과가 아닐 수도 있다. 게다가 여론은 언제든 바뀌게 마련이다. 팔레스타인 현지에서 벌어지는 사태 때문에 최근에 공감의 균형이 팔레스타인인들에게 유리한 쪽으로 기울고 있지만, 2차 인티파다 때 그랬던 것처럼 다른 사태가 벌어지면 다시 반대 방향으로 기울 수 있다. 이스라엘 비판자들을 〈반유대주의자〉라고 깎아내리는 식으로 바로 그렇게 뒤집으려는 시도가 풍부한 자금원을 바탕으로 시작된 한편,[6] 이와 대조적으로 이런 긍정적인 추세를 강화하려는 대항적 시도는 보잘것없는 수준이다.

지난 수십 년간의 경험을 돌아보면, 팔레스타인의 현실을 이해하는 방법을 확대하는 데 세 가지 접근법이 효과적임을 알 수 있다. 첫 번째는 팔레스타인의 사례를 아메리카 원주민이나 남아프리카인, 아일랜드인 등 다른 식민-정착민 경험과 풍부하게 비교해 보는 것이다. 첫 번째와 관련된 두 번째 접근법은 모든 식민지 분쟁의 특징인 이스라엘과 팔레스타인인들의 엄청난 힘의 불균형에 초점을 맞추는 것이다. 세 번째이자 아마 가장 중요한 접근법은 불평등 문제를 전면에 내세우는 것이다.

시온주의가 성경의 차원에서 새로 온 이들을 원주민으로, 그리고 유대인을 그들이 식민화한 땅의 역사적 소유자로 간주하는데, 이 때문에 이 분쟁의 식민주의적 성격을 확실히 굳히는 것은 무척 어려웠다. 이런 관점에서 볼 때, 팔레스타인 원주민은 다윗과 솔로몬의 왕국에 뿌리를 두는 홀로코스트 이후 부활한 유대 민족국가와는 아무 관련이 없어 보인다. 이런 희망적인 시나리오에서 달갑지 않은 침입자일 뿐이다. 특히 미국에서는 이런 영웅적인 신화에 이의를 제기하기가 어렵다. 미국은 복음주의적 개신교에 깊이 빠져 있어서 성경에 근거한 호소에 특히 취약하며 또한 과거 식민지 시절에 대해 자부심을 느끼기 때문이다. 〈식민지〉라는 단어는 옛 유럽 제국과 한때 그 제국의 일부였던 나라들과는 전혀 다른 연상 작용을 일으킨다.

마찬가지로 〈정착민〉과 〈개척자〉라는 단어도 미국사에서는 긍정적인 함의가 있다. 영화와 문학, 텔레비전에서 소개된 것처럼 원주민을 희생시킨 서부 정복의 영웅담에 그 기원이 있다. 실제로 땅을 강탈당한 아메리카 원주민의 저항과 팔레스타인인들의 저항을 묘사하는 방식에는 놀라울 정도로 유사성이 있다. 두 집단 모두 후진적이고 미개하며, 진보와 근대를 가로막는 폭력적이고 잔인하고 비이성적인 장애물로 그려진다. 많은 미국인들이 이런 식의 국가적 서사에 이의를 제기하기 시작했지만, 이스라엘 사회와 그 지지자들은 여전히 국가 창건 이야기를 찬양하며 실제로 거기에 의존한다. 게다가 팔레스타인과 아메리카 원주민이나 아프리카계 미국인의 경험을 비교하는 것은 위험한 일인데, 미국은 아직 과거사의 이 어두운 장을 완전히 인정하거나 그것이 현재에 미치는 유독한 영향을 바로잡지 않았기 때문이다. 미국인들이 자국이 중요한 지원 역할을 해온 팔레스타인과 이스라엘의 역사는 말할 것도 없고 자국의 역사에 대한 인식을 바꾸려면 아직 갈 길이 멀다.

분쟁에 대한 기존의 인식을 바꾸는—팔레스타인인들과 반대편에 포진한 강대국들의 커다란 불균형을 강조하는—두 번째 방식은 시온주의 운동이 아랍 땅을 정복하기 위한 시도에서 거의 언제나 공세적 입장에 있었음을 보여 주는 것이다. 이스라엘을 다윗으로, 아랍/무슬림을 골리앗으로 그리는 식으로 이런 현실을 정반대로 제시한 것이야말로 시온주의가 담론적 우위를 달성하는 데 핵심 역할을 했다. 최근에 제시하는 허구에서는 이 분쟁을 두 민족, 또는 심지어 두 국가가 동등한 싸움을 벌이는 것으로 그린다. 때로는 정의와 정의가 부딪히는 틀로 설명한다. 이 경우에도 널리 받아들여지는 설명에 따르면, 이스라엘은 끊임없이 평화를 바라는데, 팔레스타인인들에게 퇴짜를 맞을 뿐이다(〈평화를 이룰 상대방이 없다〉는 말처럼, 피해자인 이스라엘인들은 정당화될 수 없는 테러리즘과 로켓 공격에 맞서 스스로를 방어할 뿐이다). 그러나 현실을 보면, 시온주의 운동과 이스라엘 국가 편에는 언제나 거대한 군대가 있었다. 1939년 이전에는 영국군, 1947~1948년에는 미국과 소련의 지원, 1950년대와 1960년대에는 프랑스와 영국이 있었으며, 1970년대부터 오늘날까지는 미국의 무제한적인 지원 외에도 이스라엘의 막강한 군사력이 있었다. 그에 비하면 팔레스타인의 무력, 아니 아랍 전체의 군사력은 왜소할 뿐이다.

팔레스타인의 현실에 대한 이해를 확장하는 데 가장 도움이 되는 것은 불평등 문제다. 이 문제는 가장 중요하기도 하다. 불평등은 아랍인이 압도적으로 많은 땅에서 유대 국가를 창설하는 데 필수적이었고, 그 국가의 지배를 유지하는 데에도 결정적으로 중요하기 때문이다. 불평등이 그렇게 중요한 것은 시온주의 기획이 주로 지원을 의지하는 평등주의적·민주적 사회들이 불평등을 혐오할 뿐만 아니라 권리의 평등이야말로 팔레스타인/이스라엘 문제 전체의 공정하고 지속적인 해법의 열쇠이기 때문이다.

이스라엘 내에서 몇몇 중요한 권리는 유대계 시민에게만 보장되며 20퍼센트를 차지하는 팔레스타인계 시민에게는 부여되지 않는다. 물론 점령지에서 이스라엘 군사 체제 아래 살고 있는 500만 팔레스타인인은 권리가 전혀 없는 반면, 50만이 넘는 점령지의 이스라엘 식민자들은 완전한 권리를 누린다. 이런 체계적인 종족 차별은 언제나 시온주의의 핵심적 면모였다. 시온주의 자체가 정의상 아랍인이 다수인 땅에 배타적인 민족적 권리를 갖는 유대인 사회와 정치 체제를 창설하는 것을 목표로 삼았기 때문이다. 이스라엘은 1948년 독립 선언에서 〈종교나 인종, 성별과 관계없이 모든 거주자에게 완전히 동등한 사회적·정치적 권리〉를 부여한다고 선언했지만, 이후 오랫동안 권리의 불평등에 바탕을 둔 수십 개의 중요한 법률이 시행되었다. 이 법률들은 아랍인이 유대인만으로 구성된 지역에서 토지를 매입하거나 거주하는 것을 심각하게 제한하거나 전면 금지했고, 비유대인의 사유재산이나 공동재산을 몰수하는 것을 정식화했으며, 유대인 이민자에게는 시민권을 부여하는 한편 난민 신세가 된 대다수 팔레스타인 원주민이 집으로 돌아오는 것을 막았고, 다른 많은 혜택에 접근을 제한했다.

이런 핵심적 문제는 오늘날에 한층 더 극명하다. 요르단강과 지중해 사이에 있는 팔레스타인과 이스라엘에 거주하는 아랍 인구 전체가 유대인 인구와 맞먹거나 약간 더 많기 때문이다. 이스라엘의 일부 저명인사들은 불평등이야말로 시온주의 때문에 생겨나는 핵심적인 도덕적 문제이며 시온주의 기획 자체의 정당성의 근원으로까지 거슬러 올라간다는 견해를 공유한다. 역사학자 제에브 슈턴헬은 지금부터 100년 전을 되돌아보는 학자들을 상상하면서 이런 질문을 던졌다. 「이스라엘인들은 점령지에서 수중에 넣은 비유대인들을 잔인하게 다루고, 팔레스타인인들의 독립 희망을 단호하게 꺾고, 아프리카 난민들에게 피난처를 제공하기를 거부함으로써 자신들의 민족적 존재를 떠받치는 도덕적 정당성이 훼손되기 시작했다는 사실을 언제쯤에야 이해하게 될까?」[8]

수십 년간 시온주의자들은 종종 국가의 독립 선언을 언급해 가며 이스라엘은 〈유대 국가이면서 민주국가〉일 수 있고 실제로 그렇다고 주장했다. 이 정식화에 내재한 모순들이 한층 더 분명해지자 이스라엘의 일부 지도자들은 만약 어느 한쪽을 선택해야 한다면 유대 국가가 우선이라고 인정했다(실제로 자랑스럽게 선언했다). 2018년 7월, 크네셋은 헌법에 그런 선택을 명문화하면서 〈유대 민족국가에 관한 기본법Basic Law on the Jewish Nation-State〉을 채택했다. 오로지 유대인에게만 민족 자결권을 부여하고 아랍어의 지위를 격하하며, 유대인 정착촌을 다른 요구보다 우선시하는 〈민족적 가치〉로 선언함으로써 이스라엘 시민들 사이에 법적 불평등을 제도화한 법이다.[9] 유대인의 우월성을 노골적으로 주창하는 인물로 이 법을 발의한 전 법무 장관 아옐레트 샤케드Ayelet Shaked는 법안이 표결에 부쳐지기 몇 달 전에 솔직하게 이런 주장을 펼쳤다. 「유대 국가라는 이스라엘 국가의 성격을 확고히 유지해야 하는 장소들이 있는데, 때로는 이를 위해 평등을 희생할 수밖에 없다.」[10] 그러면서 이런 말을 덧붙였다. 「이스라엘은 …… 여기 사는 모든 민족을 위한 국가가 아니다. 즉 모든 시민에게 동등한 권리를 주지만 동등한 민족적 권리를 주지는 않는다.」

리쿠드당의 크네셋 의원 미키 조하르Miki Zohar도 똑같이 퉁명스러운 언어로 이런 이데올로기의 결론을 요약했다. 팔레스타인인은 〈이 땅의 주인이 아니기 때문에 자결권을 갖지 못한다〉는 것이었다. 「나는 정직하기 때문에 팔레스타인인을 주민으로 인정하고자 한다. 그 사람들도 여기서 태어나고 여기 살기 때문에 여기서 나가라고 말하는 일은 없을 것이다. 이런 말을 하는 건 유감이지만, 그들에게는 한 가지 커다란 결함이 있다. 유대인으로 태어나지 않았다는 것이다.」[11] 땅에 대한 배타적 권리와 민족의 이런 연계야말로 〈피와 땅〉을 내세우는 중부 유럽 특유의 민족주의의 핵심이다. 시온주의도 그런 바탕에서 생겨난 것이기 때문이다. 유럽 파시즘을 전문 영역으로 삼는 슈턴헬은 유대 민족국가법의 초안에 관해 논평하면서 법안의 밑바탕에 깔린 헌법 사상은 1930년대 프랑스의 반유대주의자이자 네오파시스트neofascist인 샤를 모라스Charles Maurras나 현대의 폴란드와 헝가리 민족주의자들, 〈유럽의 강경파 쇼비니스트들chauvinists〉의 사상과 일치한다고 지적했다. 하지만 프랑스와 미국 혁명의 자유주의 사상과는 전적으로 배치된다는 말을 덧붙였다.[12]

현대 시온주의는 이런 비자유주의적이고 차별적인 본질을 끌어안으면서 서구 민주주의의 바탕이 되는 이상, 특히 평등의 이상과 점차 모순에 빠진다. 비록 이런 가치를 저버리는 일이 많고 오늘날에는 자유주의를 부정하는 포퓰리즘과 권위주의 우파의 유력한 추세에 위협을 받고 있지만, 그래도 이런 가치를 소중히 여기는 미국, 캐나다, 영국, 프랑스, 독일 입장에서 보면 이것은 심각한 문제가 되어야 한다. 이스라엘이 이런 서구 나라들의 지지에 여전히 의존하기 때문에 더더욱 그렇다.

마지막으로, 시온주의에 있는 고유한 체계적인 불평등을 뿌리 뽑는 것이야말로 팔레스타인인과 이스라엘인 둘 다에게 더 나은 미래를 창조하는 데 결정적으로 중요하다. 분쟁의 해법으로 제시된 어떤 정식화든지 만약 평등의 원리에 분명하게 바탕을 두지 않는다면 필연적으로 실패할 것이다. 두 사회가 결국 어떤 미래 계획안을 받아들이든 간에, 인권, 개인의 권리, 시민권, 정치권, 민족적 권리의 절대 평등을 소중하게 보장해야 한다. 거창한 권고처럼 들리겠지만, 다른 어떤 방안도 문제의 핵심을 다루지 못하며 또한 지속 가능하지도 못할 것이다.

그러면 이제 어떻게 하면 이스라엘인들이 불평등에 집착하지 못하게 말릴 수 있는가 하는 어려운 문제가 남는다. 겉으로 드러나지 않을 뿐이지 불평등은 보통 안전의 욕구로 암호화되고 정당화된다. 이렇게 지각되는 욕구는 대체로 불안정과 박해로 점철된 실제 역사에 뿌리를 두지만, 이런 과거의 트라우마에 대응해서 지금까지 여러 세대가 공격적 민족주의라는 반사적 교의를 바탕으로 자라났다. 이런 민족주의의 끈질긴 장악력을 깨뜨리기는 쉽지 않을 것이다. 그리하여 이웃 나라들을 위협하는 (그리고 주변 7개국의 수도를 폭격하고도 무사한)[13] 지역 강대국의 유대인 시민들은 이런 역사에 어느 정도 뿌리를 둔 심각한 불안정에 시달린다. 또한 자신들이 살고 있는 꼼꼼하게 구축되고 정당화된 식민지 현실이 갑자기 흔들릴지 모른다는 암암리의 불안에도 시달린다. 지배와 차별을 절대적 요구로 만드는 이런 증후군은, 이 나라가 현재 암울한 방향으로 향하고 있음을 알고, 이런 이데올로기가 만들어 내는 역사와 윤리, 유대교의 왜곡에 이의를 제기할 수 있는 이스라엘 내부 사람들(또는 이스라엘과 가까운 사람들)만이 바로잡을 수 있다. 이런 행동은 확실히 불의와 불평등의 동학을 바꾸고자 하는 이스라엘인과 그 지지자들이 해야 하는 가장 중요하고 시급한 과제다.

팔레스타인인들 역시 이스라엘 유대인들은 〈진정한〉 민족이 아니고 그들에게는 민족적 권리도 없다는 파괴적인 망상 — 식민주의를 배경으로 시온주의와 처음 접하고 시온주의가 팔레스타인 민족 자체를 부정한 사실에 뿌리를 둔다―에서 벗어날 필요가 있다. 시온주의가 유대교와 유대인이라는 역사적 민족을 아주 다른 존재―근대 민족주의―로 변화시킨 것은 맞지만, 그렇다고 해서 이런 변화가 어떤 식으로 일어났든 간에 오늘날 이스라엘 유대인들이 자신들을 이스라엘 땅으로 생각하는 팔레스타인에 〈민족적〉 소속감을 지닌 한 민족으로 여긴다는 사실이 지워지는 것은 아니다. 팔레스타인인들 역시 오늘날 자신들이 조상이 살았던 고향인 그 땅에 〈민족적〉으로 연결된 민족이라고 생각한다. 시온주의의 경우처럼 어떤 국면에서 생겨난 자의적인 근거에서다. 수많은 근대 민족 운동의 등장으로 이어진 근거들도 마찬가지로 자의적인 것이었다. 모든 민족 집단이 사실은 인위적으로 만들어진 것이라는 이런 결론은 민족주의 사도들의 분노를 사겠지만, 수많은 다양한 상황에서 민족의 발생을 연구한 이들이 보기에는 자명하다.[14]

아이러니한 것은 모든 민족이 그렇듯이 팔레스타인인들도 자신들의 민족주의는 순수하고 역사적으로 뿌리가 있다고 가정하는 한편, 이스라엘 유대인의 민족주의는 그렇지 않다고 부정한다는 사실이다. 물론 두 민족주의에는 차이가 존재한다. 대다수 팔레스타인인은 자기 나라라고 자연스럽게 여기는 땅에서 아주 오랫동안 살아온 사람들의 후손이다. 수천 년은 아닐지라도 수백 년은 너끈히 살아왔다. 반면 이스라엘 유대인은 대부분 유럽과 아랍 나라들 출신으로서 열강이 승인하고 중개한 식민 과정의 일환으로 비교적 최근에 온 이들이다. 팔레스타인인은 원주민이고, 이스라엘 유대인은 비록 많은 이들이 이제 여러 세대 동안 살았다 할지라도 정착민이나 정착민의 후손이다. 유대인이 가슴속 깊이 이 땅에 대해 오랜 종교적 연계를 느낀다 하더라도 팔레스타인 원주민이 이 땅에 오래 뿌리를 내린 것과는 무척 다르다. 이것은 식민주의 분쟁이기 때문에 이런 차이는 대단히 중요하다. 하지만 오늘날 어느 누구도 비록 그 기원이 식민지 절멸 전쟁에 있다 하더라도 미국이나 캐나다, 뉴질랜드, 오스트레일리아 같은 정착민 국가에서 완전히 발전한 민족 집단이 존재한다는 사실을 부정하지는 않는다. 게다가 민족주의에 취한 이들이 보기에, 정착민과 원주민을 그렇게 구분하는 것은 중요하지 않다. 인류학자 어니스트 겔너Ernest Gellner가 말한 것처럼, 〈신이 내려 준 자연스러운 인간 분류법이자 타고난 ······정치적 운명으로 여기는 민족은 일종의 신화다. 때로는 기존의 문화를 받아들여 민족으로 뒤바꾸고, 때로는 민족을 새롭게 고안하며, 종종 기존의 문화를 삭제하는 민족주의, 《그것》이 현실이다〉.[15]

팔레스타인-이스라엘의 대결이 근본적으로 식민주의적 성격을 띤다는 점을 인정해야 하지만, 어떻게 생기게 되었든 간에 현재 팔레스타인 땅에는 두 민족이 존재하며, 한쪽이 다른 한쪽의 민족적 존재를 부정하는 한 두 집단의 충돌은 해결될 리가 만무하다. 양쪽의 상호 인정은 양자 사이에 중대한 역사적 차이가 존재한다는 사실을 무릅쓰고 민족적 권리를 비롯한 모든 권리를 완전히 평등하게 보장하는 것에 바탕을 두어야 한다. 한 민족이 상대를 절멸시키거나 완전히 추방한다는 터무니없는 관념을 제거하지 않으면, 다른 어떤 지속 가능한 해법도 존재하지 않는다. 요르단강과 지중해 사이의 이 작은 나라에서 모두에게 동등한 권리를 보장하기 위해 현재 상태에서 이득을 누리는 이들의 저항을 극복하는 것 — 바로 이것이 모든 당사자의 정치적 창의성을 시험하는 잣대가 된다. 차별과 불평등이 깊이 새겨진 현재 상태에 대한 광범위하고 지속적인 외부의 지원을 축소하면 확실히 우리 앞에 놓인 길이 순조롭게 열릴 것이다.

❖

　하지만 팔레스타인 전쟁은 팔레스타인인들이 1917년 이래 어느 때보다도 벅찬 상황에 직면한 가운데 100년째를 넘어섰다. 도널드 트럼프는 당선되자마자 이른바 〈세기의 거래deal of the century〉를 추구하기 시작했다. 분쟁을 최종적으로 해결하는 것을 목표로 한 구상이었다. 합의를 성사시키기 위해 지금까지 수십 년간 이어진 기본적인 미국의 정책을 내팽개치고, 전략적 계획을 이스라엘에 넘기고, 팔레스타인인들에 대한 경멸을 쏟아 냈다. 불길하게도, 트럼프 정부의 주 이스라엘 대사 데이비드 프리드먼David Friedman(트럼프의 파산 담당 변호사이자 유대인 정착촌 운동의 오랜 재정 지원자)은 〈이른바 점령〉에 관해 이야기하면서 국무부가 그런 용어를 사용하는 것을 중단해야 한다고 요구했다. 한 인터뷰에서 그는 이스라엘은 〈요르단강 서안의 전부는 아니겠지만 일부〉를 병합할 〈권리〉가 있다고 선언했다.[16] 2년여 동안 이스라엘-팔레스타인 교섭 특사로 일한 제이슨 그린블래트Jason Greenblatt(전에는 트럼프의 부동산 담당 변호사였고 또한 이스라엘 우파 대의를 지지하는 기부자였다)는 요르단강 서안의 정착촌은 〈평화를 가로막는 장애물이 아니라〉고 말하면서 유럽연합 특사들과의 회동에서 〈점령〉이라는 용어 사용을 거부했으며,[17] 병합에 관한 프리드먼의 견해에 손을 들어 주었다.

　신임 행정부는 곧바로 수니파 페르시아만 왕정 세 나라―사우디아라비아, 아랍에미리트연합, 바레인(종종 수니파 아랍인을 대표한다고 그릇되게 소개된다)―를 이스라엘의 실질적인 동맹국으로 끌어들여 다 함께 이란에 맞서게 하는 〈뒤집기〉 방식을 대대적으로 선전했다. 이런 구도의 부산물로 세 나라를 비롯해 미국과 동맹한 여러 아랍 정권이 팔레스타인인들을 위협하는 앞잡이 노릇을 하게 되었다. 팔레스타인의 대의에 치명적일 수밖에 없는, 아니 그런 치명타를 노리는 듯 보이는 이스라엘의 과도한 입장을 받아들이도록 강요한 것이다. 이 구상은 재러드 쿠슈너Jared Kushner 대통령 특사가 중재하는 가운데 이 정권들과 긴밀하게 조정되었다. 재러드 쿠슈너는 트럼프의 사위이자 부동산 재벌이며 유대인 정착촌에 집안이 나서서 기부한 열렬한 극단적 시온주의자였다.

2019년 6월 바레인에서 열린 회의나 다른 여러 자리에서 쿠슈너, 그린블래트, 프리드먼은 페르시아만의 파트너들과 공모해서 본질적으로 요르단강 서안과 가자 지구의 경제 발전 계획에 해당하는 구상을 공개적으로 밀어붙였다. 사실상 이스라엘이 완전히 통제하는 기존의 상황에서 가동되는 구상이었다. 쿠슈너는 독립 팔레스타인의 자치가 현실화될 가능성에 의문을 던지면서 〈두고 봐야 할 것〉이라고 말했다. 그러면서 고전적 식민주의의 어휘를 구사했다.「시간이 흐르면서 그 사람들이 통치 능력을 갖게 될 거라고 기대해 봐야겠지요.」 쿠슈너가 보기에 팔레스타인인들은 〈더 나은 생활을 할 기회 ……주택 담보 대출을 상환할 기회〉 정도를 누릴 자격밖에 없었다.[18] 본질적으로 경제적인 이 해법을 통해 삼인방은 팔레스타인 경제가 질식 상태인 것은 무엇보다도 그들의 계획에서 그대로 두려는 이스라엘 군사 점령의 체계적인 방해 때문이라는 전문가들의 확고한 합의에 얼마나 무지한지를 고스란히 드러냈다. 트럼프 행정부는 팔레스타인 자치당국과 유엔난민구호기구에 대한 미국의 원조를 삭감함으로써 이런 경제적 목조르기를 더욱 악화시켰다. 미국은 또한 이집트가 힘을 보태는 가운데 이스라엘의 가자 봉쇄를 계속 지원해서 180만 명에게 재앙을 안겨 주었다.

트럼프가 밀어붙인 세기의 거래에서 결정적으로 중요한 정치적 측면은 팔레스타인 자치당국에 받아들이라고 압박을 가한 미국-이스라엘 제안의 개요에 담겨 있었다. 전하는 바에 따르면, 이 제안은 기존에 이스라엘이 세운 불법적인 정착촌을 전혀 철거하지 않은 채 섬들처럼 고립된 주권도 없는 정치 체제를 만드는 식이었다. 기존 정착촌은 정식으로 인정하고 〈합법화〉해서 이스라엘에 병합할 예정이었다. 이 정치 체제는 계속해서 이스라엘이 보안 통제(들리는 바로는 그 비용은 팔레스타인인들이 부담해야 한다!)를 전면 담당하기 때문에 이름만 국가일 뿐이다. 예루살렘에 대해 주권이나 통제를 행사하지 못하고, 가자 지구를 비롯해 따로 떨어진 수십 곳의 구역에 존재한다. 모두 합쳐 봐야 A지역과 B지역을 구성하는 요르단강 서안의 40퍼센트 이하에 어쩌면 C지역의 일부도 포함되겠지만 이후에 협상을 해봐야 한다.[19]

2017년 12월 트럼프가 예루살렘을 이스라엘의 수도로 인정하고 계속해서 미국 대사관을 그곳으로 이전한 것도 이런 접근법과 필연적으로 연결된 조치였다. 이 조치는 유엔 총회 결의안 제181호까지 거슬러 올라가는 70년에 걸친 미국 정책, 즉 양쪽이 상호 합의하는 팔레스타인 문제의 최종 해법이 나올 때까지 성도 예루살렘의 지위를 미정 상태로 둔다는 정책에서 급격하게 벗어난다는 신호였다. 이런 모욕에 이어 트럼프는 계속해서 이스라엘이 병합한 골란고원에 대해 주권을 인정한다고 선언했다. 미국 정책의 급격한 변화를 알리는 또 다른 신호였다.

이 두 선언으로 트럼프 행정부는 일방적으로 쟁점들을 논외로 치워 버렸다. 예루살렘 문제의 경우에 이스라엘은 조약에 따라 팔레스타인과 교섭을 해야 했지만 아랑곳하지 않았다. 트럼프 집단은 수십 년에 걸친 미국의 정책을 뒤집었을 뿐만 아니라 각종 국제법과 국제적 합의, 유엔 안보리 결정, 세계 여론, 그리고 물론 팔레스타인의 권리까지 걷어차 버렸다. 트럼프는 예루살렘이라는 중대한 쟁점에 관한 이스라엘의 입장을 전면적으로 수용했는데, 그러면서 이스라엘로부터 어떤 대가도 받아내지 못했고 이 도시를 팔레스타인의 수도로 인정해 달라는 팔레스타인의 요구를 승인하지도 않았다. 마찬가지로 중요한 점으로, 트럼프는 이스라엘이 〈통일 예루살렘〉을 1967년 이래 자국이 차지한 도시 안팎의 광대한 아랍 지역을 아우르는 곳으로 광범위하게 정의하는 것을 암묵적으로 지지했다. 트럼프 행정부는 실제 경계선은 여전히 교섭해야 한다고 말했지만, 이 선언은 실제로 교섭의 여지가 전혀 없음을 의미했다.

그 밖에도 여러 행동을 통해 백악관은 미국-이스라엘 제안의 개요를 암묵적으로 확인했다. 백악관은 두 국가 해법에 대한 지지를 공공연하게 회피했고, 워싱턴 D.C.의 팔레스타인 사무소와 팔레스타인인들에게 비공식적 대사관 역할을 했던 동예루살렘의 미국 영사관을 폐쇄했으며, 제2차 세계 대전 이래 다른 모든 난민의 지위와 정반대로, 1948년에 난민으로 선포된 팔레스타인인의 후손들은 난민이 아니라고 주장했다. 마지막으로, 이스라엘이 예루살렘과 골란고원을 병합하는 것을 지지함으로써 트럼프는 이스라엘이 집어삼키기로 마음먹은 요르단강 서안 점령지 어느 곳이든 병합할 수 있는 길을 열어 주었다.

이렇게 팔레스타인의 권리가 철저하게 훼손되는 대가로 팔레스타인인들은 페르시아만 왕정들이 모은 돈을 받기로 되어 있었다. 이 지원금은 팔레스타인 자치당국이 참가를 거부한 2019년 6월 바레인 회담에서 공식화되었다. 교섭으로 정해진 정치적 합의를 무효화하는 안에 대한 팔레스타인의 반대를 돈으로 매수하겠다는 쿠슈너의 제안은 사실 시몬 페레스부터 네타냐후에 이르기까지 이스라엘 지도자들이 유포한, 권리 대신 〈경제적 평화〉를 주겠다는 비슷한 제안을 재탕한 것에 지나지 않았다. 네타냐후와 극단주의 정착민들의 초민족주의적 지지자들 입장에서 보면, 팔레스타인인들에게 쓰디쓴 약과 함께 경제적 감미료를 삼키라고 주는 것은 이미 공공연한 병합주의적 접근법의 본질적 항목으로 자리 잡은 상태였다.

실제로 이와 같은 백악관의 중동 정책에서 가장 인상적인 것은 네타냐후와, 이스라엘과 미국의 네타냐후 동맹 세력에게 사실상 정책을 외주로 주었다는 사실이다. 미국의 계획은 이스라엘 우파의 사상 창고에서 미리 포장된 형태로 나온 것 같다. 미국 대사관을 예루살렘으로 옮기고, 골란고원 병합을 인정하고, 팔레스타인 난민 문제를 가볍게 치워 버리고, 유엔난민구호기구를 해산시키려고 하고, 오바마 시대에 이란과 체결한 핵 협정에서 철수한 것이 모두 그렇다. 이제 네타냐후의 희망 사항 목록에는 요르단강 서안 대부분의 병합, 팔레스타인 주권 국가에 대한 미국의 공식적 거부, 팔레스타인의 이빨 빠진 매국 지도부 형성 등 몇 가지 항목만이 남아 있었다. 팔레스타인인들에게 패배한 민족임을 받아들이도록 강요하기 위한 목록이었다.

과거에 미국이 한 일을 볼 때, 이 가운데 어느 것도 완전히 새롭지는 않았다. 하지만 트럼프 인사들은 불편부당이라는 닳아빠진 겉치레조차 내던져 버렸다. 이 계획으로 미국은 〈이스라엘의 변호사〉 노릇을 그만두고 그 대신 이스라엘 역사상 가장 극단적인 정부의 대변인이 되면서 이스라엘을 대신해 팔레스타인인들과 직접 교섭하겠다고 제안했다. 미국의 가장 가까운 아랍 동맹국들도 기꺼이 지원하고 나섰다. 어쩌면 백악관은 다른 꿍꿍이가 있었던 듯하다. 노골적으로 이스라엘 편을 드는 제안을 내놓아서 아무리 고분고분한 팔레스타인인이라도 받아들이기 어렵게 하려고 한 것이다. 이런 작전으로 이스라엘 정부는 팔레스타인인들에게 거부파 이미지를 덮어씌우고 계속 교섭을 피하는 한편 병합을 지속하고, 식민화를 확대하고, 법적 차별을 고수하는 기존 상태를 유지했다. 어쨌든 결과는 똑같을 것이었다. 팔레스타인인들은 자기네 고국에서 독립국가로 살아가는 미래의 가능성이 가로막혔고, 이스라엘이 식민주의 시도에 따라 자유롭게 팔레스타인을 뒤바꾸게 되었다는 통고를 받았다.

세계 대다수 여론은 이런 결론을 거부하며, 지역 차원에서나 세계적으로나 분명 저항이 일어날 것이다. 이 결론은 또한 미국이 원래 내세우는 자유와 정의와 평등의 원리와도 충돌한다. 이스라엘이 정한 가혹한 조건에 따라 강요되는 해법은 필연적으로 모든 당사자에게 더 많은 분쟁과 불안을 초래할 것이다. 하지만 팔레스타인인들에게 이 해법은 또한 기회를 제공하기도 한다.

이스라엘이 팔레스타인 전역에 대한 통제를 가속화한 데서 드러나듯이, 팔레스타인의 양대 정파인 파타와 하마스의 기존 전략은 둘 다 수포로 돌아갔다. 아바스 시대의 무기력한 외교에만 의지하여 결실 없는 교섭에서 미국의 중재에 의존한 것이나 무장 저항이라는 이름뿐인 전략을 고수한 것은 지난 수십 년간 팔레스타인 민족의 목표를 진전시키지 못했다. 현재 염치없게도 이스라엘과 대규모 가스 공급 거래를 체결한 이집트나 요르단, 또는 원산지를 희미하게나마 감추기 위해 미국을 경유해서 이스라엘 무기와 보안 시스템을 사들이는 사우디아라비아와 아랍에미리트 같은 아랍 정권들에게서 팔레스타인인들이 기대할 것도 많지 않다.[20] 이런 사실을 깨달은 팔레스타인인들은 자신들의 방법을 신중하게 재평가할 필요가 있다. 팔레스타인의 민족적 목표를 어떻게 규정해야 할까? 점령을 종식하고 팔레스타인 식민화를 번복하는 것, 팔레스타인 위임통치령에서 이스라엘에 빼앗기고 남은 22퍼센트 땅에 아랍권 동예루살렘을 수도로 해서 팔레스타인 국가를 수립하는 것, 현재 국외에서 사는 나머지 절반의 팔레스타인인을 고국으로 귀환시키는 것, 팔레스타인 땅 전역에서 모두가 동등한 권리를 누리는 민주적이고 주권적인 두-민족국가*를 창설하는 것, 또는 이 선택지들을 일부 조합하거나 변형하는 것 등 여러 방안이 있다.

분쟁의 약자인 팔레스타인은 분열된 상황을 유지할 여력이 없다. 하지만 통합을 이루기 전에 우선 새로운 민족적 합의에 바탕을 두고 목표를 재정의해야 한다. 최근 수십 년간 〈보이콧·투자 철회·제재〉 운동 같은 시민사회의 선도적 기획과 학생 운동이 파타와 하마스가 (어느 쪽에서든) 벌인 어떤 행동보다도 팔레스타인의 대의를 진척시키는 데 더 많은 기여를 했다. 이 사실은 양대 정파에게 던지는 혹독한 고발장이다. 물론 두 정파가 화해하면 최소한 분열 때문에 생긴 피해가 일부 회복될 것이다. 하지만 이데올로기적으로 파산한 두 정치 운동의 화해가 중요하기는 해도 그 자체로 현재 정체와 후퇴 상태에 빠진 팔레스타인의 대의를 되살리는 데 필요한 역동적인 새로운 전략을 제공하지는 못한다.

시급히 필요한 핵심 변화 한 가지는 1980년대 이래 팔레스타인해

---

* binational state, 두 민족이 공동으로 구성하는 하나의 국가.

방기구가 채택한 외교 전략에 치명적 결함이 있었음을 인정하는 것이다. 미국은 조정자나 중재자, 중립적 당사자가 아니며 그럴 수도 없다. 미국은 오랫동안 팔레스타인의 민족적 열망에 반대했으며, 팔레스타인에 관한 이스라엘 정부의 입장을 지지한다는 것을 공식적으로 분명히 했다. 팔레스타인 민족 운동은 미국의 이런 입장의 실체를 인정하고, 미국 내에서 자신의 주장을 펴기 위해 헌신적인 풀뿌리 정치 활동과 비공식 활동을 벌여야 한다. 시온주의 운동은 이미 100년 넘게 이런 활동을 했다. 이미 핵심적인 여론 집단에서 의미심장한 변화가 나타나고 있기 때문에 이 과제가 수십 년이 걸릴 일은 없다. 기존에 쌓아 놓은 성과가 상당히 많다.

하지만 오늘날 양분된 팔레스타인 지도부는 선배들에 비해서 미국 사회와 정치의 작동 방식을 제대로 이해하지 못하는 것 같다. 미국의 여론을 어떻게 움직일지에 관해 아무것도 모르며, 그렇게 하려는 진지한 시도도 한 적이 없다. 이렇게 미국 정치 체제의 복잡한 성격을 알지 못하기 때문에 공감할 가능성이 있는 시민사회의 요소들에 손을 뻗기 위한 지속적인 프로그램을 만들어 내지 못했다. 이와 대조적으로, 이스라엘과 그 지지자들은 미국에서 지배적인 지위를 누리면서도 공공의 장에서 자신들의 대의를 진척시키기 위해 계속해서 아낌없이 자원을 소비한다. 팔레스타인의 권리를 지지하려는 시도는 재정도 빈약하고 시민사회 세력의 기획으로만 이루어져 있지만, 그래도 예술 같은 영역에서는 주목할 만한 성과를 거두었다. 또한 표현의 자유와 수정 헌법 제1조 수호자들이 〈보이콧·투자 철회·제재〉 운동 지지자들에 대한 지속적인 공격에 맞서는 중요한 동맹 세력이 된 법률 영역에서, 중동과 미국 연구를 중심으로 한 학계, 일부 노동조합과 교회, 민주당 지지 기반의 핵심 영역에서 또한 성공을 거두고 있다.

유럽, 러시아, 인도, 중국, 브라질, 비동맹 국가 등에 대해서도 비슷한 활동을 벌일 필요가 있다. 최근에 이스라엘은 이 나라들에서 엘리트 집단과 여론을 조성하는 데 많은 진전을 이뤘으며, 다른 한편 이 가운데 많은 나라, 특히 중국과 인도가 중동에서 점점 적극적인 활동을 하고 있다.[21] 대다수 아랍 국가들은 미국에 굴종하고 이스라엘에 인정을 받으려고 안달이 난 비민주적인 정권들이 지배하고 있지만, 아랍의 여론은 여전히 팔레스타인의 호소에 민감하게 반응한다. 그리하여 2016년, 아랍 12개국 응답자의 75퍼센트가 팔레스타인의 대의를 모든 아랍인의 관심사로 간주했고, 86퍼센트는 이스라엘의 팔레스타인 정책을 이유로 아랍 국가가 이스라엘을 인정하는 것을 반대했다.[22] 팔레스타인인들은 별 반응이 없는 정권들을 제쳐두고 공감하는 아랍의 여론에 호소한 팔레스타인해방기구의 예전 전략을 부활시킬 필요가 있다.

무엇보다도 중요한 점으로, 만약 팔레스타인의 합의에 바탕을 둔 교섭 개시가 가능해진다면, 향후의 외교는 오슬로 협정의 잠정 공식을 거부하고 완전히 다른 토대 위에서 진행해야 한다. 국제적 후원을 요구하고 교섭 과정에 대한 미국의 배타적 통제를 거부하는 것(이미 팔레스타인 자치당국이 나약하게나마 요구하고 있다)을 목표로 삼아 집중적인 국제 홍보와 외교 캠페인을 벌여야 한다. 그 밖에도 교섭을 위해 팔레스타인인들은 미국을 이스라엘의 확장판으로 대해야 한다. 초강대국인 미국은 어느 회담에든 반드시 참석하겠지만, 테이블 반대편에 이스라엘과 함께 앉아 있는 적대 세력으로 간주해야 한다. 1967년 이래 실제로 그런 입장을 대변했기 때문이다.

새로운 교섭에서는 1967년 유엔 안보리 결의안 제242호에 의해 이스라엘에 유리하게 종결된 모든 중대한 쟁점을 다시 논의할 필요가 있다. 1947년 유엔 총회 결의안 제181호의 경계 분할과 예루살렘의 분할체 제안, 난민의 귀환과 보상, 이스라엘 내 팔레스타인인들의 정치·민족·시민적 권리 등이 그것이다. 이런 회담에서는 미국이 이스라엘에 유리하게 골라낸 것만이 아니라 헤이그 협약과 4차 제네바 협약, 민족 자결을 강조하는 유엔 헌장을 비롯해 관련된 모든 유엔 안보리, 총회 결의안을 바탕으로 삼아 두 민족의 완전히 동등한 대우를 강조해야 한다.

워싱턴의 현 행정부와 이스라엘 정부는 물론 이런 조건을 절대 받아들이지 않을 것이기 때문에, 당분간 이 내용은 교섭을 위한 불가능한 전제 조건이 될 것이다. 바로 이 점이 중요하다. 이스라엘에 유리하게 고안된 정식화에서 벗어나 골대를 옮기려는 시도이기 때문이다. 심각한 결함이 있는 기존의 토대 위에서 교섭을 계속하면 현재 상태가 굳어질 뿐이고 결국 팔레스타인이 대이스라엘 땅으로 최종적으로 흡수될 것이다. 만약 팔레스타인이 진지하고 지속적으로 외교와 홍보 노력을 기울여서 정의롭고 공평한 평화에 도달하는 것을 목표로 이런 새로운 조건을 위한 캠페인을 벌인다면, 많은 나라가 긍정적으로 고려할 것이다. 또한 미국이 반세기 동안 평화 교섭을 독점한 것에 기꺼이 이의를 제기할 터이다. 바로 이런 독점 때문에 지금까지 팔레스타인에서 평화가 가로막혔기 때문이다.[23]

팔레스타인의 정치 의제에서 잊혔지만 본질적인 요소 하나는 이스라엘 내부의 활동이다. 특히 이스라엘 사람들에게 팔레스타인인들을 계속 억압하는 것 말고 다른 대안이 존재한다는 것을 설득시키는 활동이 필요하다. 이런 활동은 이스라엘과의 관계 〈정상화〉라는 형태로 간단히 처리해 버릴 수 없는 장기적인 과정이다. 과거 식민 투쟁에서 알제리인이나 베트남인은 자신들의 대의의 정의를 억압하는 지배자의 모국 여론을 설득할 기회를 스스로 걷어차지 않았다. 이런 노력이 결국 승리를 가져오는 데 크게 기여했다. 팔레스타인인이라고 못 할 이유가 없다.

식민주의에 저항하는 힘겨운 싸움을 벌여 온 팔레스타인 사람들은 금방 성과를 얻을 것으로 기대해서는 안 된다. 팔레스타인인들은 보기 드문 인내심과 끈기, 꿋꿋한 마음으로 자신들의 권리를 지켜 왔다. 팔레스타인의 대의가 아직도 살아 있는 것은 바로 이 때문이다. 이제 팔레스타인 사회의 모든 집단이 숙고 끝에 만들어진 장기적 전략을 받아들이는 게 중요하다. 그러려면 과거에 한 활동을 상당 부분 재고해야 하고, 다른 해방 운동들이 불리한 힘의 균형을 바꾸고 투쟁하는 과정에서 가능한 모든 동맹자를 길러 내는 데 어떻게 성공했는지를 이해해야 한다.

제1차 세계 대전 이후 어느 때보다도 아랍 세계가 혼란한 상태에 빠져 있고, 팔레스타인 민족 운동도 나침반을 잃은 듯 보인다. 이스라엘과 미국이 아랍의 독재자 파트너들과 공모해서 팔레스타인 문제를 묻어 버리고, 팔레스타인인을 깡그리 없애고 승리를 선언하기에 더없이 좋은 기회가 온 것처럼 보인다. 하지만 그렇게 쉽지는 않을 것이다. 잠깐 속일 수는 있어도 영원히 속이지는 못하는 적지 않은 아랍 대중이 문제로 대두될 것이다. 2011년 카이로와 2019년 봄 알제의 사례처럼, 그들은 독재에 맞서는 민주주의 물결이 높아질 때마다 어김없이 팔레스타인 깃발을 휘날린다. 이스라엘의 지역 패권은 이런 정서를 억압하는 비민주적인 아랍 정권들의 권력 유지에 크게 의존한다. 지금은 아무리 멀어 보일지 몰라도 아랍 세계에 진정한 민주주의가 등장하면 이스라엘의 지역 지배와 행동의 자유에 심각한 위협이 될 것이다.

마찬가지 중요한 점으로, 불신을 받는 지도자들이 그릇된 판단으로 아무리 초라한 합의에 동의한다 할지라도 팔레스타인의 대중적 저항이 계속 일어날 것으로 예상할 수 있다. 이스라엘은 핵을 보유한 지역 패권 국가이지만, 중동에서 이스라엘의 지배에 반대하는 목소리가 없는 것은 아니며, 점점 이스라엘에 종속되고 있는 비민주적인 아랍 정권들의 정통성도 도전을 받고 있다. 마지막으로, 미국은 제 아무리 힘이 세더라도 시리아와 예멘, 리비아 등 중동 여러 지역에서 벌어진 위기 사태에서 부차적인 역할을 했을 뿐이다. 때로는 아무런 역할도 하지 못했다. 미국이 언제까지고 팔레스타인 문제에 대해 독점에 가까운 지위를 유지하지는 않을 테고, 오랫동안 누려 왔던 대로 중동 전체에 대해서도 계속 독점적 지위를 유지하지는 못할 것이다.

바야흐로 세계적 힘의 지형이 바뀌고 있다. 중국과 인도는 점점 늘어나는 에너지 수요에 근거해서 21세기에는 이전 세기보다 중동에서 더 많은 발언권을 가질 것이다. 중동에 더 가까이 있는 유럽과 러시아는 미국보다 중동의 불안정에 더 많이 영향을 받아 왔고, 따라서 지금보다 더 큰 역할을 할 것으로 예상할 수 있다. 미국은 한때 영국이 그랬던 것과 달리 계속해서 행동의 자유를 누리지 못할 가능성이 높다. 어쩌면 이런 변화를 등에 업고 팔레스타인인들이, 팔레스타인에 정의와 더불어 평화와 안정을 바라는 이스라엘과 전 세계의 사람들과 나란히, 한 민족이 다른 민족을 억압하는 것과는 전혀 다른 역사의 궤적을 만들어 낼 것이다. 평등과 정의에 바탕을 둔 이런 경로만이

100년에 걸친 팔레스타인 전쟁을 끝내고 지속적인 평화를 이끌어낼 수 있다. 평화와 더불어 팔레스타인인들은 마땅히 누려야 하는 해방을 맞이하리라.

감사의 말

나는 수많은 사람들의 경험을 통해 팔레스타인 100년 전쟁의 이야기를 들려주려고 했는데, 그들 모두에게 의식적·무의식적으로 큰 빚을 졌다. 그들의 이야기를 읽거나 들으면서 이런 형태로 책을 쓰게 되었다. 책에서 나는 팔레스타인 문제를 둘러싼 혼란스러운 불협화음 속에서 거의 들리지 않고 사라진 목소리들을 전달하려고 노력했다.

앞서 펴낸 책에서 세 고모, 안바라 살람 알할리디, 파티마 알할리디 살람, 와히디 알할리디가 20세기 초 몇십 년간의 기억에서 생생한 이미지를 끄집어내 전해 준 데 대해 감사를 표했다. 이 책을 작업하는 동안 이제 더는 세 고모나 어머니 셀와 제하 알할리디, 아버지 이스마일 라기브 알할리디에게 그들이 살아 낸 사건들에 관해 물어볼 수 없다는 사실이 무척 후회가 되었지만, 책을 쓰는 내내 모두들 내 마음속에 있었다. 이 어른들의 말을 직접 인용하지 않을 때에도 모두들 페이지 속에 등장한다. 각자 나름의 방식으로 과거에 관해, 그리고 과거가 어떤 식으로 현재의 일부를 구성하는지에 관해 가르침을 주었다. 다행히도 여러 친척에게 궁금한 것을 물어보고 도움을 얻을 수 있었다. 사촌인 왈리드 아마드 사미 할리디 교수는 비범한 기억력으로 책의 주제에 관해 생각을 다듬는 데 거듭 도움이 되었고(이 책 전체에 걸쳐 그의 선구적인 연구에 의지했다), 사촌 레일라 후세인 알할리디 알후세이니를 비롯한 베이루트 시절의 친구와 동료, 동지들은 일일이 거명하기가 어려울 정도로 많다.

이 책의 주제를 놓고 의견을 나누거나 책을 쓰도록 격려해 준 많은 이들에게 너무나 큰 신세를 져서 도저히 갚기가 어렵다. 아들 이스마일은 이 책이 도전할 만한 기획이라고 처음 설득하고 시작점에서부터 책의 꼴을 갖추는 데 도움을 주었다. 아들이 처음에 도와주지 않았더라면 아마 책이 나오는 일은 없었을 것이다. 책을 쓰기 전 몇 년간 나와프 살람은 팔레스타인 역사를 잘 모르는 독자도 쉽게 집어들 수 있는 책을 써보라고 계속 재촉했다. 이 책이 그의 기대에 부합했으면 좋겠다.

책을 작업하는 동안 동료와 친구들의 의견을 물으면서 더없이 소중한 도움을 받았다. 몇몇은 책의 일부를 읽고 의견을 주었는데, 모두에게 특별한 감사를 표하고 싶다. 바시르 아부마네, 수아드 아미리, 세스 안지스카, 카이스 알아우카티, 레미 브룰린, 무사 부데이리, 리나 달라셰, 실라 피츠패트릭, 사메르 가다르, 마그다 간마, 아미라 하스, 누바르 홉세피안, 라피크 후세이니, 에이미 캐플런, 아마드 할리디, 하산 할리디, 라자 할리디, 바닛 루빈, 스튜어트 샤, 메이 세이칼리, 아비 슐라임, 람지 타드로스, 살림 타마리, 나오미 윌러스, 존 휘트백, 수전 지아데 등 모두 고맙다. 자료 조사를 도와준 이들에게도 감사해야 한다. 팔레스타인연구소 사서 자넷 세라핌, 야스민 압델 마지드, 닐리 벨킨드 박사, 린다 버틀러, 리샤샤리 아모어 카터, 앤드루 빅터 힌튼, 션 맥매너스, 퍼트리샤 모렐, 하드르 살라메, 말렉 샤리프, 야

이르 스보라이 등에게 감사한다.

　네 대륙의 다양한 장소에서 이 책의 내용 일부를 청중에게 소개했는데, 그들의 논평과 통찰에 큰 도움을 받았다. 듀크 대학교 중동 센터, 소아즈SOAS의 팔레스타인 센터, 브라운 대학교, 예일 대학교, 뉴욕 대학교의 커보키안 중동 센터, 프린스턴 대학교, 산티아고 대학교의 아랍 연구 센터, 베이루트 아메리칸 대학교의 이삼 파레스 공공정책 센터, 빈의 외교 아카데미, 암만의 컬럼비아 글로벌 센터, 뉴욕의 하버드 클럽, 팔레스타인인의 양도할 수 없는 권리에 대한 유엔위원회 등에 감사한다.

　책 전체를 읽고 의견을 준 이들에게 마음속 깊이 고마움을 느껴야 마땅하다. 우선 타리프 할리디는 초고 전체를 꼼꼼하게 뜯어보면서 엄청난 전문성을 발휘하여 수많은 오류를 바로잡아 주었다. 타리프는 책을 한 단계 끌어올리는 것을 도와주면서 다시 한번 수십 년간 해온 일을 해주었다. 더없이 소중한 조언을 해준 것이다. 오랜 친구 짐 챈들러는 이번에도 역시 날카로운 감식안을 발휘하여 문장을 정돈하고 주장을 예리하게 가다듬어 주었다. 내 책의 가장 가혹한 비평가인 아내 모나는 자료 조사와 집필 과정에서 여러 번 오랫동안 집을 비우고 걸핏하면 정신 줄을 놓고 사는데도 비범한 인내심으로 너그럽게 봐주었을 뿐만 아니라 탁월한 편집 역량을 발휘하여 글을 명료하게 다듬고 같은 말을 되풀이하는 나쁜 습관을 제어해 주었다. 두 딸 라미야 할리디 박사와 디마 할리디 변호사는 아들 이스마일처럼 아내와 함께 예리한 비평 감각을 베풀어 주면서도 언제나 그렇듯 밝은 태도로 내 마음까지 가볍게 해주었다.

　에이전트 조지 루카스는 초기 단계에서 지금과 같은 꼴을 갖추게 도와주고 메트로폴리탄북스 출판사의 세라 버슈텔과 리바 호셔먼을 소개해 준 더없이 소중한 조력자다. 리바는 훌륭한 편집자의 작업을 뛰어넘는 일을 해주었다. 앞서 수많은 저자에게 베푼 것처럼 더할 나위 없는 전문적 능력을 발휘한 한편 엄청나게 뜯어고치고 다듬으면서 이 책에 지금과 같은 모양과 형태를 갖춰 주었다. 참으로 엄청난 신세를 진 셈이다.

이렇게 값진 지원을 받지 못했더라면 이 책을 쓸 수 없었을 테지만, 책의 내용에 대한 책임은 오롯이 나에게 있음은 말할 필요가 없다.

주

서론

1 두 건물 모두 7세기 후반까지 거슬러 올라가는데, 바위 돔은 원형을 유지하고 있지만, 알아크사 사원은 개축과 확장을 거듭했다.

2 투르바트 바라카 한Turbat Baraka Khan이라고 불리는 도서관 본관에 관한 설명은 Michael Hamilton Burgoyne, *Mamluk Jerusalem: An Architectural Study* (London: British School of Archaeology in Jerusalem and World of Islam Festival Trust, 1987), 109~116면에 나온다. 건축물 안에는 바라카 한Baraka Khan과 그의 두 아들의 무덤이 있다. 바라카 한은 13세기 군사 지도자로, 그의 딸은 맘루크 왕조의 위대한 술탄 알자히르 바이바르스al-Zahir Baybars의 부인이었다. 왕비의 아들 사이드Sa'id가 바이바르스의 뒤를 이어 술탄이 되었다.

3 할아버지는 증조할머니가 남긴 재산을 가지고 이 건물을 개축했다. 도서관에 한데 모아 놓은 각종 수고와 도서는 할아버지가 여러 조상들의 소유물에서 수집한 것으로, 그중에는 18세기와 그 전에 처음 합쳐진 수집품도 있다. 도서관 웹 사이트에는 수고 목록을 비롯해서 장서에 관한 기본 정보가 담겨 있다: http://www.khalidilibrary.org/indexe.html.

4 팔레스타인의 사설 도서관들은 1948년 봄 시온주의 군대가 진격하면서 아랍인이 거주하는 마을과 도시를 점령한 직후에 약탈 전문 집단에 의해 체계적으로 약탈을 당했다. 야파, 하이파, 서예루살렘의 아랍인 동네가 특히 피해를 입었다. 이렇게 훔친 수고와 도서는 히브리 대학 도서관(오늘날의 이스라엘 국립도서관)에 보관되었다. 〈AP〉, 즉 〈버려진 자산abandoned property〉이라는 분류명은 정복과 강탈 직후에 문화를 도둑질하는 과정을 가리키는 전형적인 오웰식 설명이다: Gish Amit, "Salvage or Plunder? Israel's 'Collection' of Private Palestinian Libraries in West Jerusalem," *Journal of Palestine Studies* 40, no. 4 (2010-2011), 6~25면.

5 유수프 디야에 관한 가장 중요한 자료는 Alexander Schölch, *Palestine in Transformation, 1856-1882: Studies in Social, Economic, and Political Development* (Washington, D.C.: Institute for Palestine Studies, 1993), 241~252면에서 그에 관해 서술한 절이다. 이 절은 *Jerusalem Quarterly* 24 (Summer 2005), 65~76면에 재수록되었다. Malek Sharif, "A Portrait of Syrian Deputies in the Ottoman Parliament," in *The First Ottoman Experiment in Democracy*, ed. Christoph Herzog and Malek Sharif (Würzburg: Nomos, 2010); and R. Khalidi, *Palestinian Identity: The Construction of Modern National Consciousness*, rev. ed. (New York: Columbia University Press, 2010), 67~76면 등도 보라.

6 술탄의 전제정에 맞서 헌법상의 권리를 지지한 그의 역할은 R. E. Devereux, *The First Ottoman Constitutional Period: A Study of the Midhat Constitution and Parliament* (Baltimore: Johns Hopkins University Press, 1963)에 서술되어 있다.

7 오늘날 터키의 동남부에 있는 쿠르디스탄 비틀리스Bitlis의 주지사를 지낸 덕분에 그는 최초의 아랍어-쿠르드어 사전 *al-Hadiyya al-Hamidiyya fil-Lugha al-Kurdiyya*(하미드의 쿠르드어 선물)을 편찬했다. 나는 할리디 도서관에 소장된 자료에서 이 사전 몇 권을 비롯해서 유수프 디야가 출간한 책자를 여러 권 발견했다. 사전은 1310AH(히즈라력)/1893년 이스탄불에서 오스만 제국 교육성이 처음 출간했고, 이후 몇 차례 재간되었다. 술탄 압둘하미드 2세의 이름을 암시하는 제목 이외에도 서론에 술탄에 바치는 지나칠 정도의 아첨이 담겨 있다. 특히 당국이 잠재적 전복 세력으로 여기는 저자가 쓴 책자가 검열을 통과하려면 사실상 이런 아첨이 필수였다.

8 *Der Judenstaat: Versuch einer modernen Lösung der Judenfrage* (Leipzig and Vienna: M. Breitenstein, 1896). 86년 분량의 소책자나. 한국어판은 『유대 국가』, 이신철 옮김(비, 2012).

9 Theodor Herzl, *Complete Diaries*, ed. Raphael Patai (New York: Herzl Press, 1960), 88~89면.

10 Letter from Yusuf Diya Pasha al-Khalidi, Pera, Istanbul, to Chief Rabbi Zadok Kahn, March 1, 1899, Central Zionist Archives, H1\197 [Herzl Papers]. 바닛 루빈Barnett Rubin을 통해 이 편지의 디지털 판본을 받았다. 편지는 이스탄불의 페라 구[오늘날의 베이욜루구 ― 옮긴이주]에 있는 헤디비알 호텔Khedivial Hotel에서 쓴 것이다. 프랑스어 원본의 번역은 모두 지은이가 한 것이다.

11 Letter from Theodor Herzl to Yusuf Diya Pasha al-Khalidi, March 19, 1899, reprinted in Walid Khalidi, ed., *From Haven to Conquest: Readings in Zionism and the Palestine Problem* (Beirut, Institute for Palestine Studies, 1971), 91~93면.

12 앞의 글.

13 이해하기 어렵지만, 헤르츨이 아랍인에 대해 어떤 태도를 보였는지는 논쟁적인 주제다. 탄탄하고 균형 잡힌 평가로는 Walid Khalidi, "The Jewish-Ottoman Land

Company: Herzl's Blueprint for the Colonization of Palestine," *Journal of Palestine Studies* 22, no. 2 (Winter 1993), 30~47면; Derek Penslar, "Herzl and the Palestinian Arabs: Myth and Counter-Myth," *Journal of Israeli History* 24, no. 1 (2005), 65~77면; and Muhammad Ali Khalidi, "Utopian Zionism or Zionist Proselytism: A Reading of Herzl's Altneuland," *Journal of Palestine Studies*, 30, no. 4 (Summer 2001), 55~67면 등이 있다.

14 설립 취지문은 Walid Khalidi, "The Jewish-Ottoman Land Company"에서 볼 수 있다.

15 헤르츨은 1902년에 발표한 일종의 유토피아 소설 『오래된 새 땅*Altneuland*』에서 미래의 팔레스타인을 이 모든 매력적인 특징을 두루 갖춘 땅으로 그렸다. Muhammad Ali Khalidi, "Utopian Zionism or Zionist Proselytism"을 보라.

16 이스라엘 학자 제에브 슈턴헬Zeev Sternhell에 따르면, 1920년대 내내 〈유대 자본의 연간 유입이 유대인의 순국내생산NDP보다 평균적으로 41.5퍼센트 많았다. ……유대 자본의 연간 유입이 순국내생산에서 차지하는 비율은 제2차 세계 대전 이전에 줄곧 33퍼센트 이하로 떨어지지 않았다〉: *The Founding Myths of Israel: Nationalism, Socialism, and the Making of the Jewish State* (Princeton, N.J.: Princeton University Press, 1998), 217면. 이런 놀라운 자본 유입의 결과로 1922년부터 1947년까지 팔레스타인의 유대인 경제는 매년 13.2퍼센트의 성장률을 기록했다. 자세한 내용으로는 R. Khalidi, *The Iron Cage: The Story of the Palestinian Struggle for Statehood* (Boston: Beacon Press, 2007), 13~14면을 보라.

17 반란 당시 팔레스타인 인명 손실 수치는 Walid Khalidi, ed., *From Haven to Conquest*, 부록 4, 846~849면에 실린 통계를 바탕으로 추정한 것이다.

18 *Lord Curzon in India: Being a Selection from His Speeches as Viceroy & Governor-General of India, 1898-1905* (London: Macmillan, 1906), 589~590면.

19 앞의 책, 489면.

20 *Der Judenstaat*, translated and excerpted in *The Zionist Idea: A Historical Analysis and Reader*, ed. Arthur Hertzberg (New York: Atheneum, 1970), 222면.

21 쟁윌은 〈팔레스타인은 사람이 살지 않는 나라이고, 유대인은 나라 없는 민족〉이라고 말했다("The Return to Palestine," *New Liberal Review* [December 1901], 615면). 저의를 품고 이 구호를 반복해서 재생하는 최근의 사례로는 Diana Muir, "A Land Without a People for a People Without a Land," *Middle East Quarterly* (Spring 2008), 55~62면을 보라.

22 Joan Peters, *From Time Immemorial: The Origins of the Arab-Jewish Conflict over Palestine* (New York: HarperCollins, 1984). 노먼 핀켈슈타인Norman Finkelstein과 여호수아 포라트Yehoshua Porath를 비롯한 수많은 학자들은 서평에서 이 책을 무자비하게 난도질하면서 거의 사기극이라고 지칭했다. 컬럼비아 대학교 시절 잠깐 동료였던

랍비 아서 허츠버그Arthur Hertzberg가 말하기를, 이 책을 쓴 피터스는 중동에 대한 전문적 식견이 전혀 없이 이스라엘 우파 기관에서 부추김을 받아 자료를 제공받고 쓴 것이라고 했다. 이 기관이 팔레스타인인들이 존재하지 않았음을 〈입증〉하는 파일을 제공하자 그대로 받아썼다는 것이다. 나로서는 이 주장을 판단할 방법이 전혀 없다. 허츠버그와 피터스는 각각 2006년과 2015년에 세상을 떠났다.

23 이런 저술은 무수히 많다. 예를 들어 Arnold Brumberg, *Zion Before Zionism, 1838-1880* (Syracuse, N.Y.: Syracuse University Press, 1985), 또는 표면상으로는 한층 정교한 형태이면서도 논쟁적이고 편향된 에프라임 카쉬Ephraim Karsh 특유의 *Palestine Betrayed* (New Haven, C.T.: Yale University Press, 2011)를 보라. 카쉬의 책은 극우파 헤지펀드 부호인 로저 허톡Roger Hertog을 비롯한 많은 이들에게 자금 지원을 받는 새로운 신보수주의 〈학문〉 장르의 일부다. 카쉬는 서문에서 허톡에게 감사의 말을 아끼지 않는다. 이 기라성 같은 네오콘의 또 다른 주인공인 마이클 도런Michael Doran은 허톡이 이사로 있는 허드슨연구소Hudson Institute 소속인데, 그 역시 *Ike's Gamble: America's Rise to Dominance in the Middle East* (New York: Simon and Schuster, 2016) 서문에서 허톡에게 감사의 말을 늘어놓는다.

24 일반 미국인들이 팔레스타인에 보이는 태도는 할리우드와 대중 매체에서 널리 퍼진 아랍인과 무슬림에 대한 경멸적 시선에 따라 형성되었다. Jack Shaheen, *Reel Bad Arabs: How Hollywood Vilifies a People* (New York: Olive Branch Press, 2001) 같은 책이나 팔레스타인과 팔레스타인인들에 관한 비슷한 서술을 보면 잘 알 수 있다. Noga Kadman, *Erased from Space and Consciousness: Israel and the Depopulated Palestinian Villages of 1948* (Bloomington: Indiana University Press, 2015)은 광범위한 인터뷰와 기타 자료를 통해 대다수 이스라엘인의 마음속에도 비슷한 태도가 깊이 뿌리를 내리고 있음을 보여 준다.

25 M. M. Silver, *Our Exodus: Leon Uris and the Americanization of Israel's Founding Story* (Detroit: Wayne State University Press, 2010)는 이 책과 영화가 미국 대중문화에 미친 영향을 분석한다. 에이미 캐플런Amy Kaplan은 이 소설과 영화가 시온주의를 미국화하는 데서 핵심적 역할을 했다고 주장한다. "Zionism as Anticolonialism: The Case of Exodus," *American Literary History* 25, no. 4 (December 1, 2013), 870~895면, 그리고 무엇보다도 *Our American Israel: The Story of an Entangled Alliance* (Cambridge, M.A.: Harvard University Press, 2018), chapter 2, 58~93면을 보라.

26 Zachary J. Foster, "What's a Palestinian: Uncovering Cultural Complexities," Foreign Affairs, March 12, 2015, http://www.foreignaffairs.com/articles/143249/zachary-j-foster/whats-a-palestinian을 보라. 몇 년째 연속으로 공화당 정치 자금 기부 액수 1위를 지킨 억만장자 카지노 재벌 셸던 애덜슨Sheldon Adelson 같은 주요 정치 자금 기부자들도 비슷한 견해를 확고하게 지지한다. 애덜슨은 이렇게 말한 바 있

다.「팔레스타인인은 고안된 민족이다.」 대통령 선거를 앞두고 〈선거 자금 예비 경선 money primary〉이 벌어질 때마다 그는 공화당 예비 후보들이 자기 장단에 맞춰 춤을 추게 만드는 꼴사나운 장관을 연출해 왔다. Jason Horowitz, "Republican Contenders Reach Out to Sheldon Adelson, Palms Up," *New York Times* (April 27, 2015) http://www.nytimes.com/2015/04/27/us/politics/republican-contenders-reach-out-to-sheldon-adelson-palms-up.html; and Jonathan Cook, "The Battle Between American-Jewish Political Donors Heats Up," *Al-Araby* (May 4, 2015) https://mail.google.com/mail/u/0/#label/Articles/14d22f412e42dbf1 등을 보라. 트럼프의 큰손 정치 자금 기부자인 애덜슨은 2017년 12월 미국이 예루살렘을 이스라엘 수도로 인정하고 계속해서 미국 대사관을 예루살렘으로 옮김으로써 톡톡히 보상을 받았다.

27 Vladimir(나중에 Ze'ev로 개명) Jabotinsky, "The Iron Wall: We and the Arabs," 원래 "O Zheleznoi Stene" in *Rassvyet* (November 4, 1923)로 러시아어로 발표.

28 잉글랜드의 플랜태저넷 가문과 프랑스의 발루아 왕조가 벌인 원래의 100년 전쟁도 실제로는 1337년부터 1453년까지 116년간 지속되었다.

29 *Palestinian Identity; The Iron Cage; Under Siege: PLO Decisionmaking During the 1982 War*, rev. ed. (New York: Columbia University Press, 2014); *Brokers of Deceit: How the US Has Undermined Peace in the Middle East* (Boston: Beacon Press, 2013) 등이다.

30 1929년부터 1963년까지 컬럼비아 대학교 유대 역사·문학·제도 담당 네이선 L. 밀러 교수를 지낸 바론은 20세기 최고의 유대 역사학자로 손꼽힌다. 나의 아버지 이스마일 할리디는 1940년대 말에서 1950년대 초에 대학원생으로 그의 밑에서 배웠다. 바론은 40년 뒤 내게 아버지를 기억한다면서 훌륭한 학생이었다고 말했다. 워낙 예의 바르고 성격이 좋은 사람이라 그저 친절하게 말해 주려고 한 것일지도 모른다.

31 나는 『쇠우리 The Iron Cage』에서 팔레스타인 민족 운동 지도자들이 서투르게 내린 결정과 그들이 직면한 힘겨운 역경을 탐구했다.

1 첫 번째 선전포고, 1917~1939

1 이 인용문은 많은 이들이 아서 제임스 밸푸어가 한 말로 여기는데, 실제로 그가 한 말처럼 들린다.

2 자세한 내용으로는 Roger Owen, ed., *Studies in the Economic and Social History of Palestine in the 19th and 20th Centuries* (London: Macmillan, 1982)를 보라.

3 Ben Fortna, *Imperial Classroom: Islam, the State, and Education in the Late Ottoman Empire* (Oxford: Oxford University Press, 2002); Selcuk Somel, *The Modernization of Public Education in the Ottoman Empire, 1839-1908: Islamization, Autocracy, and Discipline* (Leiden: Brill, 2001) 등을 보라. 그리하여 1947년에 이르면 아랍인 학령 인구의 거의 45퍼센트와 도시 거주 아동의 대다수가 학교에 다녔다. 이

웃한 아랍 나라들의 상황과 비교하면 나아 보인다: A. L. Tibawi, *Arab Education in Mandatory Palestine: A Study of Three Decades of British Administration* (London: Luzac, 1956), tables, 270~271면. 이렇게 교육이 발전할 수 있었던 토대는 오스만 제국 시대에 마련되었다. R. Khalidi, *The Iron Cage*, 14~16면; Ami Ayalon, *Reading Palestine: Printing and Literacy, 1900-1948* (Austin: University of Texas Press, 2004) 등도 보라.

4 Salim Tamari, *Mountain Against the Sea: Essays on Palestinian Society and Culture* (Oakland: University of California Press, 2008)는 고지대와 해안지대의 대조를 주요한 주제로 다룬다. 타마리는 이런 통찰을 앨버트 후라니Albert Hourani에게 돌린다: 후라니가 1985년에 한 강연인 "Political Society in Lebanon: A Historical Introduction," http://lebanesestudies.com/wp-content/uploads/2012/04/c449fe11.-A-political-society-in-Lebanon-Albert-Hourani-1985.pdf를 보라. Sherene Seikaly, *Men of Capital: Scarcity and Economy in Mandate Palestine* (Stanford, CA: Stanford University Press, 2016); Abigail Jacobson, *From Empire to Empire: Jerusalem Between Ottoman and British Rule* (Syracuse, N.Y.: Syracuse University Press, 2011); Mahmoud Yazbak, *Haifa in the Late Ottoman Period, 1864-1914: A Muslim Town in Transition* (Leiden: Brill, 1998); May Seikaly, *Haifa: Transformation of an Arab Society, 1918-1939* (London: I. B. Tauris, 1995) 등도 보라.

5 R. Khalidi, *Palestinian Identity*에서 이런 발전을 자세히 다루었다. Muhammad Muslih, *The Origins of Palestinian Nationalism* (New York: Columbia University Press, 1988); Ami Ayalon, *Reading Palestine* 등도 보라.

6 오늘날의 풍부한 학문 연구를 통해, 때로 마찰이 있었고 왕왕 유럽인 기독교 선교사들이 반유대주의를 퍼뜨리기도 했지만, 미즈라히와 세파르디 공동체가 팔레스타인 사회에 대단히 통합되어 있었음을 알 수 있다. Menachem Klein, *Lives in Common: Arabs and Jews in Jerusalem, Jaffa, and Hebron* (London: Hurst, 2015); Gershon Shafir, *Land, Labor and the Origins of the Israeli-Palestinian Conflict 1882-1914* (Cambridge: Cambridge University Press, 1989); Zachary Lockman, *Comrades and Enemies: Arab and Jewish Workers in Palestine, 1906-1948* (Oakland: University of California, 1996); Abigail Jacobson, *From Empire to Empire* 등을 보라. Gabriel Piterberg, "Israeli Sociology's Young Hegelian: Gershon Shafir and the Settler-Colonial Framework," *Journal of Palestine Studies* 44, no. 3 (Spring 2015), 17~38면도 보라.

7 한때 널리 퍼진 중동 사회가 〈쇠퇴한다〉는 패러다임에 대한 가장 간결한 반박으로는 Roger Owen, "The Middle East in the Eighteenth Century—An 'Islamic' Society in Decline? A Critique of Gibb and Bowen's *Islamic Society and the West*," *Bulletin* (British Society for Middle Eastern Studies) 3, no. 2 (1976), 110~117면을 보라.

8 인구학의 영역만 거론해 보자면, Justin McCarthy, *The Population of Palestine:*

Population Statistics of the Late Ottoman Period and the Mandate (New York: Columbia University Press, 1990)는 1918년 이전 시기 오스만 제국의 문서 자료에 주로 근거한 연구인데, 시온주의 식민화의 〈기적 같은〉 영향이 감지되기 전에는 팔레스타인이 아무도 살지 않는 황량한 땅이었다는 신화의 허구성을 낱낱이 폭로한다.

9 팔레스타인의 이런 변화를 다룬 손꼽히는 저작들로는 Alexander Schölch, *Palestine in Transformation, 1856-1882: Studies in Social, Economic, and Political Development*, trans. William C. Young and Michael C. Gerrity (Washington, D.C.: Institute for Palestine Studies, 1993); Beshara Doumani, *Rediscovering Palestine: Merchants and Peasants in Jabal Nablus, 1700-1900* (Oakland: University of California Press, 1995); Owen, *Studies in the Economic and Social History of Palestine in the 19th and 20th Centuries* 등이 있다.

10 Linda Schatkowski Schilcher, "The Famine of 1915-1918 in Greater Syria," in *Problems of the Modern Middle East in Historical Perspective*, ed. John Spagnolo (Reading, U.K.: Ithaca Press, 1912), 234~254면. 제1차 세계 대전 중에 주민들이 겪은 끔찍한 고통이 지속적으로 남긴 트라우마에 관해서는 Samuel Dolbee, "Seferberlik and Bare Feet: Rural Hardship, Cited Dreams, and Social Belonging in 1920s Syria," *Jerusalem Quarterly*, no. 51 (Autumn 2012), 21~35면을 보라.

11 1915년 4월에 시작된 종족 학살로 아마 아르메니아인 150만 명이 사망한 것으로 추산된다. 이 희생자들을 포함시키지 않더라도 오스만 제국의 전시 사망자 150만 명은 전체 인구 대비 사망자 비율로 볼 때 2, 3위에 해당하는 프랑스와 독일을 합한 수치의 2배에 육박한다. 양국은 각각 4.4퍼센트와 4.3퍼센트가 사망했다. 다른 추정 수치를 보면, 오스만 제국의 전체 전시 사망자 수는 무려 500만 명, 또는 전체 인구의 25퍼센트에 해당한다.

12 이 수치의 출처는 Edward Erikson, *Ordered to Die: A History of the Ottoman Army in World War I* (Westport, CT: Greenwood Press, 2001), 211면이다. Hikmet Ozdemir, *The Ottoman Army, 1914-1918: Disease and Death on the Battlefield* (Salt Lake City: University of Utah Press, 2008); Kristian Coates Ulrichsen, *The First World War in the Middle East* (London: Hurst, 2014); Yigit Akin, *When the War Came Home: The Ottomans' Great War and the Devastation of an Empire* (Stanford, C.A.: Stanford University Press, 2018) 등도 보라.

13 McCarthy, *The Population of Palestine*, 25~27면. 매카시는 이와 대조적으로, 비록 전사자가 많기는 했지만, 제1차 세계 대전 중에 프랑스의 전체 인구 손실은 1퍼센트에 불과했고, 영국과 독일은 〈전체 인구가 전혀 감소하지 않았다〉고 지적한다.

14 'Anbara Salam Khalidi, *Memoirs of an Early Arab Feminist: The Life and Activism of Anbara Salam Khalidi* (London: Pluto Press, 2013), 68~69면.

15 Husayn Fakhri al-Khalidi, *Mada 'ahd al-mujamalat: Mudhakkirat Husayn*

Fakhri al-Khalidi [위선(말 그대로는 고상함)의 시대가 끝나다: 후세인 파크리 알할리디 회고록] (Amman: Dar al-Shuruq, 2014), 1:75면.

16 약혼자의 처형에 고모가 얼마나 충격을 받았는지에 관한 설명은 *Memoirs of an Early Arab Feminist*, 63~67면에 서술되어 있다. 압둘 가니 알우레이시는 베이루트의 영향력 있는 신문인 『알무피드*al-Mufid*(실용)』의 공동 편집인이자 저명한 아랍주의 지식인이었다. 안바라 살람 할리디의 추억담과 회고록은 내가 알우레이시와 『알무피드』에 관해 쓴 논문의 주요 자료 가운데 하나다: "'Abd al-Ghani al-'Uraisi and *al-Mufid*: The Press and Arab Nationalism Before 1914," in *Intellectual Life in the Arab East, 1890-1939*, ed. Marwan Buheiri (Beirut: American University of Beirut Press, 1981), 38~61면.

17 Interviews, Walid Khalidi, Cambridge, M.A., October 12, 2014, and November 19, 2016. 사촌인 왈리드Walid는 1925년생인데, 어렸을 적에 할아버지에게서 전쟁 때 피난 간 이야기를 들었다. 큰아버지의 회고록에서도 몇 가지 구체적인 사실이 확인된다. Husayn Fakhri al-Khalidi, *Mada 'ahd al-mujamalat*, 1:75면.

18 Interview with Fatima al-Khalidi Salam, Beirut, March 20, 1981.

19 아레프 셰하데(아리프 알아리프로 더 유명하다)는 Salim Tamari, *Year of the Locust: A Soldier's Diary and the Erasure of Palestine's Ottoman Past* (Oakland: University of California Press, 2011)에서 주요 자료로 삼은 제1차 세계 대전의 비참한 회고담을 남긴 팔레스타인 출신 병사 세 명 가운데 하나다.

20 종증조부인 나지브 나사르의 험난한 여정을 상상력 넘치게 서술한 Raja Shehadeh, *A Rift in Time: Travels with my Ottoman Uncle* (New York: OR Books, 2011)을 보라. 나사르 본인이 픽션과 자서전을 반씩 섞어 쓴 소설 『무플리 알가사니 이야기*Riwayat Muflih al-Ghassani*』 (Nazareth: Dar al-Sawt, 1981)도 보라.

21 Noha Tadros Khalaf, *Les Memoires de 'Issa al-'Issa: Journaliste et intellectuel palestinien (1878-1950)* (Paris: Karthala, 2009), 159~175면을 보라.

22 영국을 움직인 여러 동기에 관해서는 Jonathan Schneer, *The Balfour Declaration: The Origins of the Arab-Israeli Conflict* (London: Bloomsbury, 2010); Henry Laurens, *La question de Palestine*, vol. 1, 1799-1922: *L'invention de la Terre sainte* (Paris: Fayard, 1999); James Renton, *The Zionist Masquerade: The Birth of the Anglo-Zionist Alliance, 1914-1918* (London: Palgrave-Macmillan, 2007) 등을 보라. A. L. Tibawi, *Anglo-Arab Relations and the Question of Palestine, 1914-1921* (London: Luzac, 1977), 196~239면; Leonard Stein, *The Balfour Declaration* (London: Valentine, Mitchell, 1961); Mayir Vereté, "The Balfour Declaration and Its Makers," *Middle Eastern Studies* 6 (1970), 416~442면 등도 보라.

23 바로 이 점이 내가 *British Policy Towards Syria and Palestine, 1906-1914: A Study of the Antecedents of the Husayn-McMahon Correspondence, the Sykes-Picot*

Agreement, and the Balfour Declaration, St. Antony's College Middle East Monographs (Reading, U.K.: Ithaca Press, 1980)에서 핵심적으로 주장한 내용이다.

24 볼셰비키 외무 인민위원(장관) 레온 트로츠키가 차르 정부의 외교 문서고를 열어서 전시에 영국-프랑스-러시아가 비밀리에 체결한 각종 협정을 폭로한 뒤 한 발언이 *Soviet Documents on Foreign Policy, 1917-1924*, ed. Jane Degras, vol. 1 (Oxford: Oxford University Press, 1951)에 수록되어 있다.

25 기념비적인 전기인 Yehuda Reinharz, *Chaim Weizmann: The Making of a Statesman* (Oxford: Oxford University Press, 1993), 356~357면에 이 대화가 담겨 있다.

26 Ronald Storrs, *Orientations* (London: Ivor Nicholson and Watson, 1937). 예루살렘의 초대 영국 군정청장 로널드 스토스는 회고록에서 영국이 팔레스타인에서 언론뿐만 아니라 모든 형태의 아랍인의 정치 활동을 엄격하게 통제했다고 언급한다. 327면 이하. 스토스는 그전에 이집트 주재 영국 고등판무관 밑에서 동양 장관으로 일할 때에도 현지 언론의 검열관 노릇을 했다.

27 'Abd al-Wahhab al-Kayyali, *Watha'iq al-muqawama al-filistiniyya al-'arabiyya did al-ihtilal al-britani wal-sihyuniyya 1918-1939* [영국의 점령과 시온주의에 대한 팔레스타인 아랍인의 저항에 관한 문서, 1918-1939] (Beirut: Institute for Palestine Studies, 1968), 1~3면.

28 Special issue of *Filastin*, May 19, 1914, 1면.

29 이런 토지 매입과 그 결과로 나타난 무력 충돌에 관한 자세한 설명으로는 R. Khalidi, *Palestinian Identity*, 89~117면을 보라. Shafir, *Land, Labor, and the Origins of Israeli-Palestinian Conflict*도 보라.

30 이런 점진적 변화에 관한 자세한 설명으로는 R. Khalidi, *Palestinian Identity*, 특히 7장, 145~176면을 보라.

31 Margaret Macmillan, *Paris, 1919: Six Months That Changed the World* (New York: Random House, 2002)는 이런 모습을 충격적으로 보여 준 바 있다.

32 Erez Manela, *The Wilsonian Moment: Self-Determination and the International Origins of Anticolonial Nationalism* (New York: Oxford University Press, 2007)을 보라. 마넬라는 윌슨이 (의도치 않게) 제1차 세계 대전 직후 식민 강대국에 맞선 민족주의적 반란의 정신에 불을 붙이는 데 주요한 역할을 했다고 제대로 인정하지만, 볼셰비키가 이 과정에서 얼마나 큰 공헌을 했는지는 충분히 평가하지 않는다.

33 "Ghuraba' fi biladina: Ghaflatuna wa yaqthatuhum" [우리 땅의 이방인들: 우리는 꾸벅꾸벅 조는데 그들은 기민하게 움직인다], *Filastin*, March 5, 1929, 1면.

34 2005년 이래 팔레스타인연구소Institute for Palestine Studies에서 출간된 자전적 회고록과 일기만 9종에 달한다: Muhammad 'Abd al-Hadi Sharruf, 2017; Mahmud al-Atrash, 2016; al-Maghribi, 2015; Gabby Baramki, 2015; Hanna

Naqqara, 2011; Turjuman and Fasih, 2008; Khalil Sakakini, 8 vols., 2005-2010; Rashid Hajj Ibrahim, 2005; Wasif Jawhariyya, 2005. 연구소는 또한 2017년에 레자이 부사일라Reja-i Busailah의 영문판 회고록도 출간했다. 이 회고록들 가운데 경찰관 샤루프, 노동자이자 공산당 조직가 알마그리비, 제1차 세계 대전 당시 오스만 군대에 징집된 투르주만과 파시 등은 엘리트와는 다른 관점을 대변한다. 위임통치령 시기의 어느 주요한 정치인이 남긴 중요한 회고록도 보라. Muhammad 'Izzat Darwaza, *Mudhakkirat, 1887-1984* (Beirut: Dar al-Gharb al-Islami, 1993).

35　1936~1939년 반란의 구술사에 의존한 몇 안 되는 저작 가운데 하나는 Ted Swedenburg, *Memories of Revolt: The 1936-1939 Rebellion and the Palestinian National Past* (Minneapolis: University of Minnesota Press, 1995)이다.

36　R. Khalidi, *Palestinian Identity*, 225면 주32; Noha Khalaf, *Les Mémoires de 'Issa al-'Issa*, 58면. 할라프의 책은 팔레스타인 정체성 인식의 점진적 발전을 반영하는, 내 할아버지가 쓴 기사와 알이사가 쓴 수많은 기사와 시를 참조한다.

37　고모 파티마(interview, Beirut, March 20, 1981)와 이사 알이사의 아들로 본 인도 신문 편집인이었던 처삼촌 라자 알이사Raja al-'Isa(interview, Amman, July 7, 1996) 등 여러 사람으로부터 거의 똑같은 이런저런 이야기를 들었다.

38　R. Khalidi, *Palestinian Identity*, 6장, 119~144면은 아랍 신문에서 보도한 시온주의에 관한 내용이다.

39　Storrs, *Orientations*, 341면. 바이츠만과 시온주의위원회Zionist Commission를 기리기 위해 열린 만찬에서 한 연설은 스토스에 의해 전해졌다. 참석자들 가운데는 예루살렘 시장과 무프티뿐만 아니라 팔레스타인의 정치, 종교 지도자들도 몇 명 있었다.

40　Tom Segev, *One Palestine, Complete* (New York: Metropolitan Books, 2000), 404면.

41　이 점령을 비롯한 많은 식민지 정복에서 정말로 아이러니한 점은 1920년 7월 23일 마이살룬Maysalun 전투에서 아랍 군대를 물리치고 다음 날 다마스쿠스를 점령한 프랑스 24사단의 다섯 개 보병 연대 가운데 프랑스인으로 구성된 연대는 하나뿐이었다는 사실이다. 두 연대는 세네갈인 부대였고, 나머지 둘은 알제리인 부대와 모로코인 부대였다. 이런 식으로 식민지 신민을 활용하는 것이 유럽 제국주의 팽창의 결정적인 요소였다. 아일랜드, 북아메리카, 인도, 남북 아프리카, 팔레스타인을 비롯한 중동의 식민 기획에서도 마찬가지로 이와 같은 분할통치 전술이 중요했다.

42　*Journal of Palestine Studies* 46, no. 2 (Winter 2017)에 실린 최근의 훌륭한 두 논문은 이 주제를 다룬다: Lauren Banko, "Claiming Identities in Palestine: Migration and Nationality Under the Mandate," 26~43면; Nadim Bawalsa, "Legislating Exclusion: Palestinian Migrants and Interwar Citizenship," 44~59면.

43　조지 앤토니어스George Antonius는 『아랍의 각성*The Arab Awakening*』 (London: Hamish Hamilton, 1938)에서 처음으로 영국이 전시에 아랍인들에게 한 약

속을 공개하고 그런 약속이 담긴 문서를 공표했다. 그러자 당황한 영국 정부는 어쩔 수 없이 서한 전체를 공개했다: Great Britain, Parliamentary Papers, Cmd. 5974, *Report of a Committee Set Up to Consider Certain Correspondence Between Sir Henry McMahon [His Majesty's High Commissioner in Egypt] and the Sharif of Mecca in 1915 and 1916* (London: His Majesty's Stationery Office, 1939).

44 밸푸어가 총독lord lieutenant에 이어 2인자인 아일랜드 장관 자리에 오른 것은 솔즈베리 경 로버트 세실Robert Cecil의 친척이기 때문이라는 평이 자자했다. 〈밥이 큰아버지잖아Bob's your uncle〉[큰아버지 밥(로버트의 애칭) 덕분에 고위직에 올랐다는 뜻으로, 이후로 〈식은 죽 먹기〉라는 뜻의 관용어가 되었다 — 옮긴이주]라는 관용어가 여기서 유래했다.

45 E. L. Woodward and R. Butler, eds., *Documents on British Foreign Policy, 1919-1939*, first series, 1919-1929 (London: Her Majesty's Stationery Office, 1952), 340~348면.

46 조지 앤토니어스의 경우는 이런 점에서 수많은 터무니없는 사례의 하나다. 케임브리지 출신으로 틀림없이 자격이 넘쳐흐르는 그는 위임통치 행정부 고위직에서 매번 물을 먹었고, 그 대신 평범하고 무능한 영국인 관리들이 그 자리를 차지했다. Susan Boyle, *Betrayal of Palestine: The Story of George Antonius* (Boulder, CO: Westview, 2001); Sahar Huneidi, *A Broken Trust: Sir Herbert Samuel, Zionism, and the Palestinians* (London: I. B. Tauris, 2001), 2면 등을 보라.

47 Stein, *The Land Question in Palestine*, 210~211면.

48 Zeev Sternhell, *The Founding Myths of Israel*, 217면. 슈턴헬에 따르면, 순국내 생산 대비 자본 유입 비중은 제2차 세계 대전 이전 어느 해에도 33퍼센트 이하로 떨어지지 않았다.

49 인구 수치는 W. Khalidi, ed., *From Haven to Conquest*, 부록 1, 842~843면에서 볼 수 있다.

50 Speech to the English Zionist Federation, September 19, 1919. Nur Masalha, *Expulsion of the Palestinians: The Concept of "Transfer" in Zionist Political Thought, 1882-1948* (Washington, D.C.: Institute for Palestine Studies, 1992), 41면에서 재인용.

51 Edwin Black, *The Transfer Agreement: The Untold Story of the Secret Agreement Between the Third Reich and Jewish Palestine* (New York: Macmillan, 1984).

52 벤구리온이 남긴 의미심장한 일기의 한 구절이다. Shabtai Teveth, *Ben Gurion and the Palestine Arabs: From Peace to War* (New York: Oxford University Press, 1985), 166~168면에서 재인용.

53 자세한 내용으로는 R. Khalidi, *The Iron Cage*, 54~62면을 보라. 〈채용 면접〉에 관해서는 59~60면에 서술되어 있다.

54 영국인들이 어떻게 이 일을 했는가 하는 것이 *The Iron Cage*, 2장 31~64면에서 주요하게 다루는 주제다.

55 이 수치는 W. Khalidi, *From Haven to Conquest*, 부록 4, 846~849면에서 제시하는 통계를 바탕으로 추산한 것이다.

56 봉기 진압에 관한 자세한 내용으로는 Matthew Hughes, "The Banality of Brutality: British Armed Forces and the Repression of the Arab Revolt in Palestine, 1936-1939," *English Historical Review* 124, no. 507 (April 2009), 313~354면을 보라.

57 Baruch Kimmerling and Joel S. Migdal, *The Palestinian People: A History* (Cambridge, M.A.: Harvard University Press, 2003), 119면.

58 오드 윈게이트Orde Wingate가 지휘하는 영국 군인과 시온주의 민병대 혼성 부대가 팔레스타인인을 자의적으로 즉결 처형한 사례에 관한 소름끼치는 설명으로는 Segev, *One Palestine, Complete*, 429~432면을 보라. 세게브의 서술에 등장하는 윈게이트는 잔인무도한 사이코패스처럼 보인다. 세게브는 그의 병사들 중 몇몇은 개인적으로 그를 미치광이로 여겼다는 말도 덧붙인다. 이스라엘 국방부는 후에 그에 관해 이렇게 말했다: 〈오드 찰스 윈게이트의 가르침과 그의 성격과 지도력은 많은 하가나[Haganah. 1920~1948년 팔레스타인 위임통치령에서 활동한 유대인 준군사 조직. 건국 이후 이스라엘 방위군의 주축이 되었다 — 옮긴이주] 사령관들에게 초석이 되었고, 이스라엘 방위군(이하 이스라엘군)의 전투 교의에서도 그가 남긴 영향을 찾아볼 수 있다.〉

59 Segev, *One Palestine, Complete*, 425~426면. 악명 높은 블랙앤탠스Black and Tans[아일랜드 독립 전쟁 당시 진압을 위해 아일랜드 경찰청에 긴급 투입된 준군사 조직. 제1차 세계 대전 참전 군인이 주축이었는데, 영국 군복 색깔에 빗대어 이런 별칭이 붙었다 — 옮긴이주] 출신을 비롯해서 이 아일랜드 군사 작전에서 활약한 많은 참전 군인들이 팔레스타인의 영국 보안 부대에 충원되었다. Richard Cahill, "'Going Berserk': 'Black and Tans' in Palestine," *Jerusalem Quarterly* 38 (Summer 2009), 59~68면을 보라.

60 아일랜드 독립 전쟁 당시 아일랜드공화군IRA 고위 사령관이었던 어니 오맬리 Ernie O'Malley의 회고록 『남의 상처에 아랑곳하지 않고*On Another Man's Wound*』 (Cork: Mercier Press, 2013)는 1919년에서 1921년까지 영국인들이 구사한 잔인한 수법을 자세히 묘사한다. 아일랜드 봉기를 진압하려는 헛된 시도 속에서 영국은 영국군과 경찰, 무장 지원대가 공격을 받을 때마다 그 보복으로 가옥과 공공건물, 젖소 축사, 기타 중요한 경제적 자원을 불태웠다.

61 H. Khalidi, *Mada 'ahd al-mujamalat*, vol. 1. 후세인 알할리디의 세이셸 유형과 관련된 부분은 247면 이하다.

62 앞의 책, vol. 1, 247면.

63 반란자들이 팔레스타인의 많은 지역을 어느 정도나 통제했는지에 관한 평가는 다음의 훌륭한 논문에 서술되어 있다. Charles Anderson, "State Formation from Below and the Great Revolt in Palestine," *Journal of Palestine Studies* 47, no. 1 (Autumn

2017), 39~55면.

64 Report by General Sir Robert Haining, August 30, 1938. Anne Lesch, *Arab Politics in Palestine, 1917-1939: The Frustration of a National Movement* (Ithaca, N.Y.: Cornell University Press, 1979), 223면에서 재인용.

65 British National Archives, Cabinet Papers, CAB 24/282/5, Palestine, 1938, "Allegations against British Troops: Memorandum by the Secretary of State for War," January 16, 1939, 2면.

66 이사 알이사의 망명과 주택 화재에 관해서는 Khalaf, *Les Mémoires de 'Issa al-'Issa*, 227~232면에 서술되어 있다.

67 앞의 책, 230면.

68 반란이 진행되는 동안 영국과 시온주의자들이 얼마나 폭넓게 협력했는지에 관한 자세한 설명으로는 Segev, *One Palestine, Complete*, 381, 426~432면을 보라.

69 British National Archives, Cabinet Papers, CAB 24/283, "Committee on Palestine: Report," January 30, 1939, 24면.

70 앞의 글, 27면.

71 바로 이것이 후세인 박사가 회고록에서 영국이 지키지 않은 약속들의 기록을 검토하면서 사후에 쓰디쓴 어조로 내린 결론이다. *Mada 'ahd al-mujamalat*, vol. 1, 280면.

72 세인트 제임스 궁전 회담에 임하는 영국의 입장을 결정한 내각 회의에 관해서는 Boyle, *Betrayal of Palestine*, 13면에서 논의된다.

73 영국이 백서에서 제시한 중대한 약속을 여러 가지 방식으로 손상시킨 과정에 대한 자세한 서술로는 R. Khalidi, *The Iron Cage*, 35~36, 114~115면을 보라.

74 H. Khalidi, *Mada 'ahd al-mujamalat*, vol. 1, 350~351면.

75 앞의 책, 300~305면. 이 주제를 사려 깊게 다루는 탁월한 저작인 Bayan al-Hout, *al-Qiyadat wal-mu'assasat al-siyasiyya fi Filastin 1917-1948* [팔레스타인의 정치 지도부와 기관들, 1917-1948] (Beirut: Institute for Palestine Studies, 1981)도 397면에서 똑같은 결론에 다다른다.

76 앞의 책, 352~356면.

77 앞의 책, vol. 1, 230면 이하. 필위원회와의 밀고 당기기를 서술하는 회고록의 이 부분에는 후세인 박사가 영국인보다 시온주의자에 대해 우호적인 편견을 보이는 많은 사례 가운데 하나가 실려 있다.

78 그는 또한 『예루살렘에서 유형을 떠나다: 후세인 파크리 알할리디의 일기*Exiled from Jerusalem: The Diaries of Hussein Fakhri al-Khalidi*』라는 제목으로 세이셸 유형 생활을 다룬 회고록의 한 권은 영어로 썼는데, 이 책은 영국인들에 대한 비판적 발언으로 가득 차 있다. 이 책은 블룸스베리 출판사에서 출간할 예정이다.

79 H. Khalidi, *Mada 'ahd al-mujamalat*, vol. 1, 110~114면.

80 앞의 책, vol. 1, 230면.

81 Masalha, *Expulsion of the Palestinians*, 45면에서 재인용.

82 "The King-Crane Commission Report, August 28, 1919," http://www.hri. org/docs/king-crane/syria-recomm.html.

83 George Orwell, "In Front of Your Nose," *Tribune*, March 22, 1946. *The Collected Essays, Journalism, and Letters of George Orwell*, vol. 4, *In Front of Your Nose, 1945-1950*, ed. Sonia Orwell and Ian Angus (New York: Harcourt Brace, 1968), 124면에 재수록.

84 관리의 이름은 E. 밀스E. Mills로 필위원회에서 비공개로 증언할 때 한 말이다. Leila Parson, "The Secret Testimony to the Peel Commission: A Preliminary Analysis," *Journal of Palestine Studies*, 49, no. 1 (Fall 2019)에서 재인용.

85 국제연맹 상임위임통치위원회가 팔레스타인 위임통치령을 어떻게 감독했는지에 관한 가장 뛰어난 연구는 Susan Pedersen, *The Guardians: The League of Nations and the Crisis of Empire* (New York: Oxford University Press, 2015)이다.

86 Segev, *One Palestine, Complete*는 위임통치 시기 내내 영국인들이 친아랍적이었다는, 시온주의 역사 서술에서 신봉하는 신화를 산산이 깨뜨린다.

87 *The Iron Cage*, 118~123면에서 이 문제를 좀 더 자세히 다룬 바 있다.

2 두 번째 선전포고, 1947~1948

1 https://unispal.un.org/DPA/DPR/unispal.nsf/0/07175DE9FA2DE5638525 68D3006E10F3.

2 사촌 누나인 레일라Leila는 1920년대 중반에 태어났는데, 2018년 3월 18일에 보낸 전자우편에서 이 이야기를 들려주면서 우리 할머니와 함께 늦게까지 깨어 있다가 라디오를 틀어 드렸다고 회고했다.

3 나중에 아버지는 협회의 재무 담당자가 되었다. 하비브 카티바Habib Katibah도 한때 서기로 일했다: Hani Bawardi, *The Making of Arab-Americans: From Syrian Nationalism to U.S. Citizenship* (Austin: University of Texas Press, 2014), 239~295면.

4 협회에 관한 자세한 내용으로는 앞의 책을 보라.

5 아버지가 여행을 마무리하자 기사가 하나 나왔다: *Filastin*, January 24, 1948, "Tasrih li-Isma'il al-Khalidi ba'd 'awdatihi li-Amirka," [이스마일 알할리디가 미국으로 돌아간 뒤 한 발언].

6 할아버지는 모두 합쳐 7남 2녀의 자식을 두었다. 1915년에 태어난 아버지가 막내였다.

7 나는 아버지의 문서 자료에서 후세인 박사가 보낸 편지를 몇 통 찾아냈다. "On Albert Hourani, the Arab Office and the Anglo-American Committee of 1946," *Journal of Palestine Studies* 35, no. 1 (2005-2006), 75면에서 사촌인 왈리드 할리디는 자기도 큰아버지가 유형 생활을 하는 동안 서신 교환을 했다고 말한다. 책도 보냈다고 하

는데, 후세인 박사는 곧 출간될 영어로 쓴 세이셸 유형 일기에서 고마워하면서 이 사실을 언급한다: *Exiled from Jerusalem.*

8 Mustafa Abbasi, "Palestinians Fighting Against Nazis: The Story of Palestinian Volunteers in the Second World War," *War in History* (November 2017), 1~23면. https://www.researchgate.net/publication/321371251_Palestinians_fighting_against_Nazis_The_story_of_Palestinian_volunteers_in_the_Second_World_War.

9 빌트모어 선언의 전문으로는 http://www.jewishvirtuallibrary.org/the-biltmore-conference-1942를 보라.

10 Denis Charbit, *Retour à Altneuland: La traversée des utopias sionistes* (Paris: Editions de l'Eclat, 2018), 17~18면은 19세기 말 최초로 등장한 시온주의적 유토피아 기획을 시작으로 헤르츨이 『오래된 새 땅』에서 펼쳐 보인 구상에 이르기까지 유대 국가의 창설은 시온주의 저술에서 언제나 크게 두드러졌다고 지적한다.

11 Amy Kaplan, *Our American Israel*은 이런 시도가 어떻게, 그리고 왜 성공의 영예를 차지했는지에 관한 가장 설득력 있고 깊이 있는 검토를 제공한다. 역시 훌륭한 책인 Peter Novick, *The Holocaust in American Life* (New York: Houghton Mifflin, 1999)도 보라.

12 H. Khalidi, *Mada 'ahd al-mujamalat*, vol. 1, 434~436면.

13 "The Alexandria Protocol," October 7, 1944, *Department of State Bulletin*, XVI, 411, May 1947, http://avalon.law.yale.edu/20th_century/alex.asp. 사우디아라비아와 예멘은 1945년에 아랍연맹에 가입했다.

14 W. Khalidi, "On Albert Hourani," 60~79면.

15 "The Case Against a Jewish State in Palestine: Albert Hourani's Statement to the Anglo-American Committee of Enquiry of 1946," *Journal of Palestine Studies* 35, no. 1 (2005-2006), 80~90면.

16 앞의 글, 86면.

17 앞의 글, 81면.

18 R. Khalidi, *The Iron Cage*, 41~42면을 보면, 1920년 허버트 새뮤얼 경Sir Herbert Samuel이, 그리고 1930년 램지 맥도널드 총리와 식민 장관 패스필드 경Lord Passfield이 팔레스타인 지도자 대표단을 이렇게 대한 사례가 나온다. 새뮤얼은 그들에게 이렇게 말했다: 「나는 사적인 자격으로 당신들을 만날 뿐입니다.」

19 O'Malley, *On Another Man's Wound*는 아일랜드 민족주의자들이 1919년부터 1921년까지 영국에 맞선 싸움에서 발전시킨 중앙 집권화 된 조직의 복잡한 면모를 충분히 보여 준다.

20 세이그는 이 기구를 아랍민족금고Arab National Treasury라고도 지칭한다. 이 부분에서 의지하는 그의 설명은 두 부분으로 출간되었다: part 1, "Desperately Nationalist, Yusif Sayigh, 1944 to 1948," as told to and edited by Rosemary Sayigh,

Jerusalem Quarterly 28 (2006), 82면; Yusuf Sayigh, *Sira ghayr muktamala*(미완의 자서전) (Beirut: Riyad El-Rayyes, 2009), 227~260면. 그의 부인이자 유명한 인류학자인 로즈마리 세이그는 이 자료들을 바탕으로 하면서도 이 2부 선집에서 서술되는 사건들 일부 중에 포함되지 않은 충분한 분량의 회고록을 나중에 엮어서 출간했다: Rosemary Sayigh, *Yusif Sayigh: Arab Economist and Palestinian Patriot: A Fractured Life Story* (Cairo: American University of Cairo Press, 2015).

21 그 액수의 절반이 팔레스타인의 토지 취득을 위한 것이었다: "100 Colonies Founded: Established in Palestine by the Jewish National Fund," *New York Times*, April 17, 1936, https://www.nytimes.com/1936/04/17/archives/100-colonies-founded-established-in-palestine-by-jewish-national.html. 1990년대에 이르면 유대민족기금은 매년 미국에서 3000만 달러 정도를 모금했다. 하지만 1996년 한 내부 조사에 따르면, 그 돈의 20퍼센트 정도만이 실제로 이스라엘로 갔다. 나머지는 분명 관리 비용과 미국에 소재한 〈이스라엘 프로그램〉 및 〈시온주의 교육Zionist Education〉에 지출되었다: Cynthia Mann, "JNF: Seeds of Doubt—Report Says Only Fifth of Donations Go to Israel, but No Fraud Is Found," October 26, 1996, Jewish Telegraphic Agency, J., http://www.jweekly.com/article/full/4318/jnf-seeds-of-doubt-report-says-only-fifth-of-donations-go-to-israel-but-no-/.

22 큰아버지는 처음에 세이셸로 유형을 갔다가 다시 베이루트로 갔다. H. al-Khalidi, *Mada 'ahd al-mujamalat*, vol. 1, 418면. 영국인들은 1943년에 알알라미와 내 큰아버지가 팔레스타인에 돌아오는 것을 허용했지만, 또 다른 핵심적 지도자인 자말 알후세이니는 1946년에야 로디지아[아프리카 남부의 영국 식민지. 현재는 잠비아와 짐바브웨로 각각 독립함 — 옮긴이주]의 유형지에서 돌아오는 것을 허용했다. 자말 알후세이니는 1937년 예루살렘에서 영국에 체포되는 것을 피했고, 마침내 바그다드에 다다랐다. 그의 딸인 세레네의 회고록에 따르면, 1941년 영국이 이라크를 다시 점령했을 때, (무프티와 달리) 〈독일로 가자는 제안을 거부한〉 그와 동지들은 〈영국에 항복했고〉, 체포되어 이란에 억류되었다가 이후 로디지아로 옮겨졌다: Serene Husseini Shahid, *Jerusalem Memories* (Beirut: Naufal Group, 2000), 126~127면.

23 Sayigh, "Desperately Nationalist," 69~70면.

24 이런 사실은 그의 1인칭 서술에서 분명히 드러난다: "On Albert Hourani, the Arab Office and the Anglo-American Committee of 1946."

25 H. al-Khalidi, *Mada 'ahd al-mujamalat*, vol. 1, 432~434면. 알알라미 본인이 후세인 박사에게 이 여행에 관해 자세한 이야기를 해주었다.

26 H. al-Khalidi, *Mada 'ahd al-mujamalat*, vol. 2, 33~35면. 이 사람은 영국-시리아-아르메니아계 의사이자 훈장을 받은 제1차 세계 대전 참전 군인, 왕립외과의사협회 회원인 어니스트 알투니안Ernest Altounyan 대령이다. 『플라 왕립외과의사협회 회원 정보*Plarr's Lives of the Fellows of the Royal College of Surgeons*』(http://livesonline.

rcseng.ac.uk/biogs/E004837b.htm)에 따르면, 제2차 세계 대전 중에 〈대령이 맡은 공식적 역할은 군의관이었지만, 실제로는 중동 문제 전문가 고문으로 비밀리에 활동했다〉. 대령은 후세인 박사에게 자신이 군정보부에서 일한다고 말했다. 흥미롭게도 둘 다 본업이 의사였고, 당시 둘 다 아주 다른 자격으로 활동하고 있었다. 후세인 박사는 대령의 배경에 관해 아무 말도 하지 않으며, 둘이 어떤 언어로 대화를 나눴는지도 이야기하지 않는다; H. al-Khalidi, *Mada 'ahd al-mujamalat*, vol. 1, 431면.

27 Sayigh, "Desperately Nationalist," 69~70면.

28 Albert Hourani, "Ottoman Reform and the Politics of the Notables," in *Beginnings of Modernization* in *the Middle East: The Nineteenth Century*, ed. William Polk and Richard Chambers (Chicago: University of Chicago Press, 1968), 41~68면. 후라니는 자신이 이야기하는 〈명사들〉에 관해 잘 알고 있었다. 베이루트에서 교편을 잡고 카이로에서 영국을 위해 활동하고, 예루살렘에서 아랍청과 일을 하면서 10년 가까이 이 집단의 많은 사람들과 밀접하게 접촉했기 때문이다.

29 『팔레스타인의 교훈*'Ibrat Filastin*』(Beirut: Dar al-Kashaf, 1949)에서 무사 알알라미는 실제로 비옥한 초승달 지대 구상을 실행하는 것이 팔레스타인을 상실하는 것에 대한 적절한 대응일 것이라고 말한다. 후세인 박사는 이런 이유 때문에 이라크 정부가 알알라미를 지지하는 것이라고 설명한다: *Mada 'ahd al-mujamalat*, vol. 2, 30면.

30 Avi Shlaim, *Collusion Across the Jordan: King Abdullah, the Zionist Movement and the Partition of Palestine* (New York: Columbia University Press, 1988)은 이 교섭을 자세히 검토한다.

31 왈리드 할리디는 1950년대 초 암만을 방문했을 때 이런 왕궁의 〈뒷문〉을 발견했다고 설명한 바 있다: 2016년 1월 16일 저자와 개인적으로 나눈 대화. 때로는 왕족 같은 중개자를 통해 영국의 〈조언〉이 전달되었다.

32 1945년 4월 5일에 한 이 약속을 확인하는 루스벨트의 편지로는 United States Department of State, *Foreign Relations of the United States: Diplomatic Papers* [이하 FRUS], 1945. *The Near East and Africa*, vol. 8 (1945), http://avalon.law.yale.edu/20th_century/decad161.asp를 보라. 편지에서 루스벨트는 〈아랍인과 유대인 양쪽 모두와 충분히 협의를 거친 다음에야 그 나라의 기본적 상황과 관련된 결정을 내릴 것〉이라고 팔레스타인에 관한 미국 정부의 약속을 재확인하면서, 대통령은 〈미국 정부의 행정부 수반 자격으로 아랍 사람들에게 불리할 수 있는 어떤 행동도 하지 않겠다〉고 덧붙였다. 자세한 내용으로는 R. Khalidi, *Brokers of Deceit: How the US Has Undermined Peace in the Middle East* (Boston: Beacon Press, 2013), 20~25면을 보라.

33 이번에도 역시 기본적인 참고 자료는 왈리드 할리디가 이 주제에 관해 쓴 광범위한 저작이다. 특히 다음의 선구적인 논문을 보라. "Plan Dalet: Master Plan for the Conquest of Palestine," *Journal of Palestine Studies* 18, no. 1 (Autumn 1988), 4~33면. 이 글은 원래 1961년 『중동 포럼*Middle East Forum*』에 실렸다. 베니 모리스를 비롯한

다른 역사학자들도 몇 가지 지점에서는 그와 의견이 갈리지만, 그의 기본적인 조사 결과를 대부분 사실로 확인했다. Benny Morris, *The Birth of the Palestinian Refugee Problem Revisited*, 2nd ed. (Cambridge: Cambridge University Press, 2004). Simha Flapan, *The Birth of Israel: Myth and Reality* (New York: Pantheon, 1987); Tom Segev, *1949: The First Israelis*, 2nd ed. (New York: Henry Holt, 1998); Ilan Pappe, *The Ethnic Cleansing of Palestine*, 2nd ed. (London: Oneworld, 2007), 한국어판은 『팔레스타인 비극사』, 유강은 옮김(열린책들, 2017) 등도 보라.

34 "Desperately Nationalist," 82면. 세이그의 회고록에는 이 시기에 그가 한 경험에 관한 설명이 훨씬 자세하게 나와 있다. Yusuf Sayigh, *Sira ghayr muktamala*, 227~260면을 보라.

35 Walid Khalidi, *Dayr Yasin: al-Jum'a, 9/4/1948* [데이르야신: 금요일, 1948년 4월 9일] (Beirut: Institute for Palestine Studies, 1999), 〈표 127〉.

36 Nir Hasson, "A Fight to the Death and Betrayal by the Arab World," *Haaretz*, January 5, 2018, https://www.haaretz.com/middle-east-news/palestinians/. premium.MAGAZINE-the-most-disastrous-24-hours-in-palestinian-history-1.5729436.

37 팔레스타인에 진입하기로 한 아랍 각국의 결정에 대한 가장 뛰어난 설명은 Walid Khalidi, "The Arab Perspective," in *The End of the Palestine Mandate*, ed. W. R. Louis and Robert Stookey (Austin: University of Texas Press, 1986), 104~136면에서 볼 수 있다.

38 이 팔레스타인 마을들의 운명은 Walid Khalidi, ed., *All That Remains: The Palestinian Villages Occupied and Depopulated by Israel in 1948* (Washington, D.C.: Institute for Palestine Studies, 1992)에 자세하게 서술되어 있다.

39 이 폐가는 시간의 흐름에 따른 변화 단계를 보여 주면서 현재 상태의 사진까지 담은 62면짜리 히브리어 건축학 논문에서 다루는 주제다. 1948년 이스라엘로 바뀐 지역의 대다수 아랍 주택들과 달리, 이 집은 시온주의 역사에서 숭배되는 장소에 있기 때문에 철거되지 않았다. 할아버지가 그 집을 사기 전에, 이스라엘 벨킨드Israel Belkind와 동생 심숀Shimshon이 이끄는 빌루임Bilu'im이라는 이름의 초기 시온주의 이민자 집단이 1882년 몇 달 동안 이 집의 방을 몇 개 임대했다. 그 후 그들은 팔레스타인의 두 번째 시온주의 농업 식민촌인 리숀레치온Rishon LeZion을 만들었다. 이 집은 현재 빌루임 하우스Bilu'im House라고 불린다. 이 정보를 알려 주고 다음 논문을 소개해 준 이스라엘 벨킨드의 종손인 닐리 벨킨드Nili Belkind 박사에게 감사한다. Lihi Davidovich and Tamir Lavi, "Tik Ti'ud: Bet Antun Ayub-Bet Ha-Bilu'im" [문서 조사 파일: 안톤 아유브 하우스—빌루임하우스], 2005/2006, 텔아비브 대학교 건축학부 웹 사이트에서 볼 수 있다: http://www.batei-beer.com/aboutus.html.

40 이런 변화를 가장 탁월하게 서술한 내용은 Tom Segev, *1949: The First Israelis*

(New York: The Free Press, 1986)에서 볼 수 있다. Ibrahim Abu-Lughod, *The Transformation of Palestine* (Evanston, I.L.: Northwestern University Press, 1971)도 보라.

41 〈카나리아 새장 속에 갇힌 매〉는 Avi Shlaim, *Collusion Across the Jordan*의 축약본 페이퍼백인 *The Politics of Partition: King Abdullah, the Zionists and Palestine, 1921-1951* (London: Oxford University Press), 18면에서 시작되는 한 장의 제목이다.

42 메리 윌슨은 영국과 압둘라가 이런 행동 계획을 한 과정을 정확히 펼쳐 보인다: Mary Wilson, *King Abdullah, Britain and the Making of Jordan* (Cambridge: Cambridge University Press, 1987) 166~167면 이하.

43 Shlaim, *Collusion Across the Jordan*, 139면. 슐라임은 팔레스타인인들에 대항한 이런 복잡한 공모의 요소들을 자세히 설명한다.

44 이런 신화를 깨뜨린 첫 번째 주자는 이스라엘 저술가들이다: Flapan, *The Birth of Israel*; Tom Segev, *1949: The First Israelis*; Avi Shlaim, *The Iron Wall: Israel and the Arab World*. 그들은 소중히 새겨진 유대 국가 창건 이야기에 이의를 제기한 까닭에 〈새로운 역사학자〉나 〈수정주의 역사학자〉라고 불렸다.

45 Avi Shlaim, *Collusion Across the Jordan*은 이런 일이 벌어지게 된 사정을 이해하기 위한 필독서다. Mary Wilson, *King Abdullah, Britain and the Making of Jordan*도 보라.

46 Eli Barnavi, "Jewish Immigration from Eastern Europe," in Eli Barnavi, ed., *A Historical Atlas of the Jewish People from the Time of the Patriarchs to the Present* (New York: Schocken Books, 1994), http://www.myjewishlearning.com/article/jewish-immigration-from-eastern-europe/.

47 트루먼 행정부와 팔레스타인이라는 주제에 관해서 방대한 문헌이 나와 있다. 최근에 출간된 아주 종합적인 서술은 John Judis, *Genesis: Truman, American Jews, and the Origins of the Arab/Israeli Conflict* (New York: Farrar, Straus and Giroux, 2014)이다. 권위 있는 평전인 David McCullough, *Truman* (New York: Simon and Schuster, 1992)도 보라.

48 Col. William Eddy, *FDR Meets Ibn Saud* (Washington, D.C.: America-Mideast Educational and Training Services, 1954; repr., Vista, C.A.: Selwa Press, 2005), 31면.

49 Irene L. Gendzier, *Dying to Forget: Oil, Power, Palestine, and the Foundations of U.S. Power in the Middle East* (New York: Columbia University Press, 2015).

50 Secretary of State to Legation, Jedda, August 17, 1948, *FRUS* 1948, vol. 2, 2부, 1318면.

51 당시 사우디아라비아와 미국의 관계에 관한 좀 더 자세한 내용으로는 R. Khalidi, *Brokers of Deceit*, 20~25면을 보라.

52 1949년부터 1971년까지 미국의 대이스라엘 경제·군사 원조 총액이 연간 1억 달러를 넘은 것은 네 차례뿐이다. 반면 1974년 이후에는 해마다 수십억 달러에 달한다.

53 1953년에서 1974년 사이에 안보리는 이스라엘이 가자 지구와 시리아, 요르단, 레바논, 예루살렘, 점령지Occupied Territories에서 벌이는 행동을 〈비난〉하거나 〈개탄〉, 〈질책〉하는 결의안을 최소한 23차례 통과시켰다.

54 아랍 각국의 행동에 대한 초기의 전형적인 비판의 한 예는 Constantin Zureiq, *The Meaning of the Catastrophe*, 1948이다. 자세한 내용으로는 113면을 보라.

55 이 시는 Ya'qub 'Awadat, *Min a'lam al-fikr wal-adab fi Filastin* [팔레스타인의 주요 문학가와 지식인], 2nd ed. (Jerusalem: Dar al-Isra', 1992)에 재수록됨. 〈꼬맹이 왕들〉이라는 문구는 일반적인 경멸적 함의 말고도 아마 특히 키가 작은 압둘라 국왕을 겨냥한 표현일 것이다.

56 유대민족기금 웹 사이트의 표현을 빌리자면, 〈유대인 정착을 위해 구입한 토지 는 유대인 전체의 소유물이다〉. https://www.jnf.org/menu-3/our-history#.

57 Leena Dallasheh, "Persevering Through Colonial Transition: Nazareth's Palestinian Residents After 1948," *Journal of Palestine Studies* 45, no. 2 (Winter 2016), 8~23면.

58 요르단군의 최고위 아랍 장교 중 한 명인 압둘라 알탈 대령이 1959년에 출간한 회고록을 통해 이런 은밀한 관계의 자세한 내용이 폭로되었다. 후에 아비 슐라임이 저서 에서 이 회고록을 꼼꼼하게 검토했다. Avi Shlaim, *Collusion Across the Jordan*. 'Abdullah al-Tal, *Karithat Filastin: Mudhakkirat 'Abdullah al-Tal, qa'id ma'rakat al-Quds* [팔 레스타인의 재난: 예루살렘 전투 사령관 압둘라 알탈 회고록] (Cairo: Dar al-Qalam, 1959).

59 이 사건과 그 여파에 관한 당대의 자세한 설명은 "Assassination of King Abdullah," *The Manchester Guardian*, July 21, 1951, http://www.theguardian.com/ theguardian/1951/jul/21/fromthearchive에서 볼 수 있다.

60 카나파니의 1962년 소설은 힐러리 킬패트릭이 번역했다: Hilary Kilpatrick, *Men in the Sun and Other Palestinian Stories* (Boulder, C.O.: Lynne Rienner, 1999).

61 Gamal Abdel Nasser, *Philosophy of the Revolution* (New York: Smith, Keynes and Marshall, 1959), 28면.

62 Benny Morris, *Israel's Border Wars: 1949-1956: Arab Infiltration, Israeli Retaliation, and the Countdown to the Suez War* (Oxford: Clarendon Press, 1993).

63 아버지가 정치안보이사회국(오늘날의 정무국Division of Political Affairs)에서 일한 1953년부터 1968년까지 이사회는 이스라엘의 공격 행동을 아홉 차례에 걸쳐 비난 하거나 견책했다.

64 유엔 정전 협정 감시단으로 일한 군 장교들의 회고담을 통해 이런 사실이 확인 된다: E. H. Hutchinson, *Violent Truce: Arab-Israeli Conflict 1951-1955* (New York:

Devin-Adair, 1956); Lieutenant General E. L. M. Burns, *Between Arab and Israeli* (London: Harrap, 1962); Major General Carl Von Horn, *Soldiering for Peace* (New York: D. McKay, 1967).

65 이 일화에 관해서는 Muhammad Khalid Az'ar, *Hukumat 'Umum Filastin fi dhikraha al-khamsin* [전팔레스타인정부 50주년 기념] (Cairo: n.p., 1998)을 보라.

66 지금까지도 유일한 사례인 요르단의 민주주의에 대해 영국 외교관들이 얕잡아 보고 거의 경멸적으로 대한 태도에 관해서는 R. Khalidi, "Perceptions and Reality: The Arab World and the West," in *A Revolutionary Year: The Middle East in 1958,* ed. Wm. Roger Louis (London: I. B. Tauris, 2002), 197~199면을 보라. 1957년 5월 젊은 왕 후세인이 내 큰아버지의 정부를 해산시켰을 때, 위협적인 왕대비 제인Zayn은 영국 대사가 요르단 정치인들을 을러대서 영국과 하심 왕가가 바라는 군사 통치를 은폐하는 구실을 하는 〈민간〉 정부 구성을 받아들이도록 만드는 데 힘을 보탰고, 결국 그런 정부가 구성되었다. 그날 왕궁에서 이뤄진 만남에 대한 대사의 설명은 에블린 위Evelyn Waugh의 소설을 읽는 듯하다: 〈각료들은 관직 맡기를 꺼리면서 국왕에게 군사 정부를 수립해서는 안 되는 이유를 밝힌 바 있었다. ⋯⋯왕대비는 ⋯⋯군사 정부를 세우면 다른 어떤 형태의 정부도 불필요해질 것이라고 지적했다. 결국 왕대비는 각료 지명자들에게 취임 선서를 하기 전까지 궁에서 나가지 못할 것이라고 말했는데, 마침내 이처럼 전혀 고무적이지 않은 방식으로 새 정부가 구성되었다〉: UK Public Records Office, Ambassador Charles Johnston to Foreign Secretary Selwyn Lloyd, no. 31, May 29, 1957, F.O. 371/127880.

67 이 주제에 관한 가장 훌륭한 연구는 Salim Yaqub, *Containing Arab Nationalism: The Eisenhower Doctrine and the Middle East* (Chapel Hill: University of North Carolina Press, 2004)이다.

68 아비 슐라임의 선구적인 논문에서 이런 사실이 처음 밝혀졌다. Avi Shlaim, "Conflicting Approaches to Israel's Relations with the Arabs: Ben Gurion and Sharett, 1953-1956," *Middle East Journal* 37, no. 2 (Spring 1983), 180~201면.

69 이 설명은 Abu Iyad with Eric Rouleau, *My Home, My Land: A Narrative of the Palestinian Struggle* (New York: Times Books, 1981); Alan Hart, *Arafat: A Political Biography* (Bloomington: Indiana University Press, 1989) 등에서 볼 수 있다.

70 이 보복 공격을 조사한 유엔혼성정전위원회United Nations Mixed Armistice Commission, MAC의 책임자였던 미 해군 장교가 공격 직후에 목격한 사실을 설명한 내용을 보라: E. H. Hutchinson, *Violent Truce.*

71 UN Security Council Resolution 101 of November 24, 1953.

72 내 사촌인 문저 타비트 할리디Munzer Thabit Khalidi는 1950년대에 요르단군에 징집되어 요르단강 서안의 국경 지대에서 장교로 복무했는데, 1960년에 자신이 지휘하는 부대가 이런 명령을 받았다고 내게 말해 주었다. 이 시기에 요르단군이 팔레스타인

인의 이스라엘 침투를 막으려 한 노력에 관한 더 자세한 내용으로는 사령관의 회고록인 John Bagot Glubb, *Soldier with the Arabs* (London: Hodder and Stoughton, 1957)를 보라. 유엔혼성정전위원회 의장인 E. H. 허친슨 사령관의 설명도 이런 노력이 어느 정도였는지를 확인해 준다. E. H. Hutchinson, *Violent Truce*.

73 Livia Rokach, *Israel's Sacred Terrorism: A Study Based on Moshe Sharett's Personal Diary and Other Documents* (Belmont, M.A.: Arab American University Graduates, 1985)에 발췌 수록된 샤레트의 일기를 살펴보면 이런 입장이 분명히 드러난다.

74 당시 이스라엘 총참모부의 일원이었던 모르데하이 바르온Mordechai Bar On도 이 사실을 증언한다: *The Gates of Gaza: Israel's Road to Suez and Back, 1955-1957* (New York: St. Martin's Press, 1994), 72~75면. Benny Morris, *Israel's Border Wars*도 보라.

75 Avi Shlaim, "Conflicting Approaches."

76 이 사건들에 관한 권위 있는 설명은 1954년에서 1956년 사이에 이집트-이스라엘 정전선을 감시하는 유엔정전감독기구UN Truce Supervisory Organization를 지휘한 캐나다의 번스 중장이 남긴 회고록이다. E. L. M. Burns: *Between Arab and Israeli*. Shlaim, "Conflicting Approaches"도 보라.

77 Matthew Connelly, *A Diplomatic Revolution: Algeria's Fight for Independence and the Origin of the Post-Cold War Era* (New York: Oxford University Press, 2002).

78 1956년 수에즈 전쟁에 관해서는 많은 문헌이 존재한다. 이 주제에 관한 훌륭한 논문 모음집으로는 *Suez 1956: The Crisis and Its Consequences*, ed. Roger Louis and Roger Owen (Oxford: Clarendon Press, 1989)을 보라. Benny Morris, *Israel's Border Wars*도 보라.

79 "Special Report of the Director of the United Nations Relief and Works Agency for Palestine Refugees in the Near East," A/3212/Add.1 of December 15, 1956, https://unispal.un.org/DPA/DPR/unispal.nsf/0/6558F61D3DB6BD450525 6593006B06BE.

80 이 학살 사건들은 1956년 11월 크네셋(이스라엘 의회)에서 토론 주제가 되었는데, 당시 〈대규모 살인mass murder〉이라는 표현이 사용되었다. 학살을 목격한 이스라엘 군인이 자세히 설명한 내용으로는 Marek Gefen, "The Strip is Taken," *Al-Hamishmar*, April 27, 1982를 보라. 이 학살은 Joe Sacco, *Footnotes in Gaza: A Graphic Novel* (New York: Metropolitan Books, 2010)에서 주요한 내용으로 다뤄진다. 한국어판은 『팔레스타인 가자 지구 비망록』, 정수란 옮김(글논그림밭, 2012).

81 엘파라는 나중에 유엔 구술사 자리에서 이 사건에 관해 이야기했다: http://www.unmultimedia.org/oralhistory/2013/01/el-farra-muhammad/.

82 베니 모리스는 개정판인 『팔레스타인 난민 문제의 탄생 재고*The Birth of the*

Palestinian Refugee Problem Revisited』에서 이런 학살 사건을 20건 나열한다.

83 Jean-Pierre Filiu, *Gaza: A History* (Oxford: Oxford University Press, 2014).

3 세 번째 선전포고, 1967

1 Georges Duby, *Le dimanche de Bouvines: 27 juillet 1214* (Paris: Gallimard, 1973), 10면. 한국어판은 『부빈의 일요일』, 최생열 옮김(동문선, 2002). 프랑스어 원문은 다음과 같다: "Je tachai de voir comment un événement se fait et se défait puisque, en fin de compte, il n'existe que par ce qu'on en dit, puisqu'il est à proprement parler fabriqué par ceux qui en répandent la renommée."

2 Lyndon Johnson, *The Vantage Point: Perspectives of the Presidency* (New York: Holt, Rinehart and Winston, 1971), 293면.

3 미군과 중앙정보국은 아랍 각국 군대가 결합해서 선제공격을 하더라도 이스라엘이 손쉽게 물리칠 것이라고 예측했다. US Department of State, *Foreign Relations, 1964-1968, Volume XIX, Arab-Israeli Crisis and War, 1967* [이하 Foreign Relations, 1967], https://2001-2009.state.gov/r/pa/ho/frus/johnsonlb/xix/28054.htm을 보라. 1967년 5월 26일, 합동참모본부 의장 얼 휠러Earl Wheeler 장군은 존슨 대통령과 고위 보좌관들을 만난 자리에서 이렇게 말했다: 〈아랍연합공화국[1958년 이집트와 시리아가 통합해서 수립된 국가. 1961년 시리아가 탈퇴했고 1971년에 소멸되었다 — 옮긴이주]의 작전 계획은 방어적이며 이스라엘 침공을 준비하는 것으로 보이지 않습니다.〉……하지만 그는 이스라엘이 침공에 저항하거나 침공을 수행[원문 그대로]할 수 있어야 하며, 장기적으로 이스라엘이 승리할 것이라고 결론지었다. ……그는 이스라엘이 공중에서 우위를 장악할 것이라고 믿었다. 아랍연합공화국은 항공기를 다수 잃을 것이었다. 이스라엘의 군사 철학은 공군으로 선제공격을 해서 전술적 기습을 하는 것이다. ("Memorandum for the Record," Document 72). 중앙정보국도 같은 견해였다: 「중앙정보국이 준비한 정보 보고서Intelligence Memorandum prepared by the Central Intelligence Agency」는 다음과 같이 말했다: 〈이스라엘은 선제공격을 가한 뒤 24시간 안에, 또는 아랍연합공화국이 선제공격을 하는 경우에는 2~3일 안에 시나이반도에서 공중의 우위를 달성할 게 거의 확실하다. ……우리는 기동 기갑부대가 며칠 안에 시나이반도에서 아랍연합공화국의 이중 방어선을 돌파할 수 있다고 예상한다.〉(Document 76). 그렇지만 이스라엘이 아랍 국가들보다 약하고 절멸 일보직전이라는 통념은 이 분쟁에 관한 가장 굳건한 허구가 되었다.

4 이 장성들 — 그중 네 명이 1967년에 소장이었다 — 은 에제르 바이츠만Ezer Weizman(하임 바이츠만의 조카, 1967년 공군 사령관으로 훗날 이스라엘 대통령이 됨), 하임 헤르조그Chaim Herzog(1962년까지 군 정보부장을 지내고 역시 후에 이스라엘 대통령이 됨), 하임 바르 레브Haim Bar Lev(1967년 참모차장이자 후에 참모총장), 마티티야후 펠레드Matitiyahu Peled(1967년 총참모부 성원), 예시야후 가비쉬Yeshiyahu

Gavish(1967년 남부 사령관) 등이다: Amnon Kapeliouk, "Israël était-il réellement menacé d'extermination?" *Le Monde*, June 3, 1972. 이 특별한 허구에 맞선 〈장성들의 전쟁〉을 간결하게 설명하는 Joseph Ryan, "The Myth of Annihilation and the Six-Day War," *Worldview*, September 1973, 38~42면도 보라: https://carnegiecouncilmedia.storage.googleapis.com/files/v16_i009_a009.pdf.

5 이집트가 1967년 5월 27일에 이스라엘 공군 기지들에 기습 공습을 가하려고 했는데, 미국과 소련이 설득해서 포기했다는 거짓 주장이 제기된 바 있다. William Quandt, *Peace Process* (Washington, D.C.: Brookings Institution, 1993), 512면 주석 38을 보라. 이스라엘군은 이런 가능성을 분명 믿었는데, 이집트에 Fajr(여명)라는 암호명으로 이런 비상 계획이 존재하기는 했지만, 이집트 지도자들은 이 계획을 진지하게 고려한 적이 없다. 미국과 소련 양국이 이집트의 공격에 격렬하게 반대했기 때문이다. Avi Shlaim, "Israel: Poor Little Samson," in *The 1967 Arab-Israeli War*, ed. Roger Louis and Avi Shlaim (New York: Cambridge University Press, 2012), 30면을 보라. 이집트 고위 대표단이 당시 모스크바에 있었는데, 소련 쪽 대화 상대인 알렉세이 코시긴Alexei Kosygin 총리, 안드레이 그레치코Andrei Grechko 국방 장관, 안드레이 그로미코Andrei Gromyko 외무 장관 등은 모두 이집트인들을 억제할 것을 강하게 권고했다: 이집트 국방 장관 샴스 바드란Shams Badran과의 인터뷰, 몇몇 다른 참석자들의 설명, 회담 속기록 등을 바탕으로 한 자세한 내용으로는 Hassan Elbahtimy, "Did the Soviet Union Deliberately Instigate the 1967 War?" Wilson Center History and Public Policy blog (제목의 질문에 대한 저자가 내린 결론은 〈아니요〉다), https://www.wilsoncenter.org/blog-post/did-the-soviet-union-deliberately-instigate-the-1967-war-the-middle-east를 보라.

출처와 엘바티미의 결론에 대한 더 자세한 설명으로는 Hassan Elbahtimy, "Allies at Arm's Length: Redefining Soviet Egyptian Relations in the 1967 Arab-Israeli War," *Journal of Strategic Studies* (February 2018), https://doi.org/10.1080/0140 2390.2018.1438893을 보라. Hassan Elbahtimy, "Missing the Mark: Dimona and Egypt's Slide into the 1967 Arab-Israeli War," *Nonproliferation Review* 25, nos. 5-6 (2018), 385~397면, https://www.tandfonline.com/doi/full/10.1080/10736700.2018.1559482도 보라.

6 아마 이런 신화를 처음으로 퍼뜨린 가장 영향력 있는 인물은 이스라엘 외무 장관 아바 에반일 것이다. 그는 재치 있는 언사로 유명한데, 1967년 6월 8일 유엔 안보리에서 많은 이들이 이스라엘의 〈안보와 생존 가능성〉을 의심하지만 〈사실 우리는 어떤 이들이 우리를 절멸시킬 계획을 세우고 기대하는 것만큼 협조적이지 않음이 드러났다〉고 밝혔다. United Nations Security Council Official Records, 1351 Meeting, June 8, 1967, S/PV.1351. 이런 신화에 대한 반박과 신화의 지속에 관한 더 자세한 내용은 Joseph Ryan, "The Myth of Annihilation and the Six-Day War," 38~42면을 보라.

7　국무 장관 마이크 폼페이오는 트럼프 행정부가 골란고원에 대한 이스라엘의 주권을 인정하는 것을 정당화하기 위해 1967년에 이스라엘이 절멸의 위협에 맞닥뜨렸다는 신화에 호소했다. 「지금은 놀라울 만큼 독특한 상황입니다. 이스라엘은 자국을 구하기 위해 결정적인 싸움을 벌이고 있었고, 유엔 결의안이 집단 자살 약속일 리 없습니다.」 David Halbfinger and Isabel Kershner, "Netanyahu Says Golan Heights Move 'Proves You Can' Keep Occupied Territory," *New York Times*, March 26, 2019, https://www.nytimes.com/2019/03/26/world/middleeast/golan-heights-israel-netanyahu.html.

8　이런 쟁점들에 관한 요약으로는 Elbahtimy, "Allies at Arm's Length"와 Eugene Rogan and Tewfik Aclimandos, "The Yemen War and Egypt's War Preparedness," in *The 1967 Arab-Israeli War: Origins and Consequences,* ed. W. Roger Louis and Avi Shlaim (Cambridge: Cambridge University Press, 2012) 등을 보라. Jesse Ferris, *Nasser's Gamble: How Intervention in Yemen Caused the Six-Day War and the Decline of Egyptian Power* (Princeton, N.J.: Princeton University Press, 2012)도 보라.

9　Michael Oren, *Six Days of War: June 1967 and the Making of the Modern Middle East* (Oxford: Oxford University Press, 2002)는 기습 공습이 〈오래전부터 계획되었고〉(202면), 시리아의 골란고원(154면), 요르단강 서안과 동예루살렘(155면), 시나이반도(153면) 등을 공격해서 점령하기 위한 비상 계획이 예전부터 존재했다고 언급한다.

10　유엔에서도 시대가 바뀌었다: 이 부서는 현재 정무국이며 보통 미국인이 수장이다.

11　그 6월 전쟁에 관해 위키피디아 항목에 들어 있는 6월 9일 정전 투표에 관한 유니버설뉴스릴Universal Newsreel 동영상 클립을 보면, 결의안이 통과되는 순간(아마 투표 집계를 확인하기 위해서일 텐데) 아버지가 회의 테이블을 둘러싼 맨 마지막 줄에서 잠깐 일어서 있는 모습이 보인다: http://en.wikipedia.org/wiki/Six-Day_War.

12　United Nations Security Council Official Records, 1352nd Meeting, June 9, 1967, S/PV.1352.

13　Itamar Rabinovich, *The Road Not Taken: Early Arab-Israeli Negotiations* (New York: Oxford University Press, 1991); Shlaim, *The Iron Wall* 등을 보라.

14　프랑스가 비밀리에 이스라엘의 핵무기에 필요한 기술을 제공한 한편, 이스라엘 정부는 핵무기 개발 프로그램에 관해 미국을 체계적으로 기만했다. 2015년 법원 명령으로 기밀 해제된, 이스라엘 핵무기 개발의 기술 수준에 관해 언급하는 1987년 미국 국방부 보고서에 관해서는 http://www.courthousenews.com/2015/02/12/nuc%20report.pdf를 보라. 이스라엘이 핵무기 개발 프로그램과 관련해서 미국을 기만한 사실에 관한 가장 훌륭한 설명으로는 Avner Cohen, *Israel and the Bomb* (New York: Columbia University Press, 1999)를 보라. 코언이 우드로윌슨국제학술센터Woodrow Wilson

International Center for Scholars의 핵확산국제사프로젝트Nuclear Proliferation International History Project와 함께 이스라엘의 핵무기에 관해 연구한 내용도 보라.

15 John F. Kennedy Presidential Library and Archive, http://www.jfklibrary. org/Asset-Viewer/Archives/JFKPOF-135-001.aspx. 편지에서 미래의 대통령은 팔레스타인을 분할하면 결국 충돌하는 결과로 이어질 것이라고 9년 전에 정확히 예측했다.

16 포타스의 평전을 쓴 로라 캘먼은 그를 〈유대교보다 이스라엘에 더 관심이 많은 유대인〉이라고 묘사했다. Laura Kalman, *Abe Fortas: A Biography* (New Haven: Yale University Press, 1990).

17 번디 등에 관한 언급은 다음에서 찾아볼 수 있다: https://moderate.wordpress. com/2007/06/22/lyndon-johnson-was-first-to-align-us-policy-with-israel%E2%80%99s-policies/.

18 파인버그는 아메리칸 뱅크 앤 트러스트 컴퍼니American Bank and Trust Company의 회장으로 민주당의 큰손 기부자였다. 크림은 영화 배급사 유나이티드 아티스트United Artists의 회장이자 민주당전국재정위원회 위원장이었다.

19 마틸드 크림에 관해서는 Deirdre Carmody, "Painful Political Lessons for AIDS Crusader," *New York Times*, January 30, 1991, http://www.nytimes. com/1990/01/30/nyregion/painful-political-lesson-for-aids-crusader.html; Philip Weiss, "The Not-so-Secret Life of Mathilde Krim," Mondoweiss, January 26, 2018, http://mondoweiss.net/2018/01/secret-life-mathilde; 그리고 1967년 백악관에서 대통령 연설 비서관으로 일한 그레이스 홀셀의 설명인 Grace Halsell, "How LBJ's Vietnam War Paralyzed His Mideast Policymakers," *Washington Report on Middle East Affairs*, June 1993, 20면, http://www.wrmea.org/1993-june/how-lbj-s-vietnam-war-paralyzed-his-mideast-policymakers.html 등을 보라.

20 이 회동에 관한 미국의 공식 기록은 *Foreign Relations*, 1967, Document 124, "Memorandum for the Record, June 1, 1967, Conversation between Major General Meir Amit and Secretary McNamara," https://2001-2009.state.gov/r/pa/ho/frus/johnsonlb/xix/28055.htm에 실려 있다. 아미트의 설명에 관해서는 Richard Parker, ed., *The Six-Day War: A Retrospective* (Gainesville: University Press of Florida, 1996), 139면을 보라. 미국 쪽 설명은 아미트의 설명보다 모호한데, 장군이 〈과격한 조치가 시급히 필요한 것 같다〉고 말했고, 맥나마라는 〈아미트 장군에게 시나이반도를 공격하면 이스라엘에 얼마나 많은 사상자가 발생할 것으로 예상되는지〉 물으면서 〈아미트의 견해를 대통령에게 전달하겠다〉고 약속했다고 언급할 뿐이다. 아미트를 비롯한 이스라엘 인사들과의 회동에 관한 미국의 공식 문서와 설명은 오래전부터 볼 수 있었지만, 미국이 이스라엘에 공격 허가를 내주지 않았다는 명백하게 잘못된 견해가 여전히 존재한다. 예를 들어 내용은 자세하나 결함이 있는 설명인 Michael Oren, *Six Days of War*, 146~147면을 보라. 1967년 전쟁의 이런 측면과 거의 다른 모든 측면에 관해 훨씬 훌륭한 설명

은 Tom Segev, *1967: Israel, the War, and the Year That Transformed the Middle East* (New York: Metropolitan, 2007), 329~334면; Guy Laron, *The Six-Day War: The Breaking of the Middle East* (New Haven: Yale University Press, 2017), 278~280면, 283~284면 등이다.

21 Oren, *Six Days of War*, 153~155, 202면.

22 나도 아버지를 따라 이 회의에 참석했다. 엘파라는 나중에 구술 회고에서 이렇게 미국이 이스라엘과 공모한 사실을 공개해도 된다고 밝혔다: http://www.unmultimedia. org/oralhistory/2013/01/el-farra-muhammad/.

23 United Nations Security Council Official Records, 1382nd Meeting, November 22, 1967, S/PV.1382, https://unispal.un.org/DPA/DPR/unispal.nsf/db9 42872b9eae454852560f6005a76fb/9f5f09a80bb6878b0525672300565063?Open Document.

24 *Sunday Times*, June 15, 1969.

25 레바논 내전이 폭발 직전까지 치달은 국면이었다. Adam Howard, ed., FRUS 1969-1976, XXVI, Arab-Israeli Dispute, "Memorandum of Conversation," March 24, 1976 (Washington, D.C.: US Government Printing Office, 2012), 967면.

26 2018년 아랍조사정책연구센터Arab Center for Research and Policy Studies 가 실시한 여론조사에 따르면, 2011년 이래 해마다 아랍 11개국에서 응답자의 84퍼센트 이상이 이스라엘을 인정하는 것에 반대했다. 이렇게 반대하는 주된 이유는 이스라엘이 팔레스타인 땅을 점령하고 있다는 사실이었다. 2017년부터 2018년까지 87퍼센트가 이스라엘을 인정하는 데 반대했고, 8퍼센트만이 찬성했다. 그해에 응답자의 4분의 3이 팔레스타인을 아랍의 대의로 간주한 한편, 82퍼센트는 이스라엘을 중동 지역에 대한 주요한 외부의 위협으로 보았다. 미국의 정책에 대한 부정적 태도는 2014년 49퍼센트에서 2017~2018년에 79퍼센트로 늘어났다: Arab Opinion Index, 2017-2018: Main Results in Brief (Washington, D.C.: Arab Center, 2018), file:///C:/Users/rik2101/ Downloads/Arab%20Opinion%20Index-2017-2018.pdf.

27 일찍이 1977년에 미국은 간접적인 접촉을 통해 팔레스타인해방기구가 결의안 제242호를 받아들이도록 설득하는 노력을 기울였다. Adam Howard, ed., *FRUS, 1977-1980*, vol. VIII, Arab-Israeli Dispute, January 1977-August 1978, "Telegram from the Department of State to the Embassy in Lebanon," Washington, D.C., August 17, 1977, 477면, http://history.state.gov/historicaldocuments/frus1977-80v08/d93을 보라.

28 Ahmad Samih Khalidi, "Ripples of the 1967 War," *Cairo Review of Global Affairs* 20 (2017), 8면.

29 아랍어 제목은 *al-Waqa'i' al-ghariba fi ikhtifa' Sa'id abi Nahs, al-mutasha'il* 이다. 이 책은 1974년 하이파에서 처음 출간된 뒤 곧바로 베이루트에서 재간되었고,

그 후 여러 곳에서 팔렸다. 나중에는 팔레스타인의 으뜸가는 배우인 무함마드 바크리 Muhammad Bakri가 1인극으로 개작, 공연해서 인기를 끌었다. 나는 1990년대에 예루살렘에 있는 알카사바al-Qasaba 극장에서 그의 공연을 보았다.

30 카나파니의 저작에 관한 가장 훌륭한 설명으로는 그의 작품을 다루는 Bashir Abu Manneh, *The Palestinian Novel: From 1948 to the Present* (Cambridge: Cambridge University Press, 2016), 71~95면과 Barbara Harlow, *After Lives: Legacies of Revolutionary Writing* (Chicago: Haymarket, 1996)을 보라. 카나파니의 저작을 영어로 옮긴 대표적인 번역가로는 바버라 할로Barbara Harlow, 힐러리 킬패트릭, 메이 자유시May Jayyusi 등이 있다.

31 특히 *al-Adab al-filastini al-muqawim tahta al-ihtilal, 1948-1968* [점령하의 팔레스타인 저항 문헌, 1948~1968], 3rd ed. (Beirut: Institute for Palestine Studies, 2012).

32 이스라엘 보안 기관은 보통 이런 암살이 자기들 소행이라고 주장하지 않는다. 하지만 고위 정보관리 수백 명을 인터뷰하고 풍부한 문헌 자료를 검토해서 쓴 700면짜리 책 Ronen Bergman, *Rise and Kill First: The Secret History of Israel's Targeted Assassinations* (New York: Random House, 2018), 각주 656에 따르면, 카나파니는 모사드에 의해 살해되었다. 자세한 내용을 빽빽하게 채운 베르그만의 책은 여러 세대에 걸쳐 팔레스타인 지도자와 투사 수백 명을 제거한 이스라엘 정보기관의 주변 환경과 밀접하게 연결된 사람이 쓴 권위적인 서술이다. 이런 살인을 기획하고 실행한 사람들에게 숨 가쁘게 경외심을 나타내고, 탈무드의 경고에서 따온 제목에서부터 분명하게 드러나는 무분별하고 절멸주의적인 제로섬 논리를 내세우는 것은 이 책의 심각한 결함이다. 〈누가 너를 죽이려 한다면 먼저 일어나 그를 죽여라.〉책의 제목은 의미심장하다: 팔레스타인 지도자들을 〈표적 암살〉하지 않으면 그들이 이스라엘인을 죽였을 것이기 때문에 이스라엘의 암살은 정당하다는 뜻이 담겨 있다. 이 책에 대한 비판적이면서도 안목 있는 평가로는 Paul Aaron, "How Israel Assassinates Its 'Enemies': Ronen Bergman Counts the Ways," *Journal of Palestine Studies* 47, no. 3 (Spring 2018), 103~105면을 보라.

33 아랍민족주의자운동에 관한 가장 훌륭한 연구는 Walid Kazziha, *Revolutionary Transformation in the Arab World: Habash and His Comrades from Nationalism to Marxism* (London: Charles Knight, 1975)이다.

34 더 자세한 내용으로는 암자드 간마의 회고록 Amjad Ghanma, *Jam'iyat al-'Urwa al-Wuthqa: Nash'atuha wa-nashatatuha* [우르와알우트카 협회: 그 기원과 활동] (Beirut: Riad El-Rayyes, 2002)를 보라. 124면에는 1937~1938년 이 단체의 〈집행위원회〉사진이 실려 있는데, 아버지는 주레이크와 베이루트 아메리칸 대학교 총장 베이어드 다지와 나란히 맨 앞줄에 앉아 있다. 단체의 이름은 1880년대 초 파리에서 자말 알딘 알아프가니Jamal al-Din al-Afghani와 무함마드 압두가 펴낸 유명한 범이슬람 민족주의 간행물의 명칭을 떠올리게 한다. 간행물의 제호는 쿠란 2장 256절의 구절에서 따온

것이다.

35 *Ma'na al-nakba* [재앙의 의미] (Beirut: Dar al-'Ilm lil-Milayin, 1948). 이 얇은 책은 여러 차례 재출간되었는데, 가장 최근에는 2009년에 무사 알알라미(『팔레스타인의 교훈 *'Ibrat Filastin*』), 카드리 투칸Qadri Touqan(『재앙 이후*Ba'd al-nakba*』), 조지 한나George Hanna(『구원으로 가는 길*Tariq al-khalas*』) 등 1948년 패배의 교훈을 다룬 다른 초기 저작들과 함께 팔레스타인연구소에서 출간되었다.

36 1967년의 패배가 아랍 민족주의와 부활하는 팔레스타인 민족 운동에 어떤 영향을 미쳤는지에 관한 논의로는 나의 논문인 "The 1967 War and the Demise of Arab Nationalism: Chronicle of a Death Foretold," in *The 1967 Arab-Israeli War*, ed. Louis and Shlaim, 264~284면을 보라.

37 팔레스타인 저항 운동에 관한 표준적인 연구는 Yezid Sayigh, *Armed Struggle and the Search for State: The Palestinian National Movement, 1949-1993* (Oxford: Oxford University Press, 1997)이다. 이 분쟁의 전반적인 역사를 서술한 훌륭한 책으로는 Charles D. Smith, *Palestine and the Arab-Israeli Conflict: A History with Documents*, 9th ed. (New York: Bedford/St. Martin's, 2016)과 James Gelvin, *The Israel-Palestine Conflict: One Hundred Years of War*, 3rd ed. (Cambridge: Cambridge University Press, 2014)가 있다. Baruch Kimmerling and Joel Migdal, *Palestinians: The Making of a People* (New York: The Free Press, 1993); William Quandt, Fuad Jabber, and Ann Lesch, *The Politics of Palestinian Nationalism* (Oakland: University of California Press, 1973) 등도 보라.

38 이 주제를 다룬 훌륭한 연구로는 Paul Chamberlin, *The Global Offensive: The United States, the Palestine Liberation Organization, and the Making of the Post-Cold War Order* (Oxford: Oxford University Press, 2012)가 있다.

39 이스라엘이 어떻게 해서 미국에서 광범위한 헤게모니를 확립할 수 있었는지에 관한 좀 더 정교한 분석으로는 Kaplan, *Our American Israel*과 Novick, *The Holocaust in American Life*를 보라.

40 Bergman, *Rise and Kill First*, 162~174면을 보면, 바라크가 직접 여자로 변장한 이 작전에 관해 자세한 설명이 나온다.

41 Bergman, *Rise and Kill First*, 117~118, 248~261면에는 이와 같은 아라파트 암살 시도의 많은 사례가 담겨 있다. 이 암살 전략에 대한 분석과 베르그만의 변호론적 설명에 대한 해독제로는 서평인 Paul Aaron, "How Israel Assassinates Its 'Enemies'"와 2부로 된 논문 "The Idolatry of Force: How Israel Embraced Targeted Killing"과 "The Idolatry of Force (Part Ⅱ), Militarism in Israel's Garrison State," *Journal of Palestine Studies* 46, no. 4 (Summer 2017), 75~99면과 같은 저널 48, no. 2 (Winter 2019), 58~77면을 보라.

42 이 장과 다음 장에서 사용하는 자료는 대부분 1982년 사브라Sabra와 샤틸라

Shatila 학살 사건을 조사한 카한위원회Kahan Commission의 비공개 부속 문서에 수록된 자료의 영어 번역본을 바탕으로 한다. 다음에 이어지는 내용에서는 카한문서 KP I~VI라고 인용 표시한다. 이 문서는 팔레스타인연구소 웹 사이트에서 볼 수 있다: https://palestinesquare.com/2018/09/25/the-sabra-and-shatila-massacre-new-evidence/. 버지니아 대학교 명예 교수이자 지미 카터 행정부에서 국가안보회의NSC의 선임 위원을 지낸 윌리엄 퀸트William Quandt가 팔레스타인연구소에 이 문서를 스캔한 사본을 제공했다. 아리엘 샤론이 『타임』을 상대로 제기한 명예 훼손 소송 과정에서 퀸트는 『타임』 변호인단의 자문 위원을 맡았다. 이 과정에서 『타임』 담당 로펌으로부터 히브리어 원문의 발췌 번역본을 받았다. 이런 문서에 익숙한 전문가들은 이것이 카한 보고서의 미간행 부속 문서의 상당 부분에 해당한다고 증언한 바 있다.

KP IV, Meeting between Sharon and Bashir Gemayel, Beirut, July 8, 1982, Doc. 5, 229면 이하에서 레바논의 기독교 민병대 지도자 바시르 제마엘이 레바논 남부에 있는 팔레스타인 난민촌을 불도저로 밀어 버려서 남부에서 난민들을 쫓아내는 데 이스라엘이 반대할지 여부를 묻자, 샤론은 이렇게 답했다. 「그건 우리하고는 상관없습니다. 우리는 레바논 국내 문제에 관여하고 싶지 않아요.」 1982년 8월 21일 샤론과 피에르와 바시르 제마엘 부자가 만났을 때(KP V, 2-9), 샤론은 두 사람에게 이렇게 말했다: 「전에도 의문이 제기되었는데, 테러리스트들이 철수하면 팔레스타인 난민촌에 무슨 일이 생길까요? ……당신네가 행동에 나서야 합니다. ……테러리스트를 없애고 난민촌을 정화해야 한다고요.」 샤론과 제마엘, 그리고 그들의 부관들이 공히 갖고 있었던 절멸주의 eliminationism의 논리에 관한 더 자세한 내용으로는 다음의 5장을 보라.

43 피에르 제마엘이 1936년 독일 올림픽 당시 레바논 축구팀 골키퍼로 참가한 뒤 돌아와서 팔랑헤당을 창설했다.

44 *Jerusalem Post*, October 15, 1982. 제에브 쉬프Ze'ev Schiff와 에후드 야아리 Ehud Ya'ari는 『이스라엘의 레바논 전쟁*Israel's Lebanon War*』(New York: Simon and Schuster, 1983) 20면에서 이스라엘의 〈레바논부대〉 담당 고위 연락 장교로 훗날 국방장관과 부총리가 되는 베냐민 벤엘리제르Binyamin Ben-Eliezer 대령이 난민촌이 함락되기 몇 주 전인 7월에 〈레바논부대〉가 텔알자타르 포위를 지휘한 사령부 현장에 있었다고 지적한다. 쉬프와 야아리는 이스라엘군과 정보기관이 이때부터 그 이후 시기까지 〈레바논부대〉와 광범위하게 협력했다고 술회한다. Bergman, *Rise and Kill First*도 비슷하게 서술한다.

45 KP III, minutes of meeting of Knesset Defense and Foreign Affairs Committee, September 24, 1982, 224~225면.

46 앞의 글, 225~226면.

47 1976년 8월 13일자 팔레스타인통신사WAFA 뉴스는 레바논에 있던 시리아의 고위 군 정보장교인 알리 마다니 대령이 난민촌을 겨냥한 작전을 〈감독〉하기 위해 〈레바논부대〉 사령부에 있었다는 사실을 확인했다: 1976년 8월 12일 하산 사브리 알홀리

의 기자 회견에 관한 보도로는 *al-Nahar* and *al-Safir*, August 13, 1976을 보라. 『크리스천사이언스모니터』 기자로 전쟁을 보도하면서 난민촌이 함락되는 광경을 직접 목격한 헬레나 코번Helena Cobban은 다른 서구 언론인들도 〈레바논부대〉 사령부에서 마다니 대령을 보았다고 말한다: *The Palestinian Liberation Organization* (Cambridge: Cambridge University Press, 1984), 281면 주석 35. 다른 설명들에 따르면, 그의 부관인 무함마드 훌리 대령도 그 자리에 있었던 것으로 확인된다.

48 Adam Howard, ed., *FRUS 1969-1976*, XXVI, Arab-Israeli Dispute, "Minutes of Washington Special Actions Group Meeting," Washington, D.C., March 24, 1976, 963면.

49 키신저의 발언은 1975년 하원의원 오티스 파이크Otis Pike가 지휘하는 하원 상임정보위원회에 미국이 이라크의 쿠르드족을 포기한 것과 관련해 한 말이다.

50 KP, I, 18면. 이 문서는 샤론에 대한 비난에 대응하여 국방부가 카한위원회에 제출하기 위해 만든 것이 분명하다. 문서 48면에는 샤론이 〈팔랑헤당원 130명 정도가〉 이스라엘에서 훈련을 받았다고 말한 내용이 인용되어 있으며, 군사 원조의 규모에 대해서도 같은 수치를 제시한다.

51 Bergman, *Rise and Kill First*, 225~261면.

52 Adam Howard, ed., *FRUS 1969-1976*, XXVI, Arab-Israeli Dispute, "Minutes of Washington Special Actions Group Meeting," Washington, D.C., March 24, 1976, 963면.

53 앞의 글.

54 Henry Kissinger, *Years of Renewal* (New York: Touchstone, 1999), 351면.

55 이 각서는 처음에 Meron Medzini, ed., *Israel's Foreign Relations: Selected Documents, 1974-1977*, vol. 3 (Jerusalem: Ministry of Foreign Affairs, 1982), 281~290면에서만 볼 수 있었다. 미국 정부가 공개한 것은 20년 뒤의 일이다: Adam Howard, ed., *FRUS, 1969-1976*, XXVI, Arab-Israeli Dispute, "Memorandum of Agreement between the Governments of Israel and the United States." 포드 대통령이 이스라엘의 이츠하크 라빈 총리에게 같은 날짜로 보낸 비밀 서한에는 또 다른 중대한 약속이 서술되어 있는데, 여기서 미국은 어떤 평화 교섭에서든 간에 〈이스라엘이 만족하지 못하는 제안을 내놓는 일이 없도록 하기 위해 이스라엘과 최선을 다해 의견을 조정하겠다〉고 다짐했다. 838~840면.

56 Adam Howard, ed., *FRUS, 1969-1976*, XXVI, Arab-Israeli Dispute, "Minutes of National Security Council Meeting," Washington, D.C., April 7, 1976, 1017면.

57 앞의 글, 831~832면. Patrick Seale, *Asad: The Struggle for the Middle East* (Oakland: University of California Press, 1989), 278~284면도 보라.

58 Bergman, *Rise and Kill First*, 214~224면에 실린 암살 작전에 관한 설명에는

몇 가지 오류가 있는데, 1978년에 이스라엘 잠입 요원 하나가 〈텔알자타르 난민촌에 있는 은신처를 기반으로 삼아〉 한 비정부기구에서 활동가 행세를 했다는 언급이 대표적이다. 난민촌은 이미 2년 전에 파괴된 상태였다. 이 비정부기구는 난민촌 학살에서 살아남은 아이들을 위한 고아원인 베이트아트팔알수무드Bayt Atfal al-Sumud(꿋꿋한 아이들의 집)였을 것이다.

59 Bergman, *Rise and Kill First*, 242~243면 이하. 오늘날 이스라엘 보안 기관이 만든 위장 단체였을 뿐임이 드러난 〈레바논외세해방전선〉에 관해서는 Remi Brulin, "The Remarkable Disappearing Act of Israel's Car-Bombing Campaign in Lebanon," Mondoweiss, May 7, 2018, https://mondoweiss.net/2018/05/remarkable-disappearing-terrorism을 보라.

60 딘의 고발에 관한 더 자세한 내용으로는 Philip Weiss, "New Book Gives Credence to US Ambassador's Claim That Israel Tried to Assassinate Him," Mondoweiss, August 23, 2018, https://mondoweiss.net/2018/08/credence-ambassadors-assassinate/를 보라.

61 고(故) 딘 대사는 고맙게도 1978년 말부터 1981년까지 베이루트 주재 대사로 일한 시기 전체를 아우르는 문서들을 내게 제공했다. 팔레스타인해방기구와 관련된 문서는 주로 1979년의 것이다. 또한 위키리크스에는 파커와 딘이 이런 중개자들 중 한 명인 내 사촌 왈리드 할리디와 접촉한 사실에 관한 기밀 전신도 최소한 대여섯 개가 있다: 예를 들어, https://search.wikileaks.org/?s=1&q=khalidi&sort=0을 보라.

62 딘 대사가 팔레스타인연구소에 제공한 이 문서들의 사본은 연구자들이 참고할 수 있다.

63 "Telegram from Secretary of State Vance's Delegation to Certain Diplomatic Posts," October 1, 1977, *FRUS, 1977-1980*, Arab-Israeli Dispute, vol. 8, 634~636면.

64 이 주제를 다루는 결정적인 연구는 Seth Anziska, *Preventing Palestine: A Political History from Camp David to Oslo* (Princeton, N.J.: Princeton University Press, 2018)이다.

65 과거에 공개되지 않았던 이스라엘과 미국의 문서를 바탕으로, 베긴이 어떻게 이런 성과를 이뤘는지, 그리고 어떻게 이를 통해 이후 1990년대에 마드리드, 워싱턴, 오슬로로 이어지는 교섭을 위한 토대를 닦았는지를 가장 엄밀하게 서술한 연구는 Anziska, *Preventing Palestine*이다.

4 네 번째 선전포고, 1982

1 http://avalon.law.yale.edu/19th_century/hague02.asp#art25.

2 Alexander Cockburn, "A Word Not Fit to Print," *Village Voice*, September 22, 1982에서 재인용.

3 KP III, 196면. 1982년 6월 10일 크네셋 국방외교위원회 회의 중에 구르가 샤론

에게 한 말이다.

4 Chaim Herzog, *The Arab-Israeli Wars: War and Peace in the Middle East from the War of Independence Through Lebanon*, rev. ed. (New York: Random House, 1985), 344면에 8개 사단의 수치가 실려 있다. 헤어조그는 퇴역 소장이자 전 군 정보부장으로 후에 이스라엘 대통령이 되었다. 다른 권위 있는 이스라엘 자료들은 결국 무려 9개 사단이 침공군에 가담했다고 말한다.

5 베이루트에서 발생한 사상자의 84퍼센트가 민간인이라고 말한다. 레바논국가 안보부(*Da'irat al-Amn al-'Am*)의 공식 보고서에 나오는 내용이다: *Washington Post*, December 2, 1982. 전시의 상황을 감안할 때, 이 수치가 완전히 정확한 것은 아니다.

6 1982년 8월 14일 팔레스타인통신사는 이스라엘 언론에 실린 부고 기사에 따르면, 레바논에서 10주간 벌어진 전투로 전사한 군인의 수가 총 453명이라고 보도했다. 이렇게 숫자가 일치하지 않는 것은 이스라엘군이 교전 중에 사망한 숫자만 집계하고, 부상을 입은 뒤 나중에 사망한 경우나 전장에서 다른 이유로 사망한 숫자는 제외했기 때문일 것이다: *Under Siege*, 199~200면 주석 4에서 재인용.

7 *The Jerusalem Post*, October 10, 1983. 샤론 자신은 1982년 8월 21일 피에르와 바시르 제마엘 부자에게 이스라엘 사상자가 2,500명이라고 언급했다: KP IV, 5면. 1982년 6월부터 1985년 6월 부분 철수를 할 때까지 이스라엘군 사상자는 4,500명이 넘었다. 1985년에서 2000년 5월 남레바논 점령이 끝날 때까지 추가로 500명이 넘는 군인이 사망했다. 1982년에서 2000년까지 총 전사자 수는 800명이 넘는다. 따라서 이 전쟁과 레바논 점령으로 1948년과 1973년 전쟁에 뒤이어 세 번째로 많은 군 사상자가 발생했다. 1956년과 1967년 전쟁, 그리고 1968~1970년의 수에즈 운하 주변 소모전의 사상자보다 많은 숫자다.

8 아마 내가 팔레스타인통신사에서 모나를 도와 영어판 뉴스 서비스를 신설하는 일을 했기 때문일 텐데, 몇몇 언론인은 전쟁 중에 내가 언론 인터뷰를 할 때 기본 원칙으로 삼는 내용을 알지 못한 채 나를 〈팔레스타인통신사 국장〉이나 〈팔레스타인해방기구 대변인〉으로 잘못 소개했다(Thomas Friedman, "Palestinians Say Invaders Are Seeking to Destroy P.L.O. and Idea of a State," *New York Times*, June 9, 1982). 실제 팔레스타인통신사 국장이었던 지야드 압둘 파타Ziyad 'Abd al-Fattah나 팔레스타인해방기구 대변인이었던 아마드 압둘 라만Ahmad 'Abd al-Rahman과 마무드 알라바디Mahmud al-Labadi(라만은 아랍 언론을 상대하고 알라바디는 외국 언론인을 상대했다)가 이런 사실을 알았다면 깜짝 놀랐을 것이다. 팔레스타인해방기구 해외정보부장이던 알라바디가 외국 언론인을 상대하는 유일한 책임자였다. 이 세 관리는 모두 팔레스타인해방기구의 입장을 소개하는 의무가 있었지만, 나는 그렇지 않았다. 내가 서구 언론인과 이야기를 나누는 경우에는 어떤 공식 자격도 없이 익명으로 〈팔레스타인에 정통한 정보원〉으로서 한 것이다. 거의 모든 언론인이 이런 관례를 존중했다.

9 David Shipler, "Cease-Fire in Border Fighting Declared by Israel and PLO,"

New York Times, July 25, 1981, https://www.nytimes.com/1981/07/25/world/cease-fire-border-fighting-declared-israel-plo-us-sees-hope-for-wider-peace.html.

10   나는 하비브를 잠깐 알고 지낸 적이 있다. 1962년부터 1965년까지 아버지가 한국에서 유엔의 최고위 민간 직위로 일할 때 나는 10대였는데, 하비브도 미국 대사관의 고위 외교관이었다. 하비브 부부는 우리 부모님과 친하게 지냈는데, 어머니와 하비브 여사는 우리 집에서 종종 브릿지 게임을 했다. 하비브와의 이런 인연 덕분에 레바논 전쟁 당시 팔레스타인해방기구의 활동에 관한 책을 쓸 때 그를 인터뷰할 수 있었다: *Under Siege: PLO Decisionmaking During the 1982 War*.

11   이때 프리마코프를 처음 만난 건 아니었는데, 언제나 그렇듯이 중동 정치에 대한 그의 식견과 지적 능력, 솔직한 언사에 깊은 인상을 받았다. 소련이 해체된 뒤, 그는 러시아 정보기관의 첫 번째 수장이 되었고, 외무 장관을 거쳐 마침내 총리까지 지냈다. 총리로 일할 때 그는 오스트리아인 동료와 내가 1940년대부터 1980년대까지 중동에 관한 소련 외교 문서를 출간하기 위해 러시아 국가문서보관소와 협약을 맺는 일을 도와주었다. 하지만 1999년에 프리마코프가 보리스 옐친 대통령에게 해임되면서 이 프로젝트는 수포로 돌아갔다. 1982년 전쟁에 관한 그의 설명은 *Russia and the Arabs: Behind the Scenes in the Middle East from the Cold War to the Present* (New York: Basic Books, 2009), 199~205면에서 볼 수 있다.

12   그 후 튀니스에서 한 인터뷰에서 아부 이야드와 아부 지하드 둘 다 팔레스타인해방기구 지도부가 오래전부터 전쟁이 임박했음을 알았고 그에 따라 준비를 했다는 사실을 내게 확인해 주었다: *Under Siege*, 198면 주석 21.

13   아라파트는 분명 놀라지 않았다. 1982년 3월에 한 연설에서 그는 팔레스타인해방기구와 동맹 세력이 할데에서 싸워야 할 것이라고 예측한 바 있었다: *Under Siege*, 198면 주석 20. 할데의 팔레스타인해방기구 지구 사령관인 압둘라 시얌Abdullah Siyam 대령은 6월 12일 이 전투에서 사망했다. 이 전쟁에서 사망한 팔레스타인해방기구의 최고위 장교였다. 이틀 전, 전 부참모총장이자 모사드 수장 지명자로 이스라엘의 최고위 장교 전사자인 유쿠티엘 아담Yukutiel Adam 소장이 다무르Damour 해안 바로 아래쪽에서 팔레스타인 전사들에게 살해되었다. 이미 평정했다고 간주한 지역에서 벌어진 일이었다: *Under Siege*, 80~81면.

14   이 사실은 Alexander Cockburn, "A Word Not Fit to Print," *Village Voice*, September 22, 1982에서 폭로되었다.

15   대다수 서구 언론인은 코르니슈Corniche 바닷가에 자리한 전설적인 세인트 조지 호텔St. George Hotel이 1975년에 약탈과 방화를 당한 뒤 코모도어 호텔에 진을 치고 있었다. 세인트 조지 호텔은 오랫동안 해외 언론인, 외교관, 스파이, 무기 거래상, 그 밖에 평판이 좋지 않은 부류들이 모이는 본거지였다. 코모도어 호텔은 호화스러운 세인트 조지에 비하면 수수한 편이었지만, 내전이 벌어지는 대부분의 전선에서 비교적 멀리 떨어져 있다는 헤아릴 수 없는 장점이 있었다. Said Abu Rish, *The St. George Hotel Bar*

(London: Bloomsbury, 1989)는 그곳에서 벌어진 몇 가지 음모를 서술하면서 킴 필비 Kim Philby나 마일스 코플런드Miles Copeland 같은 유명한 정보 요원들이 단골손님이 었다고 언급한다.

16　Ze'ev Schiff and Ehud Ya'ari, *Israel's Lebanon War* (New York: Simon and Schuster, 1983)는 레바논 내에 이스라엘의 스파이망이 얼마나 광범위했는지를 자세히 보여 준다. Bergman, *Rise and Kill First*도 보라.

17　Bergman, *Rise and Kill First*는 팔레스타인해방기구 지도부 전체를 죽이려 한 일사불란한 시도는 최소한 1918년까지 거슬러 올라간다고 말한다: 244~247면.

18　"123 Reported Dead, 550 Injured as Israelis Bomb PLO Targets," *New York Times*, July 18, 1981, https://www.nytimes.com/1981/07/18/world/123-reported-dead-550-injured-israelis-bomb-plo-targets-un-council-meets-beirut.html.

19　"Begin Compares Arafat to Hitler," UPI, August 5, 1982, http://www.upi.com/Archives/1982/08/05/Begin-compares-Arafat-to-Hitler/2671397368000/.

20　Bergman, *Rise and Kill First*, 117~118면에서는 아라파트를 암살하려는 이스라엘의 시도가 1967년에 시작되었다고 말한다. 248~261면에서는 1982년 전쟁 중에 여러 차례 아라파트를 죽이려 한 시도를 서술한다.

21　Interview, Dr. Lamya Khalidi, Nice, June 1, 2018. Bergman, *Rise and Kill First*, 264~265면에 〈거지로 변장한〉 채 거리에 앉아 있는 이스라엘 암살대 지휘관의 사진이 실려 있다. 정확한 위치가 확인되지 않은 아랍 도시인데, 아마 베이루트일 것이다.

22　이 이중간첩은 아부 이야드의 정보부가 리비아를 근거로 팔레스타인해방기구 반대 활동을 한 아부 니달 정파에 침투시킨 사람이었다. 이 그룹에 타격을 주려는 시도는 큰 성공을 거두었다. 이중간첩은 나중에 아부 이야드의 고위 부관 중 한 명인 아부 알홀Abu al-Hol(하일 압둘 하미드Ha'il 'Abd al-Hamid)의 운전사로 채용되었다. 알고 보니 그는 매수된 상태였다(아마 이라크 정권이 매수했을 텐데, 아부 니달 그룹을 지지한 이라크는 아부 이야드가 이라크의 쿠웨이트 침공에 공공연하게 반대하자 격분했다). 미국이 이라크군을 쿠웨이트에서 몰아내기 위해 공격에 나서기 이틀 전인 1991년 1월 14일, 그는 아부 이야드와 아부 알홀, 참모 한 명을 암살했다.

23　Bergman, *Rise and Kill First*, 256면에서 서술되는 사건이 아마 이 폭격일 것이다: 〈부대 지휘관 다얀에 따르면, 암살대원들은 아라파트가 전화 통화를 하는 소리가 들려오자 곧바로 전투폭격기 두 대를 보내 건물을 날려 버렸지만, 아라파트가 자리를 떠난 것은 30분도 채 되지 않았다.〉 아마 이 일화는 258~259면에서 언급하는 공격과 같은 것일 텐데, 8월 5일이라고 날짜가 잘못 기록되어 있고, 〈아라파트가 회의에 참석하기로 예정된 서베이루트의 사나이Sana'i 업무 지구〉를 공격 목표로 정했다고 설명도 잘못되어 있다. 베르그만에 따르면, 라파엘 에이탄Rafael Eitan 참모총장이 직접 이 폭격에 참여했다고 한다.

24　*Under Siege*, 97면.『뉴스위크』기자 토니 클리프턴Tony Clifton과『데일리 텔

레그래프』의 존 불럭John Bulloch이 현장에 있었다. 클리프턴은 공격의 여파를 충격적으로 묘사하면서 사망자가 무려 260명에 달한 것으로 보인다고 말한다: Tony Clifton and Catherine Leroy, *God Cried* (London: Quartet Books, 1983), 45~46면. John Bulloch, *Final Conflict: The War in Lebanon* (London: Century, 1983), 132~133면도 보라.

25 자세한 내용으로는 *Under Siege*, 88면과 202면 주석 39를 보라. 이스라엘 정보기관이 레바논에서 사용한 차량 폭탄에 관해 자세히 설명한 Bergman, *Rise and Kill First*, 242~243면도 보라.

26 나는『포위 상태*Under Siege*』에서 팔레스타인해방기구가 어떻게 베이루트 철수를 결정하기에 이르렀는지를 자세히 설명했다. 당시 튀니스에 있던 팔레스타인해방기구 문서보관소(이곳을 비롯한 다른 팔레스타인해방기구 사무소는 1985년 10월 1일 이스라엘에 폭격을 당했고, 전에 나를 도와주었던 사서 한 명도 그때 사망했다)를 이용하는 한편 미국과 프랑스, 팔레스타인의 주요 교섭 참가자들과 인터뷰를 해서 이 책을 썼다.

27 Anziska, *Preventing Palestine*, 201면.

28 팔레스타인인들은 각기 다른 시기에 리비아, 이라크, 시리아 정보기관을 위해 일한 아부 니달 그룹에 이스라엘 모사드도 침투해 있다고 줄곧 의심했다. Bergman, *Rise and Kill First*는 이스라엘 정보원에 따르면, 〈영국 정보기관이 아부 니달 세포 내부에 이중간첩을 두고 있었고〉 이 세포가 아르고브를 공격했다고 말한다(249면). 베르그만은 이스라엘이 자국을 적대시한다고 보는 거의 모든 그룹에 이중간첩을 심어 놓았다고 설명하지만, 아부 니달 그룹이 이스라엘과 유대인 표적을 대상으로 이목을 끄는 공격을 가했는데도 그의 책에는 이스라엘 이중간첩의 침투에 관한 언급이 없고, 책에 수록된 찾아보기에도 이 그룹이 아예 등장하지 않는다.

29 Anziska, *Preventing Palestine*, 201~202면.

30 내 어머니도 총을 맞은 적이 있는데 다행히도 가벼운 부상만 입었다. 1977년 2월 시리아 군인들이 지키던 이런 검문소를 지나쳐 차를 몰다가 공격을 당한 것이다.

31 1943년 레바논 독립 시기까지 거슬러 올라가는 방식[정부 구성에서 종교 집단 간 군력 분점을 규정한 국민 협약을 가리킨다 — 옮긴이주] 아래 총리를 지내면서 전통적으로 레바논에서 수니파가 주축인 팔레스타인들의 정치적·군사적 존재를 지지한 라시드 카라미Rashid Karami, 사에브 살람Sa'eb Salam, 살림 알호스Salim al-Hoss 같은 정치인들이 여기에 포함된다.

32 *Under Siege*, 65, 88, 201면 주석 16. 카한위원회가 사브라와 샤틸라 학살에 관해 조사한 보고서의 비공개 부록에 수록된 많은 문서에 슈프산맥에서 〈레바논부대LF〉가 드루즈인들을 학살한 사건이 언급된다: KP I, 5면; KP II, 107~108면; KP III, 192면; KP IV, 254, 265, 296면; KP V, 56, 58면; KP VI, 78면. 다음 주소에서 이 문서들을 볼 수 있다: https://palestinesquare.com/2018/09/25/the-sabra-and-shatila-massacre-new-evidence/.

33 11개조 계획 원문은 *Under Siege*, 183~184면에서 볼 수 있다.

34 카한위원회의 비공개 부록에 실린 문서들에는 6월 말과 7월 초 슈프 지역에서 벌어진 학살 외에도 다른 잔학 행위들이 보고되어 있다: 베이루트에서 〈레바논부대〉 정보 책임자인 엘리 호베이카Elie Hobeika가 지휘하는 군대의 소행으로 1,200명이 실종되거나 살해된 것으로 추정되며(KP II, 1면과 KP V, 58면), 모사드는 6월 23일까지 〈레바논부대〉가 만든 바리케이드 검문소에서 500명이 〈제거되었다〉고 보고한다: KP II, 3면과 KP VI, 56면. https://palestinesquare.com/2018/09/25/the-sabra-and-shatila-massacre-new-evidence/.

35 팔레스타인해방기구 문서보관소에 있는 문서 원본을 인용하는 *Under Siege*, 171면.

36 미국과 레바논이 교환한 서신 전체는 *Department of State Bulletin*, September 1982, vol. 82, no. 2066, 2~5면에서 볼 수 있다.

37 레바논 경찰의 보고에 따르면 그날 〈최소한 128명이 살해되고〉 400명 이상이 부상당했다고 말했다: 『뉴욕 타임스』 1982년 8월 13일자에 공표된 AP 보도를 인용하는 *Under Siege*, 204면 주석 67.

38 Diary entry for August 12, 1982, in *Ronald Reagan, The Reagan Diaries*, ed. Douglas Brinkley (New York: HarperCollins, 2007), 98면.

39 그 후로도 얼마 동안 두 아이는 하늘에서 비행기나 헬리콥터 소리가 날 때마다 두려움에 떨었다.

40 맬컴 커는 불과 16개월 뒤에 사무실 바로 앞에서 암살당했고, 베이루트 아메리칸 대학교에서 일하던 동료들도 다수가 암살되었다.

41 후에 젱킨스는 『뉴욕 타임스』의 토머스 프리드먼과 함께 사브라와 샤틸라 학살에 관한 보도로 퓰리처상을 받았다.

42 광범위한 인터뷰와 꼼꼼한 조사에 바탕을 두고 학살의 희생자 수를 가장 완벽하게 분석한 것은 저명한 팔레스타인 역사학자인 바얀 누웨이드 알후트의 저서다. Bayan Nuwayhid al-Hout, *Sabra and Shatila: September 1982* (Ann Arbor: Pluto, 2004). 그는 최소한 1,400명에 육박하는 수가 살해되었다고 확인했다. 하지만 많은 피해자가 납치된 뒤 실종되었기 때문에 실제 숫자는 확실히 더 많으며 알 수 없다고 말한다.

43 아리 폴먼Ari Folman과 데이비드 폴론스키David Polonsky가 쓴 그래픽노블(New York: Metropolitan Books, 2009)이다. 한국어판은 『바시르와 왈츠를』, 김한청 옮김(다른, 2009). 『바시르와 왈츠를』에서 폴먼이 설명하는 내용에 따르면, 그가 속한 부대가 쏜 조명탄 덕분에 〈훤하게 밝아진 하늘 아래서 다른 군인들이 살인을 저질렀다〉 (107면). 이 책과 영화는 전체 이야기의 핵심을 차지하는 이 잔학 행위를 묘사하는 데 아낌없이 분량을 할애하지만, 막바지에서 묘사되는 이름 없는 피해자들의 고통보다는 살인자들이 활약할 수 있도록 도와준 이스라엘인들이 이후에 느낀 심리적 고뇌에 주로 초점을 맞춘다. 이런 점에서 이 작품은 〈총 쏘고 눈물 흘리기shooting and crying〉라는 이스

라엘의 유명한 장르와 언뜻 닮은 수준을 넘어선다.

44 결말 부분에서 폴먼의 친구는 일종의 통속 심리학을 활용해서 그의 멍에를 풀어 준다. 친구는 그에게 학살을 실행한 이들과 그 주변을 둘러싼 동심원에 있던 이스라엘인들 사이에 아무 차이가 없다는 것은 홀로코스트 생존자 부모를 둔 열아홉 살짜리 아들인 〈네 인식 속에서〉 그렇게 느낄 뿐이라고 말한다. 그러면서 이런 말을 덧붙인다. 「너는 죄 책감을 느꼈고, ……네 뜻과는 반대로 나치 역할을 부여받은 거야. ……너는 조명탄을 쐈지. 하지만 학살을 자행하진 않았어.」

45 카한위원회 보고서 전문은 http://www.jewishvirtuallibrary.org/jsource/ History/kahan.html에서 볼 수 있다. 이 보고서에 많은 결함과 생략된 부분이 있다는 신랄한 비판은 Noam Chomsky, *Fateful Triangle: The United States, Israel, and the Palestinians*, 2nd ed. (Cambridge, M.A.: South End Press, 1999), 397~410면에서 볼 수 있다. 한국어판은 『숙명의 트라이앵글』, 최재훈 옮김(이후, 2008).

46 2012년 이스라엘 국가문서보관소에서 공개한 문서들은 사브라·샤틸라 학살 30주년 기념일에 『뉴욕 타임스』에 의해 온라인으로 공개되었다. 문서보관소에서 이 문서들을 발견한 세스 안지스카Seth Anziska가 이 문제에 관해 나란히 기명 칼럼을 실었다: "A Preventable Massacre," *New York Times*, September 16, 2012: http://www. nytimes.com/2012/09/17/opinion/a-preventable-massacre.html?ref=opinion. 이 문서들은 온라인에서 볼 수 있다: "Declassified Documents Shed Light on a 1982 Massacre," *New York Times*, September 16, 2012, http://www.nytimes.com/ interactive/2012/09/16/opinion/20120916_lebanondoc.html?ref=opinion.

47 앞에서 언급한 것처럼, 보고서의 비공개 부록 영어 번역본은 팔레스타인연구소 웹 사이트에서 볼 수 있다: https://palestinesquare.com/2018/09/25/the-sabra-and-shatila-massacre-new-evidence/. 내가 인용한 부분은 Kahan Papers [KP] I~VI로 표시했다.

48 일찍이 7월 19일에 샤론이 하비브에게 한 이스라엘 정보 보고에 따르면, 팔레스타인해방기구가 〈테러리스트 하부 조직의 중핵〉을 뒤에 남겨 놓기로 계획을 세웠고, 〈다국적군이 난민촌을 보호해야 한다는 요구의 배후에는 이런 구상이 감춰져 있다〉고 말했다. KP III, 163면. 이 말은 사실이 아니었기 때문에 샤론이 완전히 잘못된 정보를 받았거나 아니면 팔레스타인해방기구가 철수한 뒤 레바논에 남아 있는 팔레스타인인들에 대해 계획된 조치를 취할 구실을 이미 준비 중이었다고 볼 수 있다.

49 "Declassified Documents Shed Light on a 1982 Massacre," *New York Times*, September 16, 2012.

50 KP IV, 273면. 샤론은 또한 이 내각 회의에서 〈레바논부대〉가 사브라로 파견되었다고 보고했다.

51 "Declassified Documents Shed Light on a 1982 Massacre." Anziska, *Preventing Palestine*, 217~218면도 보라.

52 "Declassified Documents Shed Light on a 1982 Massacre." 샤론은 1982년 9월 16일 이스라엘 내각에서 발언하면서 앞서 드레이퍼와 나눈 대화에 관해 보고했다. 그러면서 드레이퍼가 자기 말에 대해 반박한 것을 두고 〈대단히 건방지다〉고 비난했다: KP IV, 274면.

53 KP III, 222~226면. 3장에서 언급한 것처럼, 1982년 9월 24일 크네셋 국방외교위원회 비공개 회의와 같은 해 10월 크네셋에서 샤론은 텔알자타르에 관해 자세히 이야기했다. 1982년 6월 23일자 모사드 보고서에 따르면, 바시르 제마옐은 수석 보좌관 여섯 명이 참석한 회동에서 모사드 대표자들에게 시아파를 다루는 과정에서 〈데이르야신 같은 일을 몇 차례 더 벌일 필요가 있을 수 있다〉고 말했다. 1982년 이스라엘의 침공 중에 〈레바논부대〉가 앞서 벌인 학살에 관해 이스라엘이 알고 있었다는 내용으로는 앞의 주석 32와 34를 보라.

54 1982년 7월 8일, 바시르 제마옐은 샤론에게 〈레바논부대〉가 불도저를 동원해서 남부에 있는 팔레스타인 난민촌을 쓸어버리는 데 반대하는지 물었다. 샤론은 이렇게 대답했다. 「우리와 상관없는 일입니다. 우리는 레바논 국내 문제에 관여하고 싶지 않습니다.」 KP IV, 230면. 1982년 7월 23일 사기 소장과 만난 자리에서 바시르 제마옐은 팔레스타인 〈인구 문제〉에 대처할 필요가 있는데, 남부에 있는 팔레스타인 난민촌을 쓸어버려도 대다수 레바논 사람들은 신경 쓰지 않을 것이라고 말했다. KP VI, 244면. 1982년 8월 1일 회동에서 사기 소장은 〈바시르 쪽 군인들이 팔레스타인인들을 처리하려는 계획을 마련할 때가 되었다〉고 언급했다. KP VI, 243면. 8월 21일, 〈레바논부대〉가 팔레스타인 난민촌을 처리하기 위해 어떤 계획을 짰는지 샤론에게서 질문을 받자, 바시르 제마옐은 이렇게 대답했다. 「진짜 동물원을 만들 생각입니다.」 KP V, 8면. 카한위원회에 출석한 증인인 하노프Harnof 중령은 〈레바논부대〉 지도자들이 〈사브라는 동물원이 될 테고, 샤틸라는 베이루트의 주차장이 될 것〉이라고 말한 적이 있다면서 이미 남부에서 팔레스타인인 학살을 자행한 전력이 있다고 말했다. KP VI, 78면. 모사드 수장(1982년 9월부터) 나훔 아드모니는 카한위원회에 출석해서 바시르 제마옐이 〈레바논의 인구 균형을 맞추는 데 몰두했다〉고 말했다. 「그가 인구 변동에 관해 말할 때면 언제나 살인과 제거에 관한 이야기였습니다.」 KP VI쪽, 80면. 1982년 9월까지 모사드 수장을 지낸 이츠하크 호피는 〈레바논부대〉 지도자들이 〈팔레스타인 문제 해결에 관해 이야기할 때면 물리적 제거를 의미하는 손동작을 한다〉고 말했다. KP VI, 81면.

55 식견 있고 존경받는 이스라엘의 두 언론인 제에브 쉬프와 에후드 야아리가 쓴 『이스라엘의 레바논 전쟁』을 보면, 이스라엘이 결정을 내리고 미국 외교가 지지하는 역할을 한 결정적인 사례들에 관한 설명이 넘쳐 난다. 양국에서 새롭게 기밀 해제된 공식 문서들도 이와 같은 많은 사례들을 입증한 바 있다. Schiff, "The Green Light," *Foreign Policy* 50 (Spring 1983), 73~85면도 보라.

56 Morris Draper, "Marines in Lebanon, A Ten Year Retrospective: Lessons Learned" (Quantico, VA, 1992)를 인용하는 Anziska, *Preventing Palestine*, 200~201면.

이 내용을 알려 준 존 랜들에게 감사한다.

57 출중한 외교관 경력을 거치는 동안 라이언 크로커는 6개국 대사로 일했는데, 대부분 바그다드나 카불처럼 대단히 어려운 자리였다.

58 시리아 정보기관과 부딪힌 건 그게 마지막이 아니었다. 1982년 전쟁에서 아사드 정권이 어떤 역할을 했는지 비판적으로 기술한 내용이 포함된 『포위 상태』의 아랍어 번역 작업이 몇 년 뒤 중단되었다. 레바논 출판사가 그 시절에 베이루트를 지배한 시리아 정보기관의 협박을 두려워했기 때문이다. 쿠웨이트 출판사에서 연재물 형태로 아랍어로 발표할 수 있었다. 마침내 팔레스타인연구소가 2018년에 아랍어 번역본을 출간했다. 당시 베이루트에서 아랍어로 출간되지는 못했지만, 이스라엘 국방부 출판사인 마라호트 Marachot에서 1988년에 히브리어 번역본을 출간했다. 물론 몇 군데에 비열한 비판적 내용의 옮긴이주가 추가된 상태였다.

59 베이루트 아메리칸 대학교에서 아들의 거주 허가증을 받는데, 원래는 두어 주 만에 나오는 것이었는데 거의 8개월이 걸렸다. 샤론이 세운 신정권의 보안 체제Sureté Générale가 작동한 결과였다. 아민 제마옐이 당선된 과정의 본질에 관해서는 Bergman, *Rise and Kill First*, 673면 주석 262에서 볼 수 있다. 이스라엘 군대와 정보기관 인사들이 레바논 대의원들을 투표장까지 〈호위〉하고 때로는 그들을 〈설득〉하는 데 일조한 과정이 자세히 나온다.

60 베이루트를 떠나기 전에 레바논의 고위 정치인이자 인척인 사에브 살람Sa'eb Salam을 찾아갔다. 1982년 전쟁 당시 어떤 역할을 했는지 인터뷰하기 위해서였다. 그는 질문에 대답을 하면서도 책에는 싣지 말라고 요청했다. 자리에서 일어서기 직전에 그는 바시르 제마옐이 암살되기 며칠 전에 오랜 숙고 끝에 그를 찾아간 일을 들려주었다. 두 사람이 일대일로 만나기 전에 제마옐과 베긴이 비밀리에 회동했는데, 제마옐이 이스라엘과 즉시 강화 조약에 서명하라는 베긴의 요구를 거절하자 폭언이 오갔다고 한다. Schiff and Yaari, *Israel's Lebanon War*에 자세한 내용이 실려 있는데, 그중 일부는 쉬프가 인터뷰에서 내게 확인해 주었다(Washington, D.C., January 30, 1984). 지금은 고인이 된 젊은 대통령 당선인이 당시 그에게 이렇게 말했다고 한다. 「사에브 베이Sa'eb Bey[그의 아버지가 오스만 제국 시절 받은 경칭], 내 고위 부관들이 이스라엘에서 훈련받은 걸 알잖아요. 나도 그중 누가 이스라엘에 충성하고, 누가 내게 충성하는지 확실히 몰라요.」 죽기 전에 베긴과의 관계가 나빠지긴 했지만, 제마옐에게는 적이 많았다. 그를 죽인 폭발물을 설치한 자는 시리아 정보부와 협력하는 레바논 좌파로 추정되었다. 암살 용의자들 중 한 명인 하비브 알샤르투니Habib al-Shartouni의 심문 기록은 팔랑헤당 기관지 『알아말al-'Amal (희망)』에서 볼 수 있다: Part 1: https://www.lebanese-forces.com/2019/09/04/bachir-gemayel-chartouni/; Part 2: https://www.lebanese-forces.com/2019/09/02/bachir-gemayel-36/; Part 3: https://www.lebanese-forces.com/2019/09/04/bachir-gemayel-37/.

61 에이미 캐플런이 〈과거에 본 이스라엘이 아니다〉라는 제목의 장에서 미국의 이

스라엘 지원을 검토하면서 내린 결론도 이런 것이다. Amy Kaplan, *Our American Israel*, 136~177면. 다만 캐플런은 시간이 흐르면서 이스라엘 지지자들이 이미지를 회복했다고 결론을 내린다.

62 Interviews with Morris Draper, Robert Dillon, and Philip Habib, Washington, D.C., December 14, December 6, and December 3, 1984. 이 인터뷰들은 『포위 상태』를 쓰기 위해 한 것이다. 전쟁 중에 이븐 할둔의 책을 읽다가, 그리고 우연히 친구인 사미 무살람Sami Musallam 박사와 만나면서 처음 이런 아이디어가 떠올랐다. 이븐 할둔은 1400년 다마스쿠스 포위전 당시 티무르를 만난 이야기를 들려주었다. 사미도 나처럼 팔레스타인연구소에서 파트타임으로 일했는데, 그는 또한 팔레스타인해방기구 의장실 문서보관소의 책임자이기도 했다. 나는 전쟁이 끝나면 비록 내가 이븐 할둔의 발끝에도 미치지 못하겠지만 포위전 당시 우리가 목격한 상황을 사실대로 기록하기 위해 그 문서보관소를 이용하고 싶다고 그에게 말했다. 사미는 우리가 살아남으면, 그리고 그가 소장 문서를 베이루트 밖으로 옮기는 데 성공하면, 아라파트의 허락을 받아 주겠다고 약속했다. 그리고 전쟁에서 살아남아 문서를 옮겼으며 아라파트의 허락도 받아 주었다.

63 나는 1984년 3월과 8월, 12월에 튀니스에서 아라파트, 아부 이야드, 아부 지하드, 마무드 아바스Mahmud 'Abbas(아부 마진Abu Mazin), 할리드 알하산과 하니 알하산Khalid and Hani al-Hasan 형제, 파루크 카두미Faruq Qaddumi(아부 루트프Abu Lutf), 그 밖에 팔레스타인해방기구 관리들을 인터뷰했다.

64 이 거대한 제2차 세계 대전 전함이 슈프산맥에 있는 드루즈파 민병대에 포격을 가하자 재치 있는 몇몇 레바논인은 〈뉴더지New Derzi호〉라고 이름을 붙였다. 드루즈파를 뜻하는 아랍어 단어로 말장난을 한 것이다.

65 Bergman, *Rise and Kill First*, 560~563면에서는 아라파트가 이스라엘 요원들에게 독살당했다고 장황하면서도 말을 아껴 가며 넌지시 말한다.

5 다섯 번째 선전포고, 1987~1995

1 Caius Cornelius Tacitus, *Agricola and Germania*, tr. K. B. Townsend (London: Methuen, 1893), 33면.

2 이 장에서 서술하는 내용은 주로 1987년부터 1993년까지 지속된 비무장, 비폭력 위주의 봉기인 1차 인티파다다. 2000년에 시작되어 결국 팔레스타인인들이 자살 폭탄 공격을 하고 이스라엘 점령군이 탱크와 헬리콥터를 비롯한 중화기를 동원하면서 무장 봉기로 비화한 2차 인티파다와는 구별된다.

3 Francis X. Clines, "Talk with Rabin: Roots of the Conflict," *New York Times*, February 5, 1988, http://www.nytimes.com/1988/02/05/world/talk-with-rabin-roots-of-the-conflict.html.

4 인티파다가 이스라엘을 바라보는 미국의 여론에 어떤 영향을 미쳤는지를 다룬 홀

룽한 분석으로는 Kaplan, *Our American Israel*, 4장을 보라.

5 Francis X. Clines, "Talk with Rabin: Roots of the Conflict."

6 David McDowall, *Palestine and Israel: The Uprising and Beyond* (London, I. B. Tauris, 1989), 84면.

7 밀손과 그가 맡은 역할에 관한 신랄한 설명으로는 Flora Lewis, "Foreign Affairs: How to Grow Horns," *New York Times*, April 29, 1982, http://www.nytimes.com/1982/04/29/opinion/foreign-affairs-how-to-grow-horns.html을 보라.

8 자신들이 억압하는 사람들을 연구하는 전문가라는 동양학의 오랜 현상을 보여 주는 이 사례에 관한 분석으로는 Gil Eyal, *The Disenchantment of the Orient* (Stanford, C.A.: Stanford University Press, 2006)를 보라.

9 "Colonel Says Rabin Ordered Breaking of Palestinians' Bones," Reuters. *LA Times*, June 22, 1990, http://articles.latimes.com/1990-06-22/news/mn-431_1_rabin-ordered에서 재인용. Itamar Rabinovitch, *Yitzhak Rabin: Soldier, Leader, Statesman* (New Haven, C.T.: Yale University Press, 2017), 156~157면. 라빈의 전기를 쓴 이타마르 라비노비치는 이 인용문이 정확하지 않다고 지적하면서도 라빈이 〈분명 무력을 사용해서 인티파다를 물리치려 한 정책의 창시자〉임을 인정한다.

10 2년 뒤 풀브라이트 연구 지원을 받아 다시 갔을 때는 이스라엘 입국을 거부당했다. 오랜 시간 구금된 끝에 텔아비브의 미국 총영사가 중재한 덕분에 입국할 수 있었다. 미국 국무부에서 내가 그곳으로 간다고 총영사에게 미리 주의를 준 것이다.

11 이스라엘 인권 비정부기구인 베첼렘B'tselem(〈하느님의〉 모습으로)이 집계한 이 수치에는 점령지만이 아니라 이스라엘 내에서도 살해된 팔레스타인인과 이스라엘인이 포함된다: http://www.btselem.org/statistics/first_intifada_tables.

12 Rabinovich, *Yitzhak Rabin*, 157~158면.

13 "Iron-fist Policy Splits Israelis," Jonathan Broder, *Chicago Tribune*, January 26, 1988, http://articles.chicagotribune.com/1988-01-27/news/8803270825_1_beatings-anti-arab-anti-israeli-violence.

14 줄리아 바차Julia Bacha의 영화제 수상작인 2017년 다큐멘터리 「나일라와 봉기Naila and the Uprising」는 인티파다에서 여성들이 중심적인 역할을 한 전모를 보여 준다: https://www.justvision.org/nailaandtheuprising. 아메르 쇼말리Amer Shomali의 2014년 영화 「더 원티드 18The Wanted 18」도 보라: https://www.youtube.com/watch?v=ekhTuZpMw54.

15 앞서 살펴본 것처럼, 1936~1939년 반란 때문에 분열이 생겨나긴 했어도 시온주의 지원군과 막강한 공군력의 도움을 받은 10만에 달하는 영국군 부대에 진압되기 전까지 광범위한 사회적·정치적 변화가 이루어졌다. 탁월한 논문인 Charles Anderson, "State Formation from Below"를 보라.

16 Bergman, *Rise and Kill First*, 311~333면에서는 아부 지하드가 살해된 것은 무

엇보다도 인티파다에서 맡은 역할 때문이라고 말하면서, 이스라엘의 몇몇 고위 관리는 나중에 인티파다의 기세를 꺾는다는 〈암살의 목표를 달성하지 못했고〉, 그 밖에도 여러 이유 때문에 그를 암살한 것이 실수라고 느끼게 되었음을 인정했다고 지적했다(323면).

17 앞의 책, 316~317면에서는 아부 지하드를 살해하는 작전을 기획한 이들이 근처에 살던 마무드 아바스(아부 마진)의 암살은 의도적으로 포기하기로 결정했다고 말한다. 많은 팔레스타인인들은 이스라엘 보안 기관이 팔레스타인의 대의를 내세우는 두드러진 옹호자로 간주하는 이들만이 제거의 표적이 되었다고 오래전부터 의심하고 있다. 다른 사람들은 굳이 죽이려고 시도할 가치가 없었다는 뜻이다.

18 시리아와 팔레스타인해방기구의 경쟁이 얼마나 치열했는지는 Bergman, 앞의 책, 304면에서 제기된 주장에서 잘 드러난다. 이스라엘에 반대하는 팔레스타인인 행세를 하는 이스라엘 정보 요원들이 키프로스에 있는 시리아 정보기관 지부에 팔레스타인해방기구 공작원들에 관한 정보를 건네주었다는 것이다. 이후 시리아 보안 기관은 〈팔레스타인해방기구 요원 150명 정도를 없애 버렸다〉. 레바논에 들어오자마자 제거해 버린 것이다.

19 자세한 내용으로는 Richard Sale, "Israel Gave Major Aid to Hamas," UPI, February 24, 2001과 Shaul Mishal and Avraham Sela, *The Palestinian Hamas: Vision, Violence, and Coexistence* (New York: Columbia University Press, 2000)를 보라. 연줄이 많은 이 이스라엘 저자들은 팔레스타인 대열을 분열시키는 것이 팔레스타인해방기구에 맞서는 이슬람주의 경쟁자의 부상을 부추기려는 이스라엘 보안 기관의 목표였다는 점을 분명히 한다.

20 1982년 전쟁 이후 쇼파니는 아라파트 지도부에 반대하며 시리아의 지원을 받는 파타 반란 세력에 합류했다.

21 "Statement by Yasser Arafat—14 December 1988," Israel Ministry of Foreign Affairs, Historical Documents, 1984-1988, http://mfa.gov.il/MFA/ForeignPolicy/MFADocuments/Yearbook7/Pages/419%20Statement%20by%20Yasser%20Arafat-%2014%20December%201988.aspx.

22 *FRUS*, XXVI, *Arab-Israeli Dispute*, 1974-1976, Washington, D.C.: US Government Printing Office, 2012, 838~840, 831~832면, https://history.state.gov/historicaldocuments/frus1969-1976v26.

23 4장에서 살펴본 것처럼, 이스라엘 외무부는 포드가 라빈에게 보낸 편지를 1982년 *Israel's Foreign Relations: Selected Documents*라는 연속 간행물로 출간했고 이후 외무부 웹 사이트에서 온라인으로 볼 수 있지만, 키신저의 두툼한 회고록에서는 이 편지가 언급도 되지 않는다. 미국 정부는 30년이 지난 2012년에야 연속 간행물인 *Foreign Relations of the United States*에 이 편지를 수록했다.

24 Bergman, *Rise and Kill First*, 311면.

25 누가 쓴 글인지 찾아내지는 못했지만 메모에 기록해 둔 것처럼, 아마드 자신을

비롯한 여러 사람으로부터 이런 조언을 들었다. 아마드 선집인 Carollee Bengelsdorf, Margaret Cerullo, and Yogesh Chandrani, eds., *The Selected Writings of Eqbal Ahmad* (New York: Columbia University Press, 2006), 77~78, 296~297면에서 이런 주제를 일부 찾을 수 있다.

26 1982년 9월 17일 어느 〈동지〉(수신인 이름이 검은색으로 지워져 있다)에게 보낸 편지에서 아마드는 나중에 팔레스타인해방기구에 똑같은 조언을 했다: 한편으로 레바논에서 이스라엘 점령군에 맞서 〈지하 무장투쟁〉을 호소하면서도 점령지 팔레스타인에서는 〈전투적이고 창의적인 비폭력 정치 투쟁을 조직화할 것〉을 주창했다[강조는 지은이]. 지은이가 소장한 편지 사본. 편지를 제공한 누바르 호브세피언Nubar Hovsepian에게 감사한다. 아마드가 이런 방식으로 분석한 글인 "Pioneering in the Nuclear Age: An Essay on Israel and the Palestinians," in *The Selected Writings of Eqbal Ahmad*, 298~317면도 보라.

27 비록 1947년에 모스크바가 팔레스타인 분할과 그 결과물인 이스라엘 창건의 산파 가운데 하나였고, 이후에 이스라엘의 존재를 일관되게 지지했으며, 1948년과 1967년에 이스라엘이 거둔 승리를 신성하게 만든 유엔 안보리 결의안을 지지하기는 했지만, 그래도 팔레스타인의 지원 세력이었던 것은 사실이다. 소련은 처음에 팔레스타인해방기구의 〈모험주의〉를 의심쩍게 여겼다. 또한 소련에 예속된 이집트와 시리아뿐만 아니라 자신까지 원치 않는 분쟁에 끌어들일 수 있다고 의심했다.

28 전쟁을 피하려고 (그리고 거의 마지막으로 남은 소련의 종속국 지도자가 어리석은 행동을 하지 못하게 막으려고) 노력을 기울인 프리마코프의 설명으로는 *Missions à Bagdad: Histoire d'une négociation secrète* (Paris: Seuil, 1991)를 보라. 그 직후 프리마코프는 국가보안위원회 해외운영국장이 되었고, 소련이 해체된 뒤에는 러시아의 정보부장, 외무 장관, 총리 등으로 일했다.

29 Elizabeth Thompson, *Justice Interrupted: The Struggle for Constitutional Government in the Middle East* (Cambridge, M.A.: Harvard University Press, 2013), 249면.

30 "U.S.-Soviet Invitation to the Mideast Peace Conference in Madrid, October 18, 1991" 전문은 William Quandt, *Peace Process: American Diplomacy and the Arab-Israeli Conflict Since 1967*, 3rd ed. (Washington, D.C.: Brookings Institution Press, 2005), 부록 N, https://www.brookings.edu/wp-content/uploads/2016/07/Appendix-N.pdf에서 볼 수 있다. 팔레스타인인들에게 보낸 보증서한은 앞의 책, 부록 M: https://www.brookings.edu/wp-content/uploads/2016/07/Appendix-M.pdf를 보라.

31 앞의 책, 부록 N.

32 팔레스타인인인들에게 보내는 보증서한은 1991년 10월 18일자로 되어 있다. 앞의 책, 부록 M.

33 3장과 앞에서 언급한 것처럼, 이 편지는 2012년 연속 간행물 *Foreign Relations of the United States*에 수록되고 나서야 미국 정부에 의해 공개되었다. 하지만 이스라엘은 마드리드보다 한참 전, 그러니까 30년 전인 1982년에 외무부 문서를 통해 공개한 바 있었다.

34 Aaron David Miller, "Israel's Lawyer," *Washington Post*, May 23, 2005, http://www.washingtonpost.com/wp-dyn/content/article/2005/05/22/AR2005052200883.html.

35 Aaron David Miller, *The Much Too Promised Land* (New York, Bantam, 2008), 80면.

36 "'When You're Serious, Call Us,'" *Newsweek*, June 24, 1990, http://www.newsweek.com/when-youre-serious-call-us-206208.

37 John Goshko, "Baker Bars Israeli Loan Aid Unless Settlements Are Halted," *Washington Post*, February 25, 1992, https://www.washingtonpost.com/archive/politics/1992/02/25/baker-bars-israeli-loan-aid-unless-settlements-are-halted/e7311eea-e6d3-493b-8880-a3b98e0830a1/.

38 이 아랍 전문가들에 반대하는 운동의 핵심 문서였던 Robert Kaplan, *Arabists: Romance of an American Elite* (New York: Free Press, 1995)는 『애틀랜틱*Atlantic*』에 연재된 신랄한 기사를 바탕으로 쓴 책이다. 미국의 외교와 중동학을 트집 잡는 또 다른 비평은 Martin Kramer, *Ivory Towers on Sand: The Failure of Middle Eastern Studies in America* (Washington, D.C.: Washington Institute for Near East Policy, 2001)이다. 버나드 루이스Bernard Lewis의 제자인 크레이머는 서구의 중동 정책이 친이스라엘, 반아랍적 성격이 부족하다고 비판하는 오랜 계보의 극우 비방자들 가운데 하나다. 이 계보는 바그다드 태생의 영국 학자 엘리 케두리Elie Kedourie까지 거슬러 올라간다.

39 로스와 인디크는 국제 관계 전공으로 박사 학위를 받았고(따라서 결코 중동 전문가가 아니었고), 커처와 밀러는 중동학 박사 학위를 받았다.

40 Roger Cohen, "The Making of an Iran Policy," *New York Times Magazine*, July 30, 2009, https://www.nytimes.com/2009/08/02/magazine/02Iran-t.html.

41 Peter Beinert, "Obama Betrayed Ideals on Israel," *Newsweek*, March 12, 2012, http://www.newsweek.com/peter-beinart-obama-betrayed-ideals-israel-63673.

42 인디크는 후에 텔아비브 주재 미국 대사가 되었는데, 워싱턴에서 이스라엘의 이익을 대변한 이 베테랑 투사는 막상 텔아비브에서는 너무 연약하다는 비방을 받았다. 역시 텔아비브 주재 대사를 맡은 동료 댄 커처도 같은 평을 받았다. 둘 다 유대인이었지만 이스라엘 강경 우파에게 지속적으로 천박한 욕을 먹었다.

43 R. Khalidi, *Brokers of Deceit*, 56면.

44 Clyde Haberman, "Shamir Is Said to Admit Plan to Stall Talks 'For 10 Years'" *New York Times*, June 27, 1992, https://www.nytimes.com/1992/06/27/

world/shamir-is-said-to-admit-plan-to-stall-talks-for-10-years.html.

45 라빈의 전기 작가이자 가까운 동료로, 시리아를 상대한 이스라엘의 주요 교섭자였던 이타마르 라비노비치는 이 점을 확인해 준다: *Yitzhak Rabin*, 177~185, 193~199면.

46 앞의 책, 165면.

47 앞의 책, 212~214면.

48 "Outline of the Palestinian Interim Self-Governing Authority (PISGA)" delivered January 14, 1992, http://www.palestine-studies.org/sites/default/files/uploads/images/PISGA%20Jan%2014%2C%201992%20%20p%201%2C2.pdf. 이 계획을 더욱 구체화한 판본이 1992년 3월 2일 이스라엘 측에 전달되었다: "Palestinian Interim Selfgovernment Arrangements: Expanded Outline of Model of Palestinian Interim Selfgovernment Authority: Preliminary Measures and Modalities for Elections," March 2, 1993, http://www.palestine-studies.org/sites/default/files/uploads/files/Final%20outline%20PISGA%20elections%202%20Mar_%2092.pdf.

49 Rabinovich, *Yitzhak Rabin*, 183면.

50 앞의 책, 189~191면에서는 라빈이 대화를 지시한 워싱턴 및 〈오슬로와 다른 채널〉이 두 개 있었다고 말하지만 이 교섭에 관해서는 언급하지 않는다.

51 페레스와 아부 알알라 모두 특별히 조심스럽지 않아서 둘 다 오슬로에서 자신들이 한 역할에 관해 여러 곳에 글을 썼다. 특히 아부 알알라는 하나도 남김없이 글로 남겼다: Abu al-'Ala [Ahmad Quray'], *al-Riwaya al-filistiniyya al-kamila lil-mufawadat: Min Oslo ila kharitat al-tariq* [교섭에 관한 팔레스타인의 종합적인 설명: 오슬로에서 로드맵까지], vols. 1-4 (Beirut: Institute for Palestine Studies, 2005-2014); Shimon Peres, *Battling for Peace: A Memoir* (New York: Random House, 1995).

52 라비노비치의 말을 빌리자면(*Yitzhak Rabin*, 187면), 〈라빈은 전직 이스라엘군 장교들을 신뢰했다〉. 물론 그 자신도 전직 장교였다.

53 이 두 사람의 이력(2010년에 사망한 아마르의 경우에는 그의 부고)을 아무리 찾아봐도 이스라엘-팔레스타인 안보 협정을 확보하는 과정에서 어떤 역할을 했는지 언급한 내용이 없다.

54 "Draft Minutes: Meeting with the Americans," June 23, 1993, http://www.palestine-studies.org/sites/default/files/uploads/files/Minutes%20Kurtzer%2C%20Miller%20meeting%2023%20June%2093.pdf.

55 오슬로 협정과 그 후속 협정들이 실패로 돌아간 이유에 대해 팔레스타인-이스라엘-미국의 교섭 참가자들이 자세히 분석한 글이 많이 있다. 아부 알알라, 시몬 페레스, 요시 베일린Yossi Beilin, 데니스 로스, 대니얼 커처, 애런 데이비드 밀러, 카미유 망수르, 하난 아슈라위, 가산 알하티브, 그리고 내 책 *Brokers of Deceit* 등을 보라.

56 "The Morning After," *London Review of Books* 15, no. 20, October 21, 1993,

https://www.lrb.co.uk/v15/n20/edward-said/the-morning-after. 대단히 회의적인 이 논설은 1993년 백악관 잔디밭에서 진행된 오슬로 협정 조인식을 둘러싸고 거의 만장일치로 낙관주의에 젖어 있던 때 쓰였다. 사이드는 여러 면에서 선견지명이 있었다: 〈이 합의에는 과도 단계가 최종 단계가 될 수 있다는 불길한 뜻이 담겨 있는가?〉 이 글을 쓰는 지금, 우리는 이 과도 단계의 27년째로 막 접어드는 참이다.

57 Rabinovich, *Yitzhak Rabin*, 193면.

58 내가 1990년대 초에 직접 살펴본 무사 알알라미 문서처럼 1930년대까지 거슬러 올라가는 아랍연구학회Arab Studies Society의 역사적인 문서고의 자료를 포함해 이곳에서 탈취당한 문서들 중 일부는 현재 이스라엘 국립문서보관소에 유실물Abandoned Property이란 항목 아래 보관 중이다. 1982년 베이루트의 팔레스타인해방기구 연구센터에서 훔쳐 간 자료, 그보다 앞서 1948년 조직적인 약탈 행위가 벌어질 때 아랍인 가정에서 탈취한 책자들도 나란히 보관되어 있다. 팔레스타인의 문화적·지적 자산에 대한 이런 지속적인 절도 과정은 일종의 〈기억살해memoricide〉에 해당한다. 고(故) 바루크 키멀링의 절묘한 용어를 빌린 기억살해는 팔레스타인인들에 대한 이스라엘의 정치적 살해 캠페인의 필수불가결한 일부다.

59 나는 1994년 3월 4일 애머스트 칼리지에서 패널 토론 중 청중이 던진 질문에 가지트가 이렇게 대답하는 것을 들었다.

6 여섯 번째 선전포고, 2000~2014

1 David Barsamian, *The Pen and the Sword: Conversations with Edward Said* (Monroe, M.E.: Common Courage Press, 1994). 한국어판은 『펜과 칼』, 장호연 옮김 (마티, 2011).

2 1995년부터 2000년까지 팔레스타인의 1인당 국내총생산GDP은 여전히 1,380달러 정도에 머물렀다. 2000년부터 2004년까지는 340달러 이상 감소했고, 이후에는 훨씬 더 감소했다. UNCTAD, "Report on UNCTAD's Assistance to the Palestinian People," TD/B/52/2, July 21, 2005, 〈표 1〉, 6면의 통계.

3 벤 화이트는 가자 지구의 고립이 실제로 시작된 것은 하마스가 집권하기 17년 전인 1989년에 이스라엘이 마그네틱 카드를 도입하여 가자 주민들이 이스라엘로 들어오는 것을 제한하면서부터라고 말한다: Ben White, "Gaza: Isolation and Control," Al Jazeera News, June 10, 2019, https://www.aljazeera.com/news/2019/06/gaza-isolation-control-190608081601522.html.

4 가자 지구의 상황에 관한 연구는 많이 있다. 특히 세라 로이와 장피에르 필리유의 저서를 보라. Sara Roy, *The Gaza Strip: The Political Economy of De-Development* (Washington, D.C.: Institute for Palestine Studies, 1994); *Hamas and Civil Society in Gaza: Engaging the Islamist Social Sector* (Princeton, N.J.: Princeton University Press, 2011). Jean-Pierre Filiu, *Gaza: A History* (Oxford: Oxford University Press, 2014).

5 Piotr Smolar, "Jerusalem: Les diplomates de l'EU durcissent le ton," *Le Monde*, February 2, 2018, 3면, http://www.lemonde.fr/proche-orient/article/2018/01/31/a-rebours-des-etats-unis-les-diplomates-europeens-soulignent-la-degradation-de-la-situation-a-jerusalem_5250032_3218.html.

6 팔레스타인과 이스라엘 교섭자를 인종주의에 가깝게 희화화하고 페레스를 거의 성인급으로 묘사하는 B급 멜로드라마인 연극 「오슬로Oslo」가 뉴욕에서 열광적인 반응을 얻은 사실이 그 증거라 할 수 있다. 「오슬로」는 2017년 최고의 연극상을 받았고, 곧바로 런던 웨스트엔드에서 성공리에 상연되었다.

7 하마스에 관한 문헌은 방대하다: Tareq Baconi, *Hamas Contained: The Rise and Pacification of Palestinian Resistance* (Stanford, C.A.: Stanford University Press, 2018); Roy, *Hamas and Civil Society in Gaza*; Ziad Abu-Amr, *Islamic Fundamentalism in the West Bank and Gaza: Muslim Brotherhood and Islamic Jihad* (Indianapolis: Indiana University Press, 1994); Khaled Hroub, *Hamas: Political Thought and Practice* (Washington, D.C.: Institute for Palestine Studies, 2002); Mishal and Sela, *The Palestinian Hamas*; Azzam Tamimi, *Hamas: A History from Within* (Northampton, M.A.: Olive Branch Press, 2007).

8 이스라엘이 하마스를 어떻게 지원했는지에 관한 훌륭한 요약은 다음을 참조: Mehdi Hassan, "Blowback: How Israel Went from Helping Create Hamas to Bombing It," *Intercept*, February 19, 2018, https://theintercept.com/2018/02/19/hamas-israel-palestine-conflict/ 앞 장 주석 19에서 인용한 출처들도 보라.

9 캠프데이비드 정상회담에 관한 문헌은 많이 있지만 대부분 자기중심적이거나 겉치레뿐이다. 회담의 핵심 설계자 중 한 명인 데니스 로스의 저작이 특히 그렇다. Dennis Ross, *The Missing Peace: The Inside Story of the Fight for Middle East Peace* (New York: Farrar, Straus and Giroux, 2004). 가장 탁월하게 설명한 책은 Clayton Swisher, *The Truth About Camp David: The Untold Story About the Collapse of the Middle East Peace Process* (New York: Nation Books, 2004)이다.

10 자세한 내용으로는 Rana Barakat, "The Jerusalem Fellah: Popular Politics in Mandate-Era Palestine," *Journal of Palestine Studies* 46, no. 1 (Autumn 2016), 7~19면; "Criminals or Martyrs? British Colonial Legacy in Palestine and the Criminalization of Resistance," *Omran* 6, November 2013, https://omran.dohainstitute.org/en/issue006/Pages/art03.aspx를 보라. Hillel Cohen, *1929: Year Zero of the Arab-Israeli Conflict* (Boston: Brandeis University Press, 2015)도 보라.

11 서쪽 벽 광장 조성의 일환으로 파괴된 이슬람의 성지와 사원의 목록에 관해서는 R. Khalidi, "The Future of Arab Jerusalem," *British Journal of Middle East Studies* 19, no. 2 (Fall 1993), 139~140면을 보라. 하레트알마가리바의 설치와 역사, 파괴에 관해 가장 상세하게 분석한 글은 Vincent Lemire, "Au pied du mur: Histoire du quartier

mahgrébin de Jérusalem (1187-1967)"(근간)이다. 이때 파괴된 여러 장소들의 건축학적·고고학적 정보와 도해는 Michael Hamilton Burgoyne, *Mamluk Jerusalem: An Architectural Study* (London: World of Islam Festival Trust, 1987)에서 볼 수 있다.

12 하람에 붙어 있는 수피파 건물인 자위야는 오래전에 아부 알사우드 가문의 저택이 되었는데, 이 가문이 전통적으로 건물을 관리했다: Yitzhak Reiter, *Islamic Endowments in Jerusalem Under British Mandate* (London: Cass, 1996), 136면. 내 사촌 라키야 할리디Raqiyya Khalidi(움카밀Um Kamil)에 따르면, 아부 사우드Abu Sa'ud가 바로 이곳에서 1929년에 야세르 아라파트를 낳았다. 사촌은 야세르의 출생을 축하하기 위해 어머니와 함께 아부 사우드 가족을 찾아갔다고 한다: interview, Jerusalem, July 26, 1993.

13 Suzanne Goldenberg, "Rioting as Sharon Visits Islam Holy Site," *Guardian*, September 29, 2000, https://www.theguardian.com/world/2000/sep/29/israel.

14 모든 수치는 더없이 소중한 베첼렘(점령지의 인권을 위한 이스라엘정보센터 Israeli Information Center for Human Rights in the Occupied Territories)이 공개한 표에서 가져온 것이다: https://www.btselem.org/statistics.

15 Reuven Pedatzur, "One Million Bullets," *Haaretz*, June 29, 2004, https://www.haaretz.com/1.4744778.

16 앞의 글. 페다추르의 분석에 따르면, 이스라엘 고위 사령부는 팔레스타인인들의 궁극적인 패배를 〈그들의 의식에 깊이 아로새기기 위해〉 미리부터 이런 압도적인 무력 사용을 결정했다고 한다.

17 Efraim Benmelech and Claude Berrebi, "Human Capital and the Productivity of Suicide Bombers," *Journal of Economic Perspectives* 21, no. 3 (Summer 2007), 223~238면.

18 내가 보기에 아라파트는 그전부터 정신적으로 쇠약해지기 시작했다. 1992년 타고 가던 비행기가 리비아 사막에 불시착하는 사고로 탑승자 몇 명이 사망하고 그도 부상당한 때부터 그랬는지 모른다: Youssef Ibrahim, "Arafat Is Found Safe in Libyan Desert After Crash," *New York Times*, April 9, 1992, http://www.nytimes.com/1992/04/09/world/arafat-is-found-safe-in-libyan-desert-after-crash.html.

19 이 원칙을 설득력 있게 분석한 내용으로는 Pedatzur, "One Million Bullets"를 보라.

20 지난 몇십 년간 가장 믿을 만하고 일관되게 여론조사를 실시한 것은 예루살렘미디어커뮤니케이션센터Jerusalem Media and Communications Centre이다. 이 기관이 2004년 12월에 발표한 52호 여론조사에 따르면, 〈팔레스타인인의 대다수가 현재의 정치 상황에서 적합한 대응으로 이스라엘 목표물을 겨냥한 군사 작전에 반대〉한다. http://www.jmcc.org/documentsandmaps.aspx?id=448.

21 Nicholas Pelham and Max Rodenbeck, "Which Way for Hamas?"

New York Review of Books, November 5, 2009, https://www.nybooks.com/articles/2009/11/05/which-way-for-hamas/.

22 이런 사실은 명성이 자자한 팔레스타인정책조사연구센터Palestine Center for Policy and Survey Research와 민간 기업인 니어이스트컨설팅Near East Consulting 이 각각 선거 이후에 시행한 여론조사에서 분명히 드러났다: http://www.pcpsr.org/en/node/478; http://www.neareastconsulting.com/plc2006/blmain.html.

23 팔레스타인의 모든 정파가 합의한 2006년 6월 28일자 최종 수정본은 다음 인터넷 주소에서 볼 수 있다: https://web.archive.org/web/20060720162701/http://www.jmcc.org/documents/prisoners2.htm.

24 2018년 6월의 수치다: https://www.ochaopt.org/content/53-cent-palestinians-gaza-live-poverty-despite-humanitarian-assistance.

25 이 수치는 이스라엘 비정부기구 기사Gisha(접근)에서 가져온 것이다: https://gisha.org/updates/9840. 미 중앙정보국 월드팩트북의 2016년과 2017년 산정치는 이보다 낮다: https://www.cia.gov/library/publications/resources/the-world-factbook/geos/gz.html.

26 가자 전쟁에 관한 훌륭한 책을 두 권 꼽자면 Norman Finkelstein, *Gaza: An Inquest into Its Martyrdom* (Oakland: University of California Press, 2018)과 Noam Chomsky and Ilan Pappe, *Gaza in Crisis: Reflections on the US-Israeli War on the Palestinians* (Chicago: Haymarket Books, 2013)이다.

27 이 수치는 베첼렘(점령지의 인권을 위한 이스라엘정보센터) 웹 사이트에서 가져온 것이다. https://www.btselem.org/statistics/fatalities/during-cast-lead/by-date-of-event; https://www.btselem.org/statistics/fatalities/after-cast-lead/by date of-event.

28 "50 Days: More Than 500 Children: Facts and Figures on Fatalities in Gaza, Summer 2014," B'Tselem, https://www.btselem.org/2014_gaza_conflict/en/il/.

29 Barbara Opall-Rome, "Gaza War Leaned Heavily on F-16 Close-Air Support," *Defense News,* September 15, 2014, http://www.defensenews.com/article/20140915/DEFREG04/309150012/Gaza-War-Leaned-Heavily-F-16-Close-Air-Support. 다음 주소에서도 볼 수 있다: http://www.imra.org.il/story.php3?id=64924.

30 Jodi Rudoren and Fares Akram, "Lost Homes and Dreams at Tower Israel Leveled," *New York Times,* September 15, 2014.

31 "Protective Edge, in Numbers," Ynet, August 14, 2014, http://www.ynetnews.com/articles/0,7340,L-4558916,00.html.

32 Mark Perry, "Why Israel's Bombardment of Gaza Neighborhood Left US Officers 'Stunned,'" Al Jazeera America, August 27, 2014, http://america.aljazeera.

com/articles/2014/8/26/israel-bombing-stunsusofficers.html.

33　이스라엘 포병대 전차장 출신인 이단 바리르Idan Barir는 "Why It's Hard to Believe Israel's Claim That It Did Its Best to Minimize Civilian Casualties," *The World Post*, August 21, 2014에서 이렇게 말한다. 〈사실 대포를 정밀하게 조준하기란 불가능하며 원래 특정 표적으로 명중시키기 위한 것도 아니다. 일반적인 40킬로그램 포탄은 거대한 세열수류탄[폭발할 때 금속 파편이 퍼져서 살상 범위를 넓히는 수류탄 — 옮긴이주]일 뿐이다. 포탄이 폭발하면 반경 50미터 이내에 있는 사람은 모두 죽고 100미터 이내에서는 부상을 입게 되어 있다.〉 그리고 이스라엘이 〈포격을 사용하는 것은 치명적인 러시안 룰렛 게임이다. 이런 화력을 바탕으로 삼은 통계에 따르면, 가자처럼 인구가 밀집한 지역에서는 민간인 역시 필연적으로 포격을 맞게 된다.〉 http://www.huffingtonpost.com/idan-barir/israel-gaza-civilian-deaths_b_5673023.html.

34　"Israel Warns Hizballah War Would Invite Destruction," *Ynetnews.com* (*Yedioth Ahranoth*. 최신 뉴스), October 3, 2008, http://www.ynetnews.com/articles/0,7340,L-3604893,00.html. Yaron London, "The Dahiya Strategy," *Ynetnews.com* (*Yedioth Ahranoth*), October 6, 2008, http://www.ynetnews.com/articles/0,7340,-3605863,00.html도 보라.

35　예를 들어 Amos Harel, "A Real War Is Under Way in Gaza," *Haaretz*, July 26, 2014, http://www.haaretz.com/news/diplomacy-defense/.premium-1.607279를 보라.

36　22 USC 2754: Purposes for which military sales or leases by the United States are authorized; report to Congress: https://uscode.house.gov/view.xhtml?req=(title:22%20section:2754%20edition:prelim).

37　Shibley Telhami, "American Attitudes on the Israeli-Palestinian Conflict," Brookings, December 2, 2016, https://www.brookings.edu/research/american-attitudes-on-the-israeli-palestinian-conflict/.

38　"Views of Israel and Palestinians," Pew Research Center, May 5, 2016, http://www.people-press.org/2016/05/05/5-views-of-israel-and-palestinians/.

39　"Republicans and Democrats Grow Even Further Apart in Views of Israel, Palestinians," Pew Research Center, January 23, 2018, http://www.people-press.org/2018/01/23/republicans-and-democrats-grow-even-further-apart-in-views-of-israel-palestinians/.

40　Carroll Doherty, "A New Perspective on Americans' Views of Israelis and Palestinians," Pew Research Center, April 24, 2019, https://www.pewresearch.org/fact-tank/2019/04/24/a-new-perspective-on-americans-views-of-israelis-and-palestinians/.

41　법안의 주요 발의자는 하원의원 베티 맥컬럼Betty McColum(미네소타주 민주

농민노동당)이었다: https://mccollum.house.gov/media/press-releases/mccollum-introduces-legislation-promote-human-rights-palestinian-children. https://mccollum.house.gov/media/press-releases/mccollum-introduces-legislation-promote-human-rights-palestinian-children도 보라.

42 John Mearsheimer and Steven Walt, *The Israel Lobby and U.S. Foreign Policy* (New York: Farrar, Straus and Giroux, 2007)에서 설명하는 것이 바로 이 상황이다.

43 앞에서 인용한, 2017~2018년 아랍조사정책연구센터가 11개 국가에서 1만 8,000여 명을 대상으로 수행한 여론조사를 보면 이런 사실이 분명히 드러난다: https://www.dohainstitute.org/en/News/Pages/ACRPS-Releases-Arab-Index-2017-2018.aspx.

44 Secretary of State to Legation, Jedda, August 17, 1948, *FRUS* 1948, vol. 2, 2부, 1318. 사우디아라비아 정권이 팔레스타인 문제에 관해 워싱턴의 요구에 어떻게 응했는지에 관한 더 자세한 내용은 R. Khalidi, *Brokers of Deceit*, XXIV~XXVII면을 보라.

45 워싱턴에서 회동하던 중인 2004년 4월 14일에 부시가 샤론에게 보낸 편지에 이 내용이 담겨 있다: https://mfa.gov.il/mfa/foreignpolicy/peace/mfadocuments/pages/exchange%20of%20letters%20sharon-bush%2014-apr-2004.aspx.

46 이 문제에 직접 관여한 두 고위 관리와 인터뷰를 했지만 둘 다 이름을 밝히기를 거부했다: February 1, 2010, and January 11, 2011.

결론: 팔레스타인 100년 전쟁

1 "Memorandum by Mr. Balfour (Paris) respecting Syria, Palestine, and Mesopotamia," August 11, 1919, in *Documents on British Foreign Policy, 1919-1939*, ed. E. L. Woodward and Rohan Butler (London: HM Stationery Office, 1952), 340~348면, http://www.yorku.ca/dwileman/2930Bal.htm.

2 "Remarks by President Trump and Prime Minister Netanyahu of Israel before Bilateral Meeting Davos, Switzerland," January 25, 2018, https://www.whitehouse.gov/briefings-statements/remarks-president-trump-prime-minister-netanyahu-israel-bilateral-meeting-davos-switzerland/.

3 C. Bengelsdorf et al., eds., *The Selected Writings of Eqbal Ahmad*, 301면.

4 Tony Judt, "Israel: The Alternative," *The New York Review of Books*, October 23, 2003은 발표 당시 논쟁을 불러일으켰지만 오늘날이라면 파장이 한결 적었을 것이다. 요즘의 분위기에서 주트의 시온주의 비판은 반유대주의라는 터무니없는 비난을 받을 수 있다.

5 "Introduction," *Blaming the Victims: Spurious Scholarship and the Palestinian Question*, ed. Edward Said and Christopher Hitchens (New York: Verso, 1988), 1면.

6 이스라엘 전략부Ministry of Strategic Affairs가 긴밀하게 조정하는 이런 국제

적 시도는 특히 〈보이콧·투자 철회·제재Boycott, Divestment and Sanctions, BDS〉 운동에 〈반유대주의〉라는 딱지를 붙이는 데 주력한다.『팔레스타인 연구 저널*Journal of Palestine Studies*』은 이런 시도에 관한 연재 논문을 발표하고 있다: Shir Hever, "BDS Suppression Attempts in Germany Backfire," 48, no. 3 (Spring 2019), 86~96면; Barry Trachtenberg and Kyle Stanton, "Shifting Sands: Zionism and US Jewry," 48, no. 2 (Winter 2019), 79~87면; Dominique Vidal, "Conflating Anti-Zionism with Anti-Semitism: France in the Crosshairs," 48, no. 1 (Autumn 2018), 119~130면; Moshe Machover, "An Immoral Dilemma: The Trap of Zionist Propaganda," 47, no. 4 (Summer 2018), 69~78면.

7   "The Declaration of the Establishment of the State of Israel," May 14, 1948, http://www.mfa.gov.il/mfa/foreignpolicy/peace/guide/pages/declaration%20of%20 establishment%20of%20state%20of%20israel.aspx.

8   Zeev Sternhell, "En Israël pousse un racisme proche du nazisme à ses débuts," *Le Monde*, February 20, 2018, 22면, 번역은 지은이.

9   이 법률을 명료하게 분석한 글로는 Hassan Jabareen and Suhad Bishara, "The Jewish Nation-State Law: Antecedents and Constitutional Implications," *Journal of Palestine Studies*, 48, no. 2 (Winter 2019), 46~55면을 보라. 법률 원문은 44~45면을, 그리고 아달라Adalah(정의), 즉 이스라엘 아랍인 소수자 권리 보호를 위한 법률 센터 Legal Center for Arab Minority Rights in Israel가 이 법의 주제에 관해 이스라엘 대법원에 제출한 청원서는 56~57면을 보라.

10   Revital Hovel, "Justice Minister: Israel Must Keep Jewish Majority Even at the Expense of Human Rights," *Haaretz*, February 13, 2018, https://www.haaretz. com/israel-news/justice-minister-israel-s-jewish-majority-trumps-than-human-rights-1.5811106.

11   앞의 글. Ravit Hecht, "The Lawmaker Who Thinks Israel Is Deceiving the Palestinians: No One Is Going to Give Them a State," *Haaretz Weekend*, October 28, 2017, https://www.haaretz.com/israel-news/.premium.MAGAZINE-the-lawmaker-who-thinks-israel-is-deceiving-the-palestinians-1.5460676도 보라.

12   Sternhell, "En Israël pousse un racisme proche du nazisme à ses débuts."

13   각기 다른 시기에 이스라엘 비행기들이 튀니스, 카이로, 하르툼, 암만, 베이루트, 다마스쿠스, 바그다드를 폭격했다. 몇몇 수도는 여러 차례 폭격했고, 몇 곳은 최근의 일이다.

14   이것은 내가『팔레스타인의 정체성*Palestinian Identity*』에서 주장한 핵심 내용이며, 베네딕트 앤더슨, 에릭 홉스봄, 어니스트 겔너 등 민족주의에 관한 내로라하는 저자들이 제시한 테제와도 일치한다.

15   Ernest Gellner, *Nations and Nationalism* (Ithaca, N.Y.: Cornell University

Press, 1983), 48~49면. 한국어판은 『민족과 민족주의』, 최한우 옮김(한반도국제대학원 대학교, 2009).

16 Peter Beaumont, "Trump's Ambassador to Israel Refers to 'Alleged Occupation' of Palestinian Territories," *Guardian*, September 1, 2017, https:// www.theguardian.com/us-news/2017/sep/01/trump-ambassador-israel-david-friedman-alleged-occupation-palestinian-territories; Nathan Guttman, "US Ambassador to Israel Asked State Department to Stop Using the Word 'Occupation'," *The Forward*, December 26, 2017, https://forward.com/fast-forward/390857/us-ambassador-to-israel-asked-state-dept-to-stop-using-the-word-occupation/; David Halbfinger, "US Ambassador Says Israel Has Right to Annex Parts of West Bank," *New York Times*, June 8, 2019, https://www.nytimes.com/2019/06/08/world/middleeast/israel-west-bank-david-friedman.html.

17 Ruth Eglash, "Top Trump Adviser Says Settlements Are Not an Obstacle to Peace," *Washington Post*, November 10, 2017, https://www.washingtonpost.com/world/middle_east/top-trump-adviser-says-israeli-settlements-are-not-an-obstacle-to-peace/2016/11/10/8837b472-5c81-49a3-947c-ba6a47c4bc2f_story.html; Piotr Smolar, "Washington ouvrira son ambassade à Jerusalem en mai," *Le Monde*, February 25-26, 2018, 4면.

18 Jonathan Swan, "Kushner, For First Time, Claims He Never Discussed Security Clearance with Trump," *Axios*, June 3, 2019, https://www.axios.com/jared-kushner-security-clearance-donald-trump-f7706db1-a978-42ec-90db-c2787f19cef3.html.

19 "Palestine Chief Negotiator Reveals Details of Trump Peace Plan," *Middle East Monitor*, January 22, 2018, https://www.middleeastmonitor.com/20180122-palestine-chief-negotiator-reveals-details-of-trump-peace-plan/.

20 Jonathan Ferziger and Peter Waldman, "How Do Israel's Tech Firms Do Business in Saudi Arabia? Very Quietly," *Bloomberg Businessweek*, February 2, 2017, https://www.bloomberg.com/news/features/2017-02-02/how-do-israel-s-tech-firms-do-business-in-saudi-arabia-very-quietly.

21 Julien Boissou, "Analyse: L'Inde s'implante au Moyen-Orient," *Le Monde*, February 27, 2018, 21면.

22 "2016 Arab Opinion Index: Executive Summary," Arab Center Washington, D.C., April 12, 2017, http://arabcenterdc.org/survey/arab-opinion-index-2016.

23 내가 『기만하는 브로커들』에서 제시한 핵심 명제가 바로 이런 내용이다.

옮긴이의 말

　터키, 이란, 이라크 등에 걸친 광대한 쿠르디스탄이라는 땅에 쿠르드족이라는 민족이 살고 있다. 다민족 제국 오스만이 갑작스럽게 붕괴한 뒤 독립 국가 수립을 약속받았지만 무산된 뒤 지금까지 자기 나라를 갖지 못한 채 숱한 탄압을 받으며 명맥을 유지하고 있다. 인구가 3000만~4000만 명에 이르지만 이라크의 자치 지역을 제외하고는 자신들의 언어와 문화도 사용하지 못하고 경제적으로도 소외당한다. 팔레스타인인들도 이에 못지않은 비운의 민족이다.

　팔레스타인계 미국인으로 팔레스타인 역사학자인 지은이는 그동안 잔뜩 쌓인 팔레스타인 분쟁의 역사에 관한 문헌 더미에 새롭게 한 권을 보탠다. 이미 팔레스타인/이스라엘 역사에 관한 책을 읽은 사람이라면 비슷한 책이 하나 더 나왔겠거니 하고 지나칠지 모른다. 하지만 이 책은 전문적 역사학자의 내공이 압축된 분석과 서술이라는 점 말고도 팔레스타인의 역사와 지은이 개인을 포함한 한 집안의 역사를 유기적으로 엮어서 생기를 불어넣었다는 점에서 독보적이다.

　오스만 제국 시절인 19세기 말에 예루살렘 시장을 10년 넘게 지낸 종고조부 유수프 디야부터 할리디 집안사람들은 시장과 판사, 학자,

외교관, 언론인 등으로 활동하면서 역사의 현장에 있었다. 팔레스타인의 운명을 결정지은 굵직한 사건들을 축으로 삼아 압축적으로 요약한 역사가 펼쳐지는 동시에 이 집안의 가족사와 지은이의 개인사가 나란히 서술된다. 할리디가(家)의 사설 도서관에 먼지가 덮인 채 쌓여 있던 미공개 문서들이 기존의 앙상한 역사책들에 살을 붙이는 구실을 한다.

무엇보다 지은이는 팔레스타인/이스라엘 분쟁은 동등한 두 민족 사이의 충돌이 아니라 정착민 식민주의 기획이 낳은 결과라고 본다. 아메리카 인디언과 오스트랄라시아 원주민을 학살하고 몰아내면서 세워진 미국이나 오스트레일리아 같은 정착민 식민주의 기획이라는 본질을 꿰뚫어보아야 해법을 찾을 수 있다는 것이다. 게다가 팔레스타인의 경우는 식민 본국 영국인이 아닌 유럽에서 박해받는 유대인들이 정착민으로 밀고 들어왔다는 점에서 독특한 성격을 띤다. 이 정착민 식민주의가 당대의 제국적 강대국(영국과 미국)의 지원 아래 원주민을 몰아내려고 선전포고를 하고 100년간 전쟁을 벌인 것이 이른바 팔레스타인/이스라엘 분쟁이다.

지은이는 100년 전쟁의 역사적 전환점을 여섯 차례에 걸친 선전포고로 정리해서 압축적으로 요약한다. 1917년 밸푸어 선언은 수백 년 전부터 팔레스타인에서 살아 온 94퍼센트 아랍인의 존재를 언급조차 하지 않은 채 〈팔레스타인에 유대인의 민족적 본거지를 수립하는〉 데 찬성했다. 첫 번째 선전포고였다. 두 번째 선전포고는 1948년 이스라엘 건국과 뒤이은 아랍-이스라엘 전쟁이다. 새로 세워진 이스라엘은 이 전쟁에서 승리하면서 팔레스타인 인구의 절반인 70만 명을 쫓아냈고, 시온주의와 대결하면서 형성된 팔레스타인 민족의식은 이 나크바를 원초적 트라우마로 각인하게 된다. 세 번째 선전포고는

1967년 전쟁과 이후 유엔 안보리에서 통과된 결의안 제242호다. 이 결의안은 이스라엘의 팔레스타인 점령을 사실상 인정함으로써 이후 이스라엘의 팔레스타인 지배와 점령지 정착촌 건설의 기반을 마련해 주었다. 1967년 전쟁에서 이스라엘은 아랍 국가들을 물리쳤지만 팔레스타인인이 부활해서 팔레스타인해방기구라는 강력한 적수로 등장하는 결과를 맞이했다. 1982년 테러를 일삼는 팔레스타인해방기구를 쫓아낸다는 명분으로 이스라엘이 레바논을 침공하고 베이루트를 포위 공격한 것이 네 번째 선전포고다. 하지만 이번에도 역설적으로 팔레스타인해방기구가 유랑 길에 오르면서 오히려 팔레스타인 본토가 해방 운동의 중심이 되었고, 그 결과 1987년 대규모 인티파다가 일어나게 된다. 다섯 번째 선전포고는 오슬로 협정으로, 이스라엘은 팔레스타인의 군사·정치 지도부를 하위 파트너로 끌어들이는 데 성공했지만, 가자지구와 요르단강 서안의 팔레스타인인들은 유대인 정착촌에 포위되고 경제적 압박에 시달린다. 여섯 번째 선전포고는 2000년 팔레스타인해방기구를 무력화한 데 자신감을 얻은 아리엘 샤론의 하람알샤리프 방문으로 이번에도 역시 2차 인티파다라는 대대적인 저항에 맞부딪혔다.

팔레스타인 자치당국을 한껏 왜소하게 만들어서 사실상 존재 의의를 없애고 가자지구와 요르단강 서안의 점점이 박힌 작은 땅에 팔레스타인인들을 유폐하려는 이스라엘의 전쟁은 지금까지도 이어진다. 하지만 이스라엘은 군사적으로 승리할 때마다 정치적으로 불리한 결과를 맞이했다. 골리앗 아랍에 맞서는 다윗 이스라엘의 이미지는 이제 사라졌고, 팔레스타인인들이 다윗이 되어 골리앗 이스라엘에 맞서 싸우고 있다. 시온주의는 팔레스타인 땅을 차지한 초기부터 〈늙은이들은 죽고 젊은이들은 잊어버릴 것〉이라고 안이하게 생각했지만, 늙은이들은 죽어도 젊은이들은 결코 잊지 않았다. 그리고 새로운 팔레스타인인들이 계속 태어나고 있다.

이스라엘이 건국되던 1948년에 태어난 지은이도 그런 팔레스타인인 가운데 하나다. 지은이는 1967년 전쟁 당시 휴전을 교섭하던 유엔 회의장에 아버지와 함께 있었고, 1982년 이스라엘의 레바논 침공과 베이루트 포위전 당시에는 몇 년 전부터 베이루트에 살면서 교편을 잡고 있었다. 지은이 부부는 어린 아이들을 포함한 가족의 생명을 안전하게 지키기 위해 분주하게 뛰어다니면서 이스라엘의 만행을 세계에 알리기 위해 치열하게 활동했다. 1992년에는 오슬로 회담의 일환으로 진행된 워싱턴 교섭에 지은이가 고문으로 참여하기도 했다.

시온주의/이스라엘의 허구적 서사, 자국의 이해를 위해 팔레스타인을 활용하고 배신하는 주변 아랍 국가, 영국에 이어 미국까지 군사적·경제적으로 이스라엘을 지원하면서 개입하는 제국주의 강대국 등 팔레스타인을 둘러싼 책임의 동심원은 여러 겹으로 되어 있기 때문에 지은이가 요령껏 서술한다고 해도 제대로 파악하려면 지정학적 차원의 거시적 시야가 필요하다. 게다가 팔레스타인 민족 운동의 지도자들은 아라파트나 아바스 정도를 제외하면 대부분 생소한 인물인데다가 이름까지 본명과 가명 두 개여서 익숙하지 않은 독자라면 갈피를 잡기가 쉽지 않다. 이스라엘과 미국의 정치인들과 외교 관리들도 시공을 가로질러 숱하게 등장해서 독자의 집중을 요구한다. 막후에서 벌어지는 외교 교섭과 요인 암살 이야기는 추리 소설처럼 흥미진진하지만 맥락을 놓치지 않으려면 긴장을 풀지 않아야 한다.

100년 전 시온주의 세력과 처음 대면할 때 팔레스타인인이 94퍼센트, 유대인이 6퍼센트였던 반면, 이제는 이스라엘인의 수와, 주변 지역에 거주하는 팔레스타인인까지 모두 합친 숫자가 거의 비슷하다. 하마스가 주장하는 것처럼 이스라엘의 존재 자체를 부정하고는 어떤 해결책도 만들어질 수 없다. 이미 시온주의가 처음 선전포고를 한 지 100년이 지났으며 시간을 되돌릴 수 없는 것처럼, 어떻게 생겨나게 됐든 간에 지금 이 땅에 살고 있는 서로의 민족적 존재를 부정해서는 안 된다. 지은이가 19세기 말의 명사 엘리트들부터 팔레스타인해방기구, 하마스에 이르기까지 팔레스타인 지도부를 가차 없이 비판하는 것은 당대의 지정학적 형세를 제대로 읽지 못하고 내부 분열과 무모한 저항에 몰두하는 한편, 주변 아랍인들과 세계 여론, 이스라엘 여론에 호소하면서 정당성을 확보하지 못했기 때문이다. 따라서 지은이는 상호 인정과 평등한 권리를 기본적인 원칙으로 다시 확인해야 한다고 역설한다. 팔레스타인의 저항이 세계인의 심금을 울리고 지지를 얻은 것은 골리앗에 맞서는 다윗의 이미지를 얻은 덕분이다. 무엇보다도 양심적 이스라엘인들의 지지와 동의를 얻어야 한다.

정착민 식민주의는 결국 세 가지 경로를 걷는다. 아메리카 인디언과 오스트랄라시아 원주민처럼 완전히 밀려나고 삭제되거나 알제리처럼 전면적인 항쟁으로 식민 지배를 깨뜨리고 정착민을 몰아내면서 독립하거나 짐바브웨나 남아공처럼 소수 정착민과 어쩔 수 없이 공존하거나. 인구 비율로 볼 때 팔레스타인과 이스라엘은 이 가운데 어느 것도 쉽지 않다. 100년간 계속된 전쟁이 그 증거다. 지은이가 정의와 평등이라는 추상적 원칙을 다시 확인하는 것은 팔레스타인이 압도적으로 불리한 가운데서도 오직 이런 정당성을 손에 넣을 때에만 지지를 받을 수 있기 때문이다.

2021년 10월 유강은

찾아보기

옮긴이 **유강은** 국제문제 전문 번역가. 옮긴 책으로 『불안한 승리』, 『불평등의 이유』, 『가짜 민주주의가 온다』, 『신이 된 시장』, 『자기 땅의 이방인들』, 『자본주의에 불만 있는 이들을 위한 경제사 강의』, 『팔레스타인 비극사』, 『우리는 독점 기업 시대에 살고 있다』 등이 있으며, 『미국의 반지성주의』로 58회 한국출판문화상(번역 부문)을 수상했다.

팔레스타인 100년 전쟁

발행일	2021년 11월 5일 초판 1쇄
	2024년 9월 20일 초판 9쇄

지은이	라시드 할리디
옮긴이	유강은
발행인	홍예빈 · 홍유진
발행처	주식회사 열린책들

경기도 파주시 문발로 253 파주출판도시
전화 031-955-4000 팩스 031-955-4004
홈페이지 www.openbooks.co.kr 이메일 humanity@openbooks.co.kr

Copyright (C) 주식회사 열린책들, 2021, *Printed in Korea*.
ISBN 978-89-329-2148-8 93910